Ian Stewart
Vann Joines

Manuel d'Analyse Transactionnelle

Texte français de Anne-Marie Scherrer

InterEditions

L'édition originale de cet ouvrage a été publiée en Grande-Bretagne par Russel Press Ltd, Nottingham, sous le titre *TA Today. A new Introduction to Transactional Analysis.* © 1987 by Ian Stewart and Vann Joines.

Deuxième tirage, 1995

ISBN 2-7296-0237-2

TABLE DES MATIÈRES

Préface 11

I
INTRODUCTION À L'ANALYSE TRANSACTIONNELLE

1 **Ce qu'est l'Analyse Transactionnelle** 17
Notions clés de l'AT 18
Philosophie de l'AT 21

II
REPRÉSENTATION DE LA PERSONNALITÉ
Le modèle des états du moi

2 **Le modèle des états du moi** 27
Exemples de changements d'états du moi 28
Définition des états du moi 31
Les distinctions entre états du moi sont-elles réelles ? 33
Les états du moi, le surmoi, le moi et le ça 34
Les états du moi sont des mots, pas des choses 35
Le modèle ultra-simplifié 36

3 **Analyse fonctionnelle des états du moi** 39
Enfant Adapté et Enfant Libre 39
Parent Contrôlant et Parent Nourricier 44
Adulte 45
Egogrammes 45

4 **Modèle structural de second ordre** 49
Structure de second ordre : le Parent 51
Structure de second ordre : l'Adulte 52
Structure de second ordre : l'Enfant 53
Différencier structure et fonction 56

5 **Identifier les états du moi** 59
Diagnostic comportemental 59
Diagnostic social 64
Diagnostic historique 65
Diagnostic phénoménologique 66
Diagnostic des états du moi dans la pratique 66
Le Soi exécutif et le vrai Soi 67

6 **Pathologie structurale** 72
Contamination 72
Exclusion 76

III
COMMUNICATION
Transactions, strokes et structuration du temps

7 **Transactions** 81
Transactions complémentaires 81
Transactions croisées 85
Transactions cachées (à double fond) 88
Transactions et expression non verbale 91
Options 91

8 **Les strokes** 95
Faim de stimulations 95
Types de strokes 96
Strokes et renforcement du comportement 98
Donner et recevoir des strokes 99
Économie des strokes 102
Profil des strokes 104
Se donner des strokes à soi-même 107
Y a-t-il de « bons » et de « mauvais » strokes ? 108

9 **Structuration du temps** 111
Retrait 112
Rituels 113
Passe-temps 114
Activités 115
Jeux 116
Intimité 118

IV
ÉCRIRE L'HISTOIRE DE NOTRE VIE
Scénarios de vie

10 Nature et origines du scénario de vie 125
Nature et définition du scénario de vie 126
Origines du scénario 128

11 Comment se vit le scénario 135
Scénarios gagnants, perdants et non gagnants 135
Le scénario dans la vie adulte 139
Pourquoi il est important de comprendre le scénario 142
Le scénario et le cours de la vie 145

12 Positions de vie 147
Position de vie à l'âge adulte : l'enclos OK 149
Changement personnel et enclos OK 153

13 Messages scénariques et matrice de scénario 156
Messages scénariques et perception du tout-petit 156
Types de message scénarique 157
Matrice de scénario 160

14 Injonctions et décisions 167
Douze injonctions 167
Épiscénario 175
Comment les décisions sont liées aux injonctions 176
Antiscénario 180

15 Processus scénarique 183
Six processus scénariques 183
Origines du processus scénarique 189
Sortir des schémas de processus scénariques 189

16 Drivers et miniscénario 191
Comment détecter les manifestations des drivers 192
Driver primaire 196
Drivers et types de processus scénariques 197
Drivers et positions de vie 200
Les cinq permissions 201
Origines des drivers 201
Miniscénario 202
Les quatre mythes 205

V
FAIRE CADRER LE MONDE AVEC NOTRE SCÉNARIO
La passivité

17 **Méconnaissance** 211
Nature et définition de la méconnaissance 212
Distorsion de la réalité 212
Les quatre comportements passifs 213
Méconnaissance et états du moi 216
Repérer les méconnaissances 218

18 **Le tableau des méconnaissances** 221
Zones de méconnaissance 221
Types de méconnaissance 222
Niveaux (modes) de méconnaissance 222
Le tableau des méconnaissances 223
Utiliser le tableau des méconnaissances 226

19 **Cadre de référence et redéfinition** 229
Cadre de référence 230
Cadre de référence et scénario 231
Nature et fonction de la redéfinition 232
Transactions de redéfinition 233

20 **La symbiose** 236
Symbiose « saine » et « malsaine » 240
Symbiose et scénario 242
Invites symbiotiques 243
Symbiose de second ordre 245

VI
JUSTIFIER NOS CROYANCES SCÉNARIQUES
Sentiments, parasites et jeux

21 **Parasitage et timbres** 249
Sentiments parasites et scénario 252
Sentiments parasites et sentiments authentiques 255
Sentiments parasites/authentiques et résolution des problèmes 258
Parasitage 259
Timbres 261

22	**Le circuit des sentiments parasites**	265
	Croyances et sentiments scénariques	265
	Manifestations de parasitage	269
	Souvenirs renforçants	271
	Sortir du circuit des sentiments parasites	274
23	**Jeux et analyse des jeux**	277
	Exemples de jeux	277
	Les tee-shirts	280
	Différents degrés de jeux	281
	Formule J	282
	Le triangle dramatique	283
	Analyse transactionnelle des jeux	285
	Le plan de jeu	287
	Définitions des jeux	289
24	**Pourquoi jouer ?**	291
	Jeux, timbres et bénéfice scénarique	291
	Renforcer les croyances scénariques	292
	Jeux, symbiose et cadre de référence	293
	Jeux et strokes	295
	Les « six avantages » de Berne	296
	Bénéfices positifs des jeux	297
25	**Que faire des jeux ?**	299
	Faut-il donner un nom à un jeu ?	299
	Quelques jeux courants	300
	Utiliser des options	302
	Refuser le bénéfice négatif	304
	Remplacer les strokes des jeux	306

VII
CHANGER
L'AT en pratique

26	**Contrats de changement**	311
	Les quatre « conditions » de Steiner	312
	À quoi servent les contrats ?	312
	Établir un contrat efficace	315
27	**Buts du changement en AT**	319
	Autonomie	319
	Se libérer du scénario	320

Résolution des problèmes 321
Points de vue sur la « guérison » 322

28 Thérapie AT 325
Autothérapie 325
Pourquoi la thérapie ? 326
Caractéristiques d'une thérapie AT 327
Trois écoles d'AT 329

29 L'AT dans les organisations et l'éducation 334
Différences entre applications EO et applications cliniques 334
Application aux organisations 336
L'AT dans l'éducation 338

30 Historique de l'AT 340
Eric Berne et les origines de l'AT 341
Les premières années 343
Les années d'expansion 343
Consolidation internationale 345

Annexe A Lauréats du prix Eric Berne 347

Annexe B Associations AT 349

Annexe C Formation et certification en AT 352

Annexe D Plan du cours initial d'AT : le « 101 » 356

Bibliographie générale 359
Notes et références 366
Glossaire 378
Index 388

PRÉFACE

Ce livre a pour but de vous faire connaître la théorie et la pratique de l'Analyse Transactionnelle (AT).

Nous avons présenté ce sujet de manière qu'il puisse vous être utile, que vous fassiez un apprentissage personnel de l'AT ou que vous suiviez un cours officiel. Si vous êtes un lecteur individuel, et que vous fassiez connaissance avec l'AT, nous espérons que vous apprécierez le style de ce livre, simple et familier. Nous avons choisi également une multitude d'exemples pour illustrer les points théoriques.

Si vous vous servez de ce livre comme référence pour un « 101 », le cours d'AT officiel, vous verrez qu'il couvre l'ensemble du programme. L'AT aujourd'hui est internationale. Nous espérons qu'il en sera de même pour la lecture de ce livre. C'est avec cette pensée que nous avons choisi un langage et des exemples accessibles aux gens du monde entier.

Les exercices

Lorsque nous donnons des cours d'AT, nous accompagnons la théorie de nombreux exercices. Chaque partie théorique est immédiatement suivie d'un exercice qui s'y rapporte. Nous pensons que pour les étudiants, c'est le meilleur moyen d'apprendre et de renforcer la théorie.

Dans ce livre, nous allons suivre la même méthode. Les exercices font partie du texte et viennent immédiatement après la théorie qui s'y rapporte. *Pour tirer le meilleur parti de cet ouvrage, faites les exercices à mesure qu'ils se présentent.* (Ces exercices sont annoncés par une présentation différente.)

> Lorsque vous voyez cette typographie, c'est que vous lisez un exercice. Faites-le dès que vous en êtes là, puis passez à la partie

théorique suivante. La fin d'un exercice est signalée de la même manière qu'au début □

Nous vous suggérons de tenir un cahier à feuilles détachables où vous allez rassembler vos réponses aux exercices ainsi que les pensées et les idées qui vous viennent à la lecture de ce livre. Cela vous aidera à apprendre l'AT de la manière la plus efficace qui soit, en l'utilisant pour vous-même.

Ce qu'est ce livre et ce qu'il n'est pas

Quand vous aurez lu ce livre en entier et que vous aurez fait les exercices, vous en saurez certainement plus long sur vous-même qu'au début. Vous allez vous apercevoir également que vous pouvez utiliser cette connaissance dans votre vie pour effectuer des changements que vous vouliez faire depuis longtemps ; si c'est le cas, félicitations.

Ce livre n'a pas toutefois pour but de remplacer une thérapie. Si vous avez des problèmes personnels importants, il est souhaitable que vous trouviez un thérapeute reconnu qui puisse vous donner toute l'attention professionnelle dont vous avez besoin.

Les thérapeutes AT encouragent leurs clients à s'initier à l'Analyse Transactionnelle. Si vous décidez de commencer une thérapie, vous pouvez vous servir de ce livre comme manuel d'apprentissage.

Si vous souhaitez donner à d'autres des connaissances ou une méthode thérapeutique, ce livre vous servira également pour une première approche des notions de base de l'AT, mais cette connaissance élémentaire ne vous qualifie pas pour offrir une aide professionnelle. Pour être accrédité comme praticien AT, vous devez faire un certain nombre d'heures d'études d'un niveau avancé, d'expérience pratique et de supervision et vous devez être reçu aux examens prévus par les instances compétentes de l'AT. Tout cela est détaillé en annexe C.

Notre approche théorique

Le matériel que nous présentons ici représente le courant reconnu de la théorie AT d'aujourd'hui. Dans ce texte de référence, il serait déplacé d'explorer des domaines très « pointus » de la théorie qui font encore l'objet de débats. Et pourtant, l'AT d'aujourd'hui est très différente de celle d'il y a dix ans. Des concepts importants sont aujourd'hui au cœur du courant AT, dont Eric Berne n'avait jamais entendu parler au moment de sa mort en 1970 ; et ce qui nous a passionnés en écrivant ce livre, c'est de vous présenter ces nouvelles idées. Berne a été avant tout un innovateur et nous pensons qu'il aurait applaudi la manière dont les praticiens AT ont continué d'innover.

Il existe un autre courant, moins louable, celui-là, dans la pensée et les écrits AT, qui remonte aux tous débuts de cette discipline ; nous voulons parler de la banalisation de certaines idées originales les plus fondamentales.

Berne voulait que l'AT soit accessible à tous. Il a choisi d'utiliser des mots simples pour décrire sa pensée, et bien que les mots fussent simples, les idées étaient complexes et subtiles.

Au moment où l'AT a connu ce statut douteux de « psychologie à la mode », dans les années soixante, certains écrivains ont pris prétexte de sa simplicité apparente pour la présenter d'une manière ultrasimplifiée et elle ne s'est pas encore remise totalement du tort qui lui a été causé à cette époque. En dépit du travail remarquable accompli par les écrivains et les praticiens AT pendant vingt ans, l'image de l'AT — psychologie à base de recettes superficielles — a du mal à disparaître.

En écrivant le présent ouvrage, notre but est de corriger cette image trompeuse. Notre ambition est de décrire la théorie AT dans toute sa profondeur et sa finesse originelles sans rien sacrifier de la clarté et de la simplicité de langage que Berne prisait tant.

Ceci est surtout vrai du fondement de la théorie AT, c'est-à-dire le modèle des états du moi. Dans son œuvre personnelle, Berne a insisté à maintes et maintes reprises sur la dimension *temporelle* des états du moi. Le Parent et l'Enfant sont tous les deux des échos du passé, l'Adulte une réponse « ici et maintenant », utilisant pleinement les capacités de l'individu en tant que grande personne. Les trois états du moi impliquent chacun pensées, sentiments et comportements. Il y a un monde de différence entre cela et la version du modèle banalisé plus tard qui affirme : l'Adulte pense, l'Enfant ressent et le Parent dit : « Tu dois, il faut. »

Dans ce livre, nous reprenons le modèle du moi tel que Berne l'a énoncé à l'origine et nous l'utilisons d'une manière constante dans l'explication des autres domaines de la théorie.

Les cas et les noms

Chaque fois que nous illustrons la théorie par des cas, les noms utilisés sont fictifs ; s'ils ont un lien quelconque avec une personne réelle, cela est purement fortuit.

Remerciements

Notre « lecteur professionnel » a été Erika Stern, du département Études de conseil, à l'Université d'Utrecht, aux Pays-Bas. Il est difficile d'imaginer quelqu'un de plus compétent pour ce travail. Elle nous a fait profiter de sa compréhension pointue non seulement de la théorie AT mais aussi des autres approches psychologiques. Elle est elle-même une rédactrice accomplie. Dans tous ces domaines, Erika a apporté une très grande contribution à cet ouvrage.

Nos « lecteurs amateurs » ont été Andrew Middleton et Christine Middleton qui ont commenté le manuscrit et donné leur point de vue de nouveaux venus en AT. Ils nous ont signalé certains passages où nous supposions, parce que *nous*, nous connaissions la carte, que les autres n'auraient pas besoin de repères. Ils nous ont montré les endroits où nos explications étaient trop détaillées ou redondantes, et nous ont proposé des clarifications judicieuses. Andy et Christine ont largement influencé la forme définitive de ce livre.

Richard Erskine et Marilyn Zalcman ont lu le brouillon du chapitre sur le circuit des sentiments parasites et ont fait d'excellentes propositions de reformulation.

Emily Hunter Ruppert nous a suggéré, à tous les deux, de collaborer pour l'écriture, et ce livre en est l'aboutissement.

Nous remercions vivement les auteurs suivants pour nous avoir donné la permission de reproduire du matériel publié à l'origine dans des numéros du *Transactional Analysis Journal* ou du *Transactional Analysis Bulletin* et que nous présentons ainsi :

John Dusay pour l'*egogramme : TAJ, 2,* 3, 1972.

Franklin Ernst Jr. pour l'*enclos OK : TAJ, 1,* 4, 1971.

Richard Erskine et Marilyn Zalcman pour le *circuit des sentiments parasites : TAJ, 9,* 1, 1979.

Taibi Kahler pour le *miniscénario : TAJ, 4,* 1, 1974.

Stephen Karpman pour le *triangle dramatique : TAB, 7,* 26, 1968.

Jim McKenna pour le *profil des strokes : TAJ, 4,* 4, 1974.

Ken Mellor, diplômé d'études sociales et Eric Sigmund pour le *tableau des méconnaissances : TAJ, 5,* 3, 1975.

L'éditeur remercie Claudie Ramond d'avoir actualisé, dans le présent ouvrage, les données relatives aux associations AT.

Ian Stewart et Vann Joines

I

INTRODUCTION
À L'ANALYSE TRANSACTIONNELLE

1

CE QU'EST L'ANALYSE TRANSACTIONNELLE

« L'Analyse Transactionnelle est une théorie de la personnalité et une psychothérapie systématique en vue d'une croissance personnelle et d'un changement personnel. »

Telle est la définition proposée par l'Association internationale d'Analyse Transactionnelle[1]. En fait, l'AT aujourd'hui, c'est tout cela et bien plus. Parmi les approches psychologiques, elle occupe une place privilégiée de par la profondeur de sa théorie et la grande variété de ses applications.

Comme *théorie de la personnalité*, l'AT nous montre comment les gens sont structurés psychologiquement. Pour ce faire, elle utilise un modèle en trois parties : le *diagramme des états du moi* qui nous aide à comprendre comment les gens fonctionnent et expriment leur personnalité en termes de comportements.

L'AT est aussi une *théorie de la communication* dont l'application peut fournir une méthode *d'analyse des systèmes et des organisations.*

L'AT propose une *théorie du développement de l'enfant.* Le concept de *scénario de vie* explique comment les schémas de comportement dans notre vie actuelle ont pris naissance dans notre enfance. À l'intérieur du cadre du scénario de vie, l'AT fournit des explications sur la manière dont nous continuons parfois à réutiliser les stratégies de notre enfance dans notre vie adulte, même quand elles aboutissent à des résultats douloureux ou infructueux. Par conséquent, l'AT nous propose une théorie de la *psychopathologie.*

Dans le domaine des applications pratiques, l'AT nous propose effectivement un système thérapeutique utilisé dans le traitement de toutes sortes de désordres psychiques, depuis les problèmes de la vie quotidienne jusqu'aux psychoses graves. C'est une forme de thérapie qui peut servir aux individus, aux groupes, aux couples et aux familles.

En dehors du champ thérapeutique, l'AT est utilisée dans le champ éducatif pour aider enseignants et enseignés à maintenir une communication claire et à éviter de s'engager dans des affrontements stériles. Elle est particulièrement utile dans les fonctions de conseil.

L'AT est un puissant outil en formation à la gestion et à la communication ainsi qu'à l'analyse des organisations.

Parmi ses nombreuses autres applications, notons son emploi par les travailleurs sociaux, la police, les autorités responsables des détenus en liberté conditionnelle et les ministres du culte.

L'AT peut également servir dans n'importe quel domaine où la compréhension des individus, les relations et la communication sont nécessaires.

Notions clés de l'AT

Il y a quelques notions clés qui sont à l'origine de l'AT et qui servent à la différencier de tout autre système psychologique. Nous allons examiner dans les chapitres qui suivent toutes ces idées en détail et les illustrer par des exemples. Les voici d'abord sous forme résumée. Nous vous proposons de lire simplement cette partie en entier pour vous familiariser avec les termes et les idées générales.

Le modèle des états du moi (diagramme PAE)

La notion la plus fondamentale est celle d'*état du moi*. Un *état du moi* est un ensemble cohérent de comportements, de pensées et de sentiments. C'est notre manière d'exprimer un aspect de notre personnalité à un moment donné.

Le modèle indique trois états du moi distincts.

Si je me comporte, si je pense et si je ressens en relation avec ce qui se passe autour de moi maintenant, en utilisant toutes les ressources dont je dispose en tant que grande personne, on dit que je suis dans mon *état du moi Adulte*.

À certains moments, je vais me comporter, penser et sentir d'une manière copiée sur l'un de mes parents ou une autre figure parentale. Quand je fais cela, on dit que je suis dans mon *état du moi Parent*.

Quelquefois, il m'arrive de revenir à des manières de me comporter, de penser et de ressentir qui étaient les miennes quand j'étais enfant. Alors on dit que je suis dans mon *état du moi Enfant.*

Remarquez les initiales en majuscules. On les utilise toujours lorsqu'on veut indiquer qu'on parle des états du moi (Parent, Adulte, Enfant). Une minuscule signifie que l'on parle d'un parent, d'un adulte ou d'un enfant réels.

Le modèle des états du moi est également appelé modèle *PAE,* d'après ces trois lettres.

Quand nous utilisons ce modèle des états du moi pour comprendre les différents aspects de la personnalité, on dit qu'il s'agit d'*analyse structurale.*

Transactions, strokes, structuration du temps

Si je suis en communication avec vous, je peux choisir de m'adresser à vous à partir de n'importe quel état du moi, et vous allez à votre tour me répondre à partir de n'importe lequel de vos états du moi. Cet échange de communication s'appelle une *transaction.*

L'utilisation du modèle des états du moi pour analyser les séquences de transactions constitue l'*Analyse Transactionnelle proprement dite.* On ajoute l'expression « proprement dite » pour montrer que nous parlons de ce domaine particulier de l'AT et non de l'AT en général.

Lorsque vous et moi sommes dans une transaction, je vous envoie un signal comme quoi je vous reconnais et vous me retournez ce signal. En langage AT, tout acte de reconnaissance s'appelle un *signe de reconnaissance* ou *stroke.* Les gens en ont besoin pour maintenir leur niveau de bien-être physique et psychique.

Quand ils échangent des transactions à deux ou en groupe, ils utilisent leur temps de différentes manières particulières qu'on peut énumérer et analyser. Ceci constitue l'analyse de la *structuration du temps.*

Le scénario de vie

Chacun d'entre nous écrit dans son enfance l'histoire de sa vie, avec un début, un milieu et une fin. Nous en écrivons l'intrigue principale au début de notre vie quand nous sommes encore petits et que nous ne disons que quelques mots. Plus tard, dans notre enfance, nous ajoutons des détails à l'histoire. Et la plus grande partie en est écrite à l'âge de sept ans, et révisée à nouveau à la période de l'adolescence.

À l'âge adulte, en général, nous ne sommes plus conscients de l'histoire que nous avons écrite ; et pourtant, nous allons certainement la vivre scrupuleusement. Sans en avoir conscience, nous allons nous lancer dans la vie de manière à arriver à la scène finale que nous avons décidée en tant que petit enfant.

Cette histoire inconsciente de notre vie s'appelle en AT le *scénario de vie.*

Ce concept de scénario de vie constitue, avec celui des états du moi, un des piliers de l'AT, et il est particulièrement important dans les applications thérapeutiques. Dans *l'analyse du scénario*, nous utilisons le concept de scénario de vie pour comprendre comment les gens arrivent inconsciemment à se créer des problèmes et comment ils peuvent faire en sorte de les résoudre.

Méconnaissance, redéfinition, symbiose

Le jeune enfant prend la décision d'un scénario de vie parce que ceci représente la meilleure stratégie qu'il puisse élaborer pour survivre et s'en sortir dans ce qui lui apparaît souvent comme un monde hostile. Dans notre état du moi Enfant, il nous arrive encore de croire que toute menace envers l'image du monde que nous avions enfants est une menace pour la satisfaction de nos besoins, ou même pour notre survie. Il nous arrive ainsi de déformer parfois la réalité pour qu'elle cadre avec notre scénario. Quand nous faisons cela, on dit que nous *redéfinissons.*

Notre manière de nous assurer que le monde a l'air de cadrer avec notre scénario, c'est de négliger de manière sélective les informations dont nous disposons dans une situation donnée. Sans le vouloir consciemment, nous gommons les aspects de la situation qui seraient en contradiction avec notre scénario. Cela s'appelle *méconnaissance.*

Dans le cadre du maintien de ce scénario, il nous arrive de nouer des relations adultes qui sont une répétition des relations que nous avons eues avec nos parents quand nous étions enfants, et nous faisons cela sans nous en rendre compte. Dans cette situation, l'un des partenaires de la relation joue le rôle de Parent et d'Adulte, et l'autre celui d'Enfant. Ils fonctionnent à deux comme s'ils avaient seulement trois des six états du moi disponibles. Une relation de ce type s'appelle une *symbiose.*

Sentiments parasites, timbres et jeux

Enfants, nous pouvons remarquer que dans notre famille, certains sentiments sont encouragés alors que d'autres sont interdits. Pour obtenir nos strokes, nous décidons de ressentir seulement les sentiments permis, et cette décision se prend de manière inconsciente. Quand nous jouons notre scénario dans la vie adulte, nous continuons de masquer nos sentiments authentiques par les sentiments qui nous étaient permis étant enfants. Ces sentiments de substitution portent le nom de *sentiments parasites.*

Si nous éprouvons un sentiment parasite, que nous le stockons au lieu de l'exprimer sur-le-champ, on dit que nous collons un *timbre*.

Un *jeu* est une séquence répétitive de transactions où les deux partenaires éprouvent des sentiments parasites. Il comporte toujours un *coup de théâtre*, un moment où les joueurs sentent que quelque chose d'inattendu et de désagréable s'est produit. Les gens jouent des jeux sans en être conscients.

L'autonomie

Pour réaliser pleinement notre potentiel d'adultes, nous avons besoin de mettre à jour les stratégies que nous avons élaborées, enfants, pour affronter la vie. Quand nous nous apercevons que ces stratégies ne sont plus efficaces pour nous, nous avons besoin de les remplacer par de nouvelles qui le soient. En langage AT, nous avons besoin de sortir de notre scénario et d'acquérir l'*autonomie.*

Les outils de l'AT sont conçus pour aider les gens à atteindre cette autonomie dont les composantes sont la *conscience claire*, la *spontanéité* et l'*aptitude à l'intimité,* et qui permet à chacun d'utiliser toutes ses ressources en tant qu'adulte pour résoudre les problèmes.

Philosophie de l'AT

L'AT repose sur un certain nombre de principes philosophiques qui sont des affirmations concernant les gens, la vie et les objectifs de changement[2]. Les voici :

Les gens sont OK.

Tout le monde a la capacité de penser.

Ce sont les gens qui décident de leur destinée et ces décisions peuvent être changées.

Deux principes de base en découlent en AT :

une méthode contractuelle,

une communication directe.

Les gens sont OK

Le postulat le plus fondamental en AT, c'est que *les gens sont OK*. Ce qui signifie que nous avons, vous et moi, de la valeur, de l'importance et de la dignité en tant que personnes. Je m'accepte en tant que moi et je vous accepte en tant que vous. C'est une affirmation quant à l'essence de la personne plutôt qu'à son comportement (être plutôt que faire).

Il m'arrivera quelquefois de ne pas aimer ce que vous *faites*, mais j'accepterai toujours ce que vous *êtes*. Votre essence en tant qu'être humain est OK pour moi, même si votre comportement ne l'est pas.

Je ne vous suis pas supérieur et vous n'êtes pas supérieur à moi ; nous sommes, en tant que personnes, au même niveau. Cela reste vrai même si ce que nous faisons est différent, même si nous ne sommes pas du même âge, de la même race ni de la même religion.

Tout le monde a la capacité de penser

Tout le monde, à l'exception des gens qui ont de graves lésions cérébrales, a la capacité de penser. Par conséquent, il est de la responsabilité de chacun de décider de ce qu'il ou elle veut dans la vie. Chaque individu, au bout du compte, devra supporter les conséquences de ce qu'il ou elle aura décidé.

Modèle décisionnel

Vous et moi, nous sommes tous les deux OK. Il nous arrive parfois d'adopter un comportement non OK. Dans ce cas, nous appliquons des stratégies *décidées* dans notre enfance.

De telles stratégies constituent ce que nous avions trouvé de mieux, enfants, pour survivre et obtenir ce que nous voulions d'un monde apparemment hostile. Adultes, nous reprenons ces mêmes schémas de temps en temps, même si les résultats se révèlent douloureux ou stériles pour nous.

Même quand nous étions enfants, nos parents ne pouvaient pas *faire* que nous grandissions d'une manière plutôt que d'une autre. Ils pouvaient sans aucun doute exercer de fortes pressions sur nous, mais c'est nous qui prenions nos propres décisions, que ce soit pour nous soumettre à ces pressions, pour nous révolter contre elles ou pour ne pas en tenir compte.

C'est la même chose maintenant que nous sommes adultes. Les autres ou l'« environnement » ne peuvent pas nous *faire* ressentir ni nous comporter de telle ou telle manière. Ils exercent peut-être des pressions sur nous, mais c'est toujours notre décision personnelle d'y céder ; nous sommes responsables de nos propres sentiments et de nos comportements.

Chaque fois que nous prenons une décision, nous pouvons la changer ultérieurement. Cela est vrai des décisions précoces que nous prenons sur nous-mêmes et sur le monde, et si certaines décisions du jeune enfant aboutissent à des résultats désagréables dans notre vie adulte, nous pouvons remonter jusqu'à elles et les remplacer par des nouvelles, plus adaptées.

Donc, les gens peuvent changer. Nous pouvons mener à bien le changement non seulement par l'examen approfondi de nos vieux schémas de comportement mais aussi en décidant de manière active de les changer, et les changements que nous accomplissons peuvent être vraiment réels et durables.

Méthode contractuelle

Si vous êtes praticien AT et moi votre client, nous prenons alors la *responsabilité conjointe* de mener à bien tout changement que je veux obtenir.

Cela part du principe que vous et moi sommes dans une relation d'égal à égal : il n'est pas de votre ressort de *me* faire des choses pas plus que je ne viens à vous dans l'espoir que vous allez tout faire *pour* moi.

Dans la mesure où nous sommes tous les deux partie prenante du processus de changement, il est important que nous sachions tous les deux comment la tâche sera répartie et, par conséquent, nous passons un *contrat*.

Ce contrat est l'énoncé de la responsabilité de chacune des parties. Comme client, je dis ce que je veux changer et ce que je suis prêt à faire pour ce changement, et vous comme praticien, vous confirmez que vous êtes prêt à travailler avec moi pour cela. Vous vous engagez à utiliser au mieux vos compétences professionnelles pour ce faire et vous me dites quelle compensation vous voulez de moi en échange de votre travail.

Communication directe

Eric Berne insistait sur le fait que le client aussi bien que le thérapeute devait avoir toutes les informations sur ce qui se passait dans leur travail commun. Cela découle des principes selon lesquels les gens sont OK et que tout le monde a la capacité de penser.

Dans la pratique de l'AT, le client a accès à son dossier et le thérapeute encourage son client à connaître l'AT, ce qui a pour conséquence que le client prend une part égale au processus de changement.

Pour faciliter la communication, les idées de l'AT sont exprimées dans un langage simple : au lieu des longs mots dérivés du latin ou du grec qu'on trouve habituellement dans les autres branches de la psychologie, l'AT parle en termes ordinaires : *Parent, Adulte, Enfant, jeu, scénario, stroke.*

Certaines personnes en ont déduit que ce langage simple devait recouvrir une pensée superficielle ; elles se trompent. Bien que l'AT utilise un langage simple, c'est une théorie profonde et minutieusement raisonnée.

II
REPRÉSENTATION DE LA PERSONNALITÉ

Le modèle des états du moi

2

LE MODÈLE DES ÉTATS DU MOI

Évoquez les dernières vingt-quatre heures de votre vie. Y a-t-il eu des moments pendant cette période où vous avez agi, pensé, senti exactement comme lorsque vous étiez enfant ?

Y a-t-il eu d'autres moments où vous vous êtes vu vous comporter, penser, ressentir, d'une manière copiée il y a longtemps sur vos parents ou sur d'autres personnes qui ont joué auprès de vous le rôle de parents ?

Y a-t-il eu encore d'autres occasions où votre comportement, vos pensées, vos sentiments étaient simplement une réaction immédiate à ce qui se passait autour de vous à ce moment-là ? Dans ces moments précis, vous réagissez comme l'adulte que vous êtes aujourd'hui plutôt qu'en replongeant dans votre enfance.

> Maintenant, prenez du temps pour noter au moins un exemple de chacune de ces trois manières de vous comporter, penser et ressentir dont vous vous souvenez durant ces dernières vingt-quatre heures □

Vous venez de faire votre premier exercice en vous servant du *modèle des états du moi*.

Examinons cela. Vous avez passé en revue trois différentes manières d'être, dont chacune consistait en un ensemble de *comportements,* de *pensées* et de *sentiments*.

Lorsque je me comporte, que je pense et que je ressens comme je le faisais enfant, on dit que je suis dans mon *état du moi Enfant*.

Lorsque je me comporte, que je pense et que je ressens d'une manière copiée sur mes parents ou sur des figures parentales, on dit que je suis dans mon *état du moi Parent*.

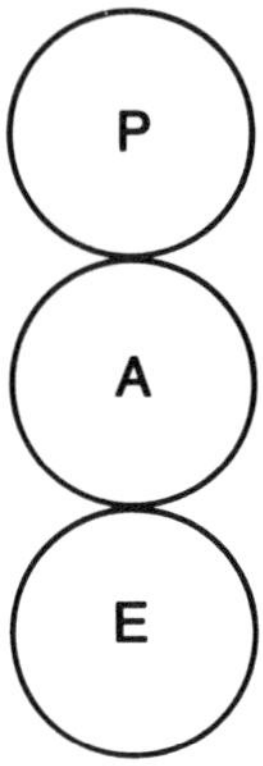

Figure 2.1 Diagramme structural de premier ordre : le modèle des états du moi

Et lorsque je me comporte, pense et ressens d'une manière qui est une réaction immédiate ici et maintenant à des événements qui se produisent autour de moi, en utilisant toutes mes capacités d'adulte, on dit que je suis dans mon *état du moi Adulte*.

Dans la pratique quotidienne de l'AT, nous disons souvent simplement : je suis « dans l'Enfant », « dans le Parent », « dans l'Adulte ».

En mettant ces trois états du moi ensemble, nous obtenons le *modèle des états du moi* en trois parties représentant la personnalité, modèle qui est au cœur de la théorie AT. Il a été convenu de le représenter sous la forme de trois cercles superposés (Fig. 2.1). Comme on fait souvent référence à ces trois états du moi par leur initiale, on appelle également ce diagramme le diagramme *PAE*.

La version de base du diagramme, où les cercles des états du moi ne sont pas subdivisés, porte le nom de *diagramme structural de premier ordre*. Nous découvrirons le diagramme de second ordre, plus détaillé, dans un autre chapitre.

Le processus d'analyse de la personnalité en termes d'états du moi porte le nom d'*analyse structurale*[1].

Exemples de changements d'états du moi

Christine roule en voiture dans une rue où la circulation est dense. À chaque seconde, elle observe la position et la vitesse des voitures autour d'elle. Elle est attentive aux panneaux de signalisation, garde le contrôle de sa voiture et s'adapte à ce qui se passe autour d'elle. À ce moment précis, elle est dans son *état du moi Adulte*.

Juste à ce moment-là, un autre conducteur la dépasse et se rabat brutalement. Pendant une fraction de seconde, Christine a peur que les deux voitures ne se télescopent. Elle jette un coup d'œil dans son rétroviseur, voit qu'il n'y a personne derrière elle et ralentit légèrement de sorte que la collision est évitée. Pendant tout ce temps, elle est restée dans son *état du moi Adulte*. Son sentiment de peur était approprié à la situation dangereuse du moment, ce qui a aidé son corps à réagir plus rapidement pour éviter la collision.

Maintenant, l'autre conducteur ayant disparu, Christine secoue la tête et pince les lèvres d'un air désapprobateur. Elle se tourne vers son passager et dit : « On ne devrait pas permettre à ce genre de chauffeur de rouler ! » À ce moment-là, Christine est passée dans son *état du moi Parent*. Petite, elle s'était souvent trouvée assise près de son père quand il conduisait et elle l'avait observé tandis qu'il montrait sa désapprobation en voyant les autres conducteurs faire des erreurs : il secouait la tête et pinçait les lèvres exactement de la même manière.

Une minute ou deux après, Christine se gare et rejoint son bureau. En regardant sa montre, elle s'aperçoit qu'à cause de la circulation dense, elle est en retard à un rendez-vous avec sa patronne. Son cœur flanche et pendant un instant, elle est prise de panique. Elle est maintenant passée dans son *état du moi Enfant*. Elle a renoué avec de vieux souvenirs, lorsqu'elle arrivait en retard à l'école et qu'elle s'imaginait et redoutait la punition que la maîtresse allait lui infliger. Son sentiment de panique est une réaction à ces vieux souvenirs, et non à quelque chose susceptible d'arriver à la grande personne qu'elle est.

À ce moment précis, Christine n'est pas *consciente* qu'elle rejoue une scène de son enfance. Si vous lui demandiez : « Est-ce que cette situation te rappelle ton enfance ? », de deux choses l'une : ou bien elle ferait remonter cette vieille scène de la classe à sa mémoire consciente, ou bien elle aurait enfoui ces souvenirs douloureux si profondément qu'elle ne serait pas capable de se les rappeler immédiatement. Il lui faudrait peut-être plus longtemps, aller en thérapie même, pour ramener à sa conscience ces souvenirs éloignés.

En même temps qu'elle revit les pensées et les sentiments de son enfance, Christine montre également des comportements qu'elle a eus pour la première fois il y a si longtemps à l'école : son cœur bat la chamade, elle porte la main près de sa bouche, ses yeux s'agrandissent et, en gros plan, vous verriez qu'elle transpire légèrement.

Et puis, au bout de quelques minutes, Christine pense en elle-même : « Eh ! Une minute ! De quoi est-ce que j'ai peur ? Ma patronne est une femme sensée et elle comprendra pourquoi je suis en retard. De toute façon, nous pouvons rattraper le temps perdu en prenant un peu sur la pause café. » Christine est revenue dans son état du moi Adulte. Son passager la voit se détendre et retirer sa main de sa bouche. Son visage s'illumine d'un sourire et elle rit. Son rire est celui de la femme adulte qu'elle est et résonne tout à fait différemment du gloussement nerveux de la petite fille apeurée.

Avant de poursuivre, revenez aux exemples où vous avez noté que vous étiez dans l'Enfant, le Parent et l'Adulte au cours des dernières vingt-quatre heures.

État du moi Enfant

Évoquez chaque fois où vous étiez dans votre état du moi Enfant. Notez les *sentiments* que vous éprouviez. Cela peut même vous aider de vous rejouer la scène.

Notez ensuite ce que vous *pensiez*. Vous pouvez souvent avoir accès plus facilement aux pensées de l'Enfant en vous demandant : « Qu'est-ce que je me disais tout bas ? » Cherchez ce que vous disiez dans votre tête à propos de vous-même, des autres et du monde en général.

Dernier point, notez comment vous vous *comportiez* quand vous étiez dans votre état du moi Enfant. Un bon moyen consiste à jouer ce rôle de l'Enfant vous-même, assis devant un miroir. Vérifiez que ces sentiments, pensées et comportements sont la répétition des sentiments, pensées et comportements que vous aviez, enfant. Quel âge aviez-vous dans chacune de ces situations ?

État du moi Parent

De la même manière, notez l'ensemble associé de sentiments, pensées et comportements dans chaque exemple où vous étiez dans l'état du moi Parent. Une fois encore, rejouez-vous la scène si vous le souhaitez.

Vous pouvez souvent avoir accès aux pensées du Parent en vous demandant : « Qu'est-ce que j'entends mon père ou ma mère dire dans ma tête ? » Ou peut-être que la voix que vous entendez dans votre tête appartient à un autre membre de la famille, à une tante, un oncle, un grand-parent ou même un instituteur.

Vérifiez que, dans les moments où vous étiez dans l'état du moi Parent, vous calquiez vos comportements, pensées et sentiments sur ceux de vos parents ou d'autres figures parentales. Il vous sera sans doute très facile d'identifier la personne que vous copiiez dans chaque cas.

État du moi Adulte

Enfin, notez l'ensemble de comportements, pensées et sentiments que vous avez identifiés dans les moments où vous étiez dans l'Adulte.

Pour distinguer l'Adulte du Parent ou de l'Enfant, demandez-vous : « Est-ce que ce comportement, cette pensée ou ce sentiment était une manière appropriée pour une grande personne de réagir devant ce qui se passait autour de moi à ce moment-là? » Si la réponse est « oui », alors notez cela comme une réponse Adulte □

Peut-être vous apercevrez-vous que, pour ces moments où vous étiez dans l'Adulte, vous arrivez à noter des comportements et des pensées mais pas des sentiments. Le plus souvent, nous savons aborder la réalité d'aujourd'hui efficacement sans éprouver de sentiments. Toutefois, nous avons effectivement la capacité de ressentir des émotions à des moments où nous sommes dans l'Adulte, et de fait, cela nous arrive.

Comment pouvez-vous faire la différence entre les sentiments de l'Adulte et ceux de l'Enfant ? *Les sentiments de l'Adulte sont une réponse appropriée à la situation immédiate.* Rappelez-vous le moment où Christine a eu peur quand la voiture s'est dangereusement rabattue, son émotion a aiguisé ses réactions et l'a aidée à éviter l'accident.

Si c'est la première fois que vous rencontrez cette notion d'état du moi, vous hésitez peut-être pour savoir si certaines pensées, certains sentiments ou comportements appartiennent à l'Adulte ou bien au Parent ou bien à l'Enfant. Si c'est le cas, ne vous inquiétez pas. Au fil de votre lecture, des exercices que vous ferez, vous aurez de nombreuses occasions de perfectionner cette aptitude importante à différencier les états du moi.

Pour avoir une personnalité saine et équilibrée, nous avons besoin de nos trois états du moi. Nous avons besoin de l'Adulte pour résoudre les problèmes ici et maintenant et pouvoir aborder la vie d'une manière adaptée et efficace. Pour être en harmonie avec la société, il nous faut cet ensemble de règles que nous avons dans notre Parent. Et dans notre Enfant, nous retrouvons la spontanéité, la créativité et l'intuition dont nous jouissions quand nous étions enfants.

Définition des états du moi

Eric Berne définissait un état du moi comme *un ensemble cohérent de pensées et de sentiments directement associé à un ensemble correspondant de comportements*[2].

Il a choisi ses mots à dessein et cela vaut la peine de prendre du temps maintenant pour clarifier ce qu'il met dans cette définition. Tout d'abord, Berne dit que chaque état du moi se définit par une combinaison de sentiments et de pensées qui se manifestent *régulièrement* ensemble. Par exemple, lorsque Christine a réalisé qu'elle était en retard pour sa réunion, elle a commencé par *revivre* des souvenirs dans lesquels elle craignait d'être punie. En même temps, elle *se sentait* paniquée. Si vous lui posiez la question, elle confirmerait que, tout en revivant cette expérience de son enfance, à chaque fois elle éprouve en même temps les émotions de l'enfance. Tous les souvenirs que Christine possède de ses expériences d'enfant, plus les sentiments qui vont avec, sont définis comme appartenant à son état du moi Enfant.

Ensuite, Berne avance que les *comportements* typiques de chaque état du moi apparaissent immanquablement ensemble. Si j'observe Christine pendant un certain temps, je vais pouvoir confirmer qu'elle manifeste trois ensembles distincts de signaux comportementaux. Un ensemble définit l'Adulte, un autre le Parent et un autre l'Enfant. Les signaux qui composent chaque ensemble apparaissent ensemble à chaque fois et il existe une différence marquée entre un ensemble et un autre.

Par exemple, quand Christine écarquille les yeux, qu'elle se met à transpirer légèrement, et que son cœur s'accélère, il est à prévoir qu'elle va également porter la main près de la bouche. Ces signaux composent une partie de l'ensemble qui définit l'état du moi Enfant de Christine. Si je l'observais pendant quelque temps, je pourrais noter une multitude d'autres comportements qui appartiendraient à cet ensemble. Par exemple, elle va pencher la tête d'un côté et se mettre à agiter le pied. Si elle parle, sa voix va avoir une intonation un peu plus haute et trembler.

Je pourrais continuer à faire des listes du même genre sur les comportements qui dénotent de manière constante ses états du moi Parent et Adulte.

Revenons maintenant à la définition de Berne pour mettre en lumière l'expression « directement associé à ». Selon lui, lorsque je suis en contact avec les sentiments et les pensées qui définissent un état du moi particulier, je manifeste également des comportements qui définissent ce même état du moi. Par exemple, lorsque Christine *revit* ses souvenirs d'enfance, quand elle était en retard à l'école, et qu'elle *éprouve* la panique qu'elle éprouvait alors, elle montre aussi l'ensemble de *comportements* qu'elle manifestait enfant. Ces comportements sont directement associés à ses sentiments et à ses pensées, et tous révèlent son Enfant.

L'intérêt du modèle des états du moi, c'est qu'il nous permet d'établir des relations fiables de ce genre entre les comportements, les pensées et les sentiments. Si vous me voyez manifester l'ensemble cohérent de comportements qui révèlent mon Enfant, vous pouvez supposer sans risquer de vous tromper que je suis en train de revivre des expériences et des sentiments de mon enfance. Si vous voyez mon comportement changer, que je commence à émettre des signaux qui définissent mon Adulte, vous pouvez raisonnablement en déduire que mes pensées et mes sentiments sont ceux d'une grande personne réagissant ici et maintenant. Quand mes comportements extérieurs apparaissent copiés sur ceux de mes parents, vous pouvez dire que je suis intérieurement en train de revivre des sentiments et des pensées que j'ai copiés sur eux.

Revenez maintenant aux exemples que vous avez notés concernant votre Enfant, votre Parent ou votre Adulte au cours des dernières vingt-quatre heures.

Vérifiez si les sentiments et les pensées que vous avez notés dans votre Enfant forment pour vous un ensemble cohérent et concordant.

Vérifiez de même si les comportements que vous avez notés pour votre Enfant forment un ensemble cohérent.

Vérifiez si vos comportements Enfant sont associés de manière cohérente aux sentiments et pensées de votre Enfant.

Suivez ces trois étapes pour les comportements, les pensées et les sentiments de votre Parent ou de votre Adulte.

Comparez les trois ensembles de comportements, de pensées et de sentiments que vous avez notés comme définissant vos trois états du moi. Vérifiez si les trois ensembles sont nettement distincts les uns des autres □

Les distinctions entre états du moi sont-elles réelles ?

En faisant les exercices de ce chapitre, vous avez pu vérifier jusqu'ici si vos propres sentiments, pensées et comportements concordent de la manière indiquée dans le diagramme des états du moi. Mais à quoi voit-on que ce diagramme s'applique aux gens en général ?

Pour rassembler les éléments nécessaires, nous avons besoin d'utiliser des méthodes d'observation qui écartent, autant que faire se peut, les idées préconçues de l'observateur. Nous devons analyser les résultats d'une manière qui nous permette de juger s'ils sont ou non le fruit du hasard. Une fois que nous aurons choisi des méthodes appropriées d'observation et d'analyse, nous les utiliserons pour approfondir deux questions :

1. Est-ce que les gens manifestent trois ensembles cohérents et nettement distincts de comportements qui correspondent à notre définition des trois états du moi ?
2. Est-ce que le vécu et les sentiments que les gens rapportent sont liés à l'ensemble d'indications de comportements de manière conforme à ce que l'on peut attendre d'après le diagramme ?

Il existe maintenant un ensemble substantiel d'observations pour étayer une réponse positive à ces deux questions. Le propos de ce livre n'est pas de décrire ces études en détail. Pour plus d'informations, vous pouvez vous reporter à la bibliographie portant sur ce chapitre[3].

Les états du moi, le surmoi, le moi et le ça

La triple division de la personnalité dans le diagramme des états du moi nous rappelle un autre schéma en trois parties : les « trois agences psychiques » dont l'existence a été proposée par Sigmund Freud : le surmoi, le moi et le ça.

Il est évident que les deux schémas sont similaires. À première vue, le Parent ressemble au surmoi qui « observe et juge, ordonne, corrige et menace ». L'Adulte présente des similitudes avec le moi qui teste la réalité. Et l'Enfant a l'air de ressembler au ça, siège des pulsions et des instincts non censurés.

Cette ressemblance entre les deux modèles n'est pas étonnante, étant donné que Berne a eu une formation d'analyste freudien. Mais certains commentateurs vont plus loin et disent que pour Berne le Parent, l'Adulte et l'Enfant ne sont que des versions banalisées des trois agences psychiques de Freud. C'est là où ils se trompent car dans ses premiers écrits, Berne a très minutieusement montré les différences existant entre son modèle et celui de Freud.

En premier lieu, et c'est le plus important, le Parent, l'Adulte et l'Enfant sont tous les trois définis en termes de signes comportementaux *observables*. À l'inverse, le surmoi, le moi et le ça ne sont que des concepts purement théoriques. Vous ne pouvez pas, en me regardant ou en m'écoutant, décider si je suis ou non « dans le surmoi ». Mais vous pouvez, en m'observant, juger si je suis dans le Parent.

Ensuite, les états du moi désignent des personnes ayant une identité particulière alors que les trois agences psychiques de Freud sont générales. Quand une personne est dans le Parent, elle n'est pas en train de se comporter d'une manière généralement définie comme « parentale » ; elle rejoue les comportements, les sentiments et les pensées de l'un de ses parents ou d'une figure parentale *à elle*. Quand elle est dans l'Enfant, elle ne va pas se comporter simplement d'une manière « infantile » ; elle va reproduire les comportements qu'elle avait, elle, dans *son* enfance ainsi que les sentiments et les pensées qui y étaient associés.

Le Parent, l'Adulte et l'Enfant *englobent* chacun des influences émanant du surmoi, du moi et du ça. Berne a montré que quelqu'un dans le Parent va reproduire le « comportement global de son père ou de sa mère, y compris ses inhibitions, son raisonnement et ses pulsions ». De la même manière, les états du moi Adulte et Enfant comportent leurs propres inhibitions, raisonnements et pulsions.

Berne est parti du modèle de Freud et a adopté la notion d'état du moi de Paul Federn, c'est-à-dire des états distincts où le moi se manifeste à un moment donné. Il a plus tard classé ceux-ci en trois états du moi observables par le comportement, qu'il a intitulés Parent, Adulte et Enfant.

Le modèle de Freud et le diagramme des états du moi ne se superposent pas et ne sont pas la même chose, mais ils ne se contredisent pas non plus ; ce sont simplement deux manières différentes de présenter la personnalité[4].

Les états du moi sont des mots, pas des choses

Vous ne pouvez pas mettre un état du moi dans une brouette, pas plus que vous ne pouvez le peser ou le toucher. Vous ne le trouverez à aucun endroit particulier du corps ou du cerveau, et cela parce qu'un état du moi n'est pas une *chose*, mais un *terme* que nous utilisons pour désigner un ensemble de phénomènes, c'est-à-dire un ensemble associé de sentiments, de pensées et de comportements. De la même manière, le Parent, l'Adulte et l'Enfant ne sont pas des choses : ce sont des appellations qui servent à distinguer les trois ensembles différents de pensées, de sentiments et de comportements que nous avons rencontrés dans ce chapitre.

Très souvent, dans la pratique quotidienne de l'AT, les gens parlent des états du moi comme si *c'étaient* « des choses que nous avons ». Vous entendez des phrases du genre : « Mon Enfant veut s'amuser », ou bien « Vous avez un Adulte solide ».

Le problème, en nous exprimant ainsi, c'est que nous risquons de glisser vers la croyance que les états du moi ont une espèce de vie à eux, distincte de la personne dont on parle. Bien sûr, ce n'est pas le cas. Ce n'est pas « mon Enfant » qui veut s'amuser ; *c'est moi qui veux m'amuser* et je suis peut-être dans mon Enfant quand je veux ça. Ce n'est pas que j'ai un « Adulte solide » ; c'est plutôt que *moi, j*'ai une bonne capacité à faire les choses d'une façon généralement associée à l'Adulte, comme affronter la réalité ou évaluer des possibilités.

Tout au long de ce livre, nous éviterons de faire comme si les états du moi étaient des « choses » et nous vous proposons de faire de même.

Le modèle ultra-simplifié

Après que *Games People Play* (Des jeux et des hommes) fut devenu un best-seller au milieu des années soixante, l'AT devint, elle, une « psychologie à la mode ». Certaines personnes, par écrit ou oralement, bondirent dans le train de ce succès commercial ; et pour que l'AT se vende encore mieux, ils édulcorèrent certaines des idées originales de Berne, en mettant l'accent sur des traits marquants, immédiatement compréhensibles et en laissant de côté les aspects qui nécessitaient une réflexion approfondie ou une observation plus étroite.

C'est à cette période qu'une version ultra-simplifiée du modèle des états du moi se propagea, et ce modèle banalisé existe encore. Il est à la racine d'un malentendu interminable tant chez les gens de l'AT que chez les observateurs professionnels des autres disciplines.

Regardons ce modèle ultra-simplifié. *Nous vous proposons de ne pas l'utiliser. Il ne le sera à aucun moment dans ce livre.* Nous le présentons simplement parce que vous êtes susceptible de le rencontrer dans la littérature AT antérieure ou de le trouver présent dans la pensée de nombreuses personnes qui ont découvert l'AT dans la période grisante des années soixante.

Que propose ce modèle ultra-simplifié ? Il dit simplement : « Quand je suis dans l'Adulte, je pense ; quand je sens, je suis dans l'Enfant ; et quand je porte des jugements de valeur, je suis dans le Parent. » Et le tour est joué ! Pas étonnant que les observateurs professionnels extérieurs à l'AT, en voyant ce modèle présenté comme le pivot central de la théorie, se soient écriés, stupéfaits : « Alors, c'est *ça* ! »

Ayant lu dans ce chapitre ce qu'est effectivement un état du moi, vous allez vous demander en quoi le modèle ultra-simplifié peut bien ressembler le moins du monde à la version réelle. Le fait est qu'il y a des ressemblances : le modèle ultra-simplifié présente *certaines* des caractéristiques typiques de chaque état du moi, mais il en omet d'autres qui sont essentielles.

Regardons d'abord le grain de vérité qui existe dans le modèle ultra-simplifié ; quelle similitude avec le modèle réel ?

Vous savez que quand je suis dans l'Adulte, je réagis ici et maintenant avec toutes les ressources disponibles d'une grande personne. En général, cela concerne une résolution de problème et je suis susceptible de me vivre en train de « penser ». Quelqu'un qui observerait mon comportement l'interpréterait probablement en disant que je suis en train de « penser ».

Si je passe dans l'Enfant, je commence à reproduire des comportements, des sentiments et des pensées de mon enfance. Les enfants, surtout les petits, abordent le monde essentiellement à partir d'une position sentie. Par conséquent, quand je suis dans l'Enfant, je me sens le plus souvent en train de « ressentir ». À ces moments-là, n'importe quel observateur confirmerait vraisemblablement que j'ai l'air d'être en train d'« exprimer des sentiments ».

Quand je suis dans le Parent, je copie mes comportements, mes pensées et mes sentiments sur un de mes parents ou une figure parentale, telle que cette personne m'apparaissait dans mon enfance. Pour un enfant, il semble que les parents passent beaucoup de temps à mettre en place des règles pour ce qui devrait ou ne devrait pas se faire, ou à émettre des jugements sur le monde. Ainsi, pendant une grande partie du temps où je suis dans le Parent, je fais ce que mes parents faisaient et porter des jugements de valeur : « Il faut, tu dois. »

Il s'avère donc que le modèle ultra-simplifié nous donne certaines indications simples pour reconnaître les états du moi : quand je suis dans l'Adulte, je suis *souvent* en train de penser, dans l'Enfant, je suis *souvent* en train de ressentir, et quand je suis dans le Parent, je suis *souvent* en train de porter des jugements de valeur.

Mais ces manifestations évidentes des états du moi sont loin de nous donner la description totale de chaque état du moi. Ce modèle ultra-simplifié omet complètement de mentionner que je peux penser *et* ressentir *et* porter des jugements de valeur à partir de *n'importe lequel* de mes états du moi.

Un défaut encore plus grave de ce modèle ultra-simplifié, c'est qu'il ne dit rien de la dimension *temporelle* des états du moi. Berne a mis l'accent, à maintes reprises, sur le fait que le Parent et l'Enfant sont des échos du *passé*. Dans l'Enfant, je reproduis des comportements, des pensées et des sentiments *de mon propre passé*, de mon enfance. Quand je suis dans le Parent, je m'engage dans des comportements, des pensées et des sentiments que j'ai copiés *dans le passé* sur mes parents ou des figures parentales. C'est seulement quand je suis dans l'Adulte que je réagis aux situations avec toutes mes ressources *actuelles* de grande personne.

Après cet aperçu, nous nous écarterons de ce modèle ultra-simplifié qui convenait parfaitement comme sujet de livres superficiels ou comme sujet de conversation d'après-dîner, mais qui n'a pas beaucoup servi à montrer ce qu'est l'AT en réalité. Nous en resterons désormais dans ce livre à la version originelle de Berne du modèle des états du moi.

3

ANALYSE FONCTIONNELLE DES ÉTATS DU MOI

Dans ce chapitre et le chapitre suivant, nous passons à la construction de versions plus détaillées du diagramme des états du moi, en les considérant en termes soit de *structure*, soit de *fonction.*

Le diagramme *structural* montre *ce que* contient chaque état du moi. Le diagramme *fonctionnel* divise les états du moi pour montrer *comment* on les utilise.

D'une manière plus formelle, on dira que le diagramme structural définit le *contenu* des états du moi et que le diagramme fonctionnel définit leur *processus.*

Structure = « quoi » = contenu
Fonction = « comment » = processus

Le diagramme fonctionnel (Fig. 3.1) est probablement plus facile à comprendre quand on le rencontre pour la première fois, c'est pourquoi nous commencerons par lui[1].

Enfant Adapté et Enfant Libre

Imaginez que je suis dans l'Enfant ; je me comporte, je pense et je ressens comme je le faisais dans mon enfance.

La plupart du temps quand j'étais enfant, je m'adaptais aux exigences de mes parents ou autres figures parentales. J'avais appris que

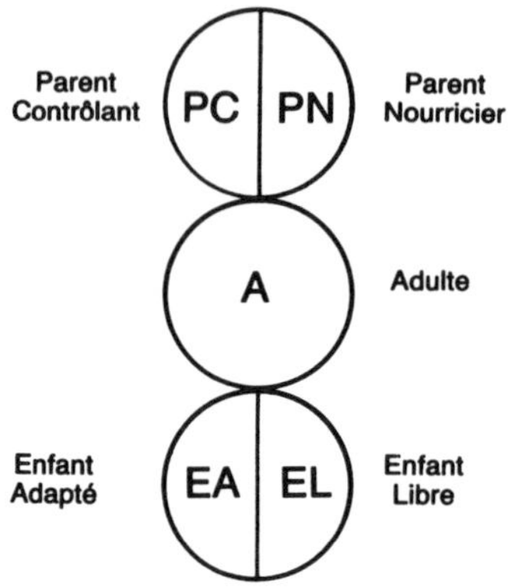

Figure 3.1 Analyse fonctionnelle des états du moi

pour m'en sortir, j'avais intérêt à être poli avec les voisins même si je ne les aimais pas tellement. Quand j'avais besoin de me moucher, je prenais un mouchoir au lieu de me moucher dans ma manche, même si ma manche était plus commode. Très tôt dans ma vie, j'ai déduit que mon père m'aimait mieux quand je me tenais tranquille ; alors, quand il était là, je me tenais plutôt tranquille. Ma mère aimait bien quand je riais et n'avait pas tellement l'air d'apprécier que je pleure et que je sois en colère ; alors, lorsque j'étais avec elle, la plupart du temps, je riais, même si quelquefois j'étais triste et que j'avais envie de pleurer, ou que j'étais en colère et que j'avais plutôt envie de lui crier après.

Or, adulte, je reprends souvent ces manières de me comporter dont j'avais décidé quand j'étais enfant, de manière à m'adapter à ce que mes parents attendaient de moi. Quand je fais cela, on dit que je suis dans la partie *Enfant Adapté* de l'Enfant.

Il y avait d'autres moments dans mon enfance où je me révoltais contre ces règles que mes parents m'imposaient et contre toutes ces attentes qu'ils semblaient avoir vis-à-vis de moi. Quand mon père avait le dos tourné, je faisais d'horribles grimaces à la petite fille d'à côté. Et, quelquefois, quand j'étais seul, je me mouchais un bon coup dans ma manche, juste parce que j'en avais assez de me servir de ce sacré mouchoir. Il y avait même des jours où je me sentais si mal d'être toujours obligé de rire quand ma mère était là, que je faisais exprès de bouder juste pour lui montrer.

Quand je me comportais ainsi, c'était comme si je prenais les règles de mes parents et faisais exactement le contraire, au lieu de m'adapter à ce qu'ils attendaient.

Dans ma vie adulte, il m'arrive encore de me révolter ainsi et très souvent je ne suis pas conscient que ma conduite est une révolte. Quand mon patron me donne un travail difficile à faire, je découvre que « je n'ai pas assez de temps » pour le terminer dans les délais. En fait, je dispose du même temps que tout le monde, à savoir vingt-quatre heures par jour. En disant au patron que je n'ai pas eu le temps de finir, j'éprouve une obscure satisfaction : « Ça t'apprendra ! » Quand j'avais quatre ans, j'éprouvais la même jouissance rebelle quand je montrais à maman qu'elle *ne pouvait pas* me faire manger la dernière pomme de terre qui restait dans mon assiette.

Quand je me mets dans ce genre de révolte, je suis cependant encore en train de réagir à des règles de l'enfance. Donc, on dit que je suis encore dans l'*Enfant Adapté.*

Certains auteurs en AT, parmi les premiers, montraient la révolte comme appartenant à une partie distincte qu'ils appelaient l'*Enfant Rebelle.* Vous trouverez peut-être ce terme dans certains ouvrages modernes. Dans ce livre, nous suivrons la pratique actuelle la plus courante qui considère la révolte comme faisant partie de l'ensemble des comportements de l'Enfant Adapté.

Il y avait des moments dans mon enfance où j'agissais de manière indépendante par rapport aux pressions de mes parents. À ces moments-là, je ne m'adaptais pas à leurs attentes et je ne me révoltais pas non plus contre elles. J'étais simplement comme moi je le voulais. Quand ma souris apprivoisée est morte, j'ai pleuré parce que j'étais triste. Quand ma petite sœur me bousculait, j'étais en colère et je la bousculais à mon tour. Je passais des heures à lire des histoires avec plaisir et à apprendre à faire des puzzles, pas pour faire plaisir à mes parents, non, juste pour moi.

Quand je suis dans l'Enfant en tant que grande personne, il m'arrive parfois d'avoir de ces comportements de l'enfance, sans aucune censure. Alors, on dit que je suis dans la partie *Enfant Libre* de l'Enfant. On utilise aussi l'expression *Enfant Naturel* pour désigner cette partie de l'Enfant.

Donc, dans le diagramme fonctionnel, l'Enfant se divise en *Enfant Adapté* et en *Enfant Libre.* La figure 3.1 le montre avec le cercle de l'Enfant divisé en deux.

Enfant Adapté positif et négatif

Adultes, nous passons tous une assez grande partie de notre temps dans l'Enfant Adapté. Il existe des milliers de règles que nous suivons pour vivre et être acceptés dans le monde. Dans la vie de tous les jours, nous ne réfléchissons pas constamment à ces règles avant de décider de les suivre. Avant de traverser la rue, je regarde à gauche et à droite comme mon père et mes professeurs ont insisté pour que je le fasse la première fois que je suis allé à l'école tout seul. Quand je suis à table, à un dîner et que je veux les légumes, je dis « s'il vous plaît ». J'ai appris à faire cela enfant, automatiquement pour ainsi dire, parce que j'ai appris, et c'est juste, que les gens me traiteraient de « mal élevé » si je ne le faisais pas. Et s'ils me jugeaient grossier, alors, il allait me falloir plus de temps pour avoir les légumes.

C'est de cette manière que nos comportements d'Enfant Adapté peuvent nous servir. En reproduisant ces schémas de respect des règles, nous obtenons souvent de manière agréable ce que nous voulons pour nous-mêmes et pour les autres. Et nous économisons ainsi une grande quantité d'énergie mentale. Imaginez seulement ce que ce serait si vous deviez repenser totalement votre manière de vous tenir toutes les fois que vous passez à table !

Nous pouvons parler d'*Enfant Adapté positif* pour décrire les manières efficaces de se comporter à partir de l'Enfant Adapté. Certains auteurs utilisent aussi l'expression d'*Enfant Adapté OK.*

Par opposition, nous disons que nous sommes dans l'*Enfant Adapté négatif (ou non OK)* quand nous reproduisons des modèles de comportement de l'enfance qui ne sont plus adaptés à notre situation de grande personne. Petit, j'ai sans doute appris que le meilleur moyen que j'avais d'obtenir l'attention de papa et de maman, c'était de bouder. Maintenant que je suis grand, il m'arrive encore parfois de bouder en espérant obtenir ce que je veux. Dans ce cas, je méconnais l'option d'adulte que j'ai, qui consiste à demander simplement et directement ce que je veux.

Ou alors, j'ai pu décider dans mon enfance qu'il n'était pas prudent de me mettre en avant d'une manière quelconque devant les gens. Peut-être que maman m'a donné une gifle pour avoir « fait l'intéressant ». Peut-être que mes camarades m'ont fait enrager quand je récitais en classe. Maintenant que je suis grand, si on me demande de parler en public, je rougis, je bredouille et je bafouille, tout en me sentant gêné et je me dis : « Je suis nul comme orateur ! » Dans la réalité de l'ici et maintenant, je suis parfaitement capable de parler et cette situation ne comporte aucun risque pour moi.

Nous montrons tous, à un moment ou à un autre, des schémas de comportements de notre Enfant Adapté négatif. Vous apprendrez plus loin pourquoi c'est comme ça. L'un des buts de changement personnel en AT, c'est de remplacer ces vieux schémas démodés par de nouveaux qui utilisent pleinement nos options d'adultes.

Enfant Libre positif et négatif

Les comportements de l'Enfant Libre peuvent aussi être classés en positifs (OK) ou négatifs (non OK). Dire « je suis dans l'Enfant Libre » signifie que j'adopte des comportements de mon enfance qui n'obéissent pas aux règles ou limites du Parent. Ils peuvent être efficaces ou rendre ma vie de grande personne plus belle et sont donc classés comme positifs. Supposez par exemple, qu'enfant, j'aie décidé de m'adapter à mes parents en ne montrant jamais ma colère. Dans ma vie adulte, sans m'en rendre compte, je suis peut-être la même stratégie. En contenant ma colère, je deviens peut-être dépressif ou physiquement tendu. Et puis, au cours de ma thérapie, je décide de me laisser aller à exprimer la colère que je ressens. En frappant furieusement sur un coussin, je mobilise enfin cette énergie non censurée de mon Enfant Libre que je m'acharne à réprimer depuis des années. Je vais sans doute m'apercevoir qu'après je me sens mieux et plus détendu physiquement.

De la même manière, bon nombre d'entre nous atteignent la vie adulte encore accrochés à des sentiments refoulés dans l'Enfant, de chagrin, de peur ou de désir de contact physique. Quand nous exprimons ces émotions dans un contexte protégé, nous adoptons un comportement positif de l'Enfant Libre.

Il y a d'autres moments où le comportement de l'Enfant Libre est nettement négatif. Si je rote sans discrétion lors d'un grand dîner, je satisfais un besoin irrépressible de mon Enfant Libre qui n'établit pas de censure. Mais les conséquences au plan social seront sans doute beaucoup plus désagréables pour moi que si j'avais retenu ce rot. À un niveau plus grave, je peux adopter un comportement négatif de mon Enfant Libre en conduisant une moto à toute vitesse dans une rue où il y a beaucoup de monde, mettant ainsi en danger ma vie et celle des autres.

Évoquez les dernières vingt-quatre heures. Notez les moments où vous avez été dans votre Enfant Adapté positif. Quels étaient vos comportements à chaque occasion ? Vous rappelez-vous les situations de votre enfance que vous rejouiez ? Faites la même chose pour les moments où vous étiez dans votre Enfant Adapté négatif, dans votre Enfant Libre positif, dans votre Enfant Libre négatif.

Prenez une minute pour écrire tous les mots qui vous viennent pour décrire quelqu'un dans son Enfant Adapté positif. (Si vous êtes en groupe, faites une minute de remue-méninges avec quelqu'un qui prendra des notes à votre place.)

Faites la même chose pour décrire quelqu'un dans son Enfant Adapté négatif, dans son Enfant Libre positif, dans son Enfant Libre négatif □

Parent Contrôlant et Parent Nourricier

Pendant une partie de mon enfance, mes parents me disaient ce que je devais faire, ils me contrôlaient et me critiquaient : « Va au lit ! Ne va pas sur la route ! Mouche ton nez ! Ça, c'est bien, idiot, méchant, juste, pas juste... » Quand je me comporte en copiant mes parents dans ce rôle, on dit que je suis dans le *Parent Contrôlant* (quelquefois appelé *Parent Critique*).

À d'autres moments, mes parents prenaient soin de moi et s'occupaient de moi. Maman me faisait des câlins, papa me lisait des histoires avant que je m'endorme. Quand je tombais et m'écorchais le genou, mon père ou ma mère me consolait et me mettait un pansement. Lorsque je répète les comportements de mes parents quand ils s'occupaient de moi, on dit que je suis dans le *Parent Nourricier.*

On exprime cette subdivision du Parent fonctionnel en divisant le cercle du Parent en deux, comme pour l'Enfant. (Cf. Fig. 3.1.)

Parent Contrôlant et Parent Nourricier positifs et négatifs

Certains auteurs AT différencient les subdivisions positives et négatives de chacune de ces parties du Parent. (Les termes « OK » et « non OK » sont parfois également utilisés.) D'après eux, nous sommes dans le Parent Contrôlant positif quand les directives du Parent à l'égard des autres ont réellement pour but de les protéger ou de promouvoir leur bien-être. Un médecin pourrait ordonner à son patient : « Arrêtez de fumer ! C'est mauvais pour vous », répétant ainsi le type de commandement que ses parents lui donnaient quand il était petit : « Ne va pas sur la route, ne passe pas devant les voitures ! »

Le Parent Contrôlant négatif décrit des comportements parentaux qui impliquent un rabaissement (une dévalorisation) de l'autre. Le patron qui dit à sa secrétaire d'un ton hargneux : « Vous avez *encore* fait une faute ! » reproduit les intonations et les gestes d'un instituteur irascible qui lui avait dit la même chose quand il avait six ans.

Le Parent Nourricier positif implique une bienveillance émanant d'une position de respect authentique pour la personne aidée. *Le Parent Nourricier négatif* signifie que l'« aide » apportée est donnée à partir d'une position de supériorité qui dévalorise l'autre. Un comportement de Parent Nourricier positif serait de dire à un collègue de travail : « Veux-tu que je t'aide à faire ça ? Si oui, dis-le-moi. » La même chose en négatif serait d'aller vers lui et de lui dire : « Eh bien, je vais t'aider à faire ça », lui prendre le travail des mains et le terminer à sa place. La « mère étouffante » est l'exemple classique d'un comportement de Parent Nourricier négatif.

Revoyez votre journée et notez les moments où vous vous êtes comporté en Parent Contrôlant à l'égard des autres. À quel moment veniez-vous du Parent Contrôlant positif ? du Parent Contrôlant négatif ? Vous rappelez-vous lequel de vos parents ou quelle figure parentale vous copiiez à chaque fois ?

Faites la même chose pour les moments de la journée où vous avez montré un Parent Nourricier, positif ou négatif.

Prenez un moment pour écrire tous les mots qui vous viennent pour décrire quelqu'un dans un Parent Contrôlant positif. (En groupe, faites une minute de remue-méninges.)

Faites la même chose tour à tour pour le Parent Contrôlant négatif, le Parent Nourricier positif et le Parent Nourricier négatif □

Adulte

Dans le diagramme fonctionnel, l'Adulte n'est habituellement pas subdivisé. Nous classons n'importe quel comportement comme Adulte lorsqu'il est une réaction à une situation ici et maintenant, et utilise toutes les ressources de l'individu en tant que grande personne.

Nous avons maintenant assemblé toutes les parties du diagramme fonctionnel, que vous pouvez revoir à la figure 3.1.

Si je veux dire dans quelle partie de l'état du moi fonctionnel vous êtes, il faut que je le déduise de votre comportement. C'est la raison pour laquelle ces subdivisions fonctionnelles sont aussi appelées *descriptions comportementales.*

Egogrammes

Quelle est l'importance de chacune de ces parties des états du moi dans votre personnalité ? Pour représenter cela, Jack Dusay a élaboré un moyen astucieux qu'il appelle *egogramme*[2].

Pour tracer un egogramme, vous tracez d'abord une ligne horizontale. Sur la longueur, vous inscrivez le nom des cinq sous-états du moi fonctionnels et pour éviter de les écrire en entier, utilisez leurs initiales, de sorte que le Parent Contrôlant devient PC, l'Enfant Libre EL, etc. Tracez-les dans l'ordre indiqué figure 3.2.

PC	PN	A	EL	EA

Figure 3.2

Tracez ensuite une colonne au-dessus de chaque état du moi mentionné, la hauteur de la barre indiquant le temps que vous passez dans cette partie-là.

Commencez par la partie que vous pensez utiliser le plus et tracez la colonne. Ensuite, prenez la partie que vous pensez utiliser le moins et tracez la colonne. Établissez une hauteur *relative* pour ces deux colonnes de manière qu'elles correspondent à la façon intuitive dont vous percevez le temps que vous passez dans chacune d'elles.

Par exemple, si je juge que je suis surtout dans l'Adulte et très peu dans le Parent Nourricier, je vais tracer mes deux colonnes comme à la figure 3.3.

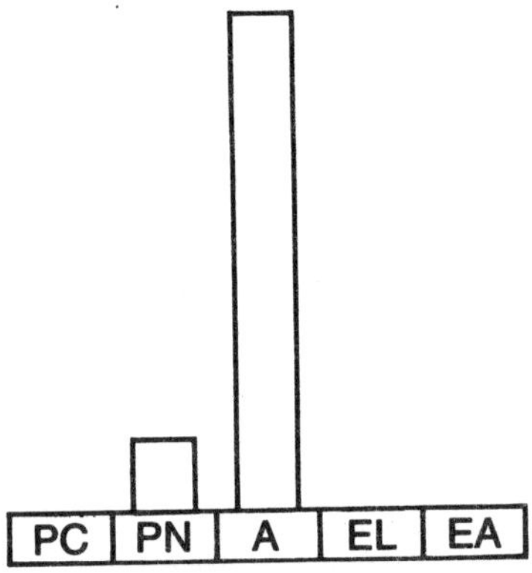

Figure 3.3

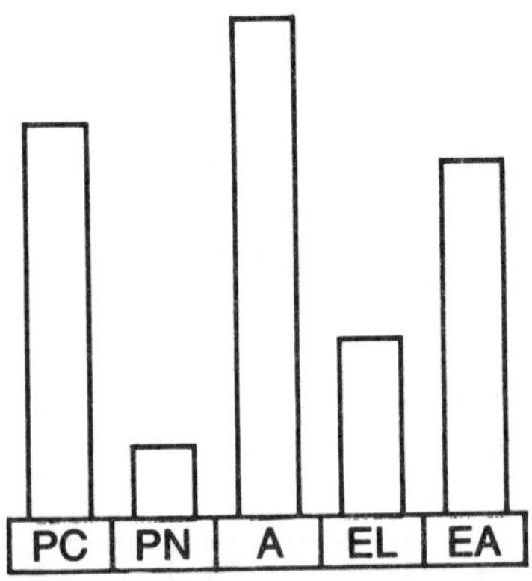

Figure 3.4

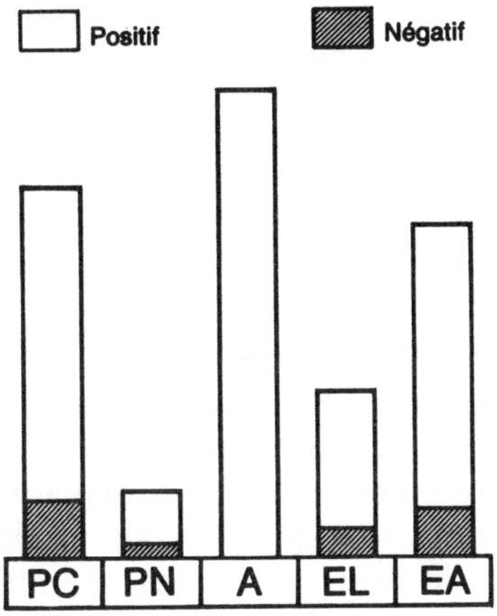

Figure 3.5

Maintenant, complétez l'egogramme en incluant les trois autres colonnes et en leur donnant la hauteur relative du temps que vous passez dans chacune d'elle. Mon egogramme une fois complété ressemblerait à la figure 3.4.

La hauteur exacte de chaque colonne n'a pas d'importance. Ce qui compte, c'est la proportion relative des colonnes les unes par rapport aux autres.

Jack Dusay n'a pas prévu de diviser les colonnes en parties positive et négative, mais il peut être intéressant de le faire. Vous pouvez hachurer une partie de la colonne PC, PN, EL et EA pour montrer le « négatif » et laisser le reste pour le « positif ». Par exemple, je crois que la plupart du temps où je suis dans l'EA, j'obéis aux règles de manière positive. Quand j'adopte les comportements non censurés de mon EL, la plupart d'entre eux aboutissent à quelque chose d'agréable et d'efficace. Je ne suis pas souvent dans mon PN, mais quand j'y suis, il est rare que j'« étouffe » les gens de façon négative. Je suis souvent dans le PC, essentiellement en train de diriger d'autres personnes de manière positive. Mon egogramme final ressemble à la figure 3.5.

À vous, tracez votre propre egogramme.

Si vous travaillez dans un groupe, partagez vos idées avec quelqu'un d'autre en même temps que vous dessinez. Travaillez rapidement, en vous fiant à votre intuition.

Qu'apprenez-vous sur vous-même ?

Certaines personnes trouvent qu'un seul egogramme leur

convient dans toutes les situations, d'autres, qu'il leur faut tracer plusieurs egogrammes différents : par exemple un « pour la maison » et un « pour le travail ». Si c'est votre cas, allez-y, tracez les deux. Que découvrez-vous ?

Expliquez vos egogrammes à quelqu'un qui vous connaît bien. Demandez-lui de tracer le vôtre. Que découvrez-vous en comparant sa version et la vôtre ? □

L'hypothèse de la conservation de l'énergie

Jack Dusay avance *l'hypothèse d'une conservation de l'énergie* : « Quand un état du moi augmente en intensité, un autre ou les autres doivent diminuer pour compenser. Le déplacement d'énergie psychique se produit de manière que l'énergie totale reste constante. »

Le meilleur moyen de modifier mon egogramme selon Dusay, c'est de me mettre à *faire monter* la partie que je veux augmenter et de ce fait, l'énergie quitte automatiquement les parties que je veux diminuer.

Supposez que devant mon egogramme, je décide d'être plus dans le PN et moins dans le PC, je commence par avoir plus de comportements du PN : peut-être vais-je proposer à quelqu'un de lui masser le dos une fois par jour. Ou au travail, je vais faire l'expérience de proposer ouvertement mon aide au lieu d'ordonner aux gens de faire les choses. Je n'essaie pas de diminuer mon PC ; grâce à cette hypothèse de constante, je peux m'attendre qu'il diminue dans la mesure où je mets plus d'énergie dans mon PN.

Y a-t-il quelque chose que vous vouliez changer dans votre egogramme ? Si oui, décidez quelle colonne vous voulez augmenter pour réaliser ce changement. Inscrivez au moins cinq nouveaux comportements que vous pouvez adopter dans le but d'augmenter cette partie d'un de vos états du moi. Donnez-vous les moyens d'appliquer ces comportements dans la semaine qui vient.

Puis retracez votre egogramme. Si possible, faites-en refaire un par quelqu'un qui vous connaît bien. (Ne lui dites pas quels changements vous aviez prévus dans votre egogramme.) Est-ce que le nouveau cadre avec l'hypothèse d'une constante ? □

4

MODÈLE STRUCTURAL DE SECOND ORDRE

Dans le diagramme fonctionnel du chapitre précédent, nous avons divisé les états du moi pour montrer *comment* ils apparaissaient dans le comportement — leur *processus*. En étudiant maintenant le modèle structural de second ordre (et le diagramme qui lui est associé), nous voyons ce que les états du moi contiennent — leur *contenu*.

Dès le moment de ma naissance, je fais l'expérience du monde et l'emmagasine dans ma mémoire.

Est-ce que nous enregistrons vraiment chaque moment de notre vie quelque part dans notre mémoire ? Avons-nous la capacité de nous rappeler toute chose ? Personne ne le sait avec certitude pas plus qu'on ne sait encore où le stockage s'effectue. Ce que nous n'ignorons pas, c'est que presque tous les individus conservent des souvenirs de leur passé. Certains peuvent être ramenés facilement à la conscience, d'autres sont plus difficiles à récupérer, en particulier les souvenirs de notre toute première enfance qui ne nous reviennent que dans nos rêves ou nos fantasmes.

Chacun d'entre nous possède un nombre incalculable d'expériences de pensées, de sentiments et de comportements stockés dans sa mémoire. Le diagramme structural de second ordre se propose de *classer* utilement ces souvenirs à l'intérieur du cadre familier des états du moi.

Si vous voulez, vous pouvez considérer que le diagramme structural de second ordre est une espèce de *système de classement*. Imaginez un homme d'affaires assis à son bureau. Supposez un instant qu'il doive faire ses comptes ; pour cela, il prend tout

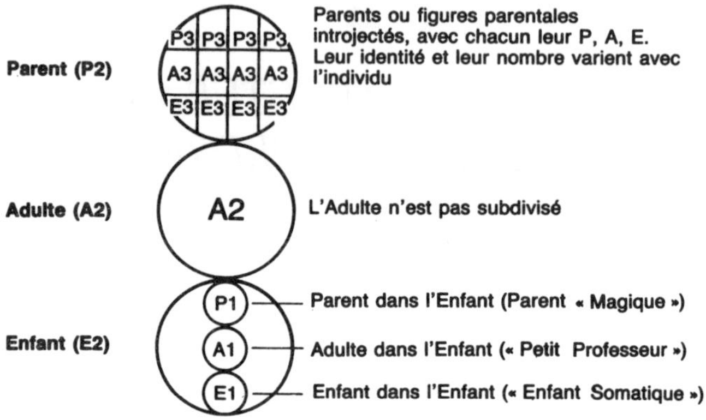

Figure 4.1 Diagramme structural de second ordre

simplement le dossier marqué « factures » où il trouve toutes ses sorties enregistrées prêtes pour le comptable.

De la même manière, le praticien AT utilise le diagramme structural de second ordre pour « classer » les pensées, les sentiments et les comportements dont les traces restent dans la mémoire d'une personne. Cela lui permet de comprendre sa personnalité par le biais de l'analyse structurale[1].

Le diagramme structural de second ordre est représenté figure 4.1. Comment fonctionne-t-il en tant que système de classement ?

Nous avons tous reçu, enfants, des messages de nos parents et pour chacun d'eux, nous avons une certaine manière de penser et nous fabriquons certaines images en relation avec ce message. Nous éprouvons des sentiments par rapport à ce même message et nous prenons une décision quant à ce que nous allons faire pour y répondre. De plus, nos parents nous donnent des raisons pour en expliquer l'importance ; ils peuvent nous transmettre des sentiments qui impliquent un message caché en plus de celui qu'ils nous enseignent explicitement.

Dans le diagramme structural de second ordre, les messages que nous recevons de nos parents ou de figures parentales sont stockés dans P3 ; les raisons qu'ils nous ont données comme quoi ce message était important sont stockées dans A3 et tous les secrets et les sous-entendus sont stockés dans E3. Notre propre pensée par rapport à ces messages devient partie intégrante du contenu de notre A2.

Ce que nous avons imaginé qu'il nous arriverait si nous suivions ou ne suivions pas ces messages entre dans notre P1, les sentiments que nous avons et qui vont avec ces choses imaginées sont stockés dans E1 et nos décisions précoces quant à ce que nous ferons viennent de A1. Nous allons examiner en détail, dans les parties suivantes, chacun de ces « compartiments de classement » du diagramme.

Structure de second ordre : le Parent

Vous savez déjà que l'état du moi Parent signifie l'ensemble de pensées, sentiments et comportements que vous avez copiés de vos parents ou figures parentales. De sorte que, dans le diagramme structural, *le contenu* du Parent se définit comme l'ensemble de traces dans votre mémoire de ces pensées, sentiments et comportements parentaux.

En langage formel, nous appelons cela des *introjections* parentales. Introjecter quelque chose, c'est comme l'avaler tout rond au lieu de le mâcher et de le digérer. C'est typiquement ce que font les enfants avec le modèle de leurs parents.

Un enfant considère la plupart du temps ses parents comme des êtres donnant des ordres et définissant le monde ; ainsi, le contenu du Parent va être constitué en grande partie de ces ordres et de ces définitions : « Ne touche pas le feu ! », « C'est mal de voler ! », « Le monde est un endroit chouette, moche, bon, effrayant. » Les mots évoquent des souvenirs de gestes, d'intonations et d'expressions qui les accompagnaient.

Dans le diagramme structural de second ordre, nous mettons d'abord dans le Parent la personne qui a émis le message dont on se souvient. Pour la plupart des gens, cela va être papa ou maman ; les grands-parents ont peut-être aussi été des figures importantes ; les enseignants jouent également un grand rôle. Le nombre et l'identité des gens qui ont fourni le contenu de votre Parent sont uniques en ce qui vous concerne.

Nous remarquons ensuite que chacune de vos figures parentales avait un état du moi Parent, un Adulte ou un Enfant, ce qui nous donne le dessin du Parent tel qu'il apparaît figure 4.1.

Notez que l'ensemble du Parent porte l'appellation conventionnelle de P2 sur ce diagramme. D'autres auteurs AT appellent différemment P, A, E dans P2 ; ici, nous les appelons P3, A3 et E3.

Le Parent dans le Parent (P3)

Mon père avait tout un tas de slogans et de commandements qu'il avait introjectés de ses propres parents. Il m'en a transmis certains que j'ai stockés dans ma mémoire avec ceux que j'ai reçus de ma mère. Le Parent dans le Parent est donc le centre de stockage de messages qui se transmettent pendant des générations. Par exemple, des parents écossais vont dire à leurs enfants : « Si vous mangez bien votre bouillie d'avoine tous les matins, vous deviendrez grands et forts. » Vous pouvez imaginer leurs lointains ancêtres, vêtus de peaux de bêtes en train de dire la même chose à leurs enfants tous les matins tout en touillant la marmite dans leur grotte.

L'Adulte dans le Parent (A3)

Nous décrivons l'Adulte dans le Parent comme étant la collection des affirmations sur la réalité qu'une personne a entendues, venant des figures qui sont dans son Parent et qu'elle a copiées. Bon nombre d'entre elles seront exactes en ce qui concerne des faits objectifs, d'autres refléteront la compréhension erronée ou les fantasmes des parents sur le monde ; d'autres encore seront des affirmations concernant des choses qui ont jadis été vraies dans les faits mais qui ne le sont plus. Par exemple, l'affirmation : « On ne peut pas marcher sur la Lune » était jadis une réalité.

L'Enfant dans le Parent (E3)

Papa, Maman et l'instituteur avaient chacun un état du moi Enfant. Quand je les ai introjectés dans mon propre Parent, j'ai inclus ma perception de leur Enfant dans cette introjection. Quand j'accède aux souvenirs stockés que j'ai d'eux, j'entre en contact avec les pensées, les sentiments et les comportements de leur enfant et je vais moi-même revivre les sentiments ou réagir comme ce parent faisait quand j'étais petit.

Quand ma mère était petite, elle avait décidé qu'elle obtiendrait des gens ce qu'elle voulait en boudant et en ayant l'air grincheux. Plus tard, quand je fus enfant et qu'elle voulait quelque chose de moi, elle se mettait à bouder et prenait le même air grincheux. Maintenant, dans mon propre Parent, je conserve ce message qui dit que lorsque je suis responsable de quelqu'un, je peux obtenir de lui qu'il fasse ce que je veux en boudant et en prenant l'air grincheux.

Structure de second ordre : l'Adulte

Le contenu de mon Adulte est défini comme étant les pensées, sentiments et comportements que je mets en œuvre pour réagir ici et maintenant ; ce qui implique que l'Adulte est le « compartiment de rangement » où se trouve l'ensemble complet des stratégies que j'ai maintenant à ma disposition en tant que grande personne pour faire face à la réalité et résoudre les problèmes.

Dans l'Adulte, nous plaçons non seulement la capacité à affronter la vie que nous appliquons à notre environnement, mais aussi notre évaluation, en tant que grande personne, de notre propre Parent et de notre propre Enfant. Par exemple, j'ai dans le Parent un ordre qui dit : « Regarde à gauche et à droite avant de traverser ! » En tant que grande personne, j'ai évalué ce message et j'en ai conclu qu'il tient debout dans la réalité. Cette conclusion est stockée dans A2.

La plupart du temps où je suis dans l'Adulte, les autres et moi-même allons avoir le sentiment que je suis en train de « penser ». Mais rappelez-vous le chapitre 2 où le contenu de l'Adulte, par définition, inclut des réactions sous forme de *sentiments* en même temps qu'une pensée dans la situation donnée. Vous allez vous demander : comment est-ce que des sentiments peuvent servir à résoudre des problèmes ? Imaginez qu'à cette minute même, un tigre, échappé d'un cirque, bondisse dans votre chambre par la fenêtre. Si vous êtes comme la plupart des gens, votre sentiment dans cette situation sera la peur, émotion très utile pour vous enfuir à toute vitesse.

Imaginez que vous êtes dans un bus bondé. Votre voisin n'arrête pas de vous pousser du coude tant et si bien que vous êtes sur le point de tomber du bus. La colère, dans cette situation, vous amène à le pousser du coude à votre tour, pour récupérer la place à laquelle vous avez droit et aussi votre sécurité par la même occasion.

Si j'éprouve de la tristesse en ce moment, cela me sert à résoudre un problème d'un genre différent, à savoir la perte de quelqu'un ou de quelque chose d'important pour moi.

Dans le diagramme structural de second ordre, nous n'établissons en général pas de subdivision à l'intérieur de l'Adulte et nous représentons A2 par un cercle unique.

Structure de second ordre : l'Enfant

Pour nous, toute expérience de sa propre enfance que la personne stocke fait partie du contenu de son état du moi Enfant.

Ces millions de souvenirs pourraient être classés de nombreuses manières différentes. Certains pourraient l'être selon l'âge auquel ils remontent ; c'est ce qu'a fait Fanita English[2].

La plupart du temps, nous divisons l'état du moi Enfant structural comme à la figure 4.1, pour une raison simple ; c'est que lorsque j'étais enfant, j'avais déjà un Parent, un Adulte et un Enfant.

Chaque enfant possède des désirs et des besoins fondamentaux (Enfant). Il imagine comment les satisfaire au mieux (Parent) et il possède les capacités intuitives pour résoudre les problèmes (Adulte) ; ce qui explique que nous ayons tracé des cercles dans le Parent, l'Adulte et l'Enfant, qu'on appelle P1, A1 et E1, *à l'intérieur* du cercle plus grand de l'Enfant. L'ensemble de l'état du moi Enfant dans le diagramme structural de second ordre s'appelle E2.

Le Parent dans l'Enfant (P1)

Chaque enfant apprend très tôt dans la vie qu'il y a des règles, qu'il faut suivre, établies par Papa et Maman.

Contrairement à un adulte, un enfant n'a pas la capacité de raisonner pour passer ces règles au crible et vérifier s'il est raisonnable de les suivre. Au lieu de cela, il sait simplement qu'il doit les suivre, même si souvent il n'en a pas envie. Alors, il trouve le moyen de leur obéir soit par la peur soit par la séduction.

« Si je ne fais pas mes prières le soir, le Diable viendra me prendre. »

« Si je ne finis pas mon dîner, Maman va s'en aller et me laisser tout seul et elle ne reviendra jamais. »

« Si je suis gentille, tout le monde va m'aimer. »

C'est sous cette forme magique que les jeunes enfants engrangent leur version des messages émis par leurs parents. Dans la mesure où ces impressions sont ce que l'enfant a imaginé des implications des messages de ses parents, elles sont regroupées dans le diagramme et constituent le contenu de l'état du moi Parent dans l'Enfant. Plus tard, devenu grand, je peux avoir à nouveau accès à ces messages magiques qui sont dans l'Enfant et qui forment le Parent dans l'Enfant, P1.

Cette version fantasmée du parent est souvent beaucoup plus menaçante que le vrai parent. Même lorsque les parents aiment leur enfant et s'occupent de lui de leur mieux, il peut avoir l'impression qu'ils lui envoient des messages destructeurs du style : « Va te faire voir ! » ou bien : « N'aie jamais de plaisir ! » ou encore : « Tu n'es pas censé penser. »

Pour rendre compte du poids particulièrement négatif de P1, les premiers auteurs d'ouvrages AT lui ont donné différents surnoms effrayants comme la Sorcière ou l'Ogre ou le Parent Flic.

Mais les fantasmes grandioses de l'enfant peuvent être aussi bien positifs que négatifs. Le Parent dans l'Enfant est aussi associé à la Fée Marraine, à la bonne Fée ou au Père Noël. C'est pour cette raison que nous préférons l'appellation de « Parent magique », pour désigner P1.

Berne l'appelait l'Électrode pour signifier la manière dont l'enfant réagit quasi automatiquement à ces images magiques de récompense ou de punition.

L'Adulte dans l'Enfant ou le « Petit Professeur » (A1)

A1, l'Adulte dans l'Enfant, est le nom qu'on donne à l'ensemble des stratégies dont dispose l'enfant pour résoudre les problèmes. Il change et se développe à mesure que l'enfant grandit. Les chercheurs qui travaillent sur le développement de l'enfant ont étudié ces changements en détail, et cette lecture est nécessaire pour avoir une compréhension approfondie de l'Adulte dans l'Enfant[3].

Quand j'étais petit, cela m'intéressait beaucoup de découvrir le monde qui m'entourait, mais la manière dont je le faisais ne mettait pas en jeu les processus que les grandes personnes appellent « logiques ». Je me fiais plus à mes intuitions, à mes impressions immédiates ; et en même temps, j'apprenais des choses nouvelles bien plus vite que les adultes. Cette capacité stockée donne à A1 son autre nom de « Petit Professeur ».

Dans ma vie adulte, je peux toujours revenir à mon Enfant et accéder à l'intuition et la créativité que je détiens dans A1.

L'Enfant dans l'Enfant (E1)

La petite Martine, 6 ans, est allongée par terre, occupée à lire un livre qu'on vient de lui donner à l'école. Arrive le chat ; Martine lève les yeux de son livre et tend la main pour le caresser. Mais aujourd'hui, le chat est mal luné ; il envoie à Martine un grand coup de patte sur le bras et du sang se met à couler de l'égratignure.

Dans la seconde qui suit, Martine ne pense plus ; elle se roule en boule et ses hurlements attirent Maman qui est dans la pièce voisine. Martine redevient un bébé tant que Maman n'a pas soigné le bobo et ne l'a pas consolée. Petite fille de six ans, elle revient à son Enfant d'un an.

Adulte, Martine va avoir emmagasiné cette scène. Si elle l'évoque, elle va d'abord contacter l'Adulte de son Enfant de six ans (en train de lire), puis elle va passer dans E1, l'Enfant plus précoce dans l'Enfant, quand elle revit la douleur et la panique qu'elle a éprouvées quand elle s'est fait griffer.

Les très jeunes enfants font l'expérience du monde essentiellement en termes de sensations corporelles qui formeront le gros des souvenirs stockés dans l'Enfant dans l'Enfant. C'est pour cette raison que E1 s'appelle quelquefois l'*Enfant Somatique*.

Avez-vous jamais vu ces poupées gigognes russes ? Vous dévissez le couvercle de la première poupée et vous en trouvez une autre plus petite à l'intérieur ; puis vous dévissez le couvercle de la deuxième et vous en trouvez une encore plus petite à l'intérieur ; vous dévissez celle-là et...

Le diagramme structural de second ordre ressemble à cela. Dans la structure de mon Enfant de six ans, j'ai un enfant plus ancien, disons, de trois ans à l'intérieur duquel il s'en trouve un encore plus ancien et ainsi de suite. Quand nous dessinons le diagramme, nous ne prenons en général pas la peine d'indiquer tout cela en détail, mais si vous êtes thérapeute, surtout, gardez-le présent à l'esprit. Il est souvent important de repérer les différents âges de l'Enfant qu'un client traverse.

En raccordant E2 aux contenus développés de l'Adulte et de l'Enfant, nous obtenons le diagramme complet du modèle de second ordre de la figure 4.1.

Différencier structure et fonction

Pour utiliser le diagramme des états du moi de manière efficace, vous avez besoin de comprendre clairement les différences entre structure et fonction. La confusion entre les deux est un problème de longue date dans l'évolution de la théorie AT.

Et pourtant, les différences sont faciles à comprendre car elles proviennent d'un fait tout simple que vous connaissez déjà.

Le modèle fonctionnel classe les comportements observables alors que le modèle structural classe les souvenirs et les stratégies stockées.

Aussi longtemps que vous garderez cela présent à l'esprit, vous distinguerez très précisément la structure de la fonction.

L'un de nous (VJ) a expliqué cette différence d'une manière plus complète dans un article du *TA Journal* en 1976[4]. Il écrivait ceci :

> Berne a pris grand soin, dans ses présentations, de différencier le diagramme fonctionnel du diagramme structural et je pense qu'il avait une solide base logique pour cela. De nombreux auteurs aujourd'hui essaient de les assimiler l'un à l'autre, ce qui reviendrait à assimiler « la roue » au « fait de tourner ». Ces deux notions désignent des aspects différents de la réalité. En analysant les états du moi, « le structural » désigne les composantes de la personnalité tandis que « le fonctionnel » ou « le descriptif » désigne la manière dont la personnalité fonctionne à un moment donné. On peut comparer cela à un système de climatisation qui peut servir à la fois à chauffer et

refroidir une maison. Quelqu'un va regarder ce système sur le plan « structural » et parler de ses divers composants : le compresseur, les conduites, le thermostat, etc. Quelqu'un d'autre va le regarder sur le plan « fonctionnel » ou « descriptif » et dire comment il chauffe la maison puis la refroidit, en faisant circuler l'air d'un endroit à un autre, de l'électricité consommée..., ce qui constitue des descriptions du fonctionnement, à un moment donné, de tout l'ensemble.

Chaque fois que vous voudrez clarifier la différence entre structure et fonction, pensez à cette roue ou à la pompe à chaleur.

Vous connaissez aussi une autre manière d'exprimer cette distinction :

Structure = « quoi » = contenu

Fonction = « comment » = processus

Pourquoi est-ce si important de faire cette distinction ? Chaque fois que nous parlons des interactions entre les gens, nous devons utiliser le modèle *fonctionnel*. Le modèle *structural* s'applique quand nous considérons ce qui se passe à l'intérieur de l'individu.

La même chose exprimée en langage technique donne ceci : l'étude des aspects *interpersonnels* du travail en AT nécessite le modèle fonctionnel ; les questions *intrapsychiques* doivent être étudiées en utilisant le modèle structural.

Dans ce livre, notre discussion sur la « communication » dans la troisième partie portera presque exclusivement sur la fonction. Ce qui concerne le « scénario de vie » dans la quatrième partie portera essentiellement sur la structure.

Quand je vous regarde, que je vous écoute et que je déduis dans quel état du moi vous êtes, je ne peux faire cette déduction qu'en termes du modèle fonctionnel. Peut-être que je vous vois pencher la tête d'un côté, froncer les sourcils et mettre le bout du doigt dans la bouche. À partir de ces observations, j'en déduis que vous êtes dans l'état du moi fonctionnel de l'Enfant Adapté.

Il n'existe aucune manière similaire dont je puisse vous observer et essayer de déduire que vous êtes dans le « Petit Professeur » ou si vous venez du « Parent dans le Parent ». Ces termes désignent des collections de souvenirs et non des comportements. Ce n'est qu'en écoutant le *contenu* de ce que vous dites que je puis commencer à rassembler des preuves sur la structure de second ordre. Si je veux vraiment connaître le contenu du Petit Professeur, ou du Parent dans le Parent, le *quoi* plutôt que le *comment*, j'ai besoin de faire un travail de recherche ; j'ai surtout besoin de vous poser tout un tas de questions. Je peux aussi me servir de mes connaissances générales sur les différentes formes de personnalités et sur le développement de l'enfant.

Dans le chapitre suivant, nous allons détailler les quatre manières de diagnostiquer les états du moi en relation avec la distinction structure-fonction.

Relation entre structure et fonction

Il est possible que deux choses soient *différentes*, tout en ayant *un lien entre elles*. Cela est vrai de la structure et de la fonction. De toute évidence, la manière dont je me comporte à un moment donné va dépendre en partie de l'ensemble de souvenirs et de stratégies que je contacte à l'intérieur de moi.

Supposez que je montre un ensemble de comportements correspondant à la partie fonctionnelle négative de mon Enfant Adapté. Disons que je suis assis en boule, les bras et les jambes complètement repliés ; je serre les dents, mon visage s'empourpre et mon front se couvre d'une légère sueur. Si vous me regardez à ce moment-là, quelle partie de mon état du moi structural suis-je, à votre avis, en train de contacter à l'intérieur de moi ?

Vous pourriez à juste titre en déduire que je suis en train d'éprouver des sensations corporelles du genre de celles qui correspondent à la définition de l'Enfant Somatique, E1 ; et c'est peut-être le cas. Mais peut-être suis-je en train de contacter les images de cet ogre effrayant ou de ces figures parentales que je me suis construites à l'âge de trois ans et que j'ai stockées ensuite pour construire mon P1.

Il est aussi possible que je reproduise la manière dont mon père se mettait en boule et rougissait quand il se sentait menacé, enfant. Dans ce cas, j'accède à une partie de mon propre Parent, l'Enfant de mon père dans mon Parent (le E3 de mon père).

Et enfin, peut-être suis-je un acteur consommé en train de mettre en place toute une mise en scène dans un but précis de grande personne, que vous ne connaissez pas encore. Dans ce cas, je suis alors susceptible de passer, à l'intérieur de moi, du contenu de mon Adulte A2 à celui de mon Petit Professeur A1.

Encore une fois, quand vous me regardez et que vous m'écoutez, vous pouvez *observer* la fonction. Mais vous ne pouvez que *déduire* la structure.

5

IDENTIFIER LES ÉTATS DU MOI

Pour Eric Berne, il existe quatre manières de reconnaître les états du moi qu'il appelle :

- *diagnostic comportemental,*
- *diagnostic social,*
- *diagnostic historique,*
- *diagnostic phénoménologique.*

Berne a insisté sur le fait qu'il vaut mieux utiliser au moins deux de ces diagnostics en même temps. Pour établir un diagnostic complet, tous les quatre doivent être utilisés et dans l'ordre ci-dessus. Le diagnostic comportemental est le plus important des quatre et les trois autres le confirment [1].

Diagnostic comportemental

Dans le diagnostic comportemental, c'est en observant son comportement que vous déduisez dans quel état du moi se trouve une personne car vous allez voir et entendre :

- *des mots,*
- *des intonations,*
- *des gestes,*
- *des postures,*
- *des mimiques.*

Vous allez diagnostiquer l'état du moi fonctionnel de la personne en observant plusieurs de ces éléments à la fois. Les diverses indications concordent-elles les unes avec les autres ?

Supposez par exemple que vous me voyez assis bien droit sur ma chaise, mon corps bien équilibré de part et d'autre d'une ligne médiane verticale, mes deux pieds fermement posés sur le sol : à partir de ces signes corporels, vous en déduirez d'abord que j'ai un comportement Adulte.

Vous regardez mon visage et vous voyez que mon regard est calme, les muscles de mon visage détendus. Quand je me mets à parler, vous percevez une intonation unie. Vous avez donc maintenant des indications cohérentes fournies par mon expression et ma voix et qui vous aident à confirmer votre diagnostic d'un comportement Adulte.

Une seule indication ne suffit pas. Je suis peut-être assis en train de discuter de la philosophie des états du moi. Si vous écriviez ce que je dis, mes mots auraient l'air Adulte. Mais vous continuez de me regarder et vous vous apercevez que j'ai déplacé mes pieds de telle sorte que les orteils de l'un reposent sur ceux de l'autre. J'ai incliné la tête d'un côté et avec les doigts de la main gauche, je tapote le bras du fauteuil. Ces indications données par mes gestes et ma posture vous informent que je suis très probablement dans mon Enfant Adapté, malgré l'air Adulte de mes mots.

Existe-t-il des « indications types » des états du moi ?

Il est de tradition dans les livres qui traitent de l'AT de donner des tableaux d'indications types sur le diagnostic comportemental. Par exemple, on dit qu'un doigt qui remue correspond au Parent Contrôlant ; une voix geignarde est censée révéler l'Enfant Adapté ; crier : « Ah ! Youpie ! », désigne l'Enfant Libre, etc.

Mais cette notion d'« indications types » soulève un point délicat concernant la nature fondamentale du modèle des états du moi, car ces tableaux sont basés sur le postulat que lorsque je suis par exemple dans l'EA, je vais me comporter *comme un enfant* obéissant aux demandes de ses parents. De la même manière, dans le PN, je me comporte *comme un parent* qui s'occupe d'un enfant. Mais ceci n'est pas ce que dit le diagramme. Qu'est-ce que je veux dire quand je me sers de manière exacte du langage du diagramme ?

Quand je dis que je suis « dans l'Enfant », je veux dire que je me comporte, que je pense et que je ressens comme l'enfant que *moi* j'étais jadis et non comme *n'importe quel* enfant. Quand je suis dans le PN, je me comporte, je pense et je ressens comme l'un de *mes* parents le faisait, pas seulement comme « les parents en général ».

Il s'ensuit que pour poser un diagnostic comportemental fiable sur mon EA, vous auriez besoin de savoir de quoi *moi* j'avais l'air dans mon enfance, quand j'obéissais à mes parents. Pour identifier mon PN, il vous aurait fallu pouvoir observer mon père ou ma mère tels qu'ils s'occupaient de moi, il y a des années.

L'ensemble d'indications comportementales qui définissent mon EA et mon EL sont différentes des vôtres, parce que vous et moi avons été des enfants différents. Dans la mesure où nous avons eu des parents différents, nous aurons chacun un ensemble unique et particulier de comportements qui marque notre PC ou PN.

Cela signifie-t-il que les tableaux d'« indications types » sont inutiles ? Heureusement, la réponse est « non ». Il y a certains comportements qui sont typiques des *enfants en général* lorsqu'ils obéissent à leurs parents ou qu'ils agissent spontanément. Il y a des comportements que les *parents en général* montrent souvent quand ils contrôlent ou nourrissent leurs enfants. Et donc, si nous recherchons ces comportements typiques, nous commençons de manière très utile notre diagnostic des états du moi fonctionnels. Nous devons simplement être conscients que cela n'est que le début.

Pour renforcer notre diagnostic, il nous faut arriver à connaître la personne. Avec du temps, nous pouvons faire la liste de l'ensemble unique de comportements qui est le sien et qui indique des changements d'état du moi.

Dans ce livre, nous préférons ne pas donner de tableau d'« indications types », mais nous vous invitons à faire votre propre tableau à la place.

Prenez une grande feuille de papier sur laquelle vous faites six colonnes. Intitulez celle de gauche « indications données par ». Intitulez les cinq autres avec les cinq termes désignant les états du moi fonctionnels que vous avez utilisés pour votre egogramme : PC, PN, A, EL, EA.

Revenez à la colonne intitulée « indications données par ». À intervalles réguliers, notez les cinq rubriques :

- *mots,*
- *intonations,*
- *gestes,*
- *postures,*
- *mimiques.*

Tracez des lignes horizontales pour obtenir cinq cases vides dans chaque colonne. Une sera pour les « mots », une autre pour les « intonations », etc. Le but est que vous remplissiez ces colonnes de signes comportementaux pour *vous-même.*

Prenons la colonne du PC, vous allez y indiquer les signes donnés par votre comportement lorsque vous copiez la manière dont vos parents contrôlent et commandent les autres. Pensez aux situations dans lesquelles vous êtes typiquement dans votre PC. C'est peut-être au travail, quand vous avez la responsabilité de subordonnés. Si vous êtes parent, évoquez vos comportements quand vous dites à vos enfants ce qu'ils doivent faire.

Voici quelques exemples qui montrent comment moi je me mets dans mon PC.

Mots : « Non ! Arrête ! Fais ça. C'est comme ça qu'il faut faire. C'est bien ! C'est mal ! Tu devrais... Il faut que tu... »

Intonations : profonde, forte, dure.

Gestes : couper l'air de la main droite, appuyer les mains l'une contre l'autre en « clocher », me croiser les mains derrière la tête.

Postures : penché très en arrière sur mon siège, tête inclinée en arrière, air méprisant.

Mimiques : coins de la bouche légèrement abaissés, sourcils levés.

Vous allez peut-être trouver que certains de ces signes s'appliquent aussi à vous ; mais l'important est de faire votre propre liste, allez-y.

Faites seulement la liste de ce que les gens peuvent voir et entendre. N'interprétez pas. Par exemple, pour « mimiques », mettez seulement ce que les gens vous voient faire avec votre visage. Ne mettez pas des mots comme « condescendant, hautain, autoritaire... » car ce seraient des interprétations. Quand vous me regardez et que vous écoutez ma voix, vous me sentez peut-être autoritaire. Mais le côté autoritaire n'est pas quelque chose que vous observez, c'est une interprétation que vous faites dans votre tête. Veillez à toujours être conscient que l'interprétation est quelque chose de différent de ce que vous êtes en train d'observer.

Une fois remplie la colonne du PC, passez aux autres colonnes et remplissez-les de la même manière. Pour le PN, notez les comportements que vous avez quand vous copiez la manière dont vos parents s'occupaient des autres. Encore une fois, si vous êtes vous-même parent, vous êtes susceptible de faire de même certaines fois où vous vous occupez de vos enfants.

Pour l'EA, notez les signes de votre comportement quand vous reproduisez les manières que vous aviez de suivre les règles des autres quand vous étiez enfant. C'est peut-être quand vous êtes en groupe et que vous vous adaptez, ou au travail en train de parler à votre patron, etc.

Pour l'EL, évoquez un moment récent où vous vous êtes comporté comme l'enfant que vous étiez jadis, qui ne se conformait pas aux règles des autres et ne se rebellait pas non plus contre elles. Peut-être étiez-vous sur les montagnes russes, le visage caché, en train de hurler dans la descente ; ou bien alliez-vous chez le médecin pour une banale piqûre et vous êtes-vous retrouvé tremblant de peur au moment où l'infirmière a sorti la seringue.

Rappelez-vous que les divisions fonctionnelles du Parent et de l'Enfant peuvent se présenter de manière aussi bien négative que positive. Apparaissez-vous comme écrasant les gens à partir du PC négatif ? Si vous êtes parent, étouffez-vous vos enfants ? Si oui, comment vous voient-ils, vous entendent-ils dans votre PN négatif ? Renâclez-vous pour parler à votre patron en souhaitant le voir à des kilomètres ? Si c'est le cas, comment vous verriez-vous et vous entendriez-vous dans un film vidéo dans votre EA négatif ?

Dans la colonne Adulte, inscrivez vos comportements quand vous agissez comme la personne adulte que vous êtes aujourd'hui. Vous étiez récemment en train d'échanger des informations avec un collègue de travail, ou bien au supermarché en train d'acheter ce qui se trouvait sur votre liste. Peut-être lisiez-vous un livre pour savoir ce que sont les états du moi. Rappelez-vous que l'Adulte désigne l'ici et maintenant aussi bien pour la pensée que pour les sentiments. Et, par conséquent, les comportements Adultes englobent l'expression d'émotions quand les sentiments exprimés sont des réactions adpatées à la situation du moment.

Dans la colonne de l'EL, notez vos manières de vous comporter lorsque vous faites comme si vous étiez à nouveau un enfant spontané et non une grande personne spontanée □

Parfois, quand vous observez les signes de mon comportement, vous avez sans doute besoin de poser d'autres questions pour vous aider à décider lequel de mes états du moi concorde avec un comportement particulier. Supposez que je sois assis tout avachi, penché en avant, la tête dans les mains, les coins de la bouche abaissés. Je soupire profondément et mes yeux se remplissent de larmes. De tous ces signes, vous déduisez que j'exprime de la tristesse. Mais dans quel état du moi suis-je ? Je viens peut-être d'apprendre qu'un de mes proches parents vient de mourir. Ma tristesse serait alors une réaction adaptée à la situation, donc de mon Adulte. Ou bien je viens de recontacter le souvenir d'une perte que j'ai éprouvée quand j'étais petit et à propos de laquelle je ne me suis jamais laissé aller à la tristesse avant aujourd'hui. Dans ce cas, mon sentiment est l'expression de mon EL. Une autre possibilité est que je reproduis une attitude de mon EA négatif en étant avachi et triste et qu'ainsi j'ai le moyen de manipuler les gens autour de moi.

Pour étayer votre évaluation de mes signes comportementaux, il va vous falloir me poser des questions sur la manière dont les gens sont en relation avec moi. Vous allez m'interroger sur mon histoire personnelle et sur mes parents ; et vous allez regarder ce que je suis en train de revivre de ma propre enfance.

Nous allons maintenant examiner les trois autres types de diagnostics de Berne. Utilisez-les pour vérifier la liste de comportements que vous avez faite pour vous-même. Complétez-la, modifiez-la selon ce que vous apprenez □

Diagnostic social

L'idée sous-tendue par le diagnostic social est que les autres sont souvent en relation avec moi à partir d'un état du moi complémentaire de celui que j'utilise. En conséquence, en notant l'état du moi à partir duquel ils réagissent, je peux vérifier l'état du moi que j'ai utilisé.

Par exemple, si je m'adresse à vous à partir du Parent, il y a des chances pour que vous me répondiez à partir de l'Enfant. Si j'entre en communication avec vous à partir de l'Adulte, vous allez sans doute répliquer aussi dans l'Adulte. Et si je vous approche à partir de l'EA, peut-être bien que vous répondrez à partir du Parent.

Donc, si je m'aperçois que les gens semblent souvent me donner des réponses à partir de l'Enfant, j'ai des raisons de penser que je dois souvent m'adresser à eux à partir du Parent. Je suis peut-être superviseur et je m'aperçois que ceux que je supervise traînent la patte ou bien s'arrangent pour saboter mes ordres derrière mon dos. Ces deux comportements semblent émaner de l'EA. Je suis donc peut-être plus PC avec eux que je ne le croyais. Si je veux changer cette situation, je vais noter les comportements de PC que j'utilise au travail, et puis je vais essayer, disons, des comportements Adultes à la place, et les états du moi que les personnes sous mes ordres utiliseront pour me répondre me donneront un diagnostic social et me diront jusqu'où j'ai réussi à modifier mon approche par le Parent.

Évoquez une occasion récente où quelqu'un a semblé vous répondre à partir de l'Enfant. Quels signes de son comportement vous a-t-il donnés pour que vous interprétiez qu'il était dans l'Enfant ?

Avez-vous induit cette réaction en vous exprimant à partir de votre PC ou PN ? Si oui, regardez votre liste d'indications et sélectionnez la manière dont la personne vous a vu et entendu dans le Parent.

Comment auriez-vous pu modifier votre comportement de manière à induire une réaction de leur part à partir d'un autre état du moi ?

Faites le même exercice à propos d'occasions récentes où quelqu'un a semblé s'adresser à vous à partir de son Adulte, de son Parent □

Diagnostic historique

Pour le diagnostic historique, nous posons des questions pour savoir comment la personne était, enfant. Nous l'interrogeons sur ses parents ou figures parentales, ce qui nous permet de vérifier deux fois nos impressions sur ses états du moi fonctionnels ainsi que sur leur structure. *Le diagnostic historique concerne à la fois le processus et le contenu.*

Je vous vois dans un groupe, le dos voûté, le visage froncé, la main sur les yeux et je vous entends dire : « Je suis confuse. Je n'arrive pas à penser. » D'après votre comportement, j'en déduis que vous êtes dans l'EA.

Pour le diagnostic historique, je vous demande : « Comment vous sentiez-vous lorsque vous étiez petite et qu'on vous demandait de penser ? » ou bien : « J'ai l'impression qu'à cette minute, vous avez l'air d'avoir six ans. Est-ce que vous vous rappelez quelque chose de votre enfance ? » Vous allez dire : « Ah oui ! Papa était tout le temps sur mon dos pour que je lise, et puis, il rigolait parce que je n'arrivais pas bien à comprendre tous les mots. Alors, je faisais l'idiote, juste pour l'embêter. »

À un autre moment, vous êtes penchée en arrière dans votre fauteuil, la tête inclinée en arrière et vous toisez votre voisine. Vous lui dites : « Ce que tu viens de dire est faux. Voilà comment ça se passe vraiment... » Elle se ratatine, courbe les épaules et lève les sourcils à la manière de l'EA. Maintenant, j'ai des indications à la fois comportementales et sociales que vous êtes dans le PC. Pour une vérification historique, je demande : « Gardez la pose une minute, voulez-vous ? Est-ce que votre père ou votre mère s'asseyait comme ça quand ils vous disaient comment les choses se passaient ? » Vous allez peut-être éclater de rire et répondre : « Ah oui ! Ça, c'est tout papa ! »

Vos paroles me donnent donc une seconde vérification de mon diagnostic comportemental. En vous voyant montrer l'ensemble de comportements qui, je pense, concordent avec votre EA, je confirme que votre vécu intérieur est la répétition de la manière dont vous réagissiez aux pressions parentales dans votre enfance. En même temps que votre comportement manifeste des indications venant du Parent, vous m'informez que vous êtes en train de copier les comportements de l'un de vos parents.

Revenez à votre liste d'indications comportementales et utilisez le diagnostic historique pour vérifier les indications concernant chaque état du moi.

Quand vous en êtes au PC ou au PN, cherchez à vous rappeler quel parent ou figure parentale vous copiez pour chaque comportement. Quels sont également les pensées et les sentiments que vous imitez dans ce comportement ?

Pour l'EA et l'EL, évoquez les situations de votre enfance dans lesquelles vous vous comportiez ainsi. Quel âge aviez-vous ? Quelles étaient vos pensées, vos sentiments à cette époque ?

Pour l'Adulte, vérifiez que les comportements que vous avez *ne sont pas* des répétitions de votre enfance ni un comportement parental que vous avez avalé tout rond.

Il va maintenant vous paraître souhaitable de faire glisser certaines de vos indications d'une colonne dans une autre. Par exemple, certaines indications que vous aviez tout d'abord notées dans l'Adulte s'avèrent mieux concorder avec l'EA □

Diagnostic phénoménologique

Je peux parfois revivre le passé au lieu de simplement me le rappeler. Berne a écrit que « ... la validation phénoménologique ne se produit... que si l'individu arrive à revivre l'ensemble de son état du moi, avec toute l'intensité possible ».

Supposez que vous venez de vous souvenir de l'époque où votre père vous bassinait pour que vous lisiez, puis se moquait de vous parce que vous ne compreniez pas les mots. Si vous et moi travaillions en thérapie, je vous inviterais à revenir à cette scène de votre enfance. Vous mettez votre père devant vous en imagination et vous lui dites ce que vous ne pouviez pas lui dire quand vous aviez six ans. Vous allez peut-être commencer par lui parler en pleurnichant, puis vous allez renouer avec une violente colère et vous mettre à crier : « Ce n'est pas juste ! » et taper sur un coussin comme vous auriez aimé taper sur Papa. Vous et moi avons un diagnostic phénoménologique d'une partie du contenu de votre Enfant. Berne utilise ici le terme « phénoménologique » dans un sens qui n'est pas celui que lui donne habituellement le dictionnaire. Il n'a jamais expliqué pourquoi il avait choisi de procéder ainsi. Retenez simplement la signification technique de Berne telle que nous l'avons décrite cidessus.

Diagnostic des états du moi dans la pratique

L'idéal serait d'utiliser les quatre sortes de diagnostic, ce qui est souvent impossible dans la pratique. Dans ce cas, nous faisons simplement de notre mieux.

Quand nous nous servons de l'AT pour travailler en entreprise, en formation à la communication ou dans l'éducation, ou simplement pour améliorer nos relations quotidiennes avec les autres, nous devons le plus souvent compter sur le diagnostic comportemental. Le diagnostic social nous donne quelques appuis, mais même dans une thérapie AT, le diagnostic comportemental est le premier et le plus important moyen de reconnaître les états du moi.

Pour utiliser l'AT d'une manière toujours plus efficace, entraînez-vous à affiner en permanence votre diagnostic comportemental. Reportez-vous à tout moment au tableau que vous vous êtes fait, et révisez-le à mesure que vous devenez de plus en plus conscient de vos changements d'état du moi.

Si vous avez le matériel adéquat, enregistrez-vous au magnétophone ou au magnétoscope. Analysez vos indications image par image. Associez les changements de votre voix et de votre corps à ce que vous éprouvez intérieurement.

Prenez l'habitude d'établir un diagnostic comportemental quand vous êtes en communication avec d'autres. Faites-le en réunion, pendant les cours, quand vous parlez à votre conjoint, votre patron, vos employés. Relevez les changements d'état du moi chez vous et chez l'autre. Cela va vous paraître délicat au départ, mais persistez jusqu'à ce que cela devienne une seconde nature.

Gardez cette analyse pour vous à moins que vous ne soyez sûr que l'autre veuille vraiment la connaître !

Saisissez toutes les occasions possibles pour vérifier votre diagnostic comportemental grâce aux preuves historiques et phénoménologiques. *Mais ne faites cela avec d'autres que si vous avez leur accord explicite auparavant.* Plus vous vérifierez de cette manière, plus votre diagnostic comportemental deviendra précis □

Le Soi exécutif et le vrai Soi

Pour la simplicité de notre discussion sur les états du moi, nous avons supposé jusqu'ici qu'une personne ne peut être que dans un seul état du moi à la fois. En réalité, la position est moins simple. Il arrive que quelqu'un *se comporte* d'une manière qui correspond à un état du moi alors qu'il *se vit lui-même* comme étant dans un autre état du moi.

Par exemple, imaginez que je suis au travail, en train de discuter avec un collègue d'une tâche prévue. Pendant les premières minutes de la discussion, mon attention est entièrement concentrée sur la tâche en cours. Si vous étiez à l'affût de mes signes comportementaux, vous en déduiriez à coup sûr que je suis dans l'Adulte. J'ai aussi intérieurement l'expérience que je suis dans l'Adulte, en train de réagir ici et maintenant, d'échanger et d'évaluer des informations.

Mais à mesure que la conversation se prolonge, je commence à m'ennuyer. Je me dis intérieurement : « J'aimerais être ailleurs. Il fait si beau dehors que j'aimerais mieux me promener au grand air. Mais je ne pense pas que ce soit possible... ». A ce moment, je me sens dans l'Enfant. Je rejoue ces scènes de l'année scolaire où il fallait que je reste assis en classe alors que je trouvais le cours barbant et que j'avais envie d'aller jouer dehors.

En dépit de mon ennui, je continue ce que je suis en train de faire. Ce que vous observez de mon comportement, c'est que vous me voyez continuer d'échanger des informations, donc, à l'extérieur, je continue de me comporter dans l'Adulte. Mais mon comportement ne concorde plus avec l'état du moi dans lequel je me sens.

Pour décrire cette situation, Eric Berne propose une distinction entre *le Soi exécutif et le vrai Soi*[2]. Quand un état du moi dicte le comportement d'une personne, on dit que cet état du moi *a le pouvoir exécutif.* Quand une personne se vit en elle-même dans un état du moi particulier, on dit qu'elle vit cet état du moi comme étant son *vrai Soi.*

La plupart du temps, l'état du moi ayant le pouvoir exécutif sera aussi vécu comme le vrai Soi. Dans l'exemple ci-dessus, quand j'ai commencé ma discussion de travail, j'avais le pouvoir exécutif dans l'Adulte et, en même temps, je vivais l'Adulte comme étant mon vrai moi. Et puis, quand j'ai commencé à m'ennuyer, j'ai fait passer mon expérience du vrai moi dans l'Enfant et, cependant, j'ai continué de me comporter d'une manière cohérente avec l'Adulte, j'ai donc ainsi maintenu le pouvoir exécutif dans ce dernier.

Supposez que mon collègue de travail continue la conversation plus longtemps, alors je me mets peut-être à bâiller, et je perds le fil de ce qu'il dit. Il attend que je lui réponde sur un point, et je me mets peut-être à rougir en disant : « Oh ! Excuse-moi, je crois que j'étais ailleurs. » À ce moment-là, j'ai le pouvoir exécutif dans l'Enfant tout en vivant l'Enfant comme étant mon vrai moi.

> Inventez encore au moins trois exemples pour illustrer le cas de quelqu'un qui aurait le pouvoir exécutif dans un état du moi tout en vivant un autre état du moi comme son vrai Soi.
>
> Trouvez des exemples similaires dans votre propre expérience au cours de la semaine passée □

Incongruité

Cette division entre le Soi exécutif et le vrai Soi pose évidemment des problèmes supplémentaires pour le diagnostic des états du moi.

Dans la mesure où l'état du moi qui a le pouvoir exécutif est celui qui détermine le comportement, on pourrait s'attendre à ce que les signes comportementaux de la personne indiquent cet état du moi. Tant que cet état du moi est vécu comme étant le vrai Soi, c'est votre diagnostic comportemental qui vous donne une idée précise de l'expérience intérieure de la personne.

Mais qu'en est-il si elle passe alors dans un autre état du moi comme vrai Soi, tout en maintenant le pouvoir exécutif dans le premier état du moi ? Comment allez-vous détecter cela par le diagnostic comportemental ?

Le fait est que, quelquefois, on ne peut pas le détecter. Cela se produit surtout à des moments où on est relativement inactif. Vous me voyez par exemple assis, en train d'écouter une conférence. Je suis assis droit, je bouge peu et je ne dis rien. À première vue, vous allez déduire de mon comportement que je suis dans l'Adulte. Mais à l'intérieur, je suis peut-être dans l'Enfant, en train de rêver tout éveillé, et si vous ne poussez pas plus loin vos investigations, vous n'avez aucun moyen de le savoir.

Généralement pourtant, le comportement d'une personne donne effectivement des indications sur ce qui se passe. Vous vous apercevrez que, lorsqu'elle a le pouvoir exécutif dans un état du moi différent de celui qui est vécu comme étant le vrai Soi, il y a une coupure chez elle entre son comportement et son vécu intérieur. A l'extérieur, voici en général ce qui apparaît : les indications les plus évidentes de son comportement vont désigner l'état du moi qui a le pouvoir exécutif, mais en même temps, elle va manifester d'autres signes plus subtils qui ne concordent pas avec ceux de l'état du moi qu'elle ressent comme étant son vrai Soi. En langage technique, nous disons que son comportement révèle une *incongruité.*

Quand j'étais en train de discuter avec mon collègue, au travail, mes comportements les plus évidents concordaient avec l'état du moi exécutif que j'avais pendant tout ce temps, à savoir l'Adulte. Mais si vous m'aviez regardé et écouté de près, vous auriez remarqué certains changements au moment où j'ai commencé à m'ennuyer et où je suis passé dans l'Enfant comme mon vrai moi. Jusqu'à cet instant, le ton de ma voix avait beaucoup changé au cours de mes phrases mais, à ce moment-là, il est devenu monotone. Mon regard, qui jusqu'à cet instant s'était régulièrement déplacé entre le document de travail et le visage de mon collègue, est devenu vague et s'est fixé sur un point de la table. Ces incongruités vous auraient aidé à déduire que le vécu de mon vrai moi était passé de l'Adulte à l'Enfant.

Reconnaître l'incongruité est l'un des arts les plus importants que vous puissiez développer dans votre usage de l'AT. Nous reviendrons sur ce sujet lorsque nous verrons les transactions au chapitre 7.

La théorie de l'énergie selon Berne

Eric Berne a élaboré une théorie pour expliquer ce qui se passe quand nous faisons passer le pouvoir exécutif et notre sentiment du vrai Soi d'un état du moi dans un autre. Il n'est pas prévu dans ce livre de traiter de cette théorie en détail. Nous la survolerons dans ce passage, et vous pourrez l'approfondir si vous le souhaitez à partir de la bibliographie.

Berne a suivi Freud dans son hypothèse d'un concept d'énergie psychique, ou *cathexis.* Il avançait que cette énergie existe sous trois formes : liée, déliée et libre. Le terme supplémentaire d'« énergie active » désigne la combinaison de l'énergie déliée et de l'énergie libre.

Pour illustrer la différence entre ces trois formes d'énergie, Berne se servait de la métaphore du singe dans un arbre. Lorsque le singe est perché sur une haute branche, il possède de l'énergie *potentielle* — l'énergie qui serait libérée si le singe tombait sur le sol. Cette énergie potentielle est analogue à l'énergie liée.

Si le singe tombe vraiment de l'arbre, l'énergie potentielle est libérée sous forme d'énergie *kinésique.* Cela illustre la nature de l'énergie déliée.

Par ailleurs, le singe est un organisme vivant. Plutôt que de seulement tomber de l'arbre, il peut exercer son choix de sauter au sol. Berne dit que cet usage volontaire de l'énergie est analogue à l'énergie libre.

On considère chaque état du moi comme ayant une frontière. L'énergie libre peut circuler sans entraves d'un état du moi à un autre au travers de ces frontières. De plus, chaque état du moi contient une certaine quantité d'énergie qui est stockée à l'intérieur de cette frontière. Si cette énergie n'est utilisée à aucun moment, elle correspond à une énergie liée. Quand cette énergie en réserve est mise en service, l'énergie liée se transforme en énergie déliée.

Par exemple, quand j'ai commencé ma conversation au travail, je me servais activement de l'énergie qui réside dans l'Adulte ; l'énergie de cet état du moi était déliée. En concentrant mon attention sur la tâche en cours, je faisais aussi passer de l'énergie libre dans l'Adulte.

Tout au long de la scène de l'exemple, *j'aurais pu* employer une part de l'énergie contenue à l'intérieur des limites du Parent. J'aurais pu, par exemple, me remettre à reproduire les jugements de mon Parent et me demander si je travaillais assez dur. Et pourtant, je ne l'ai pas fait. L'énergie à l'intérieur du Parent est restée liée.

Berne émettait l'hypothèse qu'un état du moi prend le pouvoir exécutif s'il est celui dans lequel la somme d'énergie libre et d'énergie déliée (c'est-à-dire l'énergie active) est la plus grande à un moment donné. L'état du moi vécu comme vrai Soi est celui qui, à un moment donné, a la plus grande quantité d'énergie libre.

Au début de ma discussion de travail, j'avais le pouvoir exécutif dans l'Adulte, et je vivais également l'Adulte comme étant mon vrai moi. Nous pouvons inférer par conséquent que c'est dans l'Adulte que j'avais l'énergie active la plus élevée *et* l'énergie libre la plus élevée, à ce moment-là.

Quand je suis passé de l'attention à l'ennui, j'ai déplacé une certaine quantité d'énergie libre dans l'Enfant, et j'ai continué ainsi jusqu'à ce que cet état du moi contienne plus d'énergie libre que l'Adulte ou le Parent. À ce moment-là, j'ai commencé à vivre l'Enfant comme mon vrai moi, mais j'ai maintenu le pouvoir exécutif dans l'Adulte, ce qui montre que c'est dans l'Adulte que j'avais encore la quantité d'énergie active la plus élevée.

Si la discussion s'était prolongée beaucoup plus longtemps, j'aurais peut-être libéré de plus en plus d'énergie liée contenue dans l'Enfant, jusqu'à ce que finalement, cet état du moi ait plus d'énergie active que l'Adulte et prenne ainsi le pouvoir exécutif. Vous vous rendrez compte qu'il arrive quelquefois qu'une personne ait une certaine quantité d'énergie active dans *ses trois* états du moi en même temps. Par exemple, je peux continuer de garder le pouvoir exécutif dans l'Adulte en échangeant des informations techniques avec mon collègue. En faisant cela, je peux aussi délier une partie de l'énergie qui est dans le Parent et me critiquer intérieurement de ne pas comprendre suffisamment ce travail. En même temps, je peux délier une partie de l'énergie active de l'Enfant et avoir honte de ne pas obéir à ces consignes du Parent.

Si vous avez trouvé l'exposé théorique de cette partie ardu à première vue, ne vous en faites pas. Si vous êtes friand de théorie, vous ne manquerez pas de poursuivre l'étude plus détaillée de ce sujet en lisant Berne et d'autres théoriciens. Si la théorie n'est pas votre fort, glissez simplement sur cette partie qui n'est pas indispensable pour pouvoir comprendre la suite de ce livre.

6

PATHOLOGIE STRUCTURALE

Nous sommes jusqu'ici partis du principe que vous pouvez toujours clairement différencier le contenu d'un état du moi de celui d'un autre. Nous avons supposé aussi que les gens peuvent se mouvoir à volonté entre les états du moi.

Mais que se passe-t-il si les contenus de deux états du moi se mélangent ? Ou si une personne ne peut pas entrer ou sortir d'un état du moi donné ? Eric Berne a donné un nom à ces deux problèmes : la *contamination* et l'*exclusion*, qui toutes les deux s'inscrivent dans la rubrique de la *pathologie structurale*[1].

Contamination

Par moments, il m'arrive de prendre une partie du contenu de l'Enfant ou du Parent pour de l'Adulte. Quand cela se produit, on dit que l'Adulte est *contaminé*.

C'est comme si un état du moi empiétait sur un autre. Nous montrons cela sur le schéma en traçant des cercles qui se chevauchent et en noircissant la partie commune qui représente la contamination.

Sur la figure 6.1a, nous voyons une *contamination par le Parent*, où le contenu du Parent chevauche celui de l'Adulte. La figure 6.1b montre une *contamination par l'Enfant*, et la figure 6.1c montre une *double contamination* où le Parent et l'Enfant empiètent tous les deux sur l'Adulte.

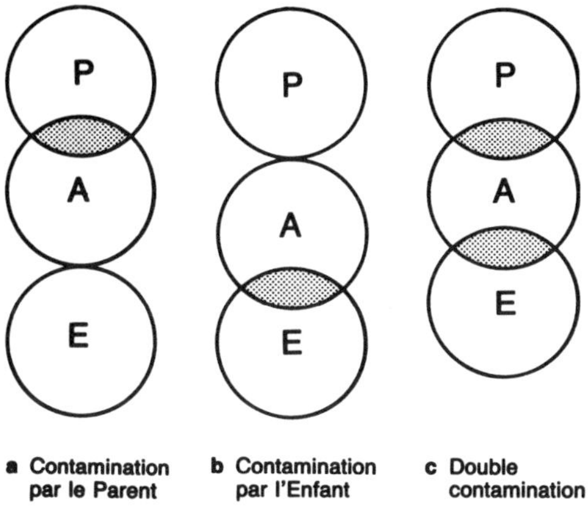

Figure 6.1 Contamination

Contamination par le Parent

Je suis dans une contamination par le Parent lorsque je confonds les slogans que lance le Parent avec la réalité de l'Adulte ; je prends des idées reçues pour des faits. Berne appelait cela des *préjugés*. Par exemple :

« Tous les Écossais sont avares. »
« Les Noirs sont paresseux. »
« Les Blancs vous exploitent. »
« Le monde est un endroit abominable. »
« On ne peut pas faire confiance aux gens. »
« Si tu ne réussis pas du premier coup, fais des efforts, essaie encore ! »

Si je pense qu'une affirmation de ce genre est une expression de la réalité, alors je suis dans une contamination.

Quand une personne parle d'elle-même et dit « vous » au lieu de « je », il est probable que le contenu de ce qui suit est contaminé par le Parent. Par exemple, voici comment Monique parle de sa vie :

« Vous devez avancer quoi qu'il arrive, non ? Et vous n'avez pas intérêt à laisser les gens voir ce que vous ressentez. » Il y a des chances pour que Monique ait appris ces deux slogans de ses parents. Il est aussi probable que ses parents les prenaient pour des affirmations de la réalité.

Contamination par l'Enfant

Quand je suis dans une contamination par l'Enfant, j'obscurcis ma pensée avec des croyances de mon enfance, des fantasmes créés par des sentiments que je prends pour des faits. Par exemple, je quitte une soirée et j'entends des gens rire au moment où je passe la porte. Je me dis : « Ils sont en train de se moquer de moi derrière mon dos ! »

À cet instant, je revis un épisode de ma petite enfance au cours duquel j'ai décidé sans le formuler : « Il y a quelque chose qui cloche chez moi. Tout le monde sait quoi sauf moi, et personne ne veut me le dire. »

Je n'ai pas conscience que c'est une répétition. Dans la contamination, je confonds cette situation de mon enfance avec la réalité adulte.

Si je voulais, je pourrais revenir dans la pièce et vérifier si les participants à cette soirée se moquent effectivement de moi. S'ils me disaient en toute franchise « non », j'aurais tout loisir de sortir de la contamination, séparant ainsi mon évaluation Adulte de la situation du moment, des représentations dépassées que l'Enfant se fait du monde. Je me rendrais compte que les gens dans la pièce riaient d'une blague qui n'avait rien à voir avec moi. Je me rappellerais peut-être aussi avoir été taquiné, mais alors, j'identifierais ces souvenirs comme appartenant clairement au passé.

À supposer même que les gens s'en soient payé une bonne tranche à mes dépens, je pourrais sortir de la contamination en me disant : « Et alors ? S'ils ont décidé de se moquer de moi, ça les regarde, je reste OK. »

Mais ce jour-là, je ne suis peut-être pas prêt à sortir de cette contamination par mon Enfant. Dans ce cas, lorsque les gens de la fête me disent : « Non, on ne se moquait pas de toi », je me dis intérieurement : « Ouais ! je parie qu'ils me racontent des mensonges uniquement pour ne pas me faire de peine. »

Berne a quelquefois utilisé le terme d'*illusion* pour décrire ce genre de croyance typique émanant d'une contamination par l'Enfant. Il en existe de banales, du genre :

« Je ne suis pas bon en orthographe/maths/langues. »
« Les gens ne m'aiment pas. »
« J'ai quelque chose qui ne va pas. »
« Je suis né(e) gros(se). »
« Je ne peux pas m'arrêter de fumer. »

Lorsque le contenu d'une contamination par l'Enfant provient de plus loin dans l'enfance, il arrive que cette illusion soit plus étrange, tout particulièrement si la personne a souffert dans son enfance de nombreux traumatismes.

« Je tue les gens rien qu'en étant là. »
« Si je tombe raide mort, alors Maman va m'aimer. »
« Les gens essaient de me tuer avec un rayon cosmique. »

Double contamination

La double contamination se produit lorsque la personne répète un slogan du Parent, y souscrit par une croyance de son Enfant, et confond les deux avec la réalité. Par exemple :

(P) « On ne peut pas faire confiance aux gens », couplé avec :
(E) « Je ne peux faire confiance à personne », ou bien :
(P) « Les enfants doivent se faire oublier », couplé avec :
(E) « Pour m'en sortir dans la vie, il faut que je me tienne tranquille. »

Certains auteurs modernes en AT pensent que toute contamination est double. Pour eux, le contenu de la double contamination se compose de toutes les vieilles croyances déformées qu'une personne a sur elle-même, les autres et le monde. En langage AT, ce sont des *croyances scénariques*[2].

Prenez un papier que vous intitulez : « Je suis le genre de personne qui... » puis prenez deux minutes pour écrire toutes les manières auxquelles vous pouvez penser pour finir la phrase.

Au bout de deux minutes, détendez-vous, respirez et parcourez la pièce des yeux pendant un moment. Revenez dans l'Adulte en vous asseyant bien droit sur votre siège, appuyez bien vos pieds sur le sol et regardez ce que vous avez écrit. Pour chaque fin de phrase que vous avez donnée, vérifiez si c'est une affirmation de la réalité ou bien une contamination par l'Enfant.

Si pour vous, l'une quelconque de ces affirmations sur vous-même est une contamination, pensez à ce qu'il y a de vrai dedans. Barrez les mots de la contamination et remplacez-les par des mots adultes d'aujourd'hui. Vous avez mis par exemple :

« Je suis le genre de personne qui ne s'entend pas avec les gens. » Vous pouvez le barrer et écrire à la place :

« Je suis intelligente et sympathique et je suis tout à fait capable de m'entendre avec les gens. »

Corrigez ainsi toutes les affirmations contaminées par l'Enfant.

Maintenant, prenez une autre feuille de papier et prenez deux minutes pour noter toutes les croyances et les slogans que vous vous rappelez avoir entendus de vos parents ou figures parentales.

Revenez dans l'Adulte comme tout à l'heure et parcourez votre liste de croyances et de slogans parentaux. Vérifiez si chacun d'eux est une affirmation de la réalité ou une contamination par le Parent. Si vous voulez les corriger pour qu'ils correspondent avec la réalité d'aujourd'hui, barrez-les et remplacez-les par une nouvelle version. Par exemple, vous allez barrer :

« Si tu ne réussis pas du premier coup, essaie encore et encore » et mettre à la place : « Si tu ne réussis pas du premier coup, change ta manière de faire pour y arriver. »

Ceci est un exercice à la fois utile et amusant que vous pouvez faire à vos moments perdus ☐

Exclusion

Quelquefois, selon Berne, une personne ferme un ou plusieurs de ses états du moi. Il appelait cela l'*exclusion.*

Les figures 6.2a à 6.2c montrent les trois possibilités d'exclusion d'un état du moi. Sur ces schémas, nous représentons l'exclusion en barrant d'une croix l'état du moi exclu et en tirant un trait entre lui et l'état du moi voisin.

Les gens qui *excluent le Parent* fonctionnent sans règles préétablies par rapport au monde. Au lieu de cela, ils créent leurs propres règles à chaque situation nouvelle. Ils sont forts pour utiliser l'intuition de

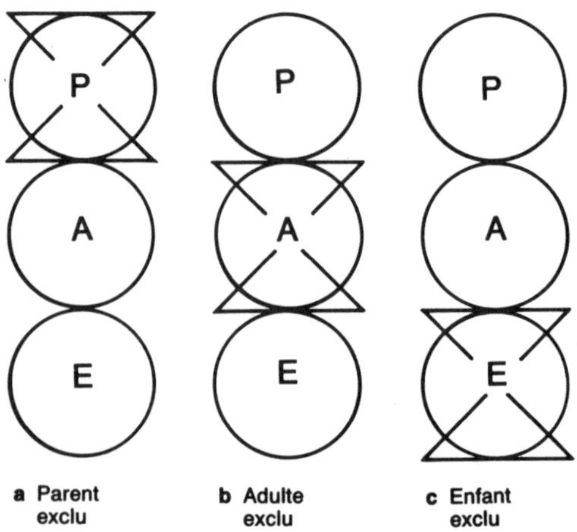

Figure 6.2 Exclusion

leur Petit Professeur pour sentir ce qui se passe autour d'eux. Ce sont souvent des « combinards » : des politiciens de haut vol, des cadres qui réussissent ou des parrains de la Mafia.

Si *j'exclus l'Adulte*, je débranche ma capacité adulte à faire face à la réalité, et je n'écoute que mon dialogue interne Parent-Enfant. Les actions, pensées et sentiments que j'ai ensuite reflètent ce conflit permanent. Parce que je n'utilise pas en totalité mes capacités adultes d'affronter la réalité, il peut même arriver que mes actions et mes pensées deviennent étranges et même qu'on me diagnostique comme psychotique.

Quelqu'un qui *exclut l'Enfant* ferme l'accès aux souvenirs de son enfance qu'il a stockés. Si on lui demande : « Comment c'était la vie pour vous quand vous étiez petit ? », il répond : « Je ne sais pas. Je ne me souviens de rien. » Quand, adultes, nous exprimons des sentiments, nous sommes souvent dans l'Enfant. Donc, une personne avec un Enfant exclu sera souvent considérée comme un « pisse-froid ».

Si deux états du moi sur trois sont exclus, on dit que celui qui reste en état de fonctionner est *constant* ou *exclusif*, ce qui apparaît sur le schéma avec un tracé plus épais du cercle. Les figures 6.3a à 6.3c montrent les trois possibilités.

Une personne dans un *Parent constant* ne se comporte dans la vie qu'en ayant accès à un ensemble de règles Parentales. Si on lui

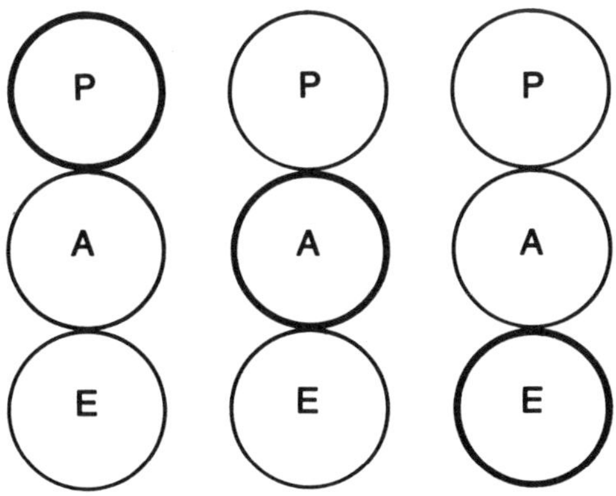

a Parent constant (exclusif) **b** Adulte constant (exclusif) **c** Enfant constant (exclusif)

Figure 6.3 États du moi constants (exclusifs)

demande : « Comment pensez-vous que nous pourrions développer ce projet ? », elle répond : « Eh bien, je pense que c'est un bon plan. Tenez-vous-y, c'est bien mon avis. » En réponse à : « Comment vous sentez-vous ? », elle dira peut-être : « Dans des moments comme ça, vous avez intérêt à rester calme, vous ne croyez pas ? »

D'après Berne, quelqu'un qui est dans un *Adulte constant* est incapable de s'amuser avec les autres. Au contraire, il fonctionne essentiellement comme un organisateur, un collecteur d'informations et comme un ordinateur[3].

Une personne dans un *Enfant constant* se comporte, pense et ressent en permanence comme si elle était encore enfant. Confrontée à un problème, cette personne a pour stratégie de surenchérir dans les sentiments, ce qui exclut et la capacité adulte d'affronter la réalité et les ensembles de règles Parentales. Cette personne est susceptible d'être perçue par les autres comme quelqu'un d'« immature » ou d'« hystérique ».

L'exclusion n'est jamais totale. En revanche, elle est particulière à certaines situations précises. Par exemple, si nous parlons de quelqu'un qui a un « Enfant exclu », ce que nous voulons dire, c'est que cette personne est rarement dans son Enfant, sauf dans certaines situations privilégiées.

Les gens ne peuvent pas fonctionner sans avoir un minimum d'Enfant. Ils ne peuvent pas fonctionner en dehors d'une institution sans une part d'Adulte et ils ne s'en sortent pas en société sans avoir un embryon de Parent.

III
COMMUNICATION

— Transactions, strokes et structuration du temps —

7

TRANSACTIONS

Vous êtes assis en train de lire ce livre. J'entre dans la pièce et je dis : « Bonjour ! » Vous levez alors les yeux et vous répondez : « Bonjour ! » Nous venons d'effectuer une *transaction* simple.

Une transaction se produit quand je vous propose une certaine forme de communication et que vous me répondez. En langage scientifique, le message d'ouverture s'appelle un *stimulus*. La réaction s'appelle une *réponse*.

Cela nous donne la définition formelle d'une transaction comme étant *un stimulus transactionnel plus une réponse transactionnelle*. Berne disait qu'une transaction est l'« unité de base du discours social ».

Vous et moi allons peut-être continuer la conversation. En réponse à votre « Bonjour ! », je vais vous demander : « Avez-vous passé une bonne journée ? » et vous allez me répondre à votre tour. Nous avons maintenant une chaîne de transactions, la réponse de l'un constituant un stimulus pour la suivante. La communication entre les individus prend toujours la forme d'une chaîne de transactions de ce genre.

Dans l'*analyse des transactions*, nous utilisons le diagramme des états du moi pour nous aider à expliquer ce qui se passe au cours de ce processus de communication[1].

Transactions complémentaires

Je vous demande : « Quelle heure est-il ? » Vous répondez : « Une heure. » Nous avons échangé une information ici et maintenant. Les

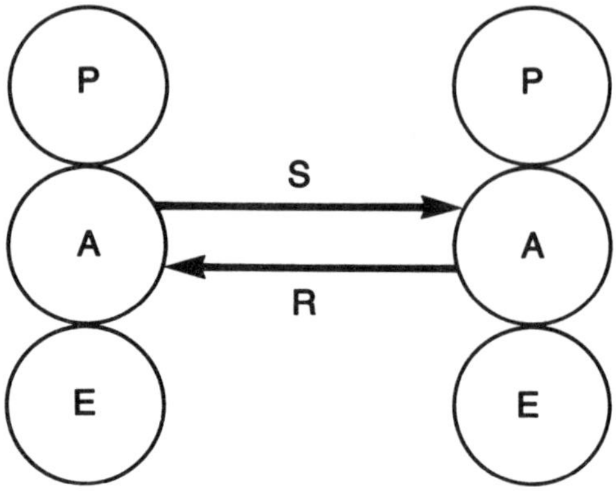

Figure 7.1 Transaction complémentaire A-A

mots que nous utilisons sont Adultes, l'intonation de notre voix et les indications de notre corps confirment l'état du moi Adulte.

La figure 7.1 montre cette transaction Adulte-Adulte, la flèche indiquant la direction de chaque message. En langage AT, ces flèches s'appellent des *vecteurs*, le S signifie « stimulus » et le R « réponse ».

En vous demandant cette information, j'étais dans l'Adulte, ce que nous indiquons par la flèche S qui part du cercle de l'Adulte du PAE. Mon but était que vous receviez mon message dans l'Adulte, donc la flèche arrive dans l'Adulte du PAE.

Par votre réponse neutre, vous partez aussi de l'Adulte et vous vous attendez à ce que je reçoive votre réponse dans l'Adulte. Par conséquent, la flèche R revient de votre Adulte dans le mien.

Cela illustre une catégorie de *transactions complémentaires* que nous définissons de la manière suivante :

Une transaction complémentaire est une transaction dans laquelle les vecteurs transactionnels sont parallèles et où l'état du moi visé est celui qui répond.

Vérifiez comment cette définition s'applique à la transaction Adulte-Adulte de notre exemple. Parce qu'une transaction complémentaire est toujours représentée sur le schéma par des flèches parallèles, on l'appelle souvent aussi *transaction parallèle*.

La figure 7.2 donne un autre exemple de transaction complémentaire concernant cette fois les états du moi Parent-Enfant.

Le gérant du magasin lève les yeux au moment où l'employé passe la porte avec dix minutes de retard. Passant dans le Parent, il grogne : « *Encore* en retard ! Ça ne peut pas durer ! » L'employé, se

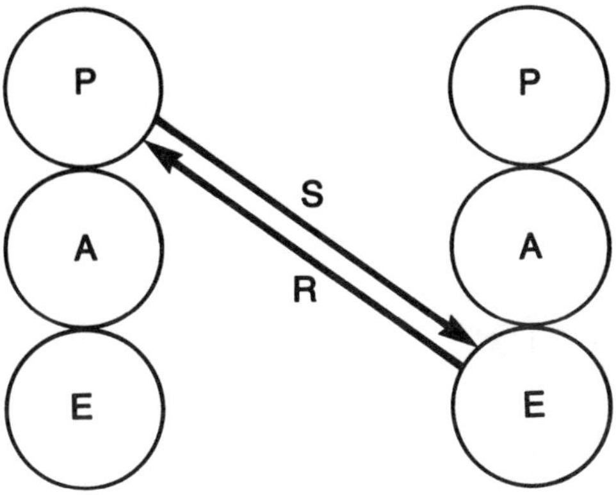

Figure 7.2 Transaction complémentaire P-E, E-P

ratatinant, rougit et balbutie : « Excusez-moi. J'essaierai de ne pas recommencer. »

Avec son grognement Parental, le gérant voulait que son message soit perçu par l'employé dans l'Enfant. Donc, la flèche S part du cercle du Parent et aboutit au cercle de l'Enfant de l'employé. Et, évidemment, l'employé passe dans l'Enfant. Son excuse balbutiée est destinée au Parent du gérant, d'où la position de la flèche R.

Vous voyez que cet exemple concorde également avec la définition d'une transaction complémentaire.

> *I*l y a deux autres possibilités de transactions complémentaires ; ce sont les transactions Parent-Parent et Enfant-Enfant. À votre tour, tracez le schéma de chacune d'elles. Pensez aux mots associés au stimulus et à la réponse dans chaque cas □

Nous obtenons une analyse des transactions plus détaillée en nous servant du modèle fonctionnel. Par exemple :

Pierre (avachi sur son siège) : Pffff ! Je suis fatigué ! Ce serait super si tu me massais le dos. Tu veux bien ?

Danièle (ton chaleureux, ouvrant les bras) : Oh ! Mais certainement !

Leur transaction est complémentaire, avec un stimulus EL dirigé vers PN, et la réponse revient de PN vers EL (Fig. 7.3).

Première règle de communication

Une transaction complémentaire a quelque chose de prévisible. Quand je vous ai demandé l'heure, je m'attendais à ce que vous me

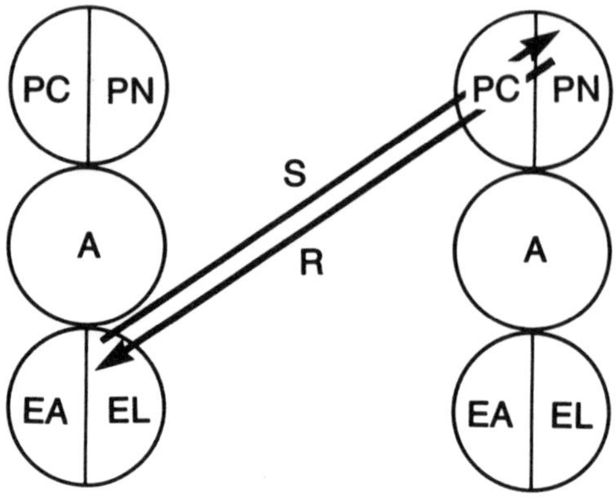

Figure 7.3 Transaction complémentaire EL-PN, PN-EL

répondiez à partir de l'Adulte, ce que vous avez fait. Quand le gérant a rabroué son employé, il attendait une excuse de l'Enfant et il l'a eue.

Une conversation peut consister en une chaîne de transactions complémentaires, auquel cas, toute la chaîne aura l'air de quelque chose de prévisible en train de se dérouler.

Le Gérant : Je pensais bien que vous seriez encore désolé ! C'est la troisième fois cette semaine !

L'Employé (geignard) : J'ai dit que j'étais désolé, patron ! N'importe comment, j'ai été retardé par la circulation.

Le Gérant : Hum ! Ne me racontez pas d'histoires ! Vous auriez dû partir plus tôt...

Un tel échange pourrait durer indéfiniment jusqu'à ce qu'ils s'essoufflent ou décident de faire autre chose.

Nous exprimons cela dans la *première règle de communication* :

Tant que les transactions demeurent complémentaires, la communication peut continuer indéfiniment.

Remarquez que nous ne disons pas « va continuer », mais « peut continuer ». En effet, toute conversation arrivera à son terme au bout d'un certain temps. Mais, aussi longtemps que les transactions restent complémentaires, rien dans le processus de la communication ne vient rompre le cours harmonieux du stimulus et de la réponse.

Inventez une conversation imaginaire qui consiste en une chaîne de transactions complémentaires A-A. Faites de même pour des échanges P-E, P-P et E-E. Vérifiez que dans chacune la première règle de communication s'applique.

Si vous travaillez dans un groupe, mettez-vous par deux et jouez chaque type d'échanges. Voyez combien de temps vous pouvez tenir dans une chaîne de transactions parallèles □

Transactions croisées

Je vous ai demandé : « Quelle heure est-il ? » Vous vous levez, vous devenez tout rouge et vous hurlez : « L'heure ! L'heure ! Ne me demande pas l'heure ! Tu es *encore* en retard ! Mais, bon sang ! Pour qui tu te prends ! »

Ce n'est pas la réponse Adulte que j'attendais à ma question Adulte. Au contraire, vous vous êtes mis dans un Parent en colère, et en rouspétant, vous m'avez incité à quitter l'Adulte pour entrer dans l'Enfant. La figure 7.4 reproduit le schéma transactionnel de notre échange.

Ceci est un exemple de *transactions croisées*. On l'appelle ainsi parce que généralement les flèches sur le schéma de ce type de transaction se croisent.

« Croisée » est également une bonne description de ce qu'on ressent dans ce genre d'échange. Quand vous croisez la transaction en me criant après, pour moi, c'est comme si vous aviez rompu le cours de notre conversation.

Définition : *une transaction croisée est une transaction dans*

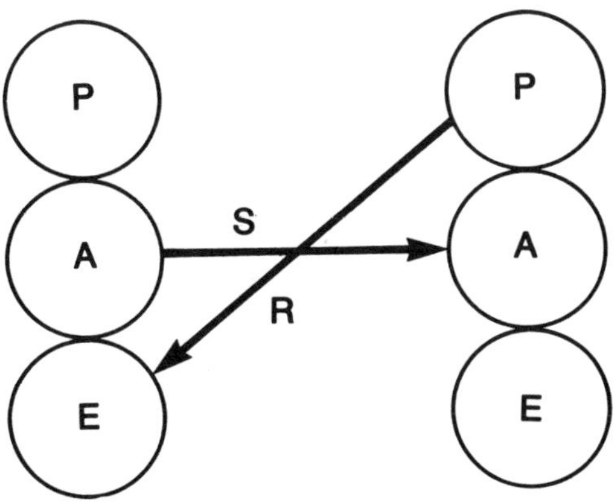

Figure 7.4 Transaction croisée A-A, P-E

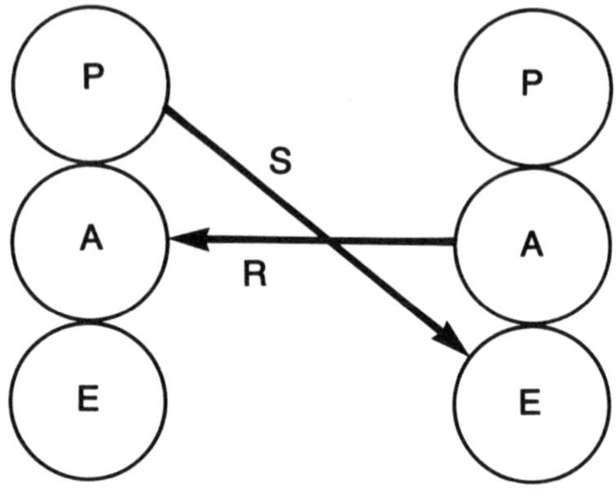

Figure 7.5 Transaction croisée P-E, A-A

Définition : *une transaction croisée est une transaction dans laquelle les flèches ne sont pas parallèles, ou dans laquelle l'état du moi visé n'est pas celui qui répond.*

Reprenons la scène entre le gérant et son employé en retard. L'employé arrive et le gérant ronchonne après lui dans le Parent. Mais au lieu de s'aplatir et de s'excuser, l'employé regarde son patron calmement et lui répond d'un ton uni : « J'entends que vous êtes en colère et je comprends pourquoi. Dites-moi ce que vous voulez que je fasse à ce sujet maintenant. »

Il a croisé le stimulus du gérant P-E avec une réponse A-A, ce que nous voyons figure 7.5. Une fois encore, la réponse coupe le cours de la communication à laquelle s'attendait la personne émettrice du message.

Nous avons parfois besoin du diagramme fonctionnel détaillé pour voir si une transaction est croisée. Par exemple :

Pierre (avachi dans son fauteuil) : Pffff ! Je suis fatigué ! Ce serait chouette si tu me massais le dos. Tu veux bien ?

Danièle (voix sèche, sourcils froncés, le toisant) : Ça va pas, non ? Tu penses que j'ai le temps de faire des massages ?

Elle répond au stimulus E-P de Pierre par une réponse P-E, ce qui apparaîtrait, dans la structure de premier ordre, comme une transaction parallèle. Mais on la sent croisée, ce qui apparaît dans la figure 7.6 : Danièle a répondu à partir du PC et non du PN et elle s'adresse à Pierre dans l'EA au lieu de l'EL.

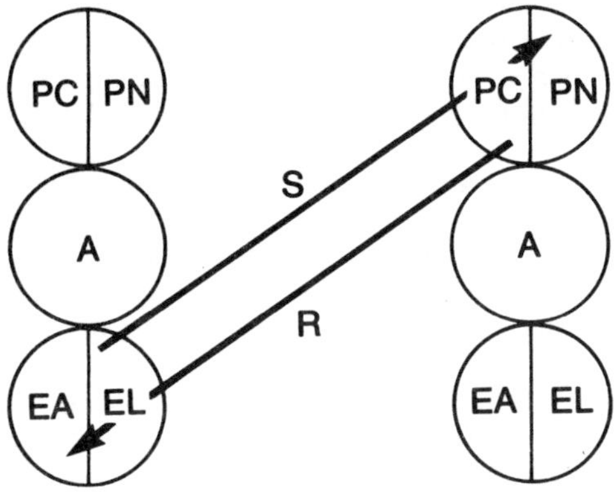

Figure 7.6 Transaction croisée EL-PN, PC-EA

Deuxième règle de communication

Quand une transaction est croisée, il y a des chances pour que la personne qui reçoit le « croisement » passe dans l'état du moi sollicité par celui qui a croisé, et qu'elle entre, de là, dans une transaction parallèle à partir de ce nouvel état du moi.

Quand je vous demande l'heure et que vous me criez après parce que je suis en retard, je vais probablement me mettre dans l'EA et m'excuser. Mais je peux aussi choisir le côté rebelle de celui-ci : « Bon ! Je ne l'ai pas fait exprès ! Je ne sais pas pourquoi tu fais autant d'histoires ! » Ma demande d'information qui était Adulte à l'origine est abandonnée pour le moment.

La *deuxième règle de communication* dit :

Quand une transaction est croisée, il en résulte une rupture de la communication et il sera nécessaire que l'un des deux ou les deux individus changent d'état du moi pour que la communication soit restaurée.

La « rupture de communication » peut n'être perçue que comme un choc minime. À l'opposé, elle peut amener les deux personnes à quitter la pièce en tempêtant furieusement, en claquant les portes et décidées à ne plus jamais s'adresser la parole.

Eric Berne a calculé qu'en théorie il existe 72 possibilités de transactions croisées. Heureusement, il en est deux qui sont de loin les plus courantes en pratique. Ce sont celles où un stimulus A-A est croisé soit par une réponse E-P soit par une réponse P-E.

Fabriquez vous-même votre propre exemple d'un stimulus A-A croisé par une réponse E-P. Comment la conversation pourrait-elle continuer si la personne recevant la réponse passait dans le Parent et démarrait une transaction parallèle à partir de cet état du moi ?

Faites le même exercice pour un stimulus A-A croisé par une réponse P-E.

Inventez un exemple où un stimulus A-A est croisé par une réponse E-E. Faites-en le schéma transactionnel et notez que les flèches parallèles ne signifient *pas toujours* des transactions parallèles.

Si vous êtes dans un groupe, mettez-vous par deux et jouez une conversation où chaque transaction est croisée. Chaque fois que l'autre parle, déterminez quel état du moi il sollicitait en vous. Changez d'état du moi et répondez. Il croise à son tour. Voyez combien de temps vous pouvez maintenir cette séquence sans entrer dans des transactions parallèles. Quand vous avez fini, partagez ce que vous avez vécu pendant cet exercice. Quelle différence y avait-il avec l'exercice précédent où vous mainteniez toutes les transactions parallèles ? □

Transactions cachées (à double fond)

Dans une *transaction cachée*, deux messages sont émis en même temps. L'un d'eux est un message ouvert, *de niveau social*. Le deuxième est un message caché *de niveau psychologique*.

La plupart du temps, le contenu du niveau social est A-A. Les messages du niveau psychologique sont en général P-E soit E-P.

Le Mari : Qu'est-ce que tu as fait de ma chemise ?

La Femme : Je l'ai mise dans ton tiroir.

Si nous regardons simplement les mots écrits, nous dirons que c'est une transaction complémentaire A-A, ce qu'elle est effectivement à un niveau social. Mais rejouons la scène en ajoutant le son à l'image.

Le Mari (sèchement, la voix tombant à la fin de la phrase, les muscles du visage tendus, rapprochant les sourcils) : Qu'est-ce que tu as fait de ma chemise ?

La Femme (voix tremblante, intonation montante, épaules rentrées, la tête tombant en avant, et regardant par en dessous, les sourcils levés) : Je l'ai mise dans ton tiroir.

Le niveau psychologique est un échange parallèle P-E, E-P. Si nous mettions des mots sur les messages émis à ce niveau, ils nous donneraient ceci :

Le Mari : Il faut toujours que tu touches à mes affaires !

La Femme : Tu m'accuses toujours à tort !

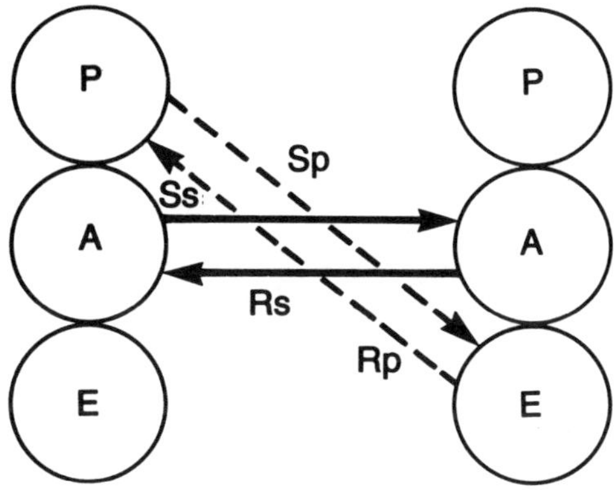

Figure 7.7 Double transaction cachée : niveau social A-A, A-A ; niveau psychologique P-E, E-P

Ce qui donne le schéma transactionnel de la figure 7.7. Nous désignons le stimulus et la réponse de niveau social par des flèches marquées Ss et Rs. Les flèches en pointillé représentent le stimulus et la réponse de niveau psychologique marqués Sp et Rp.

Toute transaction cachée de ce genre où le message social A-A recouvre un échange de niveau psychologique P-E (moins souvent E-E ou P-P), s'appelle une *transaction double*.

Eric Berne a dépeint un autre genre de transaction cachée qu'il a appelée *transaction angulaire* : je m'adresse à vous avec un stimulus de niveau social A-A, mais j'adresse mon message secret depuis l'Adulte et je vise l'Enfant. Donc, j'espère que vous allez marcher et me donner une réponse à partir de l'Enfant. L'exemple théorique est celui du vendeur qui espère accrocher un client par les sentiments.

Le Vendeur : Bien sûr, monsieur, cet appareil photo est notre haut de gamme. Mais je suppose que c'est au-delà de vos moyens !

Le Client (d'un air de défi) : Je le prends !

Le schéma transactionnel de la figure 7.8 montre l'angle entre les flèches Ss et Sp qui donne son nom à la transaction.

Il peut toujours arriver que la transaction prenne un autre cours :

Le Vendeur : ... au-delà de vos moyens.

Le Client (méditatif) : Oui, maintenant que vous le dites, vous avez raison. C'est au-delà de mes moyens. Merci quand même.

Là, la manœuvre du vendeur n'a pas réussi à accrocher le client dans son Enfant. Cet exemple illustre un point général important à propos des transactions. *Quand je vous présente un stimulus transactionnel, je ne peux jamais vous FAIRE aller dans un état du moi*

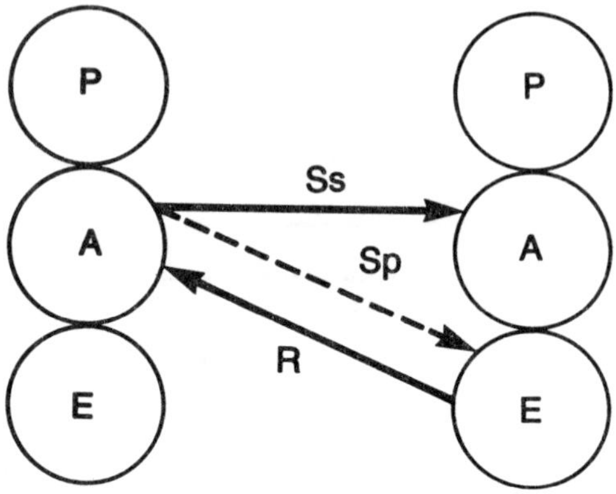

Figure 7.8 Transaction cachée angulaire

particulier. Je peux tout au plus vous INDUIRE à répondre à partir de cet état du moi.

Troisième règle de communication

La *troisième règle de communication* de Berne dit :

> *Le comportement qui résulte d'une transaction cachée est déterminé au niveau psychologique et non au niveau social.*

Berne a écrit « est déterminé » et non « peut être déterminé » signifiant ainsi que lorsque les gens communiquent à deux niveaux, ce qui se passe réellement est *toujours* le résultat de messages secrets. Si nous voulons comprendre un comportement, c'est au niveau psychologique de la communication qu'il nous fait faire attention.

En langage AT, nous appelons cela *penser Martien*. Berne évoquait un petit homme vert descendu de Mars pour observer les Terriens. Ce Martien n'a aucune idée préconçue de ce que nos communications sont censées signifier. Il ne fait qu'observer comment nous communiquons, puis il note le comportement qui en découle.

Entraînez-vous à être ce Martien. Soyez en permanence conscient du niveau psychologique aussi bien que du niveau social. Vérifiez cette affirmation plutôt extraordinaire de Berne. Avait-il raison de penser que le comportement résultant est toujours déterminé au niveau psychologique ? □

Transactions et expression non verbale

Dans une transaction cachée, le message social est donné par les mots. Pour « penser Martien » au niveau psychologique, il vous faut observer les indications non verbales que vous allez trouver dans les intonations, gestes, postures et mimiques. Il y en a d'autres, plus subtiles telles que la respiration, la tension musculaire, le pouls, la dilatation de la pupille, le degré de transpiration, etc.

Nous avons dit que les messages de niveau psychologique sont des « messages secrets ». En fait, ils ne sont pas si secrets que cela pourvu que vous sachiez quoi chercher. Les indications non verbales sont là pour vous aider à les repérer.

Les jeunes enfants savent les décoder intuitivement, mais en grandissant, on nous entraîne systématiquement à gommer cette intuition. « Ce n'est pas poli de fixer les gens, mon chéri. » Pour utiliser l'AT efficacement, nous avons besoin de nous entraîner à nouveau à repérer ces signaux corporels. Vous avez déjà fait de bons débuts en pratiquant le diagnostic comportemental des états du moi.

La vérité est que chaque transaction a un niveau psychologique aussi bien qu'un niveau social. Mais dans une transaction cachée, les deux ne collent pas. Les messages exprimés par les mots sont démentis par les messages non verbaux.

Vous avez appris au chapitre 5 que l'*incongruité* est le nom scientifique de ce genre de décalage. Pour « penser Martien », entraînez-vous à bien repérer l'incongruité.

Ce qui nous amène à un point plus général. *Pour analyser N'IMPORTE QUELLE transaction de manière exacte, il nous faut prendre en compte les signaux non verbaux aussi bien que les mots.*

Reprenons notre exemple du mari qui demande à sa femme où elle a mis sa chemise. En ne lisant que les mots, cela avait l'air A-A ; avec les signaux non verbaux, cela s'est révélé être un échange P-E. Nous aurions pu repasser les mêmes mots avec des ensembles de signaux non verbaux différents pour avoir un autre genre de transaction chaque fois.

> Essayez. Conservez les mots du mari et de la femme. Trouvez combien de sortes de transactions différentes vous pouvez créer en introduisant différents ensembles de signaux non verbaux □

Options

Aucune espèce de transaction n'est « bonne » ou « mauvaise » en soi. Si vous voulez maintenir le cours harmonieux et prévisible de la communication, maintenez les transactions parallèles. Si vous trouvez que la communication avec l'autre est souvent décousue ou désagréable, regardez si, l'un comme l'autre, vous croisez souvent les transactions. Si c'est le cas, décidez-vous pour savoir si vous allez harmoniser les échanges en évitant de croiser.

Mais supposez que le pire casse-pieds du bureau soit ravi d'avoir une conversation harmonieuse avec vous, ou que votre voisine de palier vienne s'installer pour commencer la litanie de ses malheurs tout en buvant le café que vous lui avez offert. Dans ces deux cas, vous serez peut-être bien aise de couper court au flot de leurs paroles en croisant les transactions.

Dans son article « Options », Stephen Karpman a développé l'idée selon laquelle nous pouvons choisir d'échanger comme il nous convient. En particulier, nous pouvons choisir de nouveaux modes, de manière à sortir de ces habituels échanges désagréables, « bloqués », avec les autres[2].

Au travail, Marie a toujours l'air de s'excuser ou de se justifier. La responsable de son service, au contraire, passe son temps à critiquer Marie et à lui dire comment il faudrait qu'elle s'y prenne.

Chef de service : Voyons, ce rapport aurait dû être tapé sur un format plus petit !

Marie : Oh ! Je suis désolée. Je me suis trompée !

Chef de service : Bon, je suppose que vous ne l'avez pas fait exprès. Mais j'ai fait passer une note à ce sujet.

Marie : J'essaie pourtant de lire ces notes, mais franchement, j'ai été si occupée ces derniers temps...

Elles semblent bloquées toutes les deux dans cette ornière Parent Contrôlant-Enfant Adapté. Si Marie décide finalement d'en sortir, comment va-t-elle utiliser les options ?

Karpman écrit : « L'objectif est de "modifier ce qui se passe et de vous libérer de n'importe quelle manière possible". Pour ce faire, vous devez faire sortir l'autre personne de cet état du moi ou en sortir vous-même ou en sortir toutes les deux. » Il définit quatre conditions à remplir pour que cette stratégie fonctionne :

L'un des deux ou les deux états du moi doivent effectivement changer.
La transaction doit être croisée.
Le sujet de conversation doit changer.
Le précédent sujet doit être abandonné.

Pour nous, les deux premières conditions sont essentielles. Nous pensons que les deux autres sont des « options supplémentaires » bien qu'elles s'appliquent en général.

Chef de service : Vous auriez vraiment dû rédiger ce rapport dans un format plus petit !

Marie (faisant semblant de tomber de sa chaise. Allongée par terre, agitant les bras et les jambes) : Aaaahhhh ! Vous voulez dire que je l'ai *encore* fait ! Nom d'un chien, qu'est-ce que vous allez bien pouvoir faire de moi, patronne !

Le chef de service éclate de rire.

Marie est passée dans l'EL au lieu des excuses de l'EA et son chef de service a accepté de la suivre dans l'E.

Croiser à partir de l'Enfant n'est qu'une option. Marie pourrait essayer d'abord une transaction croisée plus conventionnelle à partir de l'Adulte :

Marie (prenant son bloc et un crayon) : Veuillez me dire sur quel format vous voulez ces rapports à l'avenir.

Chaque fois que vous vous trouvez coincé dans un ensemble inconfortable de transactions, vous avez la possibilité de croiser à partir des cinq parties fonctionnelles de vos états du moi, et vous pouvez également solliciter ces cinq parties chez l'autre personne. Karpman va même jusqu'à dire que vous pouvez choisir de passer dans les parties négatives de vos états du moi. Marie aurait pu choisir de croiser le PC négatif de son chef de service qui l'enguirlandait en répondant par une réplique cinglante à partir de son propre PC négatif :

Chef de service : Vous auriez dû utiliser un format de papier plus petit.

Marie (se redressant, fronçant les sourcils, parlant d'un ton dur) : Eh ! Attendez une minute ! C'est *votre* faute. Vous auriez dû vous assurer que nous étions tous au courant de ça.

Nous vous invitons, au début où vous pratiquerez les options, à vous en tenir aux parties positives des états du moi. De toute façon, utilisez l'Adulte pour décider quelle manière de croiser sera la plus susceptible de donner le résultat escompté, et cela, sans prendre de risques.

Vous ne pouvez jamais être assuré que votre transaction croisée réussira à susciter chez l'autre son passage dans un nouvel état du moi. Si cela ne marche pas, essayez vous-même de changer d'état du moi et d'envoyer un message croisé différent.

Évoquez une situation où vous vous êtes senti « coincé » dans la même rengaine habituelle et désagréable de transactions parallèles avec l'autre. C'était peut-être au travail ou bien dans des relations plus intimes. En utilisant le modèle fonctionnel, situez les états du moi d'où vous-même et la personne veniez.

Maintenant, inventez au moins quatre manières dont vous pourriez utiliser les options de vos états du moi pour croiser le cours de ces transactions. Pour l'instant, notez toutes les transactions croisées possibles et imaginables, même les plus farfelues.

Choisissez-en, dans cette liste, une ou plusieurs qui vous paraissent devoir donner les meilleurs résultats sans risques. Si vous avez écarté des options comme étant « inadaptées », examinez-les à nouveau. Rappelez-vous que vous avez la capacité d'utiliser n'importe quel état du moi. Quelquefois, c'est la moins conventionnelle qui marche le mieux. Servez-vous de l'Adulte pour séparer celles qui ne sont pas conventionnelles de celles qui sont effectivement dangereuses.

Si vous voulez, mettez-vous dans la situation et essayez ces options ; voyez ensuite quels en sont les résultats.

En groupe, celui qui le souhaite peut décrire la situation « bloquée » dont il veut sortir. Les autres membres du groupe recherchent les options possibles et mettent en scène chacune d'elles. Celui qui a posé le problème doit prendre note de chaque possibilité sans commentaires jusqu'à ce que toutes les options aient été données. Ensuite, c'est à lui qu'il appartient d'en choisir une ou plusieurs ou aucune. S'il en applique une, il est responsable du résultat □

8

LES STROKES

Vous marchez dans la rue et vous apercevez un de vos voisins qui arrive en face. Quand vous vous croisez, vous dites : « Quel beau temps ! » Votre voisin sourit en retour et réplique : « Oui, en effet. »

Vous et votre voisin venez d'échanger des *strokes*. Un *stroke* se définit comme étant *une unité de reconnaissance*[1].

Nous connaissons tous si bien ce genre d'échanges que nous n'y réfléchissons pas. Mais supposez qu'on rejoue la scène avec une légère différence. Au moment où votre voisin s'approche, vous souriez et vous dites : « Quel beau temps ! » et votre voisin ne réagit pas ; il vous dépasse comme si vous n'étiez pas là. Comment vous sentez-vous ?

Si vous êtes comme la plupart des gens, vous êtes étonné de cette absence de réaction de la part de votre voisin. Vous vous demandez : « Qu'est-ce qui ne va pas ? » Nous avons besoin de strokes et nous nous sentons en manque si nous ne les obtenons pas.

Faim de stimulations

Eric Berne a décrit certaines *faims* dont nous faisons tous l'expérience. L'une d'elles est le besoin de stimulations physiques et mentales qu'il appela *la faim de stimulations*.

Il attira l'attention sur le travail de recherche fait sur le développement humain et animal. Dans une étude très connue, René Spitz avait observé des bébés élevés en pouponnière[2]. On les nourrissait bien, on les tenait propres et bien au chaud. Et pourtant, il leur arrivait d'avoir plus de problèmes physiques et affectifs que des enfants élevés par leur mère ou une autre personne. Spitz en conclut que ces enfants de la pouponnière souffraient d'un manque de stimulations. Ils n'avaient pas grand-chose à contempler toute la journée à part les murs blancs de leur chambre. Mais surtout, ils avaient très peu de contacts physiques avec ceux qui s'occupaient d'eux. Il leur manquait d'être touchés, câlinés et reconnus, comme le sont en général les enfants.

Berne choisit le mot de « stroke » pour parler de ce besoin du tout-petit d'être touché. Selon lui, une fois adultes, nous avons encore terriblement soif de contact physique. Un sourire, un compliment, pourquoi pas un froncement de sourcil ou une injure, tout cela nous montre que notre existence est reconnue. Berne utilisa le terme de *faim de reconnaissance* pour décrire notre besoin de ce genre de reconnaissance de la part des autres.

Types de strokes

Nous pouvons classer les strokes selon leur genre. Ils sont :

verbaux ou non verbaux,
positifs ou négatifs,
conditionnels ou inconditionnels.

Strokes verbaux ou non verbaux

Dans l'exemple au début du chapitre, vous et votre voisin avez échangé à la fois des strokes verbaux et des strokes non verbaux. Vous vous êtes parlé et souri.

Vous auriez pu échanger beaucoup d'autres strokes verbaux, toute une gamme allant de « Bonjour ! » jusqu'à une conversation complète.

D'autres signes non verbaux auraient été d'agiter la main, de hocher la tête, de vous serrer la main ou de vous embrasser.

En vous reportant au chapitre précédent, vous vous apercevrez que *toute transaction est un échange de strokes*, dont la plupart sont à la fois verbaux et non verbaux. Ils peuvent même être totalement non verbaux. Il est difficile d'imaginer une conversation qui soit uniquement verbale sans contenu non verbal, sauf peut-être au téléphone.

Strokes positifs ou négatifs

Un *stroke* est *positif* quand celui qui le reçoit le vit comme agréable. Un *stroke* est *négatif* lorsqu'il est vécu comme désagréable. Dans notre premier exemple, vous et votre voisin avez échangé des strokes positifs, à la fois verbaux et non verbaux.

Si votre voisin avait réagi à votre salut en fronçant les sourcils au lieu de vous sourire, il vous aurait donné un stroke négatif non verbal. Il aurait même pu vous en donner un plus fort en vous envoyant son poing dans la figure. Pour vous donner un stroke négatif verbal, il aurait pu répondre à votre joyeux « Quel beau temps ! » par « Bah ! » ou même « Oui ! Jusqu'à ce que *tu* arrives ! »

On pourrait s'imaginer que les gens vont constamment rechercher des strokes positifs et éviter les négatifs, mais en réalité, nous fonctionnons suivant un principe différent : *toute espèce de stroke vaut mieux que pas de stroke du tout.*

Il existe à l'appui de cette théorie plusieurs études atroces faites sur le développement animal. L'une d'elles décrit deux groupes de bébés rats qui se trouvent dans des boîtes identiques sans signes particuliers. Un groupe reçoit des chocs électriques plusieurs fois par jour, l'autre non. Les chercheurs furent très étonnés de découvrir que le groupe qui recevait des chocs se développait mieux que celui qui n'en recevait pas, même si ces chocs étaient très douloureux[3].

Nous sommes semblables à ces rats. Pour combler notre faim de stimulations, nous nous servons aussi facilement des strokes négatifs que des positifs.

En tant que nourrissons, nous savons cela instinctivement. Nous avons presque tous, dans notre petite enfance, vécu des moments où nous n'obtenions pas les strokes positifs que nous voulions ou dont nous avions besoin, et dans ces moments-là, nous avons imaginé des moyens d'obtenir des strokes négatifs. Même s'ils étaient très pénibles, nous préférions cela à l'éventualité redoutée d'en rester totalement privés.

Dans notre vie adulte, il nous arrive de reproduire ce schéma de nourrisson, et de continuer à rechercher des strokes négatifs, ce qui est à l'origine de certains comportements qui apparaissent à première vue comme de l'autopunition. Nous retrouverons cette notion quand nous parlerons des jeux, du parasitage et du scénario.

Strokes conditionnels ou inconditionnels

Un *stroke conditionnel* s'applique à ce que vous faites ; un *stroke inconditionnel*, à ce que vous êtes.

Positif conditionnel : Vous avez fait du bon boulot !

Positif inconditionnel : C'est chouette quand tu es là !
Négatif conditionnel : Je n'aime pas tes chaussettes !
Négatif inconditionnel : Je te déteste !

Inventez cinq exemples de chacune de ces quatre sortes de strokes — positif conditionnel et inconditionnel, négatif conditionnel et inconditionnel. Pensez à des exemples verbaux aussi bien que non verbaux pour chacun.

En groupe, faites un tour où chaque personne donnera un stroke positif conditionnel à la personne sur sa gauche. Notez à chaque fois comment le stroke est donné et reçu. À la fin, parlez de ce que vous avez observé, puis faites le tour en sens inverse. À nouveau, discutez la foçon dont les strokes ont été donnés et reçus □

Strokes et renforcement du comportement

Tout petits, nous essayons toutes sortes de comportements pour trouver celui qui nous procure les strokes dont nous avons besoin. Lorsqu'un comportement particulier s'avère efficace, nous allons vraisemblablement nous mettre à le reproduire ; et à chaque fois que nous obtenons un stroke par ce moyen, nous sommes encore plus enclins à répéter ce comportement par la suite.

Ainsi donc, les strokes *renforcent* le comportement qui en est l'objet. Les adultes, qui ont besoin de ces strokes autant que les enfants, sont tout aussi prêts à modeler leur comportement d'une façon ou d'une autre, pourvu que la production de strokes soit maintenue.

Rappelez-vous que nous avons pour principe que « tout stroke vaut mieux que pas de stroke du tout », et s'il semble qu'il n'y en ait pas assez de positifs pour combler notre besoin, nous allons nous mettre à la recherche de strokes négatifs. Supposez que j'aie décidé, enfant, que j'avais plutôt intérêt à rechercher des strokes négatifs que de risquer d'en manquer. Lorsque, adulte, je reçois un stroke négatif, il va renforcer à nouveau mon comportement *d'une manière tout aussi efficace qu'un stroke positif*. Ceci nous aide à mieux comprendre pourquoi les gens s'entêtent à répéter des schémas de comportement qui ressemblent à de l'autopunition.

Cette même connaissance nous donne une piste pour comprendre comment nous libérer de ces schémas négatifs. Nous pouvons y parvenir en changeant notre façon même de rechercher les strokes. Au lieu de nous lancer dans la quête de strokes négatifs et douloureux, nous pouvons tenter d'obtenir des strokes positifs. Et chaque fois que nous recevons un stroke positif pour un nouveau comportement, nous devenons plus enclins à répéter ce nouveau comportement par la suite.

Ici, la *quantité* et l'*intensité* des strokes sont importantes. Aucun de ces deux concepts n'est mesurable quantitativement, mais il est raisonnable de penser que les gens attachent une valeur subjective différente aux strokes suivant la personne qui les donne et la manière dont elle les donne.

Par exemple, supposez que nous deux, les auteurs, recevions, pour la qualité de ce livre, un stroke positif de la part d'un éminent praticien de l'AT qui vient de le lire d'un bout à l'autre. Eh bien, nous ressentirions certainement ce stroke comme de qualité supérieure à celui que nous pourrions recevoir de la part de quelqu'un qui ne s'intéresse pas à l'AT et qui a simplement parcouru la préface et le sommaire.

Encore une fois, imaginez un enfant qui obtient un stroke négatif de son père, pour un comportement que ce dernier réprouve. Ce stroke peut s'exprimer par une voix sévère et un index qui s'agite ou bien s'accompagner de cris furieux et d'agression physique. De toute évidence, l'enfant va sûrement ressentir ce dernier comme étant plus intense que le premier.

Donner et recevoir des strokes

Certaines personnes ont l'habitude de donner des strokes qui semblent au départ positifs, mais qui se terminent par une « pique ».

« Tu as l'air de comprendre ça, plus ou moins. »

« Tu as un joli manteau, l'as-tu acheté en solde ? »

Des strokes de ce genre s'appellent des *strokes contrefaits*. C'est comme s'ils donnaient quelque chose de positif et le reprenaient ensuite.

D'autres personnes sont très prodigues de signes de strokes positifs, mais manquent de sincérité. Untel vous aperçoit à l'autre bout de la pièce ; il se précipite sur vous et vous serre à vous étouffer. Avec un sourire jusqu'aux oreilles, il s'écrie : « Ah ! Je suis ému que tu sois là ! La pièce s'est illuminée depuis que tu es arrivé ! Et puis, tu sais, j'ai lu cet article que tu viens d'écrire, et je l'ai trouvé *tellement* inspiré, *tellement* plein de perspicacité... », etc.

Eric Berne appelait cela *passer de la pommade*. D'autres auteurs emploient le terme de *stroke en plastique* pour décrire des strokes positifs peu sincères.

D'autres se situent à l'opposé et ont du mal à donner le moindre stroke positif. Ils sont généralement issus d'une famille où les strokes positifs étaient rares. Le milieu culturel joue également un rôle. Un Britannique ou un Scandinave sont sans doute avares de strokes positifs, surtout physiquement. Les gens de culture latine ou caraïbe, plus généreux en strokes positifs, ressentent les gens du Nord comme froids et réservés.

Quand il s'agit de recevoir des strokes, nous avons tous nos préférences. Moi, j'aime peut-être entendre des strokes pour ce que je fais plutôt que pour ce que je suis alors que vous préférez les inconditionnels. Je suis peut-être tout prêt à en prendre un bon nombre de négatifs alors que vous vous sentez bouleversé au moindre petit stroke négatif. Vous vous délectez de strokes physiques alors que je recule devant ce qui dépasse la simple poignée de main.

La plupart d'entre nous sommes habitués à recevoir certains strokes que nous risquons de dévaluer à cause de leur banalité. En même temps, il nous arrive de vouloir en recevoir d'autres que nous obtenons rarement. Je reçois peut-être souvent des strokes conditionnels positifs verbaux pour ma capacité à penser clairement. Je les apprécie, mais pour moi, c'est « de la petite bière ». Ce que je voudrais vraiment, c'est que quelqu'un me dise : « Tu as l'air super ! » et me serre dans ses bras.

Je vais même franchir un pas supplémentaire, et refuser d'admettre, même vis-à-vis de *moi-même*, que je veux les strokes que je désire le plus.

Supposons qu'enfant, je souhaitais que Maman me prenne dans ses bras, ce qu'elle faisait rarement ; pour atténuer cette souffrance, j'ai peut-être décidé de gommer mon envie d'être tenu dans des bras. Adulte, je peux poursuivre cette stratégie sans en avoir conscience, et me tenir éloigné des strokes physiques, refusant en moi-même de reconnaître ce besoin toujours non satisfait.

En termes d'AT, nous disons que nous avons notre *qualité* favorite de strokes. Dire : « À chacun ses strokes » est une autre manière d'exprimer cela. Nous voyons également pourquoi la qualité d'un stroke ne peut être mesurée objectivement : ce qui est un stroke de bonne qualité pour vous est peut-être un stroke de mauvaise qualité pour moi.

Le filtre à strokes

Quand quelqu'un obtient un stroke qui ne cadre pas avec sa qualité favorite, il est susceptible de ne pas en tenir compte ou de le minimiser. Nous disons qu'il le *méconnaît* ou le *filtre*. Si vous l'observez quand il fait cela, vous allez être amené à noter une certaine incongruité dans sa manière de le recevoir.

Par exemple, je vais vous dire sincèrement : « J'admire la clarté de pensée avec laquelle tu as rédigé ce rapport. » Mais supposez qu'enfant, vous ayez décidé : « Je suis belle et marrante mais pas douée pour penser. » Mon stroke ne cadre pas avec votre qualité de strokes. Vous allez me répondre : « Merci », mais en le disant, vous froncez le nez et pincez les lèvres comme si vous mangiez quelque chose qui a mauvais goût. Une autre manière fréquente de méconnaître un stroke, c'est de rire ou de glousser : « Merci ! Ah Ah ! » C'est comme si nous tenions chacun un *filtre à strokes* entre nous et les strokes qui nous arrivent, et nous l'utilisons de manière sélective, laissant passer ceux qui cadrent avec notre qualité et écartant les autres. À son tour, notre qualité de strokes sert à maintenir l'image que nous avons de nous-mêmes.

Certains décident, enfants, que les strokes positifs sont rares ou qu'on ne peut pas s'y fier, et résolvent de se nourrir de strokes négatifs à la place. Et ils continuent dans leur vie adulte à écarter les positifs et à laisser entrer les négatifs. Ces gens-là préfèrent le bâton à la carotte, et si on leur fait un compliment, ils peuvent le rejeter.

« J'aime tes cheveux.

— Hum ! Ouais, faut que je me rappelle de les laver un de ces quatre. »

Les gens qui ont eu une enfance particulièrement douloureuse peuvent décider qu'il est dangereux de laisser rentrer quelque stroke que ce soit. Ils tiennent leur filtre si étanche qu'ils rejettent quasiment tous les strokes qu'on leur offre. Ils maintiennent ainsi l'Enfant en sécurité, mais se privent de strokes qu'ils pourraient recevoir sans danger en tant qu'adultes. À moins qu'ils ne trouvent des moyens d'ouvrir leur filtre, ils risquent de finir isolés et déprimés.

En groupe, évoquez les exercices où vous avez échangé des strokes. Parmi ceux que vous avez donnés, lesquels étaient directs et lesquels étaient contrefaits. Quelqu'un vous a-t-il passé de la pommade ?

Lorsque les gens ont échangé des strokes, qui les a reçus avec une franche gratitude ? Qui a méconnu le stroke offert ? Comment avez-vous vu et entendu les gens faire cela ? Quelqu'un a-t-il clairement refusé un stroke dont il ne voulait pas plutôt que de le méconnaître ?

Maintenant, mettez-vous en sous-groupes de quatre. Décidez pour le prochain exercice si vous allez employer seulement des strokes positifs ou bien des positifs et des négatifs. Si l'un des quatre veut uniquement des positifs, respectez son désir.

Passez à tour de rôle. Pendant trois minutes, celui qui « s'y colle » écoute les strokes verbaux, conditionnels et inconditionnels que les trois autres lui envoient.

Au bout de trois minutes, il partage son expérience avec les autres autour des questions suivantes :

Quels strokes ai-je reçus que je m'attendais à recevoir ?

Quels strokes n'attendai-je pas ?

Quels strokes ai-je appréciés ?

Quels strokes n'ai-je pas appréciés ?

Y a-t-il des strokes que j'aurais aimé recevoir et que je n'ai pas reçus ?

Puis, passez à la personne suivante et recommencez □

Économie des strokes

Claude Steiner suggère que, enfants, nous sommes tous conditionnés par nos parents qui nous imposent cinq règles concernant les strokes.

Ne donne pas les strokes que tu as envie de donner.
Ne demande pas les strokes dont tu as besoin.
N'accepte pas les strokes que tu désires.
Ne refuse pas les strokes que tu ne veux pas.
Ne te donne pas de strokes à toi-même.

L'ensemble de ces cinq règles forme le fondement de ce que Steiner appelle *l'économie des strokes*[4]. En habituant les enfants à obéir à ces règles, les parents, selon Steiner, font en sorte qu'une « situation où les strokes sont en nombre illimité devienne une situation où ce nombre est limité et où le prix que les parents peuvent en extorquer est élevé ».

Pour Steiner, les parents agissent ainsi pour contrôler leurs enfants. En leur apprenant que la quantité de strokes est limitée, les parents deviennent les détenteurs du monopole des strokes. Sachant que ceux-ci sont essentiels, l'enfant apprend vite, pour les obtenir, à agir comme Papa ou Maman le veulent.

Steiner dit qu'une fois adultes, nous continuons d'obéir à ces cinq règles à notre insu et, en conséquence, nous passons notre vie dans un état de semi-privation de strokes. Nous dépensons beaucoup d'énergie à rechercher ces signes dont nous pensons qu'ils sont encore en tout petit nombre.

D'après Steiner, nous sommes facilement manipulés et opprimés par des groupes qui réussissent à s'arroger ce monopole : des gouvernements, des entreprises, des publicitaires ou des gens du spectacle. Les thérapeutes peuvent également être perçus comme pourvoyeurs de strokes.

Pour récupérer notre conscience claire, notre spontanéité et notre aptitude à être proches, et Steiner insiste sur ce point, nous devons rejeter « la formation de base » que nos parents nous ont imposée en ce qui concerne l'échange des strokes. Au contraire, nous pouvons pleinement prendre conscience que ces strokes sont disponibles en nombre illimité. Nous pouvons en donner quand nous voulons ; et peu importe combien nous en donnons, leur stock ne s'épuisera jamais. Lorsque nous en voulons un, nous pouvons le demander en toute liberté et le prendre si on nous le donne. Si nous n'aimons pas celui qu'on nous offre, nous pouvons le refuser ouvertement. Et nous pouvons avoir du plaisir à nous en donner à nous-même.

Tout le monde en AT ne suit pas Steiner dans le sombre portrait qu'il fait de l'« économie des strokes » comme fondement à l'oppression commerciale et politique. À vous de vous faire votre propre opinion.

Ce qui est sûr, c'est que la plupart d'entre nous limitons nos échanges de strokes pour être cohérents avec nos décisions anciennes, décisions que nous avions prises en réponse à nos perceptions d'enfant des pressions exercées par nos parents. En tant qu'adultes, nous pouvons réévaluer ces décisions et les changer si nous le voulons.

> *E*n groupe : revenez aux exercices sur les strokes que vous avez faits. En grand groupe ou en sous-groupes, parlez de ce que vous avez ressenti en donnant, en acceptant ou en refusant des strokes. Avec lesquels vous êtes-vous senti à l'aise, mal à l'aise ? Si vous vous êtes senti mal, avez-vous fait un lien avec les règles que vous vous rappelez avoir reçues de vos parents quand vous étiez enfant ? Ces règles sont susceptibles d'avoir été fournies par l'exemple plutôt que par des mots □

Demander des strokes

Il existe un mythe sur les strokes que nous connaissons presque tous, qui dit : « Les strokes que vous demandez ne valent rien. »

En réalité : *les strokes que vous obtenez en les demandant sont tout aussi valables que ceux que vous obtenez sans les demander*.

Si vous voulez un câlin, demandez-le et profitez-en, il est tout aussi valable qu'un câlin que vous obtenez après l'avoir attendu et espéré. Vous allez objecter : « Mais si je le demande, l'autre va peut-être me le donner juste pour être gentil. »

Si l'on regarde cela à partir de l'Adulte, nous pouvons l'envisager comme une éventualité. D'un autre côté, le stroke peut être sincère. Il y a de grandes chances pour que l'autre personne ait voulu vous donner un stroke mais ait entendu son propre Parent affirmer : « Ne donne pas de strokes. »

Vous avez toujours la possibilité de vérifier avec l'autre personne si ce stroke était authentique ou pas. S'il ne l'était pas, vous avez d'autres options : choisir de le prendre quand même, ou refuser la pommade et demander à cette personne ou à une autre un stroke qui soit authentique.

*D*ans un groupe, rassemblez-vous par sous-groupes de quatre. Les quatre personnes peuvent être les mêmes que dans l'exercice où trois donnaient des strokes et où la quatrième écoutait.

Cet exercice va consister à demander des strokes. Encore une fois, passez chacun à votre tour, mais cette fois, demandez des strokes aux trois autres qui répondent en donnant le signe demandé s'ils sont *sincèrement prêts à le donner*. Si vous êtes l'un des quatre et que vous ne voulez pas donner le stroke en toute sincérité, dites à la personne : « Je ne suis pas prêt à te donner ce stroke maintenant », sans explication.

Quand le temps est écoulé, partagez votre expérience avec les autres, puis permutez et continuez.

Si vous le faites seul, notez sur un papier au moins cinq strokes positifs que vous voulez mais que vous ne demandez pas d'habitude. Ils peuvent être verbaux, non verbaux ou un mélange des deux. Au cours de la semaine qui vient, demandez au moins à une personne qu'elle vous donne chacun d'eux.

Si vous obtenez le stroke, remerciez celui qui vous l'a donné ; sinon, c'est OK de demander des explications Adultes sur la raison pour laquelle il n'a pas voulu vous le donner.

L'exercice se termine quand vous avez *demandé* les strokes, que vous les ayez tous eus ou non. Une fois tous les signes de la liste demandés, donnez-vous-en un à vous-même pour avoir fait cet exercice. □

Profil des strokes

Jim McKenna a mis au point un tableau qu'il a appelé *le profil des strokes*[5]. Ce tableau regroupe les schémas de strokes un peu comme l'egogramme de Dusay analyse l'utilisation des états du moi fonctionnels, par un tableau avec des colonnes.

Pour établir un profil de strokes, vous commencez par tracer le tableau vierge de la figure 8.1, puis vous tirez un trait dans chacune des quatre colonnes qui représentent votre évaluation intuitive de la fréquence à laquelle vous donnez des strokes, les prenez quand on vous les donne, ainsi que la fréquence à laquelle vous en demandez et vous refusez d'en donner.

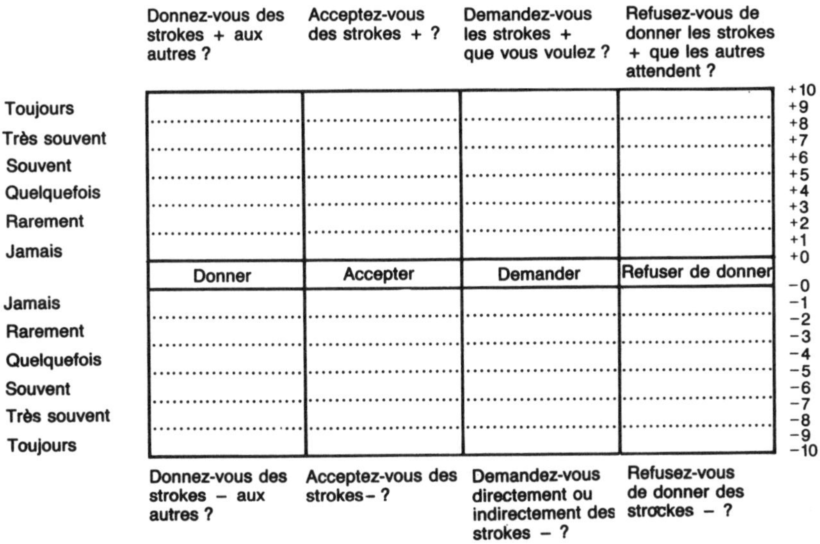

Figure 8.1 Le profil des strokes

Vous pouvez séparer vos estimations dans chaque colonne entre positifs et négatifs, au-dessus de l'axe central pour les positifs et au-dessous pour les négatifs.

La figure 8.2 donne un exemple du tracé du profil des strokes. Cette personne ne donne pas beaucoup de strokes positifs, mais ne lésine pas sur les négatifs ; elle aime bien recevoir des strokes positifs de la part des autres et en demande souvent. Elle se considère comme en prenant ou en donnant rarement de négatifs. Elle refuse souvent de donner les positifs que les autres attendent mais elle rechigne moins à refuser de donner les négatifs. Comment vous sentiriez-vous dans une relation avec la personne qui a tracé ce profil ?

A votre tour de tracer votre profil. Faites-le rapidement, de manière intuitive.

Dans la colonne « Demander des strokes », dans la partie négative, comptez les fois où vous vous arrangez de façon indirecte pour obtenir l'attention des autres et où cela vous a été douloureux ou désagréable. Dans ces moment-là, vous rejouez une croyance de l'Enfant : « N'importe quel stroke vaut mieux que pas de signe du tout. » De même, lorsque vous complétez la colonne négative « Refuser de donner », notez les fois où vous

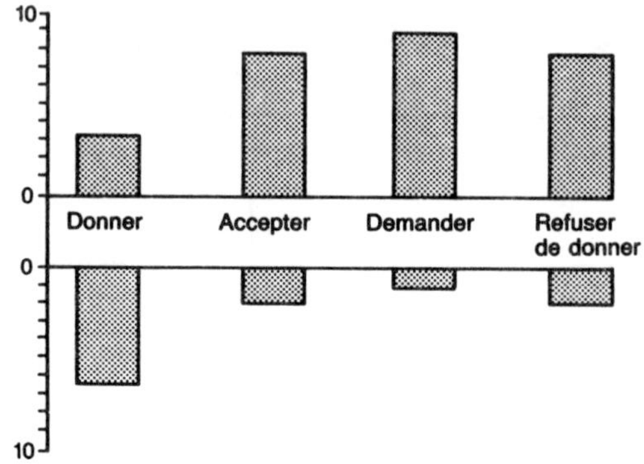

Figure 8.2 Exemple de profil de strokes

avez refusé de donner aux autres des strokes négatifs qu'ils tentaient d'obtenir de vous indirectement.

Pour Jim McKenna, les parties positives et négatives de chaque colonne sont inversement proportionnelles. Par exemple, si quelqu'un prend peu de strokes positifs, il y a des chances pour qu'il en prenne beaucoup de négatifs. Est-ce que ce schéma se retrouve dans votre profil terminé ?

Recherchez s'il y a dans votre profil quelque chose que vous voulez changer. Si oui, il faut élever le niveau de la colonne où vous en voulez davantage. Cela, dit McKenna, a plus de chances de réussir que de vouloir abaisser le niveau de la colonne où vous pensez en avoir trop. Dans l'Enfant, vous risquez de ne pas abandonner volontiers vos anciens schémas d'obtention de strokes avant d'avoir trouvé quelque chose de mieux pour les remplacer.

Si vous voulez effectivement changer quelque chose à votre profil, notez au moins cinq comportements qui serviront à élever le niveau de la colonne que vous voulez augmenter, et adoptez-les dans la semaine qui vient. Par exemple, si vous décidez de donner plus de strokes positifs aux autres, commencez par noter un compliment que vous pouvez faire de manière authentique à cinq de vos amis, mais que vous n'avez jamais fait, et allez-y, faites-le pendant la semaine qui vient.

McKenna a-t-il raison d'avancer que lorsque vous élevez le niveau de la colonne que vous voulez augmenter, le niveau de ce dont vous voulez le moins dans la même colonne baisse automatiquement ? □

Se donner des strokes à soi-même

Sans aucun doute, bon nombre d'entre nous ont reçu, enfants, cette cinquième règle de Steiner : « Ne te donne pas de strokes. » Nos parents nous ont dit : « Ne fais pas l'intéressant ! C'est vilain de se vanter ! » et l'école a continué cet endoctrinement. Quand nous arrivions premier de la classe ou que nous gagnions des prix dans les tournois sportifs, c'était normal que les autres fassent notre éloge. Nous, nous étions censé hausser les épaules et prendre un ton modeste pour dire : « Oh ! Ce n'est pas la peine d'en parler ! ».

Adultes, il nous arrive de maintenir ce comportement de l'Enfant Adapté, et quand nous atteignons l'âge adulte, nous sommes, pour la plupart, tellement entraînés à cela que nous diminuons nos réussites, même à nos propres yeux, et ainsi, nous limitons une source importante de strokes : *celle que nous nous donnons à nous-même.* Or, nous pouvons nous donner des strokes à tout moment. Voici quelques idées pour pratiquer cet art agréable.

*E*n groupe, faites un tour où chacun dit quelque chose de bien sur lui-même ou elle-même ; si quelqu'un ne veut pas le faire, il dit simplement « Je passe » quand arrive son tour.

C'est OK que vous vous vantiez ouvertement et sincèrement pendant cet exercice. Quand vient votre tour, les autres membres du groupe écoutent attentivement et montrent combien ils se réjouissent de cette bonne chose que vous partagez avec eux.

Quand vous êtes à l'aise pour dire au groupe quelque chose de positif vous concernant, passez à un exercice plus poussé. Chaque membre du groupe passe à son tour au milieu du cercle et se vante sans interruption pendant un temps convenu ; le vantard s'adresse à différentes personnes du cercle, à haute voix pour que tout le monde l'entende. Si vous êtes à court d'idées, répétez-vous. Le reste du groupe encourage le vantard par des commentaires bienveillants, du genre : « Oui ! Super ! Encore ! ».

Une variante de cet exercice, c'est « le carrousel des auto-strokes ». Le groupe se partage en deux cercles, l'un à l'intérieur de l'autre, les gens étant assis, ceux du cercle intérieur faisant face à ceux de l'extérieur, de sorte que les gens sont assis face à face par paires.

L'animateur ou un volontaire gère le temps et pendant trois minutes, dans chaque paire, celui qui est à l'intérieur se vante sans arrêt à celui qui est à l'extérieur qui écoute et qui apprécie. Quand celui qui gère le temps annonce « Changez ! », c'est au tour du vantard extérieur de se vanter pendant que celui de l'intérieur écoute.

Au bout de trois minutes, le meneur de jeu annonce « Avancez » et le cercle intérieur avance d'une place vers la gauche pour avoir un nouveau partenaire, et chacun recommence à se vanter pendant trois minutes, puis le cercle intérieur avance à nouveau d'une place, etc.

Continuez jusqu'à ce que tout le monde se soit vanté à ceux de l'autre cercle ou jusqu'à ce que le temps et l'énergie s'épuisent.

Si vous le faites seul, prenez une grande feuille de papier sur laquelle vous écrivez tout ce que vous aimez chez vous. Prenez tout le temps qu'il vous faut pour cela, et si possible, accrochez ce papier là où vous pouvez le voir souvent ; sinon gardez-le quelque part sous la main, et chaque fois que vous pensez à quelque chose de plus, ajoutez-le à la liste.

Faites une liste d'au moins cinq façons de vous donner à vous-même des strokes positifs. Peut-être allez-vous passer un long moment dans un bon bain chaud en écoutant votre musique favorite, ou bien allez-vous vous offrir un repas spécial ou un voyage quelque part. Ne considérez pas ces strokes comme des « récompenses » pour quoi que ce soit. Donnez-les-vous pour le plaisir.

Utilisez votre Adulte pour vérifier qu'ils sont vraiment positifs, qu'ils sont dans vos moyens, qu'ils sont sûrs et sains pour vous ; et puis, accordez-les-vous tous □

La « banque de strokes »

Même si se donner des strokes à soi-même est une source importante, cela ne remplace jamais complètement ceux que nous donnent les autres. C'est comme si chacun d'entre nous avait *une banque de strokes*[6]. Quand nous obtenons un stroke de quelqu'un, nous ne le recevons pas seulement au moment où on nous le donne, mais nous le stockons comme souvenir dans notre banque de strokes. Plus tard, nous pouvons revenir à la banque, en sortir notre stroke et nous en servir à nouveau pour nous-même. Si c'est un stroke que nous avons particulièrement apprécié, nous pouvons nous en resservir de nombreuses fois. Mais, au bout du compte, ceux que nous avons mis de côté perdent de leur efficacité, et il nous faut en rajouter.

Y a-t-il de « bons » et de « mauvais » strokes ?

La tentation est grande de supposer que les strokes positifs sont « bons » et les négatifs « mauvais ». On a souvent fait cette supposition dans divers écrits AT. On a incité les gens à obtenir et à donner un nombre illimité de strokes positifs, de préférence inconditionnels. On a dit aux parents que s'ils distribuaient une bonne ration de strokes positifs, leurs enfants s'épanouiraient. En réalité, la chose n'est pas si simple.

Rappelez-vous que notre besoin de strokes s'enracine dans notre faim de reconnaissance, et la reconnaissance est en soi un stroke. En censurant dans le comportement de quelqu'un des aspects entiers que nous considérons comme « négatifs », nous n'accordons à cette personne qu'une reconnaissance partielle. Un régime sélectif de strokes positifs inconditionnels peut ne pas cadrer avec son expérience intérieure et curieusement, elle va se sentir en manque de strokes alors qu'elle est apparemment nourrie de strokes positifs.

Les strokes conditionnels, *à la fois* positifs et négatifs, sont importants pour nous, car nous nous en servons pour découvrir le monde ; ce qui est vrai dans notre enfance mais aussi dans notre vie adulte. Lorsque j'étais petit, je jetais mon assiette de carottes cuites par terre et j'en mettais partout ; maman me criait après et je n'aimais pas ça. J'appris que si je voulais la voir sourire au lieu de l'entendre crier, il fallait que je laisse mes carottes dans mon assiette.

Pour moi qui suis adulte, les strokes conditionnels jouent le même rôle de signal d'alarme. Un stroke négatif conditionnel m'indique que quelqu'un n'aime pas la manière dont je me comporte ; je peux alors choisir de changer mon comportement pour qu'on l'apprécie. Un stroke positif conditionnel m'indique que quelqu'un d'autre aime ce que je fais, et obtenir des strokes conditionnels positifs m'aide à me sentir compétent.

S'il n'y a pas de strokes négatifs conditionnels, je n'ai aucune raison de changer mon comportement même s'il joue contre moi. C'est ce qui se passe quand les gens sont « trop polis » pour dire à quelqu'un qu'il a mauvaise haleine ou qu'il devrait laver ses chemises plus souvent. Il va se retrouver mis à l'écart par les autres sans savoir comment s'en sortir.

Je n'ai pas besoin de strokes négatifs inconditionnels, mais même ceux-ci sont porteurs de messages dont je peux me servir pour mon propre bien. Si quelqu'un me dit : « Je ne peux pas te sentir ! » je sais qu'aucun changement de comportement ne va modifier son point de vue et pour me préserver, je vais cesser de le fréquenter.

Il est à peu près évident que si des parents réussissent effectivement à élever leurs enfants grâce à un régime constant de strokes positifs, ceux-ci seront finalement incapables de distinguer les positifs des négatifs[7]. Les parents auront en permanence nié ou à tout le moins méconnu une part des expériences intérieures des enfants, ce qui peut conduire à toutes sortes de problèmes plus tard. Heureusement, la plupart des parents suivent l'envie qui les démange et appliquent leurs règles grâce à un mélange de strokes positifs et négatifs. Une saine répartition des strokes va donc englober à la fois des strokes positifs et négatifs, conditionnels et inconditionnels.

Cela dit, il y a de bonnes raisons pour mettre l'accent comme le fait l'AT depuis longtemps sur les strokes positifs. Dans les cultures nordiques surtout, les gens ont tendance à être avares de strokes positifs. Au bureau, le patron réprimande ses employés s'ils sont en retard ; il y a moins de chances qu'il les félicite quand ils arrivent à l'heure. L'instituteur qui corrige la dictée de Fabrice va souligner le mot qui est faux, mais il ne dira rien des neuf autres qui sont justes.

Le patron, ainsi que l'instituteur amélioreraient l'efficacité de leurs commentaires s'ils donnaient des strokes positifs pour ce qui va, aussi bien que des négatifs pour ce qui ne va pas. D'une manière générale, il nous faut plus de strokes positifs que de négatifs pour nous sentir bien de façon constante.

Stroke ou méconnaissance

Un *stroke négatif direct* doit être clairement différencié d'*une méconnaissance*[8]. Celle-ci entraîne toujours une distorsion de la réalité. Quand il est question des strokes, je vous méconnais si je vous critique de manière à minimiser ou déformer la réalité. À l'inverse d'un stroke négatif direct, la méconnaissance enlève quelque chose à la réalité de ce que vous êtes ou de ce que vous faites.

Nous verrons les méconnaissances plus en détail dans un autre chapitre. Pour le moment, voici quelques exemples de strokes négatifs directs opposés à des méconnaissances :

Stroke conditionnel négatif : « Tu as écrit ce mot de travers ! »
Méconnaissance : « Je vois que tu ne sais pas épeler. »

Stroke conditionnel négatif : « Je me sens mal à l'aise quand tu fais ça ! »
Méconnaissance : « Tu me mets mal à l'aise quand tu fais ça ! »

Stroke conditionnel négatif : « Je te déteste ! »
Méconnaissance : « Tu es un monstre ! »

Contrairement à un stroke négatif direct, une méconnaissance ne me donne aucune indication sur quoi m'appuyer pour avoir une action constructive. Cela est impossible puisque la méconnaissance repose elle-même sur une déformation de la réalité.

9

STRUCTURATION DU TEMPS

Chaque fois que des gens se retrouvent en groupe ou à deux, ils peuvent passer leur temps de six manières différentes. Eric Berne a défini *six modes de structuration du temps* :

- *le retrait,*
- *les rituels,*
- *les passe-temps,*
- *les activités,*
- *les jeux,*
- *l'intimité*[1].

Cela afin de satisfaire, selon Berne, notre *faim de structure.*

Lorsque les gens se trouvent dans une situation où aucune structuration du temps ne leur est imposée, la première chose qu'ils font, en général, est d'établir leur propre structure. En arrivant sur son île déserte, Robinson Crusoé a structuré son temps en explorations et en installation de ses quartiers. Les détenus en isolement se fabriquent des calendriers et des emplois du temps quotidiens.

Si vous avez déjà participé à un exercice de dynamique de groupe où le temps est totalement non structuré au départ, vous connaissez cette situation inconfortable où, inévitablement, quelqu'un demande : « Mais nous sommes ici pour quoi *faire* ? » et où finalement chaque membre du groupe résout cette question en s'engageant dans l'un des six modes de structuration du temps.

En observant chacun d'eux, nous pouvons faire un parallèle avec ce que nous savons déjà des états du moi et des strokes : l'intensité des strokes augmente à mesure que nous passons, dans la liste, du retrait à l'intimité.

En littérature AT, on a quelquefois dit que le degré de *risque* psychologique augmente parallèlement. Il est certain que le côté imprévisible des strokes a une réelle tendance à augmenter ; et surtout, ce qui devient moins prévisible, c'est de savoir si nous serons acceptés ou rejetés par l'autre. Dans l'Enfant, nous pouvons très certainement percevoir ce côté imprévisible comme un « risque » pour nous-mêmes. Quand nous étions enfants, nous dépendions, pour nous sentir OK, des strokes que nous obtenions de nos parents et nous percevions tout rejet de leur part comme une menace pour notre survie.

Pour nous, adultes, il n'existe pas de risque semblable dans *aucun* des modes de structuration du temps. Personne ne peut nous « faire » ressentir. Si quelqu'un choisit de me rejeter, je peux lui demander pourquoi et lui demander de changer. S'il ne veut pas, je peux mettre fin à ma relation avec lui et en trouver une autre où je suis accepté.

Retrait

Supposons que je participe à un exercice de dynamique de groupe : une douzaine de personnes, y compris moi-même, arrivons dans une pièce où nous n'avons pas autre chose de prévu que d'être là. Pendant un moment, nous restons assis en silence.

Je peux me concentrer sur moi-même et tenir un monologue intérieur : « Je me demande bien ce qu'on fait ici ? Ma foi, je suppose que quelqu'un le sait. Aïe ! Que ce siège est inconfortable ! Peut-être que si je demandais à cette dame, là-bas, elle me dirait à quoi sert cet exercice... »

Je peux même quitter complètement la pièce en imagination : mon corps est assis là, mais mon esprit s'évade vers les vacances de l'année prochaine ou vers ma prise de bec d'hier avec mon patron.

Je suis dans le *retrait*. Quand une personne se retire, elle reste peut-être avec le groupe physiquement, mais elle n'échange pas avec les autres membres.

Dans le retrait, je peux accéder à n'importe lequel de mes états du moi. Les autres ne pourront sans doute pas porter de diagnostic comportemental sur l'état du moi dans lequel je suis à ce moment-là, à cause du manque de signes perceptibles à l'extérieur.

Dans le retrait, je ne peux échanger — donner et recevoir — de strokes qu'avec moi-même. Dans la mesure où je ne suis pas engagé dans une communication avec d'autres, j'évite le « risque » psychologique de rejet que je peux percevoir dans l'Enfant. Certains ont pris l'habitude de se retirer lorsqu'ils sont dans un groupe parce qu'ils ont décidé, enfants, qu'il était dangereux pour eux d'échanger des strokes avec les autres. Ils peuvent se fabriquer une importante *banque de strokes* et s'en servir beaucoup. Semblables aux chameaux dans le désert, ces personnes vont se contenter de longues périodes sans apport extérieur de strokes. Toutefois, si je me retire pendant une grande partie du temps, je cours le risque au bout du compte d'épuiser ma banque de strokes et d'en manquer.

Rituels

Nous sommes assis dans la salle de groupe, et un homme en face de moi rompt le silence. Il se tourne vers son voisin et dit : « Bon, je suppose qu'on pourrait aussi bien faire connaissance. Je suis Pierre Dupont et je suis enchanté de faire votre connaissance. » Et il tend la main pour une poignée de main.

Pierre a choisi de structurer son temps par un *rituel.* C'est une interaction sociale courante qui se déroule comme si elle était programmée à l'avance.

Tous les enfants apprennent les rituels propres à leur culture familiale. Si vous êtes occidental et que quelqu'un vous tend la main, vous savez que vous êtes censé prendre cette main et la serrer. Un petit Indien apprend le geste du *namaste* de la même manière. Les petits Anglais apprennent que si quelqu'un dit : « Comment allez-vous ? » ils répondent par la même question rituelle.

Les rituels varient en complexité : le plus simple, c'est l'échange américain d'un signe de reconnaissance unique : « Bonjour ! » « Bonjour ! », et à l'autre extrême, il existe certains rituels religieux où la séquence est entièrement rédigée, le prêtre et les fidèles suivant les indications détaillées au cours d'une cérémonie qui peut durer des heures.

Dans le diagramme structural, le programme des rituels appartient au Parent. Dans le rituel, nous sommes dans l'Enfant en train d'écouter ces indications parentales. Dans le diagramme fonctionnel, les rituels sont en général accomplis par l'Enfant Adapté. La plupart du temps, un rituel donne des résultats agréables car nous nous adaptons aux normes attendues, ce qui sera classé comme un comportement de l'Enfant Adapté positif. À cause des mots, des intonations et des signes corporels stéréotypés utilisés dans les rituels, il est difficile de les confirmer par un diagnostic comportemental.

Les rituels sont perçus dans l'Enfant comme impliquant plus de « risques » psychologiques que le retrait, tout en fournissant toutefois des strokes positifs connus. Les participants à un rituel vont souvent tenir un compte serré des strokes échangés. Bien que de faible intensité, ils peuvent être importants pour réapprovisionner notre banque. Si vous en doutez, imaginez votre réaction si vous tendez la main pour échanger une poignée de main et que l'autre personne vous ignore. Le caractère prévisible des strokes rituels peut être un plus pour les gens qui ont décidé, enfants, qu'il était dangereux d'échanger des strokes dans une relation proche.

Passe-temps

Revenons au groupe où la glace est rompue. Maintenant, plusieurs personnes sont en train de bavarder de leur expérience des groupes. « J'ai fait un groupe comme ça, une fois, au lycée ; nous n'avons jamais réussi à savoir à quoi ça rimait. » « Oui, je vois ce que vous voulez dire. Moi, ce que je n'aime pas, ce sont ces longs silences. » « Moi, je vais vous dire, je pense que c'est un moyen de faire du fric rapidement pour les gens qui organisent ça. Tiens ! Quand je me suis inscrit à ce groupe, je m'attendais à ce que... », etc.

Les participants sont entrés dans un *passe-temps*, et nous utilisons souvent le verbe lui-même en disant qu'ils *passent le temps.*

Un passe-temps, comme un rituel, se déroule d'une manière connue, mais son contenu n'est pas programmé aussi strictement que celui d'un rituel ; les acteurs ont plus de latitude pour apporter leur participation personnelle et originale.

Dans tout passe-temps, les participants parlent *de* quelque chose mais ne s'engagent pas dans une action à ce sujet. Dans l'exercice de groupe, les membres parlent du groupe et des groupes en général, mais ne montrent aucun signe comme quoi ils vont agir au sujet de ce qui se passe dans le groupe.

Une indication fréquente du passe-temps, c'est quand « passe-temps » égale « temps passé ». Très souvent, les gens parlent de ce qui s'est passé hier quelque part ailleurs plutôt que de ce qui se passe ici et maintenant. Le passe-temps typique se manifeste par ces conversations légères et superficielles qu'on entend dans les réceptions. Berne a donné des noms spirituels à certains passe-temps courants. S'ils sont à l'aise dans leurs rôles sexuels traditionnels, les messieurs passent leur temps à parler « voitures » alors que les femmes préfèrent parler « cuisine » ou « chiffons ». Lorsque des parents sont ensemble, il y a souvent une séance de « parents-profs ». « Thierry vient de faire sa deuxième dent, et nous sommes restés debout une partie de la nuit dernière. » « Oh oui ! Je me rappelle quand les deux nôtres avaient cet âge... » Pour les Britanniques, le meilleur passe-temps est « le temps qu'il fait », que Berne n'a pas répertorié.

Les passe-temps sont en général menés à partir du Parent ou de l'Enfant. Dans un passe-temps de Parents, les gens émettent des opinions toutes faites à propos du monde :

« Les jeunes d'aujourd'hui, on ne sait plus ce qu'ils ont dans la tête. »

« Ah oui ! Je sais bien. Tiens, pas plus tard qu'hier... »

Les partenaires de passe-temps dans l'Enfant reviennent en arrière et répètent des sentiments et des pensées de leur enfance :

« Ce silence me met vraiment mal à l'aise. »

« Hum ! Je me demande ce que nous faisons ici ! »

Certains passe-temps ont l'air Adulte au niveau social, mais quand vous « pensez Martien », ils se révèlent Enfants :

« Tu sais, en nous voyant assis ici, j'ai l'impression que nous sommes peut-être tous dans l'Enfant Adapté. Qu'en penses-tu ?

— Eh bien, je pense que je suis dans l'Adulte maintenant, mais peut-être que j'étais dans l'Enfant il y a quelques instants. »

Il s'agit là du passe-temps que Berne appelait « Psychiatrie AT ». L'échange d'informations au niveau social recouvre le véritable programme, et l'Enfant contourne ainsi ce qui se passe réellement entre les membres du groupe. De toute évidence, il nous faudrait vérifier cette évaluation en observant les intonations et les indications non verbales.

Le passe-temps apporte surtout des strokes positifs et quelques négatifs. Si l'on compare avec les strokes des rituels, ceux des passe-temps sont plus intenses mais un peu moins prévisibles, et par conséquent l'Enfant les perçoit comme comportant un « risque » légèrement plus élevé.

Dans ces échanges sociaux, les passe-temps ont une fonction supplémentaire : c'est une manière pour les gens de « se sonder » pour trouver les partenaires éventuels d'un échange de strokes plus intenses qui aura lieu dans les jeux ou dans l'intimité. Nous en dirons plus un peu plus loin.

Activités

Une femme en face de moi prend la parole. « Jusqu'ici, nous avons passé notre temps à parler de ce que nous pouvions être censés faire ici. Mais je me demande bien ce que nous *allons* faire. Je fais une proposition : que diriez-vous de réfléchir ensemble pendant une minute ou deux aux choses que nous pourrions faire, puis de voter et d'en choisir une ? »

Son voisin, Daniel, répond : « Bonne idée ! Je vais me mettre au tableau et noter. » Tous les gens du groupe opinent et commencent à lancer leurs propositions.

À ce moment-là, nous sommes dans une *activité*. La communication entre les membres du groupe vise à atteindre un but, pas seulement à en parler. C'est là la différence entre le passe-temps et l'activité. Dans l'activité, les gens concentrent leur énergie pour obtenir un résultat concret.

Nous sommes vraisemblablement dans l'activité pendant une grande partie du temps passé sur notre lieu de travail. Réparer un appareil, changer un bébé ou rédiger un chèque sont d'autres exemples d'activités. Quelqu'un qui pratique un sport « sérieusement », ou travaille dur pour bien jouer d'un instrument de musique, est engagé dans une activité.

L'Adulte est l'état du moi prédominant dans l'activité. Cela découle du fait que les activités visent à accomplir des buts ici et maintenant. Quelquefois, dans l'activité, il nous arrive de suivre des règles appropriées, et à ces moments-là, nous passons dans l'Enfant Adapté positif ou dans le Parent positif.

Les strokes apportés par l'activité peuvent être à la fois conditionnels positifs et conditionnels négatifs. Ils sont en général décalés dans le temps, et donnés à la fin de l'activité pour un travail bien ou mal fait. Le degré de « risque » psychologique perçu dans l'activité peut être plus ou moins grand que dans le passe-temps, suivant leur nature.

Jeux

Dans la salle de groupe, la séance de remue-méninges est terminée et environ une demi-douzaine de propositions sont gribouillées au tableau. « Bon, maintenant, on vote, dit Daniel. Je vais lire chaque proposition et vous allez lever la main si vous êtes pour. »

Une fois le vote effectué, il fait le compte. « Bon, c'est clair, dit-il. Nous commençons par faire le tour du groupe et chacun d'entre nous va dire qui il est et ce qu'il veut obtenir en venant ici. »

« Eh ! Une minute ! » dit une autre voix. Tout le monde se tourne et regarde celui qui vient de parler et qui nous a dit s'appeler Jean. À cet instant, il est penché en avant, les coudes sur les genoux et il fronce les sourcils : « Je suis complètement perdu dans tout ça ! Qui a dit que le vote engageait tout le monde ? »

Daniel pince les lèvres en un sourire tendu, penche la tête en arrière et regarde Jean de haut : « Ah ! Eh bien, tu vois, c'est comme ça que ça se passe quand on vote. La minorité doit suivre la majorité, c'est ce qu'on appelle la démocratie. Est-ce que c'est clair maintenant ?

— Non, je regrette, dit Jean. En fait, tu m'as encore plus embrouillé. Qu'est-ce que la démocratie vient faire là-dedans ? » Il fronce encore plus les sourcils et jette un coup d'œil dans la pièce.

Daniel se détend et pousse un soupir. Il hausse les épaules et regarde le groupe : « Tant pis pour cette idée ! » dit-il tristement.

Mais Jean maintenant a lui aussi changé de position : il s'assoit bien droit, ouvre grand les yeux tandis que sa mâchoire inférieure s'abaisse : « Oh ! *non,* dit-il. Ça, c'est l'histoire de ma vie ! J'ai bien peur de vous avoir gâché votre exercice à tous ! Je suis *désolé,* vraiment ! »

Jean et Daniel viennent d'entrer dans un *jeu*.

L'analyse des jeux est une partie essentielle de la théorie de l'AT. Nous verrons les jeux en détail dans les derniers chapitres. Pour le moment, notez simplement les principales caractéristiques de l'échange entre Jean et Daniel.

Ils ont échangé une série de transactions et à la fin de la séquence ils se sont sentis mal tous les deux.

Juste *avant* de se sentir mal à l'aise, ils ont eu d'un seul coup l'impression d'échanger leurs rôles. Jean a tout d'abord commencé par manifester son désarroi sur un ton irrité, puis il a changé d'attitude, en s'excusant et en se faisant des reproches à lui-même. Au même instant, Daniel est passé d'une explication condescendante à une impuissance abattue.

Pour les deux protagonistes, il y a eu une fraction de seconde juste après ce coup de théâtre où chacun d'eux a eu l'impression que quelque chose d'inattendu s'était produit. S'ils avaient eu le temps d'exprimer cela par des mots, chacun aurait pu dire : « Mais bon sang ! Qu'est-ce qui *se passe* en ce moment ? »

Malgré cette impression d'inattendu, Jean et Daniel ont en réalité déjà joué ces mêmes séquences de nombreuses fois, avec un environnement et des gens peut-être différents, mais avec, à chaque fois, le même coup de théâtre et les mêmes sentiments de malaise que chacun d'eux éprouve.

En fait, Jean et Daniel ont émis des signaux indiquant qu'ils étaient prêts à jouer ensemble dès le début de leur échange. Cela s'est produit lorsqu'ils ont échangé des transactions cachées : les messages de niveau social avaient l'air d'un échange d'informations, mais au niveau psychologique, Jean a entraîné son partenaire dans un jeu et celui-ci a accepté.

Nous jouons tous, à un moment ou à un autre. Lorsque vous identifierez vos propres schémas de structuration du temps dans l'exercice ci-dessous, appelez « jeux » le temps que vous passez dans le genre d'échanges que nous venons de décrire. C'est quelque chose qui vous arrive fréquemment, qui vous laisse mal à l'aise, où, à un certain moment, vous vous demandez : « Qu'est-ce qui s'est passé ? » et où vous avez l'impression d'avoir en quelque sorte changé de rôle.

Tous les jeux sont des réactivations de stratégies de l'enfance qui ne sont plus adaptées maintenant que nous sommes adultes ; donc, par définition, les jeux se jouent à partir de n'importe quel état du moi négatif : EA—, PC— ou PN—. Par définition également, les jeux ne peuvent pas se jouer à partir de l'Adulte.

Les jeux impliquent toujours un échange de *méconnaissances* qui se situent au niveau psychologique. Au niveau social, les joueurs ressentent le jeu comme un échange de strokes intenses. Au cours des premières étapes du jeu, les strokes échangés peuvent être positifs ou négatifs. À la fin du jeu, les deux joueurs vivent des strokes négatifs intenses. Le degré de « risque » psychologique perçu est plus élevé que dans l'activité ou le passe-temps.

Intimité

Au moment où j'écoute Jean manifester son désarroi et passer ensuite à des excuses, je commence à me sentir en colère et au lieu de la retenir, je l'exprime. Je me tourne vers Jean et je lui dis : « Je suis vraiment en colère contre toi, à cause de ce que tu viens de dire ! Tu es capable de penser comme tout le monde, alors je te demande de le faire ! » Je prononce ces mots d'une voix forte et dure, je me penche en avant vers Jean et je sens que mon visage s'empourpre. Les intonations de ma voix ainsi que les signes que mon corps émet sont cohérents avec ce que je dis.

Le visage de Jean devient aussi rouge que le mien, il se penche vers moi et décolle presque de sa chaise tout en agitant les bras au-dessus de sa tête : « Bon ! Mais moi aussi je suis en colère ! hurle-t-il, et je suis dans cet état depuis que je suis arrivé ! Oui, je peux penser, et pour le moment, ce que je veux, c'est avoir les moyens de le faire sans que tu me cries après ! »

Jean et moi sommes dans *l'intimité*, car nous exprimons nos sentiments et nos désirs authentiques sans les censurer.

Dans l'intimité, il n'y a pas de « messages secrets », le niveau social et le niveau psychologique sont cohérents et là réside la différence majeure entre l'intimité et les jeux.

Tout aussi important est le fait que dans l'intimité, les sentiments exprimés sont adaptés pour amener la situation à son terme. Lorsque

Jean et moi nous sommes mis en colère l'un contre l'autre, chacun a fait savoir à l'autre ce qu'il voulait, par le biais des émotions aussi bien que par celui des mots ; ni l'un ni l'autre ne pouvait *faire en sorte* que l'autre se comporte d'une manière particulière, mais nous exprimions d'une manière aussi claire que possible ce que nous voulions, tant au niveau des sentiments que de la pensée.

À l'inverse, les sentiments éprouvés à la fin d'un jeu ne contribuent en rien à résoudre la situation des joueurs. Nous le savons bien puisque nous ne cessons de jouer encore et encore.

Lorsque nous verrons les jeux et les sentiments parasites plus en détail, nous reviendrons à cette distinction entre les sentiments productifs et improductifs.

Il faut comprendre qu'ici, Berne a donné au mot *intimité* un sens technique particulier. L'intimité en tant que structuration du temps peut avoir ou non quelque chose à voir avec l'intimité au sens usuel donné par le dictionnaire. Quand les gens sont « intimes » sur le plan sexuel ou personnel, il se peut qu'ils partagent aussi leurs sentiments et leurs envies ouvertement, auquel cas ils structurent leur temps dans l'intimité. Mais il est également courant que des relations intenses sur le plan émotionnel aient des jeux comme assise essentielle.

Les jeux sont quelquefois utilisés pour remplacer l'intimité. Ils impliquent une intensité similaire de strokes (même si, dans les jeux, ils sont essentiellement négatifs) mais pas la même intensité au niveau du « risque » perçu. Dans un jeu, chaque personne fait porter à l'autre la responsabilité du résultat. Dans l'intimité, chacun assume sa propre responsabilité.

À propos des états du moi concernés par l'intimité, Berne disait : « L'intimité est une relation sincère d'Enfant à Enfant où il n'y a ni jeu ni exploitation de l'autre. *Elle est instaurée par les états du moi Adultes des personnes concernées,* de sorte qu'elles comprennent très bien quels sont leurs contrats et leurs engagements réciproques... »

Nous avons introduit volontairement des italiques dans la citation pour insister sur l'importance de l'Adulte dans l'intimité. Certains auteurs AT ont, depuis Berne, simplifié sa présentation de l'intimité en la décrivant comme un échange *purement* d'Enfant à Enfant. Comme d'habitude, l'idée originelle de Berne se révèle être plus subtile et plus riche de sens. Pour être en relation d'intimité, nous avons d'abord besoin d'instaurer cette relation avec toutes nos capacités Adultes de penser, de ressentir et de nous comporter. Une fois à l'intérieur de ce cadre protecteur, nous pouvons revenir dans l'Enfant si nous le voulons pour partager et assouvir certains des besoins non satisfaits que nous avons en nous depuis l'enfance.

Certains auteurs AT ont suggéré que l'intimité implique également une attention et une protection mutuelles données par le Parent[2], le message de cet état du moi étant : « Je tiens compte de toi et je fais en sorte que tu tiennes compte de moi. »

Les strokes dans l'intimité sont plus intenses que dans n'importe quelle autre forme de structuration du temps. On échange des strokes soit positifs soit négatifs, mais il n'y a pas de méconnaissance dans la mesure où l'intimité est par définition un échange de désirs et de sentiments authentiques.

Lorsque nous avons décrit l'intimité un peu plus haut dans ce chapitre, nous avons sciemment choisi un exemple où les strokes échangés étaient clairement négatifs, ceci afin de contrer l'impression donnée par certains auteurs AT, postérieurs à Berne, que l'intimité doit *toujours* être une espèce de nirvana de strokes positifs.

Lorsque l'intimité implique effectivement des strokes positifs, ils sont vécus comme particulièrement agréables et gratifiants. Par exemple, nous pouvons imaginer une façon de continuer la scène du groupe. Après avoir laissé exploser ma colère à l'égard de Jean, je me détends, je le regarde dans les yeux et je lui souris en disant : « Eh ! J'ai le sentiment que je te connais mieux maintenant. Je suis content que tu aies été franc avec moi et que tu m'aies dit comment tu te sentais. » Jean me regarde tout aussi directement, il sourit et dit : « Moi aussi, je suis content, et ça me plaît que tu m'aies écouté... » Nous nous penchons l'un vers l'autre et nous nous serrons les mains très fort.

Parce que l'intimité n'est pas programmée à l'avance, elle constitue le plus imprévisible de tous les modes de structuration du temps. Ainsi, à partir de l'Enfant, je peux percevoir l'intimité comme étant la manière la plus « risquée » d'être en relation avec une autre personne. Et, paradoxalement, c'est la *moins* risquée. Quand je suis dans l'intimité avec l'autre personne, nous communiquons sans méconnaissance et, par conséquent, l'aboutissement de l'intimité est toujours obligatoirement constructif pour les gens concernés. Qu'ils trouvent cela *confortable* ou pas, c'est une autre affaire qui dépendra sans doute de la nature clairement positive ou clairement négative des strokes échangés.

Faites le « camembert » de votre structuration du temps. Pour cela, tracez un cercle que vous divisez en tranches représentant la quantité de temps que vous passez lors d'une journée ordinaire (le jour) dans les six formes différentes de structuration du temps.

Regardez si vous voulez changer quelque chose dans l'aspect de votre dessin. Si oui, tracez la version que vous voulez obtenir. Notez au moins cinq façons d'augmenter celui des modes de structuration du temps que vous voulez augmenter le plus. Au cours de la semaine qui vient, mettez ces comportements en pratique, puis redessinez votre « camembert ».

Soyez attentif en permanence à la manière dont vous et les autres structurez le temps. Analysez la structuration du temps lors des réunions, au travail, dans les conversations avec les voisins, dans les réceptions ou ailleurs. Ne dites pas aux autres ce que vous faites à moins d'être sûr qu'ils veuillent être au courant.

Dans un groupe, faites des sous-groupes de six. Prenez n'importe quel sujet de conversation et traitez-le pendant environ trois minutes, chaque personne jouant l'une des six façons de structurer le temps. Une fois le temps écoulé, partagez votre expérience. Prenez ensuite un autre sujet, changez de rôle et recommencez.

Dans un grand groupe, comptez-vous de « un » à « six », tous les « un » jouant le retrait, les « deux » les rituels, les « trois » les passe-temps, etc. Puis rassemblez-vous tous pour former un « cocktail de structuration du temps », pendant cinq minutes, où chacun jouera son rôle. À la fin, partagez votre expérience avec les autres membres du groupe □

IV
ÉCRIRE L'HISTOIRE DE SA VIE

Scénarios de vie

10

NATURE ET ORIGINES DU SCÉNARIO DE VIE

C'est vous qui écrivez l'histoire de votre vie.

Vous avez commencé à l'écrire le jour de votre naissance, et à l'âge de quatre ans, vous aviez décidé des points essentiels de l'intrigue. À sept ans, vous y avez ajouté tous ses détails les plus importants, et jusqu'à douze ans environ, vous l'avez peaufinée en y ajoutant quelques extra par-ci par-là. À l'adolescence, vous l'avez révisée et mise à jour avec d'autres personnages de la vie réelle.

Comme toutes les histoires, celle de votre vie a un commencement, un milieu et une fin. Elle a ses héros, ses héroïnes, ses comparses et ses figurants, son thème principal et ses intrigues secondaires. Elle peut être drôle ou tragique, palpitante ou ennuyeuse, passionnante ou sans gloire.

Maintenant que vous êtes adulte, les débuts de votre histoire sont hors d'atteinte du champ de votre mémoire consciente ; peut-être n'êtes-vous même pas conscient de l'avoir jamais écrite. Et pourtant, vous allez sans doute vivre toute l'histoire que vous avez composée il y a si longtemps. Cette histoire, c'est votre *scénario de vie.*

Supposez un instant que vous avez effectivement écrit l'histoire de votre vie.

Prenez un papier et un crayon et écrivez les réponses aux questions suivantes. Faites-le rapidement et intuitivement, en notant les premières réponses qui vous viennent à l'esprit.

Quel est le titre de votre histoire ?

Quel genre d'histoire est-ce ? Heureuse ou triste ? Triomphante ou tragique ? Intéressante ou ennuyeuse ? Prenez vos mots à vous et notez-les exactement comme ils vous viennent.

En quelques phrases, décrivez la scène finale : comment finit votre histoire ?

Conservez vos réponses, vous pourrez vous y reporter à mesure que vous en lirez plus sur la nature de votre scénario de vie □

En langage AT courant, nous disons simplement *scénario.*

Nature et définition du scénario de vie

La théorie du scénario a été développée pour la première fois par Berne et ses émules, notamment Claude Steiner, vers le milieu des années soixante. Depuis cette époque, de nombreux auteurs ont poursuivi cette idée originale, et le concept de scénario a acquis une importance croissante dans le corps de la théorie AT jusqu'à aujourd'hui où il occupe, avec le modèle des états du moi, une place centrale[1].

Dans *Principles of Group Treatment*, Berne définissait le scénario comme « un plan de vie inconscient ». Plus tard, dans *Que dites-vous après avoir dit bonjour ?*, il en a donné une définition plus complète : « un plan de vie élaboré dans l'enfance, renforcé par les parents, justifié par les événements ultérieurs et culminant dans un choix privilégié ».

Pour mieux comprendre le scénario, il convient de passer du temps à explorer ces définitions en détail.

Le scénario est un plan de vie

La notion selon laquelle les schémas de vie adulte des gens sont conditionnés par des expériences de l'enfance est centrale non seulement en AT, mais dans beaucoup d'autres approches psychologiques. Là où se distingue la théorie du scénario, c'est en suggérant que l'enfant établit *un plan précis* pour vivre sa vie plutôt qu'une vision générale du monde seulement. Ce plan de vie, dit la théorie, est établi sous la forme d'une pièce de théâtre, avec un commencement, un milieu et une fin clairement définis.

Le scénario vise à obtenir un bénéfice

Une autre affirmation spécifique de la théorie du scénario, c'est que ce plan de vie « culmine dans un choix privilégié ». Quand le jeune enfant écrit l'histoire de sa vie, il rédige la scène finale en l'intégrant totalement ; toutes les autres parties de l'intrigue, à partir de la scène d'ouverture, sont ainsi prévues pour aboutir à cette scène finale.

Dans le langage spécifique de la théorie du scénario, cette scène finale s'appelle *le bénéfice* du scénario. D'après cette théorie, quand nous sommes adultes et que nous jouons notre scénario, nous choisissons inconsciemment des comportements qui nous rapprochent de notre bénéfice scénarique.

Le scénario résulte d'une décision

Berne définit le scénario comme « un plan de vie *élaboré* dans l'enfance » ; ce qui veut dire que c'est l'enfant qui *décide* de ce plan de vie, et que ce dernier n'est pas seulement déterminé par des forces extérieures telles que les parents ou l'environnement. En langage technique, nous disons que le scénario est une *décision.*

Il s'ensuit que même lorsque des enfants différents ont été élevés dans le même environnement, ils vont peut-être décider de plans de vie totalement différents. Berne raconte l'histoire de deux frères à qui leur mère disait : « Vous finirez à l'asile ! » L'un d'eux a été interné dans un hôpital psychiatrique et l'autre est devenu psychiatre.

Dans la théorie du scénario, le mot « décision » est utilisé dans un sens particulier, différent du sens habituel défini par le dictionnaire. Les décisions scénariques de l'enfant ne sont pas prises sur le mode réfléchi que nous associons à la prise de décision adulte. Les décisions les plus précoces résultent de sentiments et sont prises avant que l'enfant maîtrise les mots. Elles dépendent également de la manière d'appréhender la réalité qui est différente de celle des adultes.

Le scénario est renforcé par les parents

Bien qu'ils ne puissent pas déterminer les décisions scénariques d'un enfant, les parents peuvent exercer sur lui une très grande influence. Dès les tout premiers jours d'un bébé, ses parents lui envoient des messages sur lesquels il va s'appuyer pour tirer des conclusions concernant lui-même, les autres et le monde. Ces *messages scénariques* sont aussi bien verbaux que non verbaux et forment le cadre par rapport auquel l'enfant va prendre ses principales décisions scénariques. Dans les chapitres 13 et 14, nous examinerons les différents types de messages scénariques et la façon dont ils se rapportent aux décisions scénariques.

Le scénario est inconscient

Dans notre vie adulte, ce sont nos rêves ou nos fantasmes qui nous permettent de nous approcher au plus près du souvenir de nos premières années. Et à moins de prendre du temps pour travailler et découvrir notre scénario, nous risquons de rester inconscients des décisions que nous avons prises, enfants, même si nous les dévoilons par notre comportement.

La réalité est redéfinie pour « justifier » le scénario

Quand Berne écrivait que le scénario est « justifié par les événements ultérieurs », il aurait mieux fait de mettre des guillemets à « justifié », car nous interprétons souvent la réalité à l'intérieur de notre propre cadre de référence de sorte qu'il nous *semble* justifier nos décisions scénariques. Nous faisons cela parce que dans l'Enfant, nous allons percevoir toute menace à l'encontre de notre vision du monde, fondée sur nos besoins ou même une menace pour notre survie. Quand nous verrons *la méconnaissance, la redéfinition et le cadre de référence* dans les chapitres suivants, nous verrons comment cette distorsion se produit et comment elle est liée aux problèmes de la vie.

Origines du scénario

Pourquoi prenons-nous ces désisions considérables sur nous-même, les autres et le monde quand nous sommes bébés ? Quelle est leur raison d'être ? Les réponses se trouvent dans deux caractéristiques cruciales de la formation du scénario.

1. *Les décisions scénariques représentent la stratégie la plus adéquate que le tout-petit ait trouvée pour survivre dans un monde qui apparaît souvent comme hostile, voire menaçant pour sa vie.*
2. *Les décisions scénariques sont prises par le tout-petit qui s'appuie sur ses émotions et sur sa manière d'aborder la réalité.*

Dans les parties suivantes, où nous allons traiter ces points, nous sommes redevables à Sam Woollams du travail qu'il a fait sur ce sujet[2].

Réponse à un monde hostile

Un bébé est petit et physiquement vulnérable, et pour lui le monde est peuplé de géants dominateurs. Un bruit inattendu peut lui indiquer que sa vie court un danger immédiat. Dépourvu de mots et de pensée cohérente, il sait que si Papa ou Maman s'en vont, il va mourir, et s'ils se mettent trop en colère contre lui, ils peuvent l'annihiler. De plus, l'enfant n'a pas la notion adulte du temps. S'il a faim ou froid, et que Maman ne vient pas, alors peut-être qu'elle ne viendra plus jamais, et ça, ça veut dire la mort, ou même pire que la mort : être abandonné pour toujours.

Quand l'enfant a deux ou trois ans et qu'il lui arrive un frère ou une sœur, le bambin, maintenant un peu plus grand, sait qu'il n'en mourra probablement pas, mais toute l'attention de Maman semble concentrée sur cette nouvelle arrivée : peut-être n'y a-t-il pas assez d'amour pour tout le monde et le bébé va-t-il tout prendre. La menace maintenant, c'est la perte de l'amour de Maman.

Tout au long des années de formation du scénario, l'enfant est dans une position d'infériorité et perçoit ses parents comme ayant tout le pouvoir et, à son âge, ce pouvoir représente la vie ou la mort, alors que plus tard, il s'agira du pouvoir qu'ils ont de satisfaire ou non ses besoins.

C'est en réaction à cela qu'il élabore des stratégies pour rester vivant et obtenir la meilleure satisfaction possible de ses besoins.

Épreuve de la réalité et émotions précoces

Un jeune enfant ne pense pas comme un adulte et ne ressent pas non plus les émotions de la même manière. Il prend des décisions scénariques à partir de cette manière singulière qu'il a de penser et de ressentir.

Les émotions que ressent un bébé sont la rage, le désespoir, la terreur ou l'extase absolue et il prend des décisions précoces en réaction à ces sentiments intenses. Il n'est donc pas étonnant que ces décisions soient souvent exagérées. Par exemple, s'il doit être hospitalisé pour une opération, ce qui n'est en soi pas amusant non plus pour une grande personne, le nourrisson peut le vivre comme un événement terrifiant. Il ressent de la peur et en même temps la tristesse abominable de l'absence de sa mère qui ne reviendra peut-être jamais. Il est aussi saisi de rage parce qu'elle a laissé une telle chose lui arriver et il décide peut-être : « Ces gens veulent me tuer, et Maman les laisse faire. Alors, elle aussi veut me tuer ! Je ferais mieux de tous les tuer avant qu'ils ne m'attrapent. »

Dans la logique du tout-petit, il est de règle de raisonner du particulier vers le général. Par exemple, supposez que la mère de l'enfant soit inconséquente dans sa manière de lui répondre. Quelquefois, elle vient quand il pleure, mais à d'autres moments, elle l'ignore. L'enfant n'en conclut pas seulement : « Je ne peux pas compter sur Maman », il décide peut-être : « Je ne peux pas faire confiance aux gens », ou « Je ne peux pas faire confiance aux femmes ». Une fillette de quatre ou cinq ans peut se sentir furieuse contre son père parce qu'il ne lui accorde plus l'attention qu'il lui prodiguait quand elle était petite. Elle est susceptible de décider non seulement : « Je suis furieuse contre Papa », mais « Je suis furieuse contre les hommes ».

L'enfant peut compenser son sentiment d'impuissance en imaginant qu'il est tout-puissant et magicien. Il va sentir que Papa et Maman ne s'entendent pas bien, et surtout s'il est enfant unique, il va décider : « C'est de ma faute. » Si ses parents se battent réellement, il peut croire que c'est son rôle de protéger l'un de ses parents contre l'autre.

Si l'enfant sent qu'il est rejeté par l'un de ses parents, il peut s'en attribuer la responsabilité : « Il y a quelque chose qui cloche chez moi. »

Il est difficile pour les jeunes enfants de faire la différence entre leurs envies et les faits. Un bambin sent : « J'ai envie de tuer ce nouveau bébé qui obtient toute l'attention ! » Pour lui, cela revient à dire : « J'ai tué ce nouveau bébé », et il conclut alors : « Je suis un assassin, je suis un affreux méchant. » Dans sa vie adulte, cette personne garde un vague sentiment de culpabilité pour le « crime » qu'elle n'a jamais commis.

Un atout majeur de l'AT est d'être très attentive à ce genre de logique infantile. Les linguistes parlent de *Sprachgefühl*, la « sensibilité à un langage ». Surtout si vous voulez utiliser l'AT en thérapie, il est payant d'acquérir cette sensibilité au langage scénarique de l'enfant.

Pour améliorer votre compréhension de ce langage, lisez les œuvres d'Erikson, de Piaget et des auteurs qui ont étudié le développement de l'enfant[3]. Pour avoir une idée de ce que cela signifie pour *vous*, soyez attentif à vos rêves. Ce sont eux qui nous rapprochent le plus, dans notre vie adulte, des souvenirs du monde qui nous semblait hostile lorsque nous étions petits.

EXERCICES : DÉCOUVREZ VOTRE SCÉNARIO PERSONNEL

Les rêves, les fantasmes, les contes de fées et les histoires enfantines nous donnent des indications quant à notre scénario. Voici quelques exercices qui les utilisent.

Au cours de ces exercices, laissez votre imagination courir librement, ne vous souciez pas de ce à quoi ils servent ni de ce qu'ils signifient. Ne censurez pas et ne cherchez pas à savoir ce que vous êtes censé dire. Acceptez simplement les images comme elles viennent ainsi que les sentiments ; vous ferez votre propre interprétation plus tard.

Ces exercices vous seront plus profitables si vous travaillez avec un partenaire ou en groupe. Dans un cas comme dans l'autre, c'est une bonne idée d'enregistrer vos réponses sur bande magnétique. Branchez simplement le magnétophone et laissez-le tourner pendant l'exercice. Repassez ensuite la bande plusieurs fois et laissez votre intuition établir une signification. Vous allez être très étonné de tout ce que vous allez apprendre sur vous-même et sur votre scénario.

Au cours de l'un quelconque de ces exercices, vous allez peut-être être amené à éprouver de violentes émotions. Ce sont des sentiments de l'enfance qui émergent en même temps que vos souvenirs scénariques. Si cela vous arrive, vous pouvez à n'importe quel moment décider d'arrêter ou de continuer l'exercice. Si vous décidez d'arrêter, cessez l'exercice et fixez votre attention sur un objet de la pièce qui se voit bien. Dites-vous (ou à votre partenaire) ce que c'est que cet objet, quelle est sa couleur et à quoi il sert. Évoquez une banale préoccupation de grande personne comme par exemple ce que vous allez manger à votre prochain repas ou à quelle heure vous devez aller travailler. En faisant cela, mettez-vous debout ou tenez-vous assis bien droit, la tête et le corps bien équilibrés de part et d'autre d'une ligne médiane verticale.

Héros ou héroïne

Quel est votre personnage préféré ? C'est peut-être quelqu'un qui appartient à votre enfance, ou un héros ou une héroïne d'un livre ou d'une pièce ou d'un film dont vous vous souvenez ? Ou peut-être quelqu'un de réel. Prenez le premier personnage qui vous vient à l'esprit, puis branchez le magnétophone et/ou sollicitez l'attention de votre partenaire ou du groupe. Devenez ce personnage que vous avez choisi, parlez de vous aussi longtemps que vous le voulez en disant « je... »

Supposez par exemple que mon héros soit Superman. Je vais commencer ainsi : « Je suis Superman et mon boulot, c'est d'aider le gens qui ont des problèmes. J'arrive de nulle part à travers les airs, je fais tout un tas de choses miraculeuses, puis je disparais. La plupart du temps, personne ne sait que je suis Superman parce que je me déplace sous un déguisement... »

Quel que soit votre personnage, à vous maintenant. Soyez ce personnage et parlez de vous.

Histoire ou fable

Une variante de ce premier exercice est de raconter une histoire ou une fable. Encore une fois, choisissez n'importe laquelle, la première qui vous vient à l'esprit est la meilleure. Ce peut être un conte de fées de votre enfance, un mythe classique ou n'importe quoi d'autre.

Vous pouvez commencer par : « Il était une fois une belle jeune fille que sa méchante marâtre avait endormie pour cent ans. Elle dormait dans une chambre au plus profond du château et autour de ce château poussait une forêt de ronces. Des rois et des princes étaient venus chercher la princesse mais aucun n'était assez fort pour se frayer un chemin à travers ces ronces... »

Pour tirer un plus grand parti encore de votre histoire, vous pouvez devenir chacun des personnages et des objets de l'histoire. À chaque fois, parlez de vous-même. Dans l'histoire ci-dessus, vous pouvez choisir d'être la jeune fille, la marâtre, la chambre, le château, l'un des princes ou la forêt de ronces.

En tant qu'objet, vous pouvez dire : « Je suis une haie épaisse, touffue et piquante. Toutes mes épines sont tournées vers l'extérieur, de sorte que les gens ne peuvent pas me tailler. J'ai pour tâche de protéger la jeune fille qui dort dans mon sein... »

Rêve

Choisissez l'un de vos rêves. Vous apprendrez plus d'un rêve récent ou qui se répète, mais n'importe lequel fera l'affaire.

Racontez ce rêve au *présent*, et non au passé. Puis, de même que dans l'histoire, devenez chacun des personnages et des objets de votre rêve et parlez de vous-même.

Rappelez-vous comment vous vous sentiez immédiatement après vous être réveillé de ce rêve : vous sentiez-vous bien ou mal ? Avez-vous aimé la fin du rêve ? Si vous ne l'avez pas aimée, continuez l'exercice en récrivant la fin et racontez-la exactement comme vous avez raconté le rêve, au présent.

Vérifiez si vous êtes maintenant complètement satisfait de la fin de votre rêve. Sinon, récrivez-la encore autant de fois que vous le voulez.

Un objet dans la pièce

Regardez la pièce et choisissez un objet que vous voyez, le meilleur étant le premier auquel vous pensez. Maintenant, soyez cet objet et parlez de vous.

Par exemple : « Je suis la porte, je suis dure, à coins carrés et je suis en bois. Quelquefois, je barre le passage, mais quand ça arrive, on me pousse. »

Pour enrichir encore cet exercice, demandez à votre partenaire de tenir une conversation avec vous où vous êtes l'objet que vous avez choisi. Le partenaire ne *doit pas* faire d'interprétations, il ne fait que vous parler à vous, porte, cheminée ou autre. Par exemple : « Je suis la porte et quand je barre le passage, on me pousse.

— Eh bien, porte, comment te sens-tu quand on te pousse ?

— Je suis en colère. Mais je suis une porte et je ne peux pas parler, alors je les laisse faire.

— Hum ! Alors, est-ce que tu veux changer quelque chose pour te sentir mieux ? »

Votre vie comme pièce de théâtre

Pour cet exercice, vous avez besoin de quelqu'un qui vous serve de « guide » et vous parle pendant que vous vous détendez. Une autre option est d'enregistrer les indications au magnétophone et de les écouter pendant que vous vous détendez. Le guide peut aussi conduire cet exercice pour un groupe de personnes.

Il n'a pas besoin de suivre à la lettre les consignes telles qu'elles sont données ici. En fait, il a plutôt intérêt à noter brièvement quelques points de repère quant à la marche à suivre et ensuite, improviser la formulation. Il doit laisser de grands silences entre les phrases pour donner aux participants le temps de développer leur visualisation.

Détendez-vous sur un siège ou par terre et fermez les yeux pour vous aider. Le guide démarre ensuite sur cette trame :

« Imaginez que vous êtes dans un théâtre. Vous attendez que la pièce commence et cette pièce est très exactement l'histoire de votre vie.

« Quel genre de pièce allez-vous regarder ? Est-ce une comédie ? Une tragédie ? Un drame profond ou un mélo populaire ? Est-elle intéressante ou ennuyeuse ? Héroïque ou banale ou quoi d'autre ?

« Est-ce que le théâtre est plein ? À moitié vide ou vide ? Le public va-t-il se passionner ou s'ennuyer ? Être heureux ou triste ? Va-t-il applaudir ou quitter la salle ou quoi d'autre ?

« Quel est le titre de cette pièce qui est l'histoire même de votre vie ?

« Alors maintenant, les lumières s'éteignent, le rideau s'ouvre, votre pièce à vous va commencer.

« Et vous assistez à la première scène, la toute première scène de votre vie. Vous êtes très, très jeune dans cette scène. Que voyez-vous autour de vous ? Qui est là ? Voyez-vous des visages ou des parties de visages ? Si oui, voyez quelle est leur expression. Qu'entendez-vous ? Prenez conscience de ce que vous ressentez. Peut-être que vous ressentez quelque chose dans votre corps ? Peut-être éprouvez-vous une émotion ? Sentez-vous quelque chose ? Avez-vous un goût dans la bouche ? Donnez-vous maintenant le temps de prendre conscience de cette toute première scène de votre vie. (*Silence.*)

« Maintenant, la scène change. Dans cette nouvelle scène, vous êtes petit, entre trois et six ans. Où vous trouvez-vous ? Que voyez-vous autour de vous ? Y a-t-il d'autres personnes présentes ? Qui ?

« Est-ce qu'elles vous parlent ? Est-ce que vous leur parlez ? Entendez-vous d'autres sons ? Que ressentez-vous dans cette scène ? Ressentez-vous quelque chose dans votre corps ? Éprouvez-vous des émotions ? Sentez-vous une odeur, un goût ?

« Prenez du temps maintenant pour prendre conscience de tout ce que vous voyez, entendez, ressentez, goûtez et sentez dans cette deuxième scène de votre vie, cette scène où vous avez entre trois et six ans. » (*Silence.*)

Puis le « guide » continue et donne les mêmes indications pour les scènes suivantes de la pièce, l'une après l'autre :

La scène de l'adolescence, entre dix et seize ans ;
La scène du présent, à l'âge que vous avez maintenant ;
La scène dans dix ans ;
La scène finale de la pièce — celle de votre mort. En donnant les indications pour cette scène, le guide doit aussi demander : « Quel âge avez-vous dans cette dernière scène de votre pièce ? »

Finalement, le « guide » vous demande de revenir dans le présent, en prenant tout votre temps.

Partagez à votre gré votre expérience avec le groupe ou avec votre partenaire □

11

COMMENT SE VIT LE SCÉNARIO

Ayant écrit l'histoire de notre vie depuis notre petite enfance, nous allons sans doute nous mettre à la vivre au moins une partie du temps de notre vie adulte.

Dans ce chapitre, nous décrivons comment vous pouvez vivre votre scénario comme *gagnant, perdant* ou *non gagnant*. Nous montrons comment les gens peuvent adopter ou abandonner des comportements déterminés par le scénario et nous expliquons pourquoi la connaissance du scénario est importante pour comprendre les schémas de vie des gens.

Votre scénario a à la fois un *contenu* et un *processus*. Vous vous rappelez que le contenu porte sur *quoi*, alors que le processus porte sur *comment*.

Le contenu de votre scénario est différent de celui de toute autre personne, aussi unique qu'une empreinte digitale. D'un autre côté, il semble que le processus scénarique couvre un nombre relativement limité de schémas particuliers, ce que nous verrons plus loin.

Scénarios gagnants, perdants et non gagnants

En termes de contenu, nous classons les scénarios en trois catégories :

gagnant,
perdant ou hamartique,
non gagnant ou banal[1]

Scénario gagnant

Berne définissait le « gagnant » comme « quelqu'un qui accomplit le but qu'il s'est fixé ». (Robert Goulding a ajouté : « Et qui rend ainsi le monde meilleur. ») « Gagner » implique aussi que le « but fixé » soit atteint de manière agréable, heureuse et harmonieuse. Si je décide, enfant, de devenir un grand leader et si au bout du compte je deviens un général ou un politicien épanoui et comblé, je suis un gagnant. Si je décide d'être millionnaire, je gagne si, en grandissant, je deviens un millionnaire heureux et bien dans sa peau. Si je décide de devenir un ermite sans le sou et que je fais en sorte de devenir cet ermite qui vit heureux dans sa grotte, je suis un gagnant. « Gagner » est toujours lié aux buts que je me fixe.

Scénario perdant

À l'inverse, un « perdant » est « quelqu'un qui ne mène pas à bien le projet qu'il s'est fixé ». Une fois encore, ce n'est pas seulement la réalisation qui compte mais le degré de bien-être qui y est associé. Si je décide de devenir un grand leader, que je m'enrôle dans l'armée et que j'en suis expulsé avec éclat, je suis un perdant. Si ma vie politique se termine par un scandale qui entraîne ma révocation, je suis un perdant. Si je décide d'être millionnaire et que je finis comme un ermite sans le sou, je suis un perdant.

Mais je suis aussi un perdant si, ayant décidé d'être et étant devenu millionnaire, je suis constamment perturbé par mon ulcère ou le stress des affaires. Si j'obtiens ma grotte d'ermite et passe ma vie à me plaindre de ma pauvreté, de l'humidité et du manque de compagnie, je suis un perdant.

Berne a pris soin de définir « perdant » et « gagnant » en liant ces termes à l'« accomplissement d'un projet fixé ». Il voulait mettre l'accent sur le fait que les « gagnants » ne devaient pas simplement être assimilés à des gens amassant les biens matériels et l'argent. Les « perdants » n'étaient pas non plus nécessairement des gens dépourvus de biens matériels.

Le fait est pourtant que certains d'entre nous décident dans l'enfance d'accomplir un but *qui ne peut pas* être atteint sans malheur, limitation de soi ou même dommage physique. Par exemple, l'enfant peut décider dans sa tête : « Je suis censé rater tout ce que je fais » et ensuite, passer sa vie à mettre en pratique cette décision scénarique. Pour atteindre le but qu'il s'est fixé, il rate les choses. Un autre enfant va décider de bonne heure dans sa vie : « Pour que Papa et Maman m'aiment, il faut que je meure » et faire en sorte de réaliser ce but tragique. Tout le monde qualifierait un tel scénario de « perdant », même s'il ne correspond pas à la lettre à la définition de Berne.

Les scénarios de perdants sont en gros classés aux premier, deuxième et troisième degrés selon l'importance du bénéfice. Un scénario perdant du premier degré est un scénario où les échecs et les pertes sont suffisamment légers pour pouvoir alimenter des conversations dans le cercle social de la personne concernée. Citons comme exemples des querelles répétées au travail, une légère dépression suivie d'un traitement médical ambulatoire ou un échec à un examen universitaire.

Les perdants du deuxième degré ont un scénario dont les conséquences sont suffisamment graves pour ne pas même pouvoir faire l'objet d'une conversation de salon. Cela veut dire être renvoyé de plusieurs emplois successifs, être hospitalisé pour dépression grave ou renvoyé de l'Université pour faute grave.

Un scénario perdant du troisième degré culmine dans la mort, une maladie ou une blessure graves ou en justice. Les bénéfices du troisième degré sont l'emprisonnement pour détournement de fonds, une hospitalisation à vie pour problèmes psychiques graves ou le suicide à la suite d'un échec à un examen.

Nous utilisons souvent le terme *hamartique* pour décrire les scénarios perdants du troisième degré et leurs bénéfices. Ce mot est dérivé du grec ancien *hamartia*, qui signifie « faille fondamentale », et reflète la manière dont le scénario perdant, comme dans la tragédie grecque antique, semble mener inexorablement de la décision négative précoce à la scène tragique finale.

Scénario non gagnant

Quelqu'un qui a un scénario non gagnant « se maintient ». Il va son bonhomme de chemin, au jour le jour, sans victoires éclatantes mais sans grosses pertes non plus. Il ne prend pas de risques. On dit souvent que ce genre de scénario est *banal.*

Au travail, un non-gagnant ne deviendra jamais le patron, mais il ne se fera pas renvoyer non plus. Au lieu de cela, il va sans doute faire son temps, recevoir une récompense pour bons et loyaux services et prendre une retraite tranquille. Il va s'asseoir dans son fauteuil en pensant : « *J'aurais pu* devenir le patron si j'avais été à la bonne place au bon moment. Bah ! Je ne m'en suis pas si mal tiré, après tout. »

Gagnants, perdants et non-gagnants

Berne disait qu'on peut différencier un gagnant d'un perdant en lui demandant ce qu'il fera s'il perd. Berne disait qu'un gagnant sait ce qu'il fera mais n'en parle pas alors que le perdant ne le sait pas mais parle de ce qu'il fera s'il gagne : « Quand j'aurai gagné mon premier million... », « Quand mon cheval arrivera premier... » Il mise tout sur une seule chose et c'est comme cela qu'il perd.

Un gagnant a toujours des solutions de rechange, et c'est comme cela qu'il gagne. Si une chose ne marche pas, il essaie autre chose jusqu'à ce qu'il y arrive.

Un non-gagnant gagne certaines fois et perd à d'autres, jamais beaucoup, parce qu'il ne prend pas de risques ; il joue la sécurité et c'est comme cela qu'il reste un non-gagnant.

Réserves quant à la classification

Cette classification des scénarios en gagnants, non gagnants et perdants n'est qu'une approximation. Ce qui peut être considéré comme un résultat non gagnant pour vous peut être un résultat gagnant pour moi. Ce qui n'est pas acceptable dans mon milieu social peut l'être dans le vôtre.

En fait, la plupart d'entre nous décidons d'un scénario qui est un mélange de gagnant, de non gagnant et de perdant. Dans cet ensemble unique de décisions que moi j'ai prises dans mon enfance, je me suis peut-être fixé comme projet d'être un gagnant pour ce qui est de penser, un non-gagnant pour ce qui est de l'activité physique, et un perdant du premier degré dans mes relations personnelles. Votre mélange à vous peut être totalement différent.

Mais ce qui est le plus important, c'est de comprendre que *tout scénario peut être modifié.* En prenant conscience de mon scénario, je peux découvrir les zones dans lesquelles j'ai pris des décisions de perdant et changer ces dernières en décisions de gagnant. Cette classification gagnant, non gagnant, perdant me renseigne utilement sur le passé et me donne un itinéraire précieux pour des changements dans le présent ; mais en aucun cas, elle ne saurait être une affirmation immuable quant à l'avenir.

Revoyez ce que vous avez découvert sur votre scénario en faisant les exercices du chapitre précédent.

Diriez-vous que vous avez un scénario essentiellement gagnant, perdant ou banal ?

Découvrez-vous des zones particulières de votre vie où vous avez décidé que vous seriez un gagnant, un perdant ou un non-gagnant ?

Y a-t-il des zones où vous ayez été jusqu'ici un perdant ou un non-gagnant et où vous voudriez devenir un gagnant ?

Si c'est le cas, pour chacune de ces zones, décrivez la manière de *savoir* que vous êtes gagnant au lieu de perdant ou non gagnant. Quels seraient vos résultats de gagnant ?

Puis, pour chacune de ces zones, notez au moins cinq actions que vous pouvez entreprendre pour arriver à ces résultats de gagnant, et faites-en une chaque jour. Si vous êtes dans un groupe, tenez-le au courant de vos succès □

Le scénario dans la vie adulte

Une fois adultes, nous rejouons quelquefois les stratégies que nous avons décidées, enfants, et dans ces moments-là, nous réagissons à la réalité de l'ici et maintenant comme si elle correspondait au monde que nous percevions lors de nos décisions précoces. À ces moments, nous disons que *nous sommes dans notre scénario*. Une autre manière d'exprimer cela est de dire que nous adoptons des comportements ou éprouvons des sentiments *scénariques.*

Pourquoi faisons-nous cela ? Pourquoi n'abandonnons-nous pas tout simplement nos décisions de l'enfance derrière nous à mesure que nous grandissons ? La première raison, c'est que nous gardons toujours l'espoir de résoudre cette question fondamentale qui est restée sans solution dans notre enfance : comment obtenir un amour et une attention inconditionnels. C'est ainsi qu'une fois adultes, nous réagissons souvent comme si nous étions encore petits. À l'instar de nombreuses autres thérapies, l'AT considère cela comme la source de nombreux problèmes de la vie.

Quand nous entrons dans notre scénario, nous ne sommes généralement pas conscients que nous sommes en train de rejouer des stratégies de l'enfance. Nous pouvons développer cette prise de conscience en déchiffrant notre scénario et en découvrant les décisions précoces que nous avons prises.

Il est impossible de prévoir avec précision le moment exact où quelqu'un entre dans son scénario, mais deux facteurs y contribuent plus particulièrement, se renforçant mutuellement :

1. *Quand la situation du moment est perçue comme génératrice de stress.*
2. *Quand il existe une similitude entre la situation présente et une situation stressante de l'enfance.*

Stress et scénario

Stan Woollams proposait la notion d'*échelle de stress*[2]. Plus le stress est grand, plus la personne a de chances d'entrer dans son scénario. Si nous mesurons le stress, disons de 1 à 10, je vais peut-être entrer dans mon scénario dans une situation correspondant à un niveau de stress de 6 ou plus, alors que vous allez peut-être atteindre 8 avant d'y entrer.

Disons que j'ai un désaccord avec mon supérieur hiérarchique immédiat, ce qui représente seulement un stress d'un niveau 3 ; je reste hors de mon scénario, et je discute de nos divergences de manière Adulte, en pensant que, raisonnablement, mon chef et moi allons aboutir à un compromis, ou accepter de ne pas être d'accord ; auquel cas, ce n'est pas grave.

Mais disons maintenant que mon chef appelle le directeur. Une discussion avec le patron atteint le niveau 6 sur mon échelle de stress ; je saute dans mon scénario, et en face du directeur, je rebranche les mêmes réactions physiques, les sentiments et les pensées que j'avais, enfant, lorsque mon père en colère me dominait, pareil à un géant, hurlant des injures que je ne comprenais pas. Sans en être conscient, j'ai « transformé » le directeur en mon père, et je réagis comme si j'étais encore un gamin de trois ans terrorisé.

L'« échelle de stress » est un bon moyen de mettre en relief le stress et les réponses scénariques. Cela *ne signifie pas* que le stress puisse « faire » entrer qui que ce soit dans son scénario. Ce passage dans le scénario est une décision, même si celle-ci est hors du champ de la conscience.

Il est possible que, rien qu'en en sachant plus sur le scénario, je sois capable de supporter un niveau de stress plus élevé avant d'adopter un comportement scénarique.

Les élastiques

Quand je suis passé dans mon scénario lors de ma discussion avec le directeur, ce n'était pas seulement à cause du stress de la situation ; c'était aussi parce que cette situation-là *ressemblait* à une scène douloureuse de mon enfance.

En langage AT, nous disons que cette situation actuelle est un *élastique* qui me rattache à une situation ancienne.

Cette image montre comment nous réagissons parfois comme si nous étions catapultés en arrière vers des scènes de notre enfance. Imaginez un gigantesque élastique tendu à travers le temps, accroché à un élément du présent qui rappelle la souffrance ancienne, et bing ! nous voilà repartis dans le passé.

Nous n'avons en général pas le souvenir conscient de la scène de l'enfance, et donc, nous ne retrouvons pas le point commun. Pour moi, l'élastique partait du directeur et me rattachait à mon père en colère, mais tout en pleurnichant devant la colère du directeur, je n'étais pas conscient que mon père se trouvait derrière lui.

Dans la mesure où Papa et Maman sont des figures très importantes de notre enfance, on les retrouve souvent à l'autre extrémité de l'élastique, de même que nos frères et sœurs et d'autres figures parentales telles que les grands-parents, les oncles et tantes. Chaque fois que nous sommes dans un groupe, nous attribuons vraisemblablement à chaque membre du groupe le rôle d'un parent, d'un frère ou d'une sœur. Lorsque nous parlons à quelqu'un avec qui nous avons une relation privilégiée, nous l'identifions parfois à une figure du passé, et cela, sans en être conscient.

C'est un phénomène que les freudiens appellent *transfert*. En AT, nous disons familièrement que « nous mettons une tête sur quelqu'un ». Quand je suis entré dans mon scénario lors de ma discussion avec le directeur, je mettais sur lui le visage de mon père.

Les élastiques ne nous ramènent pas toujours à des gens. Nous pouvons aussi nous raccrocher à des sons, des odeurs, un environnement particulier ou toute autre chose qui nous rappelle inconsciemment des situations stressantes de l'enfance.

L'un des buts de changement en AT, c'est de *décrocher les élastiques*. Par la compréhension du scénario et une thérapie personnelle, je peux résoudre le traumatisme originel et me libérer de ce retour en arrière vers les vieilles scènes de l'enfance. En faisant cela, je me donne la permission d'affronter des situations dans l'ici et maintenant avec toutes les ressources dont peut disposer une grande personne.

Évoquez une situation récente où vous vous êtes senti stressé et qui s'est terminée de manière désagréable ou infructueuse pour vous. Évoquez surtout le sentiment de malaise que vous avez éprouvé dans cette situation. Il n'est pas nécessaire que vous ressentiez à nouveau ce sentiment pour faire l'exercice.

Évoquez maintenant une situation de l'année dernière qui s'est également mal terminée pour vous et où vous avez éprouvé ce même sentiment de malaise.

Revenez à présent cinq ans en arrière et remémorez-vous une situation similaire, dans laquelle vous avez éprouvé ce sentiment de malaise.

Rappelez-vous maintenant une situation désagréable similaire de votre adolescence, associée au même sentiment de malaise.

Évoquez ensuite une scène identique, avec ce sentiment de malaise, remontant à votre enfance. Quel âge aviez-vous ?

Si vous le pouvez, rappelez-vous une ou des scènes datant d'encore plus loin dans votre enfance. Quel âge aviez-vous ? Qui était là ? Qu'est-ce qui se passait ?

Le but de cet exercice est de retrouver l'origine de l'élastique. Quel est le point commun entre votre expérience récente et celle de votre enfance ? Si quelqu'un d'autre a été impliqué dans l'expérience d'aujourd'hui, quel visage du passé lui avez-vous mis dessus ?

Une fois que vous avez pris conscience de la situation du passé que vous reproduisiez, vous pouvez commencer à décrocher l'élastique. Utilisez votre conscience Adulte pour vous rappeler à vous-même que les gens ici et maintenant sont en fait différents de Papa, Maman ou autres dont vous leur avez attribué la tête. Si vous sentez que vous éprouvez le même sentiment de malaise, laissez-vous lentement réaliser que la situation d'aujourd'hui est différente de celle du passé. Vous avez maintenant les ressources et les options d'une grande personne, en plus de celles de l'enfant que vous étiez dans la scène ancienne □

Le scénario et le corps

Il semble que nous prenions certaines de nos décisions précoces avec notre corps aussi bien qu'avec notre esprit. Peut-être l'enfant tend-il les bras pour toucher Maman, mais il s'aperçoit qu'elle s'écarte souvent de lui. Pour atténuer la souffrance de ce rejet, il réfrène l'élan de son corps, et pour s'empêcher de tendre les bras, il les contracte, ainsi que les épaules.

De nombreuses années plus tard, alors qu'il est devenu une grande personne, il va continuer à maintenir cette tension, mais sans s'en rendre compte. Il va éprouver des douleurs et des souffrances dans le cou et les épaules. Lors d'un massage profond ou en thérapie, il va peut-être ressentir cette tension et la libérer, et en même temps, il va sans doute aussi libérer le flot d'émotions qu'il contient depuis son enfance.

Eric Berne a parlé de *signaux scénariques*. Ce sont des indications corporelles qui montrent qu'une personne est passée dans son scénario ; elle pousse un profond soupir, change de position ou met en tension une partie de son corps. Berne a attiré l'attention tout particulièrement sur la tension des sphincters et des muscles qui ferment les différents orifices du corps.

Certains thérapeutes en AT se sont spécialisés dans ce domaine du *scénario corporel*[3].

Pourquoi il est important de comprendre le scénario

Pourquoi ce concept de scénario de vie est-il si important en AT ? C'est qu'il nous fournit le moyen de comprendre pourquoi les gens se comportent comme ils le font. Nous avons tout particulièrement besoin de cette compréhension lorsque nous examinons des comportements qui apparaissent à première vue douloureux ou néfastes pour la personne elle-même.

Par exemple, quand nous verrons les *jeux* un peu plus loin dans ce livre, nous allons trouver des gens qui entrent dans des échanges douloureux qu'ils répètent à l'infini. Pourquoi continuons-nous de faire cela alors que c'est si douloureux ?

La théorie du scénario propose une réponse : nous faisons cela pour renforcer et faire avancer notre scénario. Quand nous sommes dans notre scénario, nous nous accrochons à des décisions du passé. Quand nous étions enfants, ces décisions semblaient être la meilleure manière que nous ayons de survivre et de voir nos besoins satisfaits. Une fois adultes, nous continuons de croire cela dans notre Enfant. Sans en être conscient, nous cherchons à organiser le monde de telle manière qu'il puisse justifier nos décisions anciennes.

Quand nous sommes dans notre scénario, nous essayons d'affronter des problèmes d'adultes en rejouant des stratégies de l'enfance, et fatalement cela donne le même résultat que dans notre enfance. Quand nous aboutissons à ces résultats déplaisants, nous pouvons alors nous dire dans notre Enfant : « Oui, le monde *est* comme j'ai décidé qu'il était. »

Et chaque fois que nous « confirmons » nos croyances scénariques de cette manière, nous avançons d'un pas vers le bénéfice final de notre scénario. Si j'ai par exemple décidé tout petit : « Quelque chose ne vas pas chez moi, les gens me rejettent, la fin de mon histoire sera de mourir seul et triste », dans ma vie adulte, je vais poursuivre ce plan de vie en m'arrangeant pour me faire rejeter encore et encore et, à chaque rejet, je vais cocher une « confirmation » de plus de ma mort solitaire. Á mon insu, j'ai peut-être la croyance magique que si je joue cette scène finale-là, Maman et Papa vont enfin changer et m'aimer.

Le scénario comme « solution magique »

Le scénario offre une solution magique pour résoudre ce problème fondamental non résolu dans l'enfance : comment obtenir de l'amour et être accepté inconditionnellement. Quand nous sommes grands, nous avons du mal à abandonner cette magie, parce que petits, nous nous sommes souvent identifiés à un conte, et nous avons le fantasme que si nous pouvons faire en sorte que notre vie se passe comme dans le conte, alors, nous aussi, nous « serons heureux pour toujours ».

Le seul problème, c'est que les contes de fées jouent un mauvais tour aux enfants, parce qu'ils enseignent que pour que quelque chose de bon arrive, il faut d'abord être suffisamment victime pour le mériter.

Par exemple, si vous voulez épouser un prince, vous avez quelques possibilités intéressantes : vous pouvez travailler dur, souffrir, rester assise dans les cendres et pleurer en attendant que votre marraine, la bonne fée, arrive pour vous envoyer au bal. Ou bien, vous pouvez manger une pomme empoisonnée et attendre qu'un homme arrive, avec pour mission d'embrasser les femmes mortes. Ou bien vous pouvez vous retrouver enfermée dans une tour, vous laisser pousser les cheveux et attendre que quelqu'un arrive avec pour mission de retrouver les femmes captives. Ou vous pouvez errer à la recherche d'un crapaud à embrasser ou d'un monstre à transformer en prince.

Si vous voulez épouser une princesse, les possibilités sont tout aussi alléchantes : vous pouvez passer votre temps à embrasser des femmes mortes, ou à chercher des femmes recluses, ou à tenter de retrouver des femmes qui vous fuient, ou à vous promener en jouant les monstres ou les crapauds. Si vous voulez en fin de compte arriver à vous faire aimer et avoir du succès, il vous faut d'abord commencer par être laid et objet de risée.

Le côté positif des contes de fées est qu'ils donnent aux enfants un sentiment de puissance et l'impression qu'ils contrôlent leur vie à un moment où ils se sentent impuissants. Le seul problème, c'est que la solution proposée est magique et ne marche pas en réalité, mais elle permet au moins à l'enfant de survivre dans une situation qui, autrement, lui semblerait sans espoir.

Plus tard, dans la vie adulte, notre Enfant continue à s'accrocher à cette croyance magique et tente de la faire fonctionner. Si elle n'a pas encore marché, alors, c'est peut-être que nous n'avons pas encore assez souffert pour mériter d'être sauvés. Pour sortir en partie du scénario, il convient d'abandonner notre croyance en un monde parfait, et d'utiliser notre Adulte pour résoudre nos problèmes et imaginer des moyens de satisfaire nos besoins dans un monde qui ne sera jamais parfait mais qui peut être beau et agréable à vivre.

Le scénario comme « protection contre les catastrophes »

Il y a une autre raison pour laquelle les gens s'accrochent avec autant d'entêtement à leurs croyances scénariques. Supposez que je puisse me comporter, penser et ressentir d'une manière qui ne cadre pas avec mon scénario ; pour moi, dans mon Enfant, cela signifie renoncer à la « solution magique ». C'est déjà en soi assez mauvais, mais cela veut aussi dire que je dois affronter quelque chose que j'avais peur de voir arriver *à la place de* la solution magique tant espérée.

Quand, tout petit, j'ai pris mes décisions scénariques, il me semblait que la seule alternative au fait de suivre ces décisions serait quelque catastrophe monstrueuse, même si je n'avais qu'une très vague idée de ce que cela pouvait être. Je savais seulement qu'elle me terrorisait et qu'il fallait à tout prix que je l'évite. Et la seule façon de l'éviter était de m'accrocher aux décisions que j'avais prises sur moi-même, les autres et le monde, et chaque fois que je pouvais « confirmer » ces décisions, j'avais l'impression que la catastrophe risquait moins de me submerger.

Quand nous vivons notre scénario dans la vie adulte, nous continuons d'obéir à cette motivation de l'enfance. C'est pourquoi les gens disent souvent qu'ils se sentent « mieux » lorsqu'ils persistent à se comporter d'une manière qui, dans le même temps, ils le reconnaissent, leur fait du mal. Sans en être conscients, ils mettent en scène la croyance : « Ma manière de me comporter est douloureuse, mais elle est loin de l'être autant que la catastrophe inconnue qui s'abattrait sur moi si je changeais de comportement. »

Tout cela nous aide à réaliser pourquoi la compréhension du scénario est si importante dans un processus de changement personnel. Pour sortir de mon scénario, il m'appartient d'identifier lesquels de mes besoins n'ont pas été satisfaits quand j'étais petit. Il faut que je trouve les moyens de le faire maintenant, en utilisant toutes mes ressources de grande personne au lieu de compter sur les « solutions miracles » de mon scénario. Et je dois me donner à moi-même la garantie que je peux me libérer de mes schémas scénariques sans être obligé d'affronter la catastrophe que je redoutais tant lorsque j'étais enfant.

Le scénario et le cours de la vie

Berne écrivait : « Le scénario est ce qu'une personne a prévu de faire, tôt dans sa vie, et le cours de la vie est ce qui se passe réellement. » Et le cours de votre vie est le résultat de quatre facteurs qui s'interpénètrent :

l'hérédité,
les événements extérieurs,
le scénario,
les décisions autonomes.

Les gènes que j'ai hérités déterminent largement ma constitution physique ; ils peuvent également déterminer mes caractéristiques mentales, bien qu'il n'y ait toujours pas de consensus dans le débat « inné/acquis ». J'ai peut-être décidé, enfant, que mon destin était de devenir un athlète célèbre. Si l'hérédité ne m'a donné qu'un corps moyennement leste et fort, alors je ferais peut-être mieux de trouver une autre manière de me réaliser.

Peut-être que ma décision précoce était de vivre jusqu'à un âge avancé et en bonne santé, mais peut-être serai-je victime d'un incendie, d'un tremblement de terre ou d'un accident d'avion, sans m'être mis, d'une façon ou d'une autre, en situation d'aboutir à un tel résultat. Le hasard d'un événement extérieur a coupé court à ma décision de vivre.

Quelquefois, des influences extérieures bouleversent des schémas scénariques négatifs. Par exemple, lorsque la population tout entière d'un pays « fait corps » en temps de guerre, il y a moins de gens qui souffrent de troubles nerveux qu'en temps de paix. (Cela n'est pas un argument en faveur de la guerre ; il y a des manières plus agréables de guérir la névrose.)

Que j'entreprenne ou non une thérapie en bonne et due forme, je vais prendre bon nombre de décisions dans ma vie en utilisant pleinement mes ressources de grande personne ; nous disons alors que ces décisions sont *hors scénario* ou *autonomes*. Lorsque je prends une décision autonome, je m'occupe de la réalité ici et maintenant en tant qu'adulte, ce que je suis maintenant.

Comment pouvez-vous savoir si vous agissez dans votre scénario ou de manière autonome ? À mesure que vous allez lire ce livre et faire les exercices, vous allez augmenter votre capacité d'en juger. Si vous avez des doutes, faites comme si vous étiez dans votre scénario. Si vous vous mettez notamment dans des situations qui semblent toujours « tourner mal » pour vous, partez du principe que c'est vous-même qui avez créé cette situation sans en être conscient, puis, testez différentes façons de recréer cette situation de façon qu'elle tourne bien, et non mal.

12
POSITIONS DE VIE

Berne émet l'hypothèse que le jeune enfant, au début du processus de formation du scénario, « [...] possède déjà certaines certitudes sur lui-même et le monde qui l'entoure [...], certitudes qu'il va sans doute conserver tout au long de sa vie et que l'on peut résumer comme suit :

1. Je suis OK, ou
2. Je ne suis pas OK ;
3. Vous êtes OK, ou
4. Vous n'êtes pas OK ».

Si l'on combine ces énoncés de toutes les manières possibles, nous obtenons quatre affirmations sur nous-mêmes et sur les autres :

1. *Je suis OK, vous êtes OK ;*
2. *Je ne suis pas OK, vous êtes OK ;*
3. *Je suis OK, vous n'êtes pas OK ;*
4. *Je ne suis pas OK, vous n'êtes pas OK.*

Ces quatre énoncés sont connus sous le nom de *positions de vie*[1]. Certains auteurs les nomment *positions de base, positions existentielles,* ou juste *positions*. Elles représentent la position fondamentale que prend quelqu'un par rapport à la *valeur* intrinsèque qu'il s'accorde à lui-même et qu'il accorde aux autres, ce qui représente bien plus qu'une simple opinion sur son *comportement* ou sur celui des autres.

Une fois que l'enfant a adopté l'une de ces positions, il est susceptible de construire tout le reste de son scénario en conséquence de son choix. Berne écrivait : « Tous les jeux, tous les scénarios, tous les destins ont pour fondement l'une de ces quatre positions de base. »

L'enfant qui choisit « Je suis OK, vous êtes OK » va sans doute se construire un scénario de gagnant. Il se considère comme digne d'amour et digne d'exister. Pour lui, ses parents sont dignes d'amour et de confiance, et par la suite, il extrapole cette vision à tout le monde en général.

Si le tout-petit adopte la position « Je ne suis pas OK, vous êtes OK », il va sans doute se composer un scénario banal ou perdant, et pour cadrer avec cette position de base, il construit son scénario autour de thèmes de victimes ou de situations d'infériorité par rapport aux autres.

« Je suis OK, vous n'êtes pas OK » peut constituer la base d'un scénario qui semble être gagnant à première vue, mais cet enfant aura la conviction d'être supérieur et mettra les autres en état d'infériorité. Il pourra réussir à faire cela pendant un certain temps, et mener ses projets à bien, mais seulement au prix d'une lutte continuelle. À d'autres moments, les gens qui l'entourent en auront assez d'être rabaissés et le rejetteront. Il passera alors d'une position de « gagnant » apparent à celle de perdant extrême.

La position « Je ne suis pas OK, vous n'êtes pas OK » est celle qui débouche à coup sûr sur un scénario de perdant. Cet enfant est convaincu que la vie est quelque chose de futile et de désespérant. Il se considère comme inférieur et indigne d'être aimé. Il croit que personne, jamais, ne l'aidera parce que les gens, eux non plus, ne sont pas OK, et il se fabrique un scénario dans lequel soit il rejette l'autre, soit il est rejeté.

Origines de la position de vie

Les spécialistes faisant autorité en matière d'AT ne sont pas d'accord sur la manière dont se créent les positions de vie ni à quel âge elles apparaissent.

Berne pensait que « [...] la position se prend précocement (entre trois et sept ans) dans le but de justifier une décision fondée sur une expérience antérieure ». En d'autres termes, pour Berne, les décisions précoces apparaissent en premier et la position de vie est adoptée plus tard de façon que le monde soit tel qu'il justifie ce qui a été décidé.

Par exemple, l'enfant peut décider non verbalement : « Jamais plus je ne courrai le risque d'aimer quelqu'un, parce que Maman m'a montré que je n'étais pas digne d'amour. » Plus tard, il justifie cela en adoptant la croyance « Personne ne m'aimera jamais », qu'on peut traduire par « Je ne suis pas OK ». Si une petite fille a été physiquement violentée par son père, elle peut décider : « Jamais plus je ne ferai confiance à un homme parce que Papa m'a brutalisée. » Elle généralise cela et adopte la croyance « Aucun homme n'est digne de confiance », ou bien « Vous (Ils) n'êtes (ne sont) pas OK ».

Pour Claude Steiner, la position de vie est adoptée beaucoup plus tôt dans la vie. Il en fait remonter l'origine aux premiers mois, lors de l'allaitement. Pour lui, la position « Je suis OK, vous êtes OK » reflète l'interdépendance agréable qui existe entre le bébé au sein et sa mère. Il met cette position en parallèle avec la position de « confiance fondamentale » décrite par le spécialiste du développement de l'enfant, Erik Erikson, « un état de choses dans lequel l'enfant sent qu'il fait un avec le monde et que tout fait un avec lui ».

Steiner avance que tous les enfants commencent par cette position « Je suis OK, vous êtes OK », et passent dans une autre position seulement si quelque chose vient interrompre cette interdépendance entre la mère et l'enfant. Peut-être celui-ci sent-il que sa mère lui retire la protection et la reconnaissance qu'elle lui offrait auparavant. Pour certains enfants, la naissance elle-même peut être ressentie comme une menace de cet ordre. Le bébé réagit à ces malaises en décidant qu'il n'est pas OK ou que les autres ne sont pas OK. Il est passé de l'état, décrit par Erikson, de « confiance fondamentale » à celui de « méfiance fondamentale », et il élabore alors son scénario à partir de cette vision fondamentale qu'il a de lui et des autres.

Ainsi, Steiner s'accorde avec Berne pour dire que la position de vie « justifie » les décisions scénariques. Mais, dans la version de Steiner, c'est la position de vie qui est adoptée en premier dans le temps tandis que les décisions viennent plus tard.

La position de vie se définit comme *l'ensemble des croyances fondamentales qu'une personne a sur elle-même et sur les autres, et qu'elle utilise pour justifier des décisions et un comportement.*

Position de vie dans la vie adulte : l'enclos OK

Chacun de nous atteint l'âge adulte en ayant écrit son scénario à partir de l'une des quatre positions de vie. Mais nous ne restons pas constamment dans cette position, nous en changeons sans arrêt.

Franklin Ernst a élaboré une méthode d'analyse des changements de positions, qu'il a appelée l'*enclos OK* (Fig. 12.1)[2].

Ernst utilise l'expression « OK pour moi » au lieu de « OK » seulement, ce qui permet d'insister sur le fait que le caractère OK concerne *ce que je* pense de *moi-même*, et *ce que je* pense de *vous*.

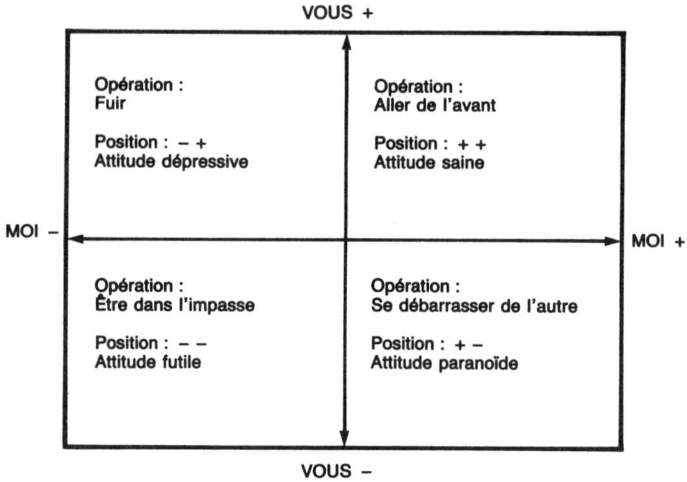

Figure 12.1 L'enclos OK : ce qui se passe

L'axe vertical de l'enclos OK indique que « Vous êtes OK » vers le haut, « Vous n'êtes pas OK » vers le bas. Sur l'axe horizontal, nous avons « Je suis OK » vers la droite et « Je ne suis pas OK » vers la gauche, et chacun des quatre cadrans correspond à une position de vie.

Les auteurs AT représentent souvent la position « OK » par un signe « + » et la position « non OK » par un signe « – », ce qui fait que les quatre positions de vie sont souvent simplement représentées ainsi « +– », « –+ », « ++ », « –– ».

Dans la version de l'enclos OK de la figure 12.1, chacune des quatre positions porte un nom qui ne lui a pas été attribué par Ernst, mais qui est souvent utilisé par d'autres auteurs.

Franklin Ernst fait remarquer que chaque position prise dans l'enfance se retrouve, dans la vie adulte, dans la façon particulière que nous avons d'établir des relations sociales. Il appelle cela une *opération*, et le diagramme de l'enclos comporte le nom des quatre opérations. Si nous entrons dans l'une quelconque de ces opérations sans nous en rendre compte, à partir de l'état du moi Enfant, nous sommes susceptibles de créer une « justification » scénarique qui correspondra à cette position de vie. Mais nous avons également la possibilité de brancher l'Adulte pour utiliser consciemment ces opérations, et en faisant cela, nous induisons les résultats sociaux que nous désirons.

Je suis OK, vous êtes OK : aller de l'avant avec l'autre

Je viens d'arriver au travail ; surgit la responsable du service avec une pile de papiers : « Voici le rapport que nous attendions ; j'ai noté les points que vous deviez travailler. Voulez-vous bien vous en occuper et me faire un rapport ensuite ? » Je réponds : « D'accord, je m'en occupe. »

En répondant positivement à la demande de ma responsable, j'ai vérifié en moi-même que je suis compétent pour faire ce qu'elle me demande et que je suis d'accord pour le faire. Je trouve que sa demande est juste et raisonnable et donc, je me sens dans une position « Je suis OK, vous êtes OK ». Dans notre interaction sociale, ma responsable et moi *nous occupons* de ce pour quoi nous sommes là.

Chaque fois que j'entre en relation à partir de cette position, je renforce ma croyance que moi et les autres, nous sommes OK.

Je ne suis pas OK, vous êtes OK : fuir l'autre

Je viens de m'installer, et j'ouvre le rapport à la première page. Du coin de l'œil, j'aperçois quelqu'un qui s'avance vers moi. Il s'agit d'un de mes collègues, le front soucieux. Comme je connais cet air-là, je devine très bien ce qui l'amène. Il va encore passer un bon moment à se plaindre de son travail, me demander des conseils qu'il ne suivra pas. Au moment où il arrive vers mon bureau j'ai le choix entre deux options : passer dans mon scénario ou réagir à partir de l'Adulte.

Opération scénarique : supposons que j'entre dans mon scénario et que j'adopte la position « Je ne suis pas OK, vous êtes OK », je me dis : « Non, je ne peux pas supporter les jérémiades de ce type, c'est au-dessus de mes forces ; c'est le genre de gars qui parle, qui parle, sans tenir compte de ce que je peux être en train de faire. Il faut que je m'éclipse ! » Mon estomac se crispe et je commence à transpirer. Je n'écoute pas vraiment ce que mon collègue me dit et je marmonne : « Désolé, François, il faut que j'aille aux toilettes ! » et je me dirige vers la porte. Ce n'est qu'une fois que je suis dehors que je me détends et que je pousse un soupir de soulagement. J'ai *fui* François d'une manière scénarique, et ainsi j'ai renforcé la certitude de mon Enfant que je ne suis pas OK alors que les autres sont OK.

Opération Adulte : si je choisis de rester dans l'Adulte, je me dis : « À cette minute, je n'ai pas envie d'écouter François ; il a des problèmes, mais ce n'est pas à moi de les régler. Une fois qu'il commence, il est difficile de l'arrêter. Ce que j'ai de mieux à faire, c'est de me mettre hors d'atteinte. » Au moment où François commence à énumérer ses problèmes, je lui dis : « Dis donc, François, ça n'a pas l'air d'aller, mais je n'ai pas le temps pour le moment, il faut que j'aille à la bibliothèque vérifier certaines sources pour ce rapport. J'espère que tu arriveras à régler tes problèmes. » Je prends mon rapport et je sors. C'est avec une conscience Adulte que j'ai choisi cette opération de *fuite*.

Je suis OK, vous n'êtes pas OK : se débarrasser de l'autre

Dix minutes plus tard, je suis de retour dans mon bureau avec une tasse de café, et mon travail sur le rapport est bien avancé. La porte s'ouvre de nouveau et cette fois c'est mon assistant, l'air abattu : « J'ai bien peur d'avoir de mauvaises nouvelles, dit-il. Tu sais, ce travail d'impression dont tu m'avais chargé ? J'ai eu du travail et j'ai oublié de l'envoyer. Nous avons dépassé la date limite de l'imprimeur. Qu'est-ce que je fais ? »

Opération scénarique : je peux réagir à partir d'une position « Je suis OK, vous n'êtes pas OK ». Mon visage s'empourpre et je m'écrie : « Ce que tu *fais* ? Tu régles ça immédiatement ! Alors, fonce ! Je ne veux plus en entendre parler tant que tu ne l'auras pas fait, compris ? » En disant cela, mon pouls s'accélère, et littéralement « j'étouffe ». Une fois que mon assistant a disparu, je me dis : « Je ne peux décidément jamais faire confiance à personne pour réaliser un boulot, si je ne le fais pas moi-même ! » Je me suis *débarrassé de* mon assistant, tout en fabriquant une « justification » scénarique pour légitimer le fait que je suis OK et que les autres ne le sont pas.

Opération Adulte : je réponds à mon assistant : « Bon, c'est à toi de régler le problème. Pour le moment, je suis en train de faire quelque chose qui presse, alors, arrange-toi pour trouver le moyen de terminer ce boulot le plus rapidement possible et reviens à quatre heures pour me dire où tu en es. » Et je reprends la lecture de mon rapport pour montrer que notre entretien est terminé. Là, je me suis *débarrassé de* mon assistant d'une manière qui me permet de tenir compte de moi-même et qui nous laisse tous les deux en position OK.

Je ne suis pas OK, vous n'êtes pas OK : être dans l'impasse

Le téléphone sonne, c'est ma compagne qui m'appelle de la maison : « Il est arrivé une catastrophe ! Il y a un tuyau qui a éclaté et toute la moquette a été inondée avant que je puisse fermer le robinet ! »

Opération scénarique : en entendant cela, je peux passer par toutes les positions jusqu'à atteindre la position « Je ne suis pas OK, vous n'êtes pas OK » en me disant : « J'en ai assez, je n'en peux plus. Mon amie ne m'est d'aucun secours non plus, c'est sans espoir. » Je soupire au téléphone : « Bon, écoute, j'en ai assez. C'est plus que je ne peux en supporter après la journée que je viens de passer. » Sans attendre la réponse, je raccroche. Je me sens vidé, et déprimé. En moi-même, j'ai renforcé mon opinion que moi, comme les autres, nous ne sommes pas OK.

Opération Adulte : je décide de rester dans l'Adulte et je réponds : « Bon, écoute, le mal est fait maintenant, alors tiens le coup jusqu'à ce que je rentre et, à ce moment-là, nous verrons ce que nous pouvons faire. » J'ai choisi l'opération de *rester dans une impasse*.

Changement personnel et enclos OK

Même si nous changeons de cadran dans l'enclos, nous avons tous un cadran « privilégié » dans lequel nous passons la plupart du temps où nous sommes dans notre scénario. C'est celui que nous avons choisi dans notre enfance comme notre position de base.

« Je suis OK, vous êtes OK » est la position *saine*. Je m'occupe de vivre et de résoudre les problèmes. J'agis pour aboutir aux résultats positifs que je souhaite. C'est la seule position fondée sur la réalité. Si ma position d'enfance est « Je ne suis pas OK, vous êtes OK », je vis sans doute mon scénario essentiellement à partir de la position *dépressive* où je me sens inférieur aux autres. Sans en être conscient, je sélectionne des sentiments de malaise et des comportements répétitifs pour « confirmer » que c'est bien ma position légitime dans ce monde. Si je souffre de troubles psychiatriques, on diagnostique une névrose ou une dépression. Si je me suis écrit un scénario hamartique, il est probable que mon bénéfice final est l'automutilation ou le suicide.

Une position précoce « Je suis OK, vous n'êtes pas OK » signifie que je vis mon scénario essentiellement à partir de la position défensive où j'essaie de rester supérieur aux autres, et ceux qui m'entourent me vivent comme dominateur, insensible, agressif. Bien que cette position soit souvent définie comme *paranoïde*, elle correspond également au diagnostic psychiatrique de personnalité caractérielle. Dans un scénario perdant du troisième degré, ma dernière scène peut inclure que je tue ou que je blesse quelqu'un d'autre.

Si j'ai choisi, petit, comme position de base « Je ne suis pas OK, vous n'êtes pas OK », mon scénario se joue surtout à partir de la position de *futilité* où je pense que le monde et les autres ne valent rien, et moi non plus. Si je me suis écrit un scénario banal, mon schéma de fonctionnement est de n'arriver à rien dans la plupart des choses que j'entreprends. Si j'ai un scénario hamartique, le bénéfice probable sera de « devenir fou » selon un diagnostic de psychose.

À l'instar de tous les aspects du scénario, la position de vie peut changer. Mais cela se produira seulement à la suite de l'analyse du scénario, d'une thérapie ou d'une expérience extérieure majeure.

Le processus de changement exige souvent une circulation à l'intérieur de l'enclos OK selon une séquence spécifique. Si la personne passe tout d'abord essentiellement son temps en « – – », sa prochaine étape sera vraisemblablement le « + – ». Quand ce cadran sera devenu son favori, elle passera en « – + », le but ultime étant d'augmenter le temps passé en « + + » jusqu'à ce que cela devienne la position privilégiée.

Il peut paraître étrange que les gens aient besoin de passer par le « – + » afin de passer de « + – » à « + + », mais l'expérience de la thérapie montre que le « + – » est souvent une *défense* contre le « – + ». Le tout-petit qui a conclu « Je suis OK et tous les autres sont non OK » a adopté cette position pour se défendre contre la douloureuse prise de conscience qu'il est inférieur et sans défense face à ses parents. Pour changer cela, une fois adulte, il lui faut affronter cette douleur de l'enfance, puis y renoncer.

EXERCICES DANS L'ENCLOS OK

Tracez les axes de l'enclos OK et intitulez les cadrans, puis tracez une « patate » sur les axes pour montrer combien de temps vous passez dans chaque cadran pendant une journée ordinaire. Par exemple, si vous pensez que vous passez plus de temps en « – + », ensuite en « + + », puis en « + – » et un minimum en « – – », votre dessin va ressembler à la figure 12.2. Franklin Ernest a donné le nom de *corralogramme* à cette représentation[3].

En quelles circonstances êtes-vous susceptible d'entrer dans chaque cadran ? Quels mots et quels gestes typiques avez-vous et quels sont vos sentiments lorsque vous occupez chacun d'eux ?

À partir de quels états du moi vous exprimez-vous dans chacun d'eux ? (Utilisez le modèle fonctionnel.) Quels états du moi suscitez-vous chez les autres ?

Quel type de strokes donnez-vous et recevez-vous dans chacun des cadrans ?

Maintenant que vous avez dessiné votre corralogramme, voulez-vous y changer quelque chose ?

Si vous voulez effectuer des changements, pensez à la manière dont vous pourriez choisir d'utiliser l'une quelconque des quatre opérations Adultes au lieu d'entrer dans une réaction scénarique.

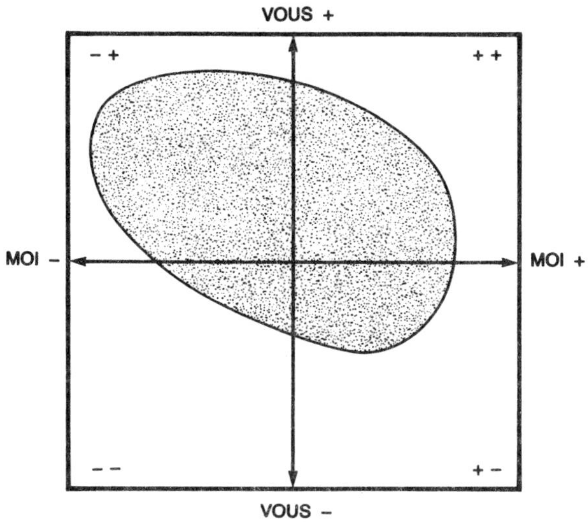

Figure 12.2 Exemple de corralogramme

Décidez d'une occasion au moins où vous allez utiliser l'une d'entre elles au cours de la semaine qui vient et faites-le. Si vous travaillez dans un groupe, tenez-le au courant de vos résultats ☐

13

MESSAGES SCÉNARIQUES ET MATRICE DE SCÉNARIO

Vous savez que le scénario de vie consiste en un ensemble de *décisions* prises par l'enfant en réaction à des *messages scénariques* sur lui-même, sur les autres et sur le monde. Ces messages scénariques proviennent essentiellement des parents de l'enfant.

Dans ce chapitre, nous allons examiner la nature de ces messages et les diverses manières dont ils peuvent se transmettre. Nous nous servons d'un modèle, *la matrice de scénario,* qui nous fournit une méthode généralisée pour analyser les messages qui sous-tendent le scénario de chaque individu.

Messages scénariques et perception du tout-petit

Il est important de se rappeler que le bébé prend ses décisions scénariques en fonction de sa propre *perception* de ce qui l'entoure. Celle-ci se fonde sur sa manière de ressentir et d'aborder la réalité. Par conséquent, les messages que le bébé perçoit comme venant de ses parents et du monde extérieur peuvent être tout à fait différents de ceux qu'un adulte perçoit. Le petit bébé qui sursaute à cause d'un bruit violent peut conclure non verbalement : « Il y a là quelqu'un qui essaie de me tuer ! » au moment même où ses parents, pleins de tendresse, sont peut-être en train de se féliciter de l'environnement sécurisant qu'ils lui procurent.

Types de message scénarique

Les messages scénariques peuvent se transmettre soit *verbalement*, soit *non verbalement*, ou bien par une combinaison des deux[1].

Les messages verbaux ou non verbaux peuvent constituer des exemples.

Les messages scénariques verbaux peuvent se transmettre sous forme d'*injonctions* ou d'*attributions.*

Messages verbaux et non verbaux

Avant que le tout-petit ne possède le langage, il interprète les messages des autres en termes des signes non verbaux qu'ils émettent. Le bébé a une perception aiguë des expressions, des tensions du corps, du mouvement, des intonations et des odeurs.

Si Maman le tient bien serré, avec chaleur, lui laissant épouser la forme de son corps, il perçoit sans doute le message : « Je t'accepte et je t'aime ! » Mais si elle se raidit et le tient bien droit un peu à distance, il décode cela comme : « Je te rejette et je ne te veux pas près de moi ! », la maman pouvant être elle-même totalement inconsciente de sa tension et de sa mise à distance.

Quelquefois, le bébé peut élaborer des messages scénariques à partir d'événements autour de lui qui ne sont pas le fait de ses parents. Des bruits violents, des mouvements brusques, des périodes de séparation d'avec ses parents, comme une hospitalisation, peuvent apparaître à l'enfant comme une menace contre sa vie. Parce qu'il suppose que ses parents sont responsables de la réalité, il peut aboutir à la conclusion que ces menaces viennent également d'eux.

Quelques années plus tard, quand l'enfant comprend le langage, la communication non verbale reste une composante importante des messages scénariques. L'agression physique ou sa tentative peuvent signifier pour l'enfant que ses parents le rejettent ou veulent qu'il meure. Quand ils s'adressent à lui, il interprète la signification scénarique de ce qu'ils disent à la lumière des signes non verbaux associés. Rappelez-vous la troisième règle de communication de Berne : quand les transactions sont cachées, c'est le niveau psychologique qui est porteur de sens.

Imaginez la petite écolière rentrant à la maison avec le livre de lecture tout neuf que le maître vient de lui donner. Elle commence à le lire à ses parents et trébuche sur un mot qu'elle n'a jamais vu. Papa dit : « Tu prononces ce mot de travers. » Ces paroles peuvent s'accompagner de nombreux ensembles différents de signes non verbaux, chacun d'eux étant porteur de sens pour l'enfant en termes d'éventuelles décisions scénariques.

Papa peut parler d'une voix dure et forte tout en faisant la moue et en se renfrognant. En même temps, il peut lui arracher le livre des mains et même lui donner une claque. Pour l'enfant, le message dit : « Je ne veux pas de toi ici et je voudrais que tu sois morte ! »

Il peut prononcer ces mots d'une voix sans relief, sans lever les yeux du journal qu'il est lui-même en train de lire. D'après ces signes non verbaux, sa fille interprète le message comme : « Tu n'es pas importante pour moi. »

Il peut accompagner les mots d'un clin d'œil et d'un gloussement. En utilisant la stratégie du Petit Professeur, la petite fille glousse à son tour. Ça marche, Papa sourit encore plus. Elle décode le message comme : « Pour me plaire, il faut que tu aies l'air idiot. »

Papa peut prononcer ces paroles d'une voix unie, assis à côté d'elle et lui montrant les mots dans le livre. Il lui donne alors le temps de revoir le mot. Son « Martien » traduit pour la petite fille : « C'est OK que tu penses. »

Donner l'exemple

Les jeunes enfants sont des observateurs qui perçoivent bien la manière dont les gens se comportent. En particulier, ils remarquent comment Papa et Maman sont en relation l'un avec l'autre et avec les autres membres de la famille. En utilisant les stratégies du Petit Professeur pour aborder la réalité, l'enfant cherche en permanence des réponses à la question : « Quelle est la meilleure manière d'obtenir ce que je veux ? »

Une petite fille peut remarquer que lorsque Maman veut quelque chose de Papa, elle l'obtient en général en commençant par faire une scène, puis éclater en sanglots. L'enfant en déduit : « Pour obtenir ce que je veux des gens, surtout des hommes, ce qu'il faut que je fasse, c'est commencer par faire une scène et ensuite, éclater en sanglots. »

Un petit garçon a peut-être perdu son frère. Il remarque que ses parents vont au cimetière toutes les semaines avec des fleurs. Ils ont la plupart du temps l'air triste et on dirait qu'ils pensent plus à celui qui vient de mourir qu'à celui qui est vivant. L'enfant conclut : « On ne fait attention qu'à ceux qui sont morts. » Il n'a pas la capacité adulte de comprendre la finalité de la mort. Alors, il peut décider : « Pour obtenir l'attention que je désire de mes parents, il faut que je meure, comme mon frère. »

Injonctions/attributions

Les messages scénariques peuvent prendre la forme d'injonctions directes : « Ne m'ennuie pas ! Fais ce qu'on te dit ! Va au diable !

Dépêche-toi ! Ne fais pas le malin ! Si tu ne réussis pas du premier coup, fais des efforts ! » La plupart des parents bombardent leurs enfants de centaines d'injonctions de ce genre. La puissance de leur impact dépend de leur fréquence et des signes non verbaux qui les accompagnent.

À d'autres moments, on ne dit pas seulement à l'enfant ce qu'il *doit* faire, mais ce qu'il *est*. Ce type de message s'appelle une attribution.

« Tu es idiot ! »
« Tu es ma petite fille chérie ! »
« Tu finiras en prison ! »
« Tu ne t'en sortiras jamais ! »
« Tu es bon en lecture ! »

Voilà des exemples d'attributions qui s'adressent directement à l'enfant et dont le contenu peut être positif ou négatif. Comme toujours, leur impact scénarique variera selon les signes non verbaux qui les accompagnent. « Tu es idiot ! », dit durement, accompagné d'une gifle, émet un message scénarique différent des mêmes mots prononcés d'un ton léger et accompagnés d'un câlin.

Quelquefois, les attributions sont émises de manière indirecte, ce qui signifie que les parents parlent *de* l'enfant à quelqu'un d'autre, soit en sa présence, soit de sorte qu'il en entendra les échos.

« Celui-là est le plus sage. »
« Nathalie est adorable ! »
« Il n'est pas costaud, vous savez. »
« Elle nous cause beaucoup de souci, elle est si insupportable. »
« Papa dit que tu es une calamité ! »

Ce genre d'attribution indirecte apparaît particulièrement susceptible d'être perçue par l'enfant comme un puissant message scénarique. Pour lui, ses parents déterminent la réalité et en les entendant ainsi parler de lui à d'autres, il considère ce qu'ils disent comme un fait établi.

Dans certaines familles, les attributions se transmettent de génération en génération par des messages de niveau psychologique. Elles reposent sur des traits tels que la place dans la famille ou bien le nom qu'on porte. Hélène, par exemple, arrive en thérapie parce qu'elle craint de devenir folle. En analysant son scénario, elle se rend compte que deux autres femmes de la famille baptisées Hélène, sa tante et sa grand-mère, étaient toutes deux devenues psychotiques à peu près à l'âge d'Hélène aujourd'hui. Le message de niveau psychologique qui n'avait jamais été verbalisé était : « Les femmes de la famille qui s'appellent Hélène deviennent folles à trente-cinq ans. »

Traumatisme/Répétition

L'enfant peut prendre une décision cruciale pour son scénario en réaction à un événement unique vécu comme particulièrement traumatisant. Une petite fille a pu être sexuellement agressée par son père, et elle peut décoder ce seul épisode comme étant un message scénarique extrêmement puissant et décider : « Jamais plus je ne ferai confiance aux hommes. »

Une séparation précoce d'avec la mère peut souvent former la base non verbale d'une décision comme « Je ne peux faire confiance à personne » ou bien « Les gens veulent ma mort ». Certains thérapeutes AT pensent que la naissance est en elle-même un traumatisme suffisant pour fortement influencer les décisions scénariques.

Le plus souvent, vraisemblablement, les décisions se prennent au bout d'une période plus longue, en réaction à des messages scénariques que l'enfant expérimente de manière répétée. Il tend les bras vers Maman, et elle se détourne de lui. Il tend les bras à nouveau, et encore une fois, il n'obtient pas de réaction. Après avoir essayé cela un bon nombre de fois, il commence à élaborer la conclusion : « Maman ne veut pas que je sois proche d'elle. » Il faut que le petit garçon, qui entend l'attribution « lui, il est timide », l'entende pendant des mois et des années avant de décider vraiment qu'il est effectivement timide.

Eric Berne comparait la mise en place des messages scénariques à des pièces de monnaie empilées les unes sur les autres. Certaines sont un peu tordues et plus il y en a de travers, plus la pile est susceptible de perdre son alignement et de s'effondrer. Une pièce vraiment tordue peut faire tomber la pile pour de bon. La même chose peut se produire avec un nombre réduit de pièces tordues, surtout si elles sont empilées de telle sorte que la pile penche d'un côté. Voici une image concrète qui illustre comment des événements traumatisants et des messages répétés se combinent pour former la base du scénario de vie[2].

Matrice de scénario

Votre père et votre mère avaient chacun un Parent, un Adulte et un Enfant et ils vous ont transmis des messages scénariques à partir de ces trois états du moi, messages que vous avez reçus et stockés

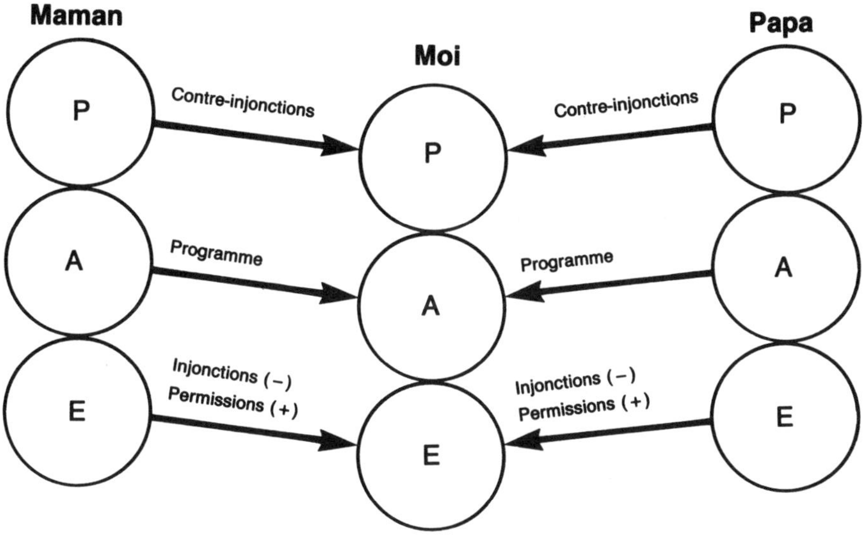

Figure 13.1 La matrice de scénario

dans vos propres trois états du moi. À partir de cette prise de conscience, Claude Steiner a élaboré ce qui est maintenant un des modèles les plus importants de l'AT : *la matrice de scénario,* représentée par la figure 13.1[3].

Les messages qui proviennent des états du moi du père et de la mère s'appellent des *contre-injonctions* que vous stockez dans le Parent.

Les exemples donnés ou les messages « comment faire » de l'Adulte du parent vers l'Adulte de l'enfant composent ce qu'on appelle le *programme*.

Les messages qui sont émis par l'Enfant des parents sont de deux sortes : les *injonctions* et les *permissions* que nous représentons stockées chez vous, dans l'Enfant.

D'autres auteurs AT représentent le diagramme de la matrice de scénario d'une manière qui diffère par certains détails secondaires. Celui que nous vous donnons représente une version globale.

Contre-injonctions

Ces messages de Parent à Enfant s'appelaient à l'origine *contre-injonctions* parce qu'on pensait qu'ils allaient « à l'encontre des injonctions ». Nous savons maintenant que ces messages *peuvent* quelquefois s'opposer aux injonctions, mais qu'ils peuvent tout aussi bien les renforcer ou n'avoir aucun rapport avec elles. Et pourtant, le terme « contre-injonctions » est resté.

Le *contre-scénario* est l'ensemble des décisions que prend l'enfant pour obéir aux contre-injonctions. Celles-ci sont des commandements concernant ce qu'il faut faire ou ne pas faire ainsi que des définitions sur le monde et sur les autres. Nous en recevons des milliers de nos parents et autres figures parentales. Voici les plus courantes :

« Sois gentil ! »
« Ne soit pas méchant ! »
« Sois un amour ! »
« Travaille dur ! »
« Sois le premier de la classe ! »
« C'est vilain de dire des mensonges. »
« Ce qui se passe dans la famille ne regarde pas les autres. »

La plupart du temps, nous utilisons notre contre-scénario de manière positive, pour prendre soin de nous-mêmes et vivre harmonieusement en société. Une fois adultes, nous n'avons pas besoin de réfléchir pour savoir si nous allons roter à table ou s'il est poli de jeter par-dessus son épaule ce que nous ne voulons pas manger. Cette connaissance est déjà là, inscrite dans notre contre-scénario positif. De la même manière, nous ne sortons pas en courant dans la rue devant les voitures et nous ne mettons pas la main dans le feu.

La plupart d'entre nous, pourtant, renfermons des messages contre-scénariques que nous avons décidé d'utiliser négativement. Supposez que j'ai en moi ce commandement Parental « Travaille dur ! ». Je peux m'en servir pour réussir à l'école et à l'Université. Je peux faire carrière en travaillant dur et en évoluant dans la hiérarchie. Mais je peux aussi travailler jusqu'au surmenage, sacrifiant loisirs, détente et amis à mes exigences professionnelles. Si j'ai un scénario hamartique, je vais utiliser mon message « Travaille dur ! » pour avancer vers le bénéfice d'un ulcère, d'hypertension ou d'une crise cardiaque.

Il existe cinq commandements plus particuliers qui jouent un rôle spécifique dans le contre-scénario. Ce sont :

Sois parfait.
Sois fort.
Fais des efforts.
Fais plaisir.
Dépêche-toi.

On les appelle *messages contraignants* ou *drivers* parce que l'enfant se sent obligé de les suivre. Il croit qu'il reste OK tant qu'il y obéit. Nous avons tous ces cinq messages dans notre contre-scénario, quoique en proportions variables. Quand je me repasse intérieurement un message contraignant, je manifeste un ensemble de comportements typiques de celui-ci et ces *comportements suscités par un message contraignant* sont les mêmes quels que soient les individus. En les étudiant, nous pouvons définir de manière fiable certains traits importants d'un scénario. Dans un chapitre ultérieur, nous verrons plus en détail ces *drivers*.

Le programme

Le *programme* est composé de messages qui indiquent comment faire les choses. Quand nous établissons la matrice de scénario, nous les formulons par des phrases commençant par : « Voici comment... » Chacun d'entre nous apprend des milliers de ces messages provenant de nos parents ou figures parentales. Par exemple :

« Voici comment...
compter jusqu'à dix,
écrire son nom,
préparer une bouillie,
lacer ses chaussures,
être un homme (une femme),
être adorable,
être premier de la classe,
dissimuler ses sentiments. »

Comme pour le contre-scénario, nous utilisons la plupart des messages de notre programme d'une manière positive et constructive. Mais nous pouvons aussi avoir une partie négative dans ce programme. Par exemple, un garçon va suivre l'exemple de son père : « Voici comment travailler dur, te surmener et mourir jeune. » Une petite fille peut apprendre de sa mère : « Voici comment étouffer tes sentiments et aboutir à une dépression. »

On pourrait montrer plus précisément, dans la matrice de scénario, ces messages négatifs du programme comme provenant de l'Adulte *contaminé* du parent et stockés dans l'Adulte *contaminé* de l'enfant. Par ailleurs, nombre de messages « Voici comment » se distingueraient plus nettement s'ils formaient un sous-ensemble du contenu du Petit Professeur (A1) du parent et s'ils étaient stockés dans A1 chez l'enfant plutôt qu'en A2. Mais le diagramme n'est généralement pas tracé avec cette minutie.

Injonctions et permissions

Imaginez une mère avec son nouveau-né. Tout en s'occupant de son enfant, elle peut se repasser des messages du Parent, tels que : « Les enfants ont besoin de protection. Leurs besoins passent en premier. » Pendant une grande partie de son temps, elle est également dans l'Adulte, mettant en pratique des techniques de puériculture apprises à travers ses lectures. Mais que se passe-t-il au niveau de son état du moi Enfant ?

À mesure qu'elle revient en arrière et rejoue sa propre petite enfance, elle ressent peut-être : « Formidable ! Maintenant il y a un bébé à la maison avec qui je peux jouer ! » Elle peut profiter de l'échange physique de signes de reconnaissance entre le bébé et elle-même, tout comme elle aimait, bébé, caresser et être caressée. En saisissant les messages non verbaux qu'elle émet, le bébé va sans doute conclure : « Maman est heureuse de m'avoir et elle aime que je sois proche d'elle. »

En langage scénarique, nous disons que la mère donne à son bébé des *permissions* — ici, la permission d'exister et la permission d'être proche.

Mais, au lieu de cela, l'Enfant de la mère peut se dire : « Ça, c'est dangereux. Maintenant que ce nouveau-né est là, il faut qu'il ait toute l'attention disponible. Et alors, quand vais-je, *moi,* recevoir de l'attention ? Peut-être n'y en a-t-il pas assez ? » En éprouvant à nouveau les sentiments et les besoins non censurés de sa petite enfance, la mère peut avoir peur de cette arrivée et éprouver de la colère. Elle peut ressentir l'envie, tout au fond de l'Enfant, de rejeter le bébé et même de le tuer.

Elle n'a vraisemblablement pas la moindre conscience de ces sentiments. Consciemment, ainsi que pour n'importe quel observateur extérieur, c'est une mère aimante et attentionnée.

Mais le bébé, lui, sait. Grâce à sa compréhension aiguë des signes non verbaux, il saisit la peur et la colère de Maman et, petit à petit, il peut élaborer la conclusion informulée : « Maman ne veut pas que je sois proche d'elle. En fait, elle aimerait mieux que je ne sois pas là du tout. »

Ces messages négatifs de l'Enfant du parent sont des exemples d'*injonctions*. Dans ce cas, les injonctions sont « N'existe pas » et « Ne sois pas proche ».

Adultes, nous conservons un ensemble d'injonctions et de permissions stockées dans l'Enfant et les décisions prises en réaction à ces messages sont les fondements essentiels de notre scénario de vie. L'ensemble de ce complexe formé des injonctions, des permissions et des décisions que l'enfant élabore à partir de ces dernières est quelquefois appelé le *scénario proprement dit*.

Différencier injonctions/permissions des contre-injonctions

Comment faites-vous concrètement la différence entre une contre-injonction négative et une injonction ? Entre une contre-injonction positive et une permission ? Il existe deux manières pour cela.

1. Les contre-injonctions sont verbales, les injonctions/permissions sont (à l'origine) préverbales. Si vous écoutez votre voix intérieure, vous entendez toutes vos contre-injonctions exprimées par des mots. Vous pouvez souvent entendre le parent réel ou la figure parentale qui les a exprimées à l'origine.

Si vous allez à l'encontre de la contre-injonction, et que vous écoutez à nouveau la voix intérieure, vous entendez sans doute une réprimande verbale de la personne qui vous a donné ce message.

Les injonctions et les permissions, au contraire, ne sont pas nécessairement perçues sous forme de mots. Vous les reconnaissez plutôt sous forme d'émotions ou de sensations corporelles que vous reproduisez dans votre comportement.

Si vous défiez une injonction, vous éprouvez sans doute une tension ou un malaise corporels ; votre pouls s'accélère, vous vous mettez à transpirer ou vous vous sentez « l'estomac noué ». Et vous trouvez sans doute toutes sortes d'astuces pour éviter le comportement qui va à l'encontre de cette injonction. Ces manières peuvent vous sembler Adultes, mais en fait, il s'agit de rationalisations.

Par exemple, supposez que j'aie reçu l'injonction « Ne sois pas proche » de ma mère et que j'aie pris la décision précoce de ne pas être proche des gens. Je suis maintenant adulte et je participe à un groupe de rencontres. L'animateur nous invite à fermer les yeux, à trouver un partenaire par le toucher uniquement et à apprendre à le connaître seulement en se touchant les mains. Je me mets à transpirer et mon pouls s'accélère. Au moment où je sens qu'une personne me touche la main, j'ouvre les yeux et je dis : « Hum ! Je ne vois guère à quoi rime cet exercice. Vous pensez que ça sert à quoi ? »

Il arrive parfois que les injonctions soient aussi entendues avec des mots. Par exemple, une personne qui a reçu l'injonction « N'existe pas » peut reproduire ses parents en disant des choses comme : « Ah ! Si seulement tu n'étais jamais venu au monde ! » ou bien « Meurs ! ».

2. Les injonctions/permissions sont données très tôt dans l'enfance, les contre-injonctions plus tard. Du point de vue du développement, les injonctions et les permissions sont plus précoces que les contre-injonctions, ce qui, bien sûr, est lié à la distinction verbal/préverbal. En règle générale, l'enfant reçoit les injonctions et les permissions au cours des années qui précèdent la maîtrise du langage, et cette période ne se termine pas nettement à un âge particulier. Notre expérience nous montre que les injonctions peuvent être données jusqu'à l'âge de six à huit ans et les contre-injonctions entre trois et douze ans.

14

INJONCTIONS ET DÉCISIONS

Dans leur travail de thérapeutes, Bob et Mary Goulding se sont aperçu que douze thèmes fondamentaux apparaissaient de manière répétée pour former la base négative des décisions précoces. Ils en ont établi la liste que nous donnons ci-dessous[1].

À chaque injonction correspond une permission. Il est de tradition dans l'analyse du scénario de formuler les injonctions en commençant par les mots : « Ne...pas » et les permissions par : « C'est bien de... ».

Remarquez que « Ne...pas » et « C'est bien de... » ne sont pas simplement des antonymes. « Ne...pas » traduit une interdiction globale, un commandement de ne pas faire quelque chose. Mais « C'est bien de... » n'est pas un commandement de faire quelque chose. Au contraire, il invite la personne qui a reçu le message à *choisir* de faire quelque chose ou de ne pas le faire.

Remarquez également que les termes utilisés pour les injonctions et les permissions ne sont que des dénominations verbales que nous employons pour la commodité de l'analyse du scénario, les injonctions et les permissions réelles se manifestant à l'enfant de manière essentiellement non verbale.

Douze injonctions

N'existe pas

Si vous avez déjà envisagé le suicide, il est plus que probable que vos messages scénariques comportent une injonction N'existe pas.

C'est probablement la même chose si vous vous êtes déjà senti sans valeur, inutile et indigne d'être aimé.

Vous vous rappelez peut-être que l'un de vos parents vous disait des choses comme : « Je te tuerai pour ça ! », ou « Si seulement je ne t'avais jamais eu ! » Ces messages verbaux permettent de confirmer la présence de cette injonction bien que son impact majeur ait déjà été transmis par des signes non verbaux plus tôt dans votre vie.

Pourquoi les parents donnent-ils ce message à leur enfant ? Sans doute parce que ce père ou cette mère, dans l'Enfant, se sentent privés ou menacés de quelque chose par la présence de l'enfant. Un jeune homme se marie et devient père. En voyant sa femme consacrer le plus clair de son énergie et de son temps à ce nouveau bébé, le père peut revivre un élastique qui le ramène à sa propre enfance. Inconsciemment, il revit l'époque où il avait deux ans et où un bébé arriva dans la famille. Alors qu'il était ce petit de deux ans, il éprouva la peur panique qu'il n'y ait plus jamais assez d'attention pour lui. Comment est-ce qu'il allait bien pouvoir s'y prendre pour récupérer l'amour de Maman ? Son seul espoir semblait d'arriver à ce que ce bébé disparaisse ou, mieux encore, qu'il meure. Maintenant qu'il est adulte, il peut émettre les signaux de cette même envie de meurtre à l'égard de son propre bébé.

Dans un autre cas, une femme a déjà plusieurs enfants et n'en veut pas d'autre. Sous la pression de la famille ou par « accident », elle en attend un. Dans son Enfant, elle hurle : « Non ! Pas un autre ! Je veux qu'on fasse attention à *mes* besoins, pour changer ! » Elle réprime sans doute la fureur de son Enfant, refusant de la reconnaître même vis-à-vis d'elle-même. Mais d'une manière subtile, elle exprime un certain rejet à l'égard du bébé. Elle ne lui sourit jamais ou elle lui parle peu, même si elle fait tout ce qu'il faut pour s'occuper de lui matériellement.

Lorsqu'un parent agresse physiquement ou psychologiquement un enfant, le message « N'existe pas » est exprimé ouvertement.

Cette injonction « N'existe pas » émerge fréquemment lors de l'analyse du scénario, ce qui peut paraître étonnant vu ses implications de mort. Mais rappelez-vous qu'il est très facile à un bébé de décoder une menace de mort dans toutes sortes de comportements des parents ou d'événements extérieurs qui apparaîtraient tout à fait inoffensifs à une grande personne. Rappelez-vous aussi comment le tout-petit confond les envies et les actes. Peut-être parce qu'il veut que son petit frère meure, il peut décider : « Je suis un assassin et je mérite de mourir. » Il se donne *à lui-même* ce message « N'existe pas ».

La même chose peut arriver lorsqu'une mère transmet subtilement à son enfant : « Tu m'as fait si mal quand tu es né. » (Berne appelait cela le scénario de la « mère déchirée ».) L'enfant peut décider : « Rien qu'en naissant, j'ai fait du mal à ma mère ou je l'ai peut-être même tuée. Donc, je suis dangereux et je peux faire du mal aux gens ou les tuer rien que par ma présence. Alors je mérite d'être moi aussi blessé ou tué. »

Les parents peuvent aussi dire des choses comme : « Si tu n'avais pas été là, j'aurais pu aller à l'Université, ou faire ce voyage à l'étranger, ou je n'aurais pas été obligé d'épouser un tel ou une telle... »

Si « N'existe pas » est une injonction répandue, pourquoi est-ce que la majorité des gens ne se suicident pas ? Heureusement, ils sont extrêmement astucieux pour rester en vie. Dans ses premières années, l'enfant qui a un « N'existe pas » va vraisemblablement prendre des *décisions complexes* pour se protéger de cette issue fatale, comme par exemple : « C'est bien pour moi de continuer d'exister *tant que je...* » et le blanc peut être complété de maintes façons, telles que : « ... je travaille dur », ou bien « ... je ne suis pas proche des gens ». Dans une autre partie, plus loin, nous verrons ces décisions complexes plus en détail.

Ne sois pas toi-même

Cette injonction peut être exprimée à un enfant par des parents qui ont eu un garçon quand ils voulaient une fille ou vice versa et leur message non verbal est « Ne sois pas de ton sexe ». Cela apparaît dans le nom qu'ils choisissent pour l'enfant ; une petite fille s'appellera Claude ou un garçon Dominique. Les parents vont habiller leur fille de vêtements résistants et leur fils de fanfreluches et de rubans. Une fois adulte, la personne qui a un « Ne sois pas de ton sexe » continue de cultiver un habillement et des manières typiques de l'autre sexe. « Ne sois pas toi-même » peut être plus général, et exprimer simplement « Ne sois pas toi-même, sois un autre enfant ». Les parents peuvent préférer un plus jeune enfant à un aîné, ou un frère à sa sœur. Une mère qui rejette son fils le compare sans arrêt à d'autres enfants : « Le petit Christophe au bout de la rue fait du vélo sans roulettes ; il est fort, hein ? Et il a un an de moins que toi, en plus. » Dans ce cas, la mère peut s'accrocher à l'image de l'« enfant idéal » dont elle rêve. Elle ne réagit positivement qu'aux aspects de son enfant qui cadrent avec cette image, et rejette les autres.

Les parents font aussi ce genre de déclarations : « Tu es bien comme ton bon à rien d'oncle Henri ! » Et plus l'enfant se comportera comme l'oncle Henri, plus il obtiendra de signes de reconnaissance.

Ne sois pas un enfant

Voici une autre injonction transmise par des parents qui, dans l'Enfant, se sentent menacés par la présence d'un enfant. Mais au lieu de vouloir purement et simplement s'en débarrasser, l'Enfant des parents dit : « Il n'y a de la place ici que pour un seul enfant et c'est moi. Mais je veux bien te supporter pourvu que tu te comportes comme une grande personne et non comme un enfant. » Cela se traduit plus tard par des messages verbaux comme « Tu es trop grand pour... », ou bien « les grands garçons ne pleurent pas ».

« Ne sois pas un enfant » est aussi donné par des parents à qui on n'a jamais permis, non plus, de se comporter comme des enfants et qui se sentent menacés par un comportement d'enfant. Ils peuvent avoir grandi à une époque de crise ou dans un foyer sévère où la valeur et l'importance étaient liées aux actes.

Parfois, les aînés ou les enfants uniques se donnent cette injonction à eux-mêmes. Quand ils voient Papa et Maman se disputer, un enfant unique peut décider : « Je suis la seule autre personne ici, c'est donc à cause de moi qu'ils se disputent. Alors, c'est à moi de faire quelque chose. Je devrais me dépêcher de grandir pour devenir responsable. » Un aîné peut, de la même manière, décider qu'il est responsable des plus jeunes.

Si vous vous sentez maladroit dans vos relations avec des enfants, vous avez probablement un « Ne sois pas un enfant ». La même chose est probable si vous vous raidissez quand vous êtes à une soirée ou dans d'autres situations de « distraction » avec d'autres adultes. « Ne t'amuse pas » et « N'aie pas de plaisir » apparaissent quelquefois comme des variantes de « Ne sois pas un enfant ». Ce qui est sûr, c'est que nous n'avons pas besoin d'être dans l'Enfant pour nous amuser et avoir du plaisir. Mais si vous avez décidé, enfant, que s'amuser et avoir du plaisir étaient des choses réservées aux enfants, et que *vous*, vous étiez censé être un petit adulte compassé, vous accrochez peut-être un élastique à cette décision quand l'occasion de vous amuser se présente maintenant.

Dans certaines familles, si vous vous amusez trop, on vous traite de paresseux ou de mauvais chrétien. Il y a peut-être la croyance magique que, si vous vous sentez *trop* bien, quelque chose de mal va vous arriver ; alors, vous écartez magiquement le mal en ne vous sentant pas trop bien.

Ne grandis pas

C'est souvent le benjamin de la famille qui reçoit une injonction « Ne grandis pas ». Les parents, dans l'Enfant, peuvent ne pas vouloir abandonner l'idée d'avoir un petit à la maison. Pour eux, toute leur valeur se résume à être un bon père ou une bonne mère, et si leur enfant grandit, ils ne se reconnaissent plus de valeur. Par ailleurs, cette injonction peut être donnée par des parents qui n'ont jamais grandi eux-mêmes, et leur message est : « Reste mon petit camarade de jeux. »

Quelquefois, « Ne grandis pas » veut dire « Ne me quitte pas ». La femme qui reste à la maison jusqu'à un certain âge, pour s'occuper d'une mère âgée exigeante, reçoit peut-être ce message.

Une autre variante de « Ne grandis pas » est « Ne sois pas sexy ». Ce message est souvent donné par un père à sa fille, à une période de son enfance où elle est assez grande pour qu'on remarque sa féminité. Dans l'Enfant, le père a peur de sa propre réaction sexuelle à son égard et il émet des messages non verbaux de distance physique, que la petite fille peut décoder comme une injonction contre le fait de grandir et de devenir sexuellement une femme.

Ne réussis pas

Cette injonction est donnée par un parent qui, lui-même dans l'Enfant, est jaloux des réussites de son fils ou de sa fille. Supposez qu'un père soit issu d'une famille pauvre. Il lui a fallu aller travailler quand il avait quinze ans et il n'a jamais pu aller à l'Université. Aujourd'hui, grâce à son travail acharné, lui et ses enfants sont financièrement à l'aise. Il paie pour que sa fille aille dans une bonne école, pour qu'un jour elle puisse aller à l'Université.

Voyant qu'elle réussit à merveille, le père peut éprouver du plaisir en tant que parent. Mais inconsciemment, dans l'Enfant, il est amèrement jaloux que sa fille ait des possibilités que lui n'a pas eues. Que va-t-il se passer si elle réussit ses études ? Cela prouvera-t-il qu'elle est meilleure que lui ? Non verbalement, il lui transmet l'injonction « Ne réussis pas » alors même qu'ouvertement il la pousse à travailler dur et à bien faire.

Une étudiante qui a pris la décision scénarique d'obéir à une injonction « Ne réussis pas » travaille dur en classe et fait tout avec compétence. Mais quand arrivent les examens, elle trouve probablement une manière de les saboter. Elle panique ou quitte la salle ; ou bien elle « oublie » de remettre un document important. Elle peut même aller jusqu'à se fabriquer une maladie ou s'apercevoir, d'un seul coup, qu'elle ne sait plus lire.

Ne fais pas

Le message « Ne...pas » implique « Ne fais rien, parce que, quoi que tu fasses, c'est si dangereux que tu seras plus en sécurité si tu ne fais rien du tout ». Si une personne dans sa vie adulte hésite continuellement entre différentes actions avec le sentiment constant qu'elle n'arrive à rien mais ne réagit jamais pour résoudre cela, elle a sans doute ce message scénarique.

L'injonction « Ne...pas » est donnée par une mère qui, dans l'Enfant, est terrifiée qu'il arrive malheur à son enfant s'il s'écarte de ses jupes. Les raisons de cette terreur se trouvent dans son scénario plutôt que dans la réalité. Une mère qui ressent cette peur peut dire des choses comme : « Thierry, va voir ce que fait ta petite sœur et dis-lui de ne pas le faire ! »

Ne sois pas important

Les gens qui ont ce message sont frappés de panique quand on leur demande d'assumer un rôle de leader. Ils peuvent devenir « secs » quand ils doivent parler en public. Au cours de sa carrière, une personne qui obéit à un « Ne sois pas important » peut réussir à merveille dans un poste subalterne, mais soit ne cherche pas à progresser en grade, soit se sabote lorsqu'elle en a la possibilité. Une variante de cette injonction est « Ne demande pas ce dont tu as besoin ».

Il existe un autre message issu de l'envie de rejet des parents à l'égard de leur enfant. Non verbalement, le parent émet à partir de l'Enfant : « Je veux bien te supporter, mon petit, mais seulement aussi longtemps que tu te rendras compte que ni toi ni tes besoins ne sont importants ici. »

N'appartiens pas

L'homme d'État indien, le pandit Nehru, avait coutume de dire : « Quand je suis parmi les Européens, je me sens Indien ; quand je suis parmi les Indiens, je me sens Européen. » Il y a des chances pour que Nehru ait reçu de ses parents l'injonction « N'appartiens pas ». La personne qui obéit à un « N'appartiens pas » se sent « hors du coup » dans un groupe, et sera sans doute perçue par les autres comme étant « solitaire » ou « asociale ».

Ce message peut être transmis par une attribution des parents s'ils disent continuellement à leur enfant qu'il est « différent des autres », « timide » ou « difficile ». Ils peuvent aussi donner l'exemple de cette injonction par leur propre marginalisation sociale. Ce message est véhiculé soit en transformant l'enfant en bouc émissaire, soit en lui répétant constamment combien il est unique.

Ne sois pas proche

L'injonction « Ne sois pas proche » peut impliquer une interdiction de proximité physique et sous cette forme, les parents donnent souvent l'exemple en se touchant rarement ou en touchant rarement leur enfant. Elle peut d'autre part signifier « Ne sois pas proche affectivement ». Cette forme de message peut se transmettre de génération en génération dans les familles où l'on ne parle jamais de ce que l'on ressent. Un enfant peut se donner un « Ne sois pas proche » en réaction à l'un de ses parents qui le tient continuellement à distance. L'enfant tend les bras à maintes reprises sans obtenir de réaction et, en fin de compte, il décide que sa quête de la proximité ne vaut pas la souffrance du rejet.

Une variante de « Ne sois pas proche » est « Ne fais pas confiance ». C'est le message qu'un petit décode parfois à la mort ou au brusque départ de l'un de ses parents. Incapable de comprendre la raison de cette brutale disparition, le tout-petit peut conclure : « Jamais plus je ne ferai confiance aux gens pour être là quand j'ai besoin d'eux. » « Ne fais pas confiance » peut aussi être pris chez un parent qui force l'enfant, ou essaie de lui jouer des tours ou de profiter de lui, et la décision est : « Je resterai loin de toi pour me protéger. »

En conservant des décisions de ce genre dans sa vie adulte, la personne peut arriver à se méfier constamment des autres. Même lorsqu'ils l'acceptent chaleureusement, elle pointe ses antennes pour repérer le rejet. Si l'autre refuse de la rejeter, elle « met la relation à l'épreuve jusqu'à la rupture » et dit alors : « Je vous l'avais bien dit ! »

Ne sois pas en bonne santé (Ne sois pas sain d'esprit)

Imaginez que Papa et Maman soient deux personnes très occupées, qui travaillent à l'extérieur toute la journée. Ils aiment leur fille mais il ne leur reste pas beaucoup d'énergie pour lui accorder de l'attention, le soir à la maison, lorsqu'elle revient de la crèche.

Alors elle tombe malade. Maman prend un congé pour s'occuper d'elle et Papa, faisant ce qu'il a rarement fait auparavant, lui lit des histoires pour qu'elle s'endorme le soir.

Dans son Petit Professeur futé, la petite fille stocke la conclusion : « Pour obtenir l'attention que je souhaite ici, il faut que je sois malade. » Sans s'en rendre compte et sans le vouloir, ses parents lui ont donné l'injonction « Ne sois pas en bonne santé ». Si elle se plie à ce message dans sa vie adulte, elle utilise cette stratégie scénarique qui consiste à tomber malade chaque fois que les choses vont mal dans ses relations ou dans son travail.

Quelquefois, « Ne sois pas en bonne santé » est donné par attribution, comme lorsque les parents disent continuellement à la famille ou aux voisins : « Celui-là, il n'est pas costaud, vous savez. »

L'enfant trouve une variante « Ne sois pas sain d'esprit » chez un parent ou un membre de la famille psychotique et il obtient de l'attention s'il a un comportement proche de la folie. Cette injonction peut être encore renforcée par le secret qui entoure, dans une famille donnée, la manière dont se transmet la folie.

Ne pense pas

L'injonction « Ne pense pas » peut être donnée par un parent qui dénigre constamment la façon de penser de l'enfant. Le petit Éric est tout fier de montrer à son père comment il commence à savoir écrire son nom. Papa s'esclaffe : « Ah ! T'es vraiment doué ! » Quelquefois, « Ne pense pas » est transmis par l'exemple. Ainsi, une mère hystérique montre à sa fille : « Quand les femmes veulent obtenir quelque chose des hommes, elles y arrivent en déconnectant leur pensée et en intensifiant leurs sentiments. » « Ne pense pas » exprime aussi : « Sois obsédée par tout ce que tu veux sauf par le problème actuel. »

Un adulte soumis à un « Ne pense pas » réagit problablement aux problèmes en s'embrouillant ou en ressentant un malaise, au lieu de penser à les résoudre.

Les deux variantes de « Ne pense pas » sont « Ne pense pas à *ça* » (où *ça* peut représenter le sexe, l'argent, etc.) et « Ne pense pas ce que *tu* penses, pense ce que *je* pense. »

Ne ressens pas

Les parents donnent l'exemple de l'injonction « Ne ressens pas » lorsqu'ils ont eux-mêmes réprimé leurs sentiments. Quelquefois, il existe dans la famille, un embargo sur toute manifestation de sentiments. Le plus souvent, certains sentiments sont interdits alors que d'autres sont permis. Ainsi, une injonction « Ne ressens pas » peut être interprétée comme « Ne ressens pas la colère », « Ne ressens pas la peur », etc.

Parfois, le message est décodé comme « Éprouve ce sentiment, mais ne le montre pas ». D'autres enfants reçoivent une version plus extrême qui leur enjoint de ne pas même ressentir une certaine émotion. Les petits garçons par exemple reçoivent à longueur de temps de leur père le message : « Les grands garçons ne pleurent pas », ou bien « Sois courageux ! » et ces slogans reviennent à dire « N'éprouve pas de tristesse » et « N'éprouve pas de peur ».

Dans certaines familles, le message « Ne ressens pas » implique « N'aie pas de sensations physiques ». Cette injonction est souvent donnée très tôt dans l'enfance et, si elle est donnée avec assez de force, elle peut être à l'origine de sérieux problèmes à l'âge adulte.

Par exemple, un enfant à qui on a interdit de ressentir la faim aura plus tard des problèmes d'alimentation. De l'avis de certains thérapeutes AT, le message « N'aie pas de sensation » est à la racine de certaines psychoses.

Certains parents transmettent une version qui dit : « Ne ressens pas ce que *tu* ressens, ressens ce que *je* ressens. » Maman dit à son petit garçon : « J'ai faim, que veux-tu manger ? » ou « J'ai froid, va mettre ton pull ».

Épiscénario

Fanita English a décrit un genre de message scénarique particulièrement fort qu'elle appelle l'*épiscénario* où un parent transmet l'injonction et y ajoute le message non verbal suivant : « J'espère que ça t'arrivera à toi pour que ça ne m'arrive pas, à moi. »[2]

Par exemple, une mère dont le scénario comporte une injonction « N'existe pas » qu'elle a reçue, petite, peut transmettre un « N'existe pas » à son fils ou à sa fille. Dans le Petit Professeur, elle peut croire que cela la libérera comme par magie de sa propre injonction. Au niveau psychologique, elle exprime à son enfant : « Si tu meurs, peut-être que moi, je ne mourrai pas. » Ainsi, l'injonction apparaît comme une « patate chaude » qu'on se passe de génération en génération.

Quelquefois, l'épiscénario peut prendre la forme d'une vocation ou d'une malédiction familiale, que chaque génération est censée accomplir de la même manière. Fanita English donne l'exemple d'un jeune homme qui, à un certain moment, avait pris des hallucinogènes. Il s'intéressa à la psychologie, se fit désintoxiquer et commença à travailler comme thérapeute. Et pourtant il devint évident qu'il sabotait certains de ses clients en leur envoyant le message caché : « Devenez fous et faites-vous interner ! »

Son superviseur repéra cette situation et le jeune homme fit lui-même une thérapie. À travers l'analyse de son scénario, il s'aperçut qu'il avait reçu l'injonction « Fais-toi enfermer ! » (Ne sois pas sain d'esprit) comme une « patate chaude » passée par sa mère et qu'il s'était efforcé d'y obéir en se droguant. En devenant thérapeute, il avait essayé de repasser la même « patate chaude » à ses clients. Quand il explora avec son thérapeute l'histoire de la famille, ils trouvèrent que le même épiscénario « Deviens fou » se transmettait depuis au moins deux générations. Personne n'avait pourtant été interné. Chaque génération croyait qu'elle avait évité cette issue par l'astuce magique qui consistait à passer la « patate chaude » à quelqu'un d'autre.

Comment les décisions sont liées aux injonctions

Nous avons mis l'accent sur le fait que les injonctions parentales ne peuvent pas *faire* qu'un enfant écrive son scénario d'une manière plutôt que d'une autre ; c'est l'enfant qui *décide* de ce qu'il fait avec les injonctions qu'il reçoit. Un enfant peut accepter une injonction telle quelle ; un autre peut la modifier astucieusement pour en alléger l'impact ; un autre encore peut refuser tout simplement de l'accepter.

Par exemple, supposez qu'un petit garçon prenne un « N'existe pas » chez sa mère. Il peut tout simplement prendre de plein fouet l'impact de cette injonction et se suicider, soit enfant, soit adulte. Le suicide peut être explicite ou bien prendre la forme d'un « accident », comme lorsque quelqu'un roule vite en état d'ivresse.

Une autre possibilité est que l'enfant prenne très tôt la décision magique de dévier l'impact de l'injonction en décidant de tuer quelqu'un d'autre au lieu de se tuer, lui. Cela aboutit à un scénario hamartique dans lequel le bénéfice final est l'homicide au lieu du suicide.

Autrement, la croyance magique peut être du style : « Si je peux cesser d'exister en tant que personne saine d'esprit, je ne serai peut-être pas obligé de mourir pour de bon. » Cela donne au scénario le bénéfice hamartique de « folie ».

À l'opposé de ces décisions tragiques, le tout-petit est peut-être déjà capable de se rendre compte : « Ce message, c'est le problème de ma mère, pas le mien », et de rejeter totalement l'injonction « N'existe pas ». Les enfants qui font cela, au dire des Goulding, peuvent « [...] devenir des psychiatres ou des prêtres en herbe, dans la mesure où ils étudient la famille et essaient de la guérir, tout en se sauvant eux-mêmes en reconnaissant que cette pathologie n'est pas leur fait ».

L'enfant a toujours le choix de contourner ainsi une injonction pour aboutir à des résultats positifs et non à des résultats négatifs. Par exemple, un petit garçon qui a « Ne sois pas de ton sexe » peut devenir riche de qualités positives, traditionnellement dépeintes comme « féminines » — la sensibilité, la chaleur physique, la réceptivité aux sentiments.

Une autre manière d'éviter l'impact des injonctions est de prendre des *décisions complexes*. Cela signifie que l'enfant utilise le génie inventif du Petit Professeur pour combiner différents messages scénariques, avec pour objectif, de rester en vie et de satisfaire ses besoins du mieux possible. Ces décisions complexes apparaissent fréquemment dans l'analyse du scénario et sont importantes pour comprendre comment celui-ci fonctionne. Dans les passages qui suivent, nous allons examiner les différents types de décisions complexes et voir comment elles servent à se défendre contre les injonctions néfastes. La pratique montre que « N'existe pas » est le message contre lequel on cherche le plus à se protéger, c'est pour cela que nous l'utilisons dans la plupart des exemples.

Couvrir une injonction par une contre-injonction

Voyez la matrice de scénario de la figure 14.1. Vous remarquerez que Gilbert a reçu une injonction « N'existe pas » de sa mère. Pour lui, dans le Petit Professeur, la priorité est de rester en vie. Comment peut-il s'y prendre ?

Une manière consiste à prendre une contre-injonction et à l'utiliser pour recouvrir le « N'existe pas ». Gilbert pourrait prendre la contre-injonction de sa mère « Travaille dur ! » et prendre la décision combinée : « Tant que je travaille dur, c'est OK pour moi de rester en vie. »

Qu'est-ce que cela signifie pour Gilbert, une fois adulte ? Il devient sans doute un homme qui met beaucoup d'énergie dans tout ce qu'il

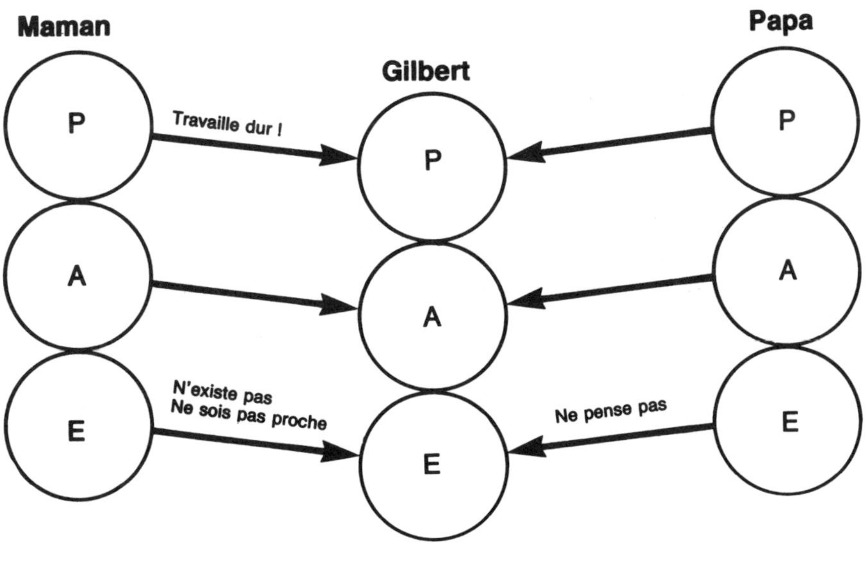

Figure 14.1 Matrice partielle du scénario de Gilbert

fait. Dans sa profession, on le considère comme un bourreau de travail. Quand il fait du sport, il peut faire de gros efforts pour être bon. Dans ses relations personnelles, il s'efforce d'être sociable, et quand il a des rapports sexuels, il s'efforce de satisfaire sa partenaire.

Maintenant, supposons que Gilbert commence à faire de l'hypertension, qu'il ait un ulcère ou tout autre symptôme de stress. Il décide de travailler moins dur. Il prend peut-être davantage de vacances et commence à déléguer. Tout va bien pendant un temps. Mais, et c'est plutôt étrange, Gilbert a du mal à conserver ce nouveau comportement. Presqu'à son insu, il remplit ses temps libres d'engagements divers. Il fait du travail bénévole, et en une semaine ou deux, s'y implique si sérieusement qu'il se soumet à encore plus de pressions qu'avant. Que se passe-t-il ?

Gilbert a rompu l'équilibre dynamique de son scénario. Consciemment, il considère avoir pris une décision positive en abandonnant une partie de son travail. Mais inconsciemment, dans le Petit Professeur, il perçoit ce même changement comme une menace contre sa vie. Sa croyance scénarique est « maintenant que j'ai arrêté de travailler aussi dur, il faut que j'écoute Maman qui me dit de mourir ». Rien d'étonnant à ce qu'il trouve rapidement des moyens de se surmener à nouveau.

Nous disons que Gilbert *recouvre* le « N'existe pas » de Maman par la contre-injonction « Travaille dur ». Dès qu'il commence à trvailler moins dur, il *révèle* l'injonction.

Ce genre de situation scénarique a quelquefois un résultat paradoxal et tout à fait désagréable. En continuant de travailler dur, Gilbert applique la stratégie du Petit Professeur pour rester en vie. Mais, après des années de surmenage, il peut tomber raide mort d'une crise cardiaque ou être handicapé par des ulcères ou de l'hypertension. La situation qui est créée pour *se défendre* contre le bénéfice hamartique aboutit à ce bénéfice même. Pour trouver comment Gilbert peut effectuer des changements qui le libéreraient réellement de sa situation négative, il nous faut comprendre la dynamique de sa décision complexe. S'il commence à abandonner son surmenage mais ne réagit pas au sujet de son message sous-jacent « N'existe pas », il y a de grandes chances pour qu'il retombe rapidement dans son excès de travail. Cela peut apparaître comme de l'« autosabotage » à un observateur extérieur, mais pour Gilbert, dans le Petit Professeur, c'est tout le contraire d'un sabotage. Cela lui apparaît comme la seule manière d'échapper à la menace de mort de Maman.

Pour démanteler cette partie de son scénario, il faut que Gilbert désamorce d'abord le message « N'existe pas ». Dès lors qu'il s'est donné la permission de rester en vie malgré la menace de Maman, il peut réduire petit à petit ses engagements de travail. Il s'aperçoit alors qu'il peut supprimer la pression de manière confortable et permanente.

Couvrir une injonction par une autre injonction

« N'existe pas » n'est pas la seule injonction que Gilbert a reçue de sa mère. Elle lui a aussi donné « Ne sois pas proche ». Gilbert pourrait utiliser cette injonction plus légère pour se défendre de la plus lourde. Tout petit, il pourrait prendre la décision complexe : « C'est OK pour moi de rester en vie tant que je ne suis pas proche de quelqu'un. »

Quand il est dans son scénario, une fois adulte, Gilbert reproduit inconsciemment cette décision précoce. Il apparaît aux autres comme quelqu'un de physiquement distant et qui ne partage pas facilement ses sentiments. Il lui est sans doute difficile de donner ou de recevoir des strokes, surtout s'ils sont physiques.

Gilbert peut être mal à l'aise dans ce schéma. Il peut se sentir privé de strokes ou isolé, et commencer à se rapprocher de quelqu'un dans une relation. Mais il est probable qu'il s'abstienne de poursuivre très longtemps cette relation. Il trouve alors une manière de s'éloigner de la personne, peut-être en décidant de la rejeter ou de se faire rejeter par elle.

Consciemment, Gilbert se sent triste et bouleversé d'être à nouveau seul. Mais, dans l'inconscient du Petit Professeur, il pousse un soupir de soulagement. S'il avait continué à être proche, enfreignant ainsi l'injonction de Maman « Ne sois pas proche », il lui aurait fallu affronter l'injonction homicide « N'existe pas ».

À nouveau, si Gilbert veut abandonner cette situation scénarique et jouir de la proximité de l'autre, il lui faut commencer par retirer cette écharde que représente l'injonction « N'existe pas ». Il peut le faire en décidant de vivre, quoi qu'il arrive.

Jouer un parent contre l'autre

Papa n'a pas passé à Gilbert un message « N'existe pas ». À la place, il lui a donné une injonction plus légère « Ne pense pas » ; ce qui a permis à Gilbert d'avoir une autre stratégie infantile pour rester en vie. Il a pu décider : « Tant que je joue au gamin stupide vis-à-vis de Papa, je ne suis pas obligé de mourir pour Maman. »

Dans sa vie adulte, Gilbert peut parfois avoir l'air de « déconnecter » sa pensée. Dans ces moments-là, il simule la confusion et dit des choses comme : « Je ne peux pas rassembler mes idées. Je perds la tête. » Inconsciemment, il cherche à garder Papa près de lui pour le protéger de l'injonction de mort de Maman.

Antiscénario

Certaines personnes peuvent prendre un de leurs messages scénariques et l'inverser. Ils suivent alors ce message opposé au lieu de suivre le premier. La plupart du temps, cela se fait dans le *contre-scénario*. Quand nous agissons ainsi, on dit que nous sommes dans notre *antiscénario*[3].

Une personne va entrer et sortir de son antiscénario à des époques différentes de sa vie en réaction à n'importe quel message scénarique. Prenons l'exemple de la jeune fille qui a traversé l'enfance en obéissant au contre-scénario « Sois sage et fais ce que tes parents te disent ». À quatorze ans, elle bascule soudain, devient effrontée, se fait remarquer, sort tard avec des gens que ses parents qualifient de « douteux ».

On pourrait croire qu'elle s'est libérée de son contre-scénario mais, en réalité, elle le suit tout comme avant. Elle n'a fait qu'inverser le message, tout comme vous pourriez inverser une diapositive pour la voir à l'envers.

On peut définir l'antiscénario comme ce que l'enfant en rébellion décide de faire quand il en a assez de son scénario et de son contre-scénario. Quand il en est à ce point, il cesse de se soucier de ce qui peut arriver s'il ne suit plus ces décisions précoces.

Plus tard, lorsqu'elle se marie, cette même jeune fille peut sortir de son antiscénario et retourner à son scénario et à son contre-scénario pour redevenir discrète et conventionnelle, jouant cette fois « la bonne petite épouse » pour son mari.

TRACEZ VOTRE MATRICE DE SCÉNARIO PERSONNELLE

Prenez une grande feuille de papier et dessinez une matrice de scénario vierge, comme à la figure 13.1, sur laquelle vous porterez les messages scénariques que vous avez reçus de vos parents.

Cette auto-analyse n'a pas pour but d'être un exercice exact, pas plus qu'elle ne donne de réponses à graver dans la pierre. Considérez plutôt votre matrice de scénario comme une importante source *d'information sur votre passé.* Elle vous fournit une carte des voies que vous pouvez prendre pour *changer votre avenir, à vous.* Comme n'importe quelle carte, cette matrice peut être révisée et complétée à mesure que vous obtenez plus de renseignements. Et comme une carte, elle peut également être modifiée quand de nouvelles routes sont tracées et élargies et que les anciennes disparaissent.

Travaillez rapidement et fiez-vous à votre intuition.

Injonctions

Parcourez la liste des « douze injonctions » et voyez si vous avez déjà connu les problèmes ou les malaises qui s'y associent. Notez les injonctions qui semblent avoir été importantes pour vous et inscrivez-les sur la matrice selon le parent qui vous les a données. Certaines peuvent venir des deux. Vous rappelez-vous quel est celui qui vous a donné l'exemple de cette injonction ? Ou des ordres et des attributions injonctionnelles ? Si vous avez des doutes, fiez-vous à votre intuition.

En inscrivant ces injonctions, conservez les douze appellations types utilisées dans la liste des Goulding. Si vous pensez qu'une variante convient mieux, mettez-la entre parenthèses après le nom type. Un exemple : « Ne sois pas un enfant (N'aie pas de plaisir) ».

Contre-scénario

Rappelez-vous les « il faut » et les « il ne faut pas », les slogans et les devises que vos parents vous ont souvent donnés quand vous étiez petit. Quand votre père et votre mère étaient-ils contents de vous ? En colère contre vous ? Quels mots utilisaient-ils pour vous dire qu'ils étaient contents ou fâchés ? Quels conseils vous donnaient-ils sur la manière de réussir et de faire honneur à la famille ?

À partir de ces éléments, notez votre contre-scénario. Il vous sera sans doute très facile de vous rappeler le parent qui vous a donné tel ou tel message ; écoutez votre voix intérieure. Si vous hésitez, contentez-vous de deviner. Certains messages contre-scénariques peuvent venir d'autres membres de la famille, des frères et sœurs plus âgés, ou d'enseignants.

Programme

En établissant la matrice de scénario, nous n'indiquons, par convention, que les parties négatives du programme. (Nous n'aurions pas la place d'indiquer les milliers de « comment faire pour » positifs de nos parents.) Rappelez-vous que le programme négatif provient de l'Adulte contaminé du parent, même si sur le diagramme, il est représenté simplement comme venant du cercle de l'Adulte.

Est-ce que l'un ou l'autre de vos parents vous a montré comment aboutir à un résultat scénarique ? Souvent, les parents indiquent comment obéir à une injonction ou à une contre-injonction reçue de l'autre parent. Par exemple, Maman vous a peut-être transmis le message « Ne ressens pas » tandis que Papa vous montrait « Voici comment nier tes sentiments ».

Notez votre programme négatif comme un ensemble d'énoncés commençant par « Voici comment... ». Certaines personnes n'ont pas de programme négatif clairement défini. Si vous n'arrivez pas à en identifier un, laissez cette partie de la matrice vierge.

Utiliser les données des fantasmes, des histoires et des rêves
Maintenant, reprenez le matériel que vous avez rassemblé lors de l'exercice sur les fantasmes, les histoires et les rêves au chapitre 10. Reprenez-le en vrac, tel que vous l'avez évoqué.

Considérez-le maintenant en termes de matrice de scénario structurée. Utilisez votre pensée et votre intuition pour examiner ses relations avec ce que vous avez déjà noté sur le diagramme de la matrice. Modifiez ou remplissez les rubriques de votre matrice en conséquence □

Il est de tradition en AT d'utiliser des *questionnaires de scénario* pour identifier les données scénariques du type de celles découvertes dans l'exercice précédent. Nous n'en incluons pas ici car nous pensons qu'un questionnaire type est plus adapté dans un entretien que lorsque l'on explore soi-même son scénario. Pour avoir des exemples de questionnaires types, consultez les références qui concernent ce chapitre[4].

15

PROCESSUS SCÉNARIQUE

Dans cette quatrième partie, nous avons jusqu'ici parlé du « quoi » du scénario — de son *contenu*. Maintenant, dans ce chapitre et dans le suivant, nous allons examiner le *processus* du scénario — comment nous le vivons dans le temps.

L'étude du scénario de vie a révélé quelque chose de passionnant, à savoir qu'il semble n'exister que six schémas dominants de processus scénarique. Que je sois chinois, africain ou américain, je vis mon scénario selon un ou plusieurs de ces six schémas. Cela est également vrai quels que soient mon âge, mon sexe, mon éducation ou ma culture.

Ces six types de processus scénarique ont été au départ définis par Berne[1]. Certaines modifications à sa classification ont été proposées depuis, par d'autres théoriciens de l'AT, notamment par Taibi Kahler[2].

Six processus scénariques

Voici les six processus scénariques :

Avant.
Après.
Jamais.
Toujours.
Presque.
Sans fin.

Chacun d'eux possède son propre thème, qui décrit la manière dont la personne vit son scénario dans le temps. Berne, grand amateur de classiques, a utilisé un mythe antique pour illustrer chacun des thèmes de ces processus.

Scénario Avant

Si je vis mon scénario sur le thème Avant, ma devise dans la vie est : « Je ne peux pas m'amuser *avant* d'avoir fini de travailler. » Il existe de multiples variantes de ce thème, mais elles ont toutes en commun la notion que « quelque chose de bien ne peut pas arriver *avant* que quelque chose de moins bien ne soit terminé ».

« Il faut que je me connaisse parfaitement avant de changer. »
« La vie commence à quarante ans. »
« Quand je prendrai ma retraite, je pourrai voyager. »
« J'aurai ma récompense dans l'autre monde. »

Comme tous les processus, le schéma Avant se vit et à court et à long terme. Pour Patrick, « une fois les enfants élevés et partis, j'aurai le temps de me détendre et de faire tout ce que j'ai toujours voulu faire ». Jour après jour, tout en vivant son schéma de vie Avant, il vit le même schéma sur de courtes périodes. Il dit à sa femme : « D'accord, je vais prendre un verre avec toi, mais attends une minute que je finisse de faire la vaisselle. »

Patrick prolonge le schéma Avant jusque dans la structure de ses phrases. Il inclut souvent une *parenthèse* et dit des choses comme : « J'ai dit à ma femme — *et au fait, je disais la même chose encore hier à ma fille* — qu'il faudrait faire quelque chose au sujet de la maison. » Il s'interrompt au milieu de la phrase pour rajouter une réflexion supplémentaire. Par cette structure de phrase, Patrick traduit la croyance Avant : « Il faut que je couvre tout avant de pouvoir finir. »

Le héros grec, Hercule, a un scénario Avant. Avant de pouvoir être élevé au rang de demi-dieu, il lui a fallu accomplir tout un ensemble de tâches ardues, et non des moindres, puisqu'il a dû débarrasser les écuries du roi d'une montagne de fumier.

Scénario Après

Le scénario Après est le pendant du scénario Avant. La personne qui a un scénario Après obéit à la devise : « Je peux m'amuser aujourd'hui, mais il faudra que je le paie demain. »

« C'est vraiment une belle réception ! Mais, oh mon Dieu, quel mal de tête je vais avoir demain ! »
« Une fois que tu es mariée, la vie n'est plus qu'une suite de contraintes. »
« J'aime démarrer la journée en forme et de bonne heure, mais je suis fatigué quand arrive le soir. »

Souvent, la personne avec un scénario Après utilisera la même structure de phrase que dans le premier et le troisième exemple ci-dessus. La phrase commence par un « haut », culmine à un point central souvent représenté par *mais*, puis, après ce point, tout le reste est « bas ». Une phrase de ce genre est en miniature la réplique d'un scénario Après.

Le schéma Après est illustré par le mythe de Damoclès. Ce puissant grec menait joyeuse vie, à manger, à boire et à s'amuser. Mais pendant tout ce temps, une épée se trouvait suspendue par un fil au-dessus de sa tête. Après qu'il eut levé les yeux et vu l'épée, il lui fut impossible d'être heureux par la suite ; il vivait dans la crainte constante qu'elle ne tombe. Comme Damoclès, la personne qui a un scénario Après croit qu'elle peut s'amuser aujourd'hui, mais seulement au prix de cette épée qui tombera demain.

Scénario Jamais

Le thème de Jamais, c'est : « Je ne peux jamais obtenir ce que je désire le plus. » André dit souvent qu'il voudrait établir une relation durable avec une femme, mais il ne l'a jamais fait. En réalité, il semble qu'il ne fréquente jamais les endroits où il pourrait rencontrer de nouvelles femmes. Il a souvent envisagé de retourner à l'Université pour obtenir un diplôme, mais il ne s'est pas encore décidé à remplir les papiers d'inscription.

Dans ce schéma Jamais, André est comme Tantale, éternellement condamné à se tenir au milieu d'un bassin avec, à une extrémité, une réserve de nourriture et à l'autre, un pichet d'eau, les deux se trouvant hors de sa portée. Et il reste là, à avoir faim et soif.

Dans le mythe, Tantale ne semble pas se rendre compte qu'il peut obtenir la nourriture et l'eau rien qu'en faisant un pas d'un côté ou de l'autre. Une personne avec un scénario Jamais réagit de la même façon ; elle pourrait avoir ce qu'elle désire en faisant simplement un pas, mais elle ne le fait pas.

Il n'existe pas de structure de phrase particulière au schéma Jamais. Toutefois, les gens qui ont un scénario Jamais en expriment le contenu négatif d'une manière répétitive, du genre « disque rayé ». Ils vous parlent de leurs ennuis un jour et le lendemain, ils recommencent comme si c'était la première fois.

Scénario Toujours

La personne avec un scénario Toujours demande : « Pourquoi est-ce que ça m'arrive toujours à moi ? » Le mythe grec de Toujours est celui d'Arachné, qui brodait divinement. Elle commit la folie de défier la déesse Athéna dans un concours de broderie et la déesse outragée la punit en la transformant en araignée, condamnée à tisser sa toile pour l'éternité. Martine obéit à un schéma Toujours. Elle s'est mariée trois fois et a divorcé deux fois. La première fois, elle a épousé un homme discret, en retrait et peu sociable. Elle a rompu avec lui, disait-elle à ses amis, parce qu'elle voulait vraiment quelqu'un de plus dynamique. Mais, au grand étonnement de ces mêmes amis, elle a bientôt annoncé ses fiançailles avec un autre homme qui leur semblait être la copie conforme du premier. Ce mariage ne dura pas longtemps non plus. Le troisième mari de Martine est en retrait, discret et peu dynamique, et elle se plaint déjà de lui à ses amis.

Les gens qui ont un scénario Toujours peuvent le jouer comme Martine, en passant d'une relation peu satisfaisante à une autre, ou bien d'un emploi à un autre ou encore d'une ville à une autre. Une variante consiste à maintenir le choix initial peu satisfaisant au lieu d'opter pour un meilleur choix. La personne dit : « Oh ! Cela ne m'a pas apporté grand-chose de travailler avec ce thérapeute, mais après tout, je vais sans doute continuer en espérant seulement que ça nous mènera quelque part. »

Martine a souvent une structure de phrase typique de ce scénario Toujours. Elle commence une phrase, puis bifurque sur une autre, qu'elle quitte à nouveau pour une autre phrase, qu'elle quitte aussi et ainsi de suite. « Bon, la raison pour laquelle je suis venue te voir c'est... euh, en venant te voir, j'ai rencontré une amie qui — oh, au fait, j'ai de l'argent sur moi et... »

Scénario Presque

Sisyphe a lui aussi déclenché le courroux des dieux ombrageux. Il fut condamné à passer l'éternité à faire rouler un rocher vers le sommet d'une colline et, chaque fois qu'il était sur le point d'atteindre le sommet, il lâchait prise et le rocher roulait de nouveau en bas de la pente. Le Sisyphe moderne avec un scénario Presque dit : « J'y suis presque arrivé, cette fois. »

Pascal emprunte un livre à un ami et en le lui rendant, il lui dit : « Merci pour le livre, je l'ai lu en entier sauf le dernier chapitre. » Quand Pascal lave sa voiture, il le fait complètement, à l'exception de quelques taches de boue qu'il oublie. Ce schéma vécu à long terme montre que Pascal a presque obtenu de l'avancement. Mais bien qu'il se soit rapproché du fauteuil directorial, il ne l'a pas tout à fait atteint. Chaque fois il est sélectionné et chaque fois il sabote l'entretien d'une manière ou d'une autre.

Berne a appelé ce scénario « Encore et encore ». Toutefois, plus tard, d'autres auteurs ont montré que *tous* les schémas se jouent encore et encore. Aussi lui a-t-on, en définitive, donné le nom de Presque.

Taibi Kahler a indiqué qu'il existe deux types de scénario Presque. Il nomme celui que nous venons de décrire « Presque type 1 ». Dans son « Presque type 2 », la personne *arrive bel et bien* au sommet de la colline, mais au lieu de caler son rocher et de s'asseoir avec un soupir de soulagement, elle réalise à peine qu'elle est arrivé au sommet. Sans faire de pause, elle regarde autour d'elle, à la recherche d'une colline encore plus haute pour faire rouler son rocher et hop, la voila partie. Une fois au sommet de celle-là, à nouveau elle regarde autour d'elle pour repérer une montagne encore plus haute à laquelle s'attaquer.

La personne avec un Presque de type 2 réussit souvent bien sur le plan matériel. Jeanne, par exemple, a passé facilement tous ses examens secondaires, puis elle a réussi à obtenir une bourse pour aller à l'Université. À l'époque où elle a obtenu son diplôme avec mention, elle avait déjà décidé de préparer un doctorat. Maintenant qu'elle l'a obtenu, elle s'efforce d'obtenir un poste d'assistante à l'Université. Ses collègues l'envient, mais elle n'a pas en elle-même le sentiment « d'y être arrivée ». Quand elle sera assistante, dit-elle à ses amis, elle visera une chaire de professeur ; ce qui signifie, bien sûr, encore plus de dur labeur, et il semble qu'elle n'ait pas le temps de sortir.

Il y a deux structures différentes de phrase qui révèlent un scénario Presque. La personne commence une phrase, puis part sur une autre qu'elle finit. « La conférence que je vous fais aujourd'hui porte sur — oh ! au fait, j'ai une page de remarques que je vais vous communiquer. »

D'une autre façon, la personne avec un scénario Presque énonce toute une série de phrases positives ponctuées d'une négative. « Les arbres sont si beaux en automne. Il fait vraiment chaud aussi et le soleil est magnifique. Remarquez, l'air est froid. »

Scénario Sans Fin

Ce schéma ressemble aux scénarios Avant et Après parce qu'il comporte un point de rupture après lequel les choses changent. Mais pour la personne qui a un scénario Sans Fin, le temps qui suit ce point n'est qu'un grand vide, comme les pages d'un scénario de théâtre qui se seraient perdues.

Alain vient de prendre sa retraite après quarante années passées dans son entreprise. Il se retrouve chez lui avec les témoignages de reconnaissance et le cadeau d'adieu qu'il a reçus. Il attendait avec impatience ce temps libre supplémentaire, mais, au lieu de se réjouir, il se sent étrangement mal à l'aise. Qu'est-ce qu'il va bien pouvoir faire de lui-même ? Comment va-t-il remplir son temps ?

Pauline dit adieu au plus jeune de ses quatre enfants qui, maintenant adulte, vient de quitter pour de bon la maison. Elle pousse un soupir de soulagement ; après toutes ces années, plus de corvées pour élever ses enfants ! Mais un ou deux jours plus tard, Pauline se sent un peu déprimée ; sans la vaisselle supplémentaire, le linge sale qui traîne et qu'elle doit ranger, elle ne sait pas trop à quoi occuper son temps.

Le schéma scénarique Sans Fin peut se vivre à court aussi bien qu'à long terme. Certains ne se fixant que des buts à court terme et une fois qu'ils les ont atteints, ils pataugent, ne sachant plus que faire en attendant que quelque chose d'autre se présente. Alors, ils se fixent un nouvel objectif à court terme, et le processus se répète. La devise d'un scénario Sans Fin est : « Une fois atteinte une certaine période de ma vie, je ne saurai plus quoi faire de moi. » Cela rappelle le mythe de Philémon et Baucis. Ce couple de vieillards avait accueilli les dieux déguisés en voyageurs épuisés alors que d'autres avaient refusé. Pour les récompenser de leur bonté, les dieux les rendirent éternels en les transformant en arbres, plantés l'un près de l'autre, leurs branches entrelacées.

Combinaison des différents processus

Nous avons tous les six thèmes de ces processus scénariques, mais chez la plupart d'entre nous, l'un d'eux est prédominant. Olivier manifeste surtout le scénario Avant, Claire le schéma Toujours, etc.

Certains combinent deux schémas avec une prédominance pour l'un d'eux. Par exemple, les gens qui ont un Presque de type 2 peuvent également avoir un Avant, ce qui est vrai de Jeanne dans notre exemple. Sa devise secrète est : « Je ne peux pas me reposer avant d'avoir atteint le sommet, et je n'arrive jamais au sommet car il y a toujours un sommet plus élevé quelque part, donc je ne peux jamais me reposer. »

Une personne qui combine un Jamais et un Avant va obéir à la croyance : « Je ne peux pas m'amuser avant d'avoir fini de travailler mais vu que je n'ai jamais fini de travailler, je ne peux jamais m'amuser. »

D'autres combinaisons fréquentes sont un Après avec un Presque de type 1 et un Toujours avec un Jamais. Cela peut vous intéresser de travailler sur les « devises » scénariques qui vont avec l'une et l'autre de ces combinaisons.

Origines du processus scénarique

Pourquoi n'y a-t-il que six thèmes dans ces processus ? Pourquoi sont-ils aussi permanents quelle que soit la culture ? On l'ignore et c'est un défi passionnant pour la recherche en AT que de tenter de répondre à ces questions.

Nous avons quelques idées sur la manière dont le processus scénarique se transmet des parents aux enfants. Il semble que cela fasse partie du contre-scénario transmis essentiellement par l'exemple parental.

Sortir des schémas de processus scénariques

Si vous n'êtes pas à l'aise avec votre processus scénarique, vous pouvez en sortir. De tous les changements personnels que l'AT permet, celui-ci est le plus facile à réaliser. Pour cela, il est nécessaire que vous établissiez quels sont vos principaux schémas de processus. Une fois cela fait, il vous suffit de mettre l'Adulte aux commandes et d'adopter des comportements pour sortir de ces schémas.

Si vous schéma principal est Avant, vous y mettrez un terme en vous amusant avant d'avoir fini tout votre travail. (Daniel Casriel appelle cela « faire du cheval sans attendre d'avoir nettoyé l'écurie ».)

Pour celui qui a un scénario Après, quitter le processus scénarique consiste à profiter d'aujourd'hui, en ayant décidé au préalable de profiter aussi de demain. Par exemple, si vous êtes à une soirée, buvez suffisamment pour avoir du plaisir, mais pas au point de vous retrouver avec une migraine le lendemain.

Pour sortir d'un schéma Jamais, décidez de ce que vous voulez. Faites une liste de cinq choses précises que vous pouvez *faire* pour obtenir ce que vous voulez, puis effectuez-en une chaque jour.

Si vous vivez selon un schéma Toujours, prenez conscience du fait que vous n'êtes pas obligé de répéter les mêmes erreurs ni de vous entêter quand les choses vont mal. Si vous le voulez, vous pouvez quitter un emploi, une relation ou une ville qui ne vous satisfont pas et en chercher d'autres.

Vous pouvez sortir d'un schéma Presque type 1 en faisant en sorte de terminer ce que vous faites. Si vous faites le ménage dans une pièce, faites-le entièrement. Quand vous lisez un livre, ne sautez pas de chapitre. Pour démanteler un schéma Presque de type 2, prenez la décision gratifiante de reconnaître chacun de vos succès au moment où vous les vivez. Faites une liste de vos buts et chaque fois que l'un d'eux est atteint, barrez-le. Ne vous engagez pas dans le suivant sans avoir fêté celui que vous venez d'atteindre.

Si vous pensez qu'on vous a transmis un schéma Sans Fin, prenez conscience que vos parents vous ont fait un cadeau déguisé. Dans la mesure où les dernières pages de votre scénario de départ manquent, vous avez toute liberté pour en écrire la fin comme il vous convient le mieux.

Chaque fois que vous mettez en œuvre un comportement qui va à l'encontre de votre processus scénarique, vous affaiblissez ce schéma pour l'avenir et vous vous facilitez la tâche pour sortir davantage de votre vieux schéma.

VOTRE SCHÉMA DE PROCESSUS SCÉNARIQUE

En réalisant les descriptions données ci-dessus concernant les divers types de processus scénariques, déterminez le ou les schémas qui vous sont propres.

Vous sentez-vous à l'aise avec ce ou ces schémas pour continuer à vivre en conservant ce comportement ?

Si ce n'est pas le cas, décidez d'au moins cinq comportements qui vont à l'encontre de votre processus scénarique. Commencez dès maintenant à en mettre un en œuvre chaque jour. Puis continuez jusqu'à ce que votre changement vous donne satisfaction □

16

DRIVERS ET MINISCÉNARIO

Au cours de ses travaux, au début des années soixante-dix, Taibi Kahler, psychologue clinicien, fit une découverte qui l'intrigua. Il avait prolongé l'idée de Berne selon laquelle le scénario se déroulait peut-être sur des séquences très brèves. Seconde par seconde, Taibi Kahler nota les mots, les intonations, les gestes, les postures et les mimiques de ses patients. Il s'aperçut alors qu'il existait certains ensembles précis de comportements que les gens manifestaient juste avant de passer à des comportements ou des sentiments scénariques.

Kahler et ses confrères identifièrent cinq séquences comportementales qu'ils appelèrent *drivers*[1].

Une étude plus poussée a montré que ce comportement sous driver faisait partie d'un ensemble plus vaste, appelé par Kahler *miniscénario*. Il s'agit d'une séquence de comportements, de sentiments et de croyances scénariques qui se déroule pendant une période pouvant aller de quelques secondes à quelques minutes et qui commence invariablement par l'un de ces comportements généré par un driver. Le miniscénario reproduit sur une courte période le processus du scénario de vie dans son ensemble. Chaque fois que je passe par mon miniscénario, je renforce mon processus scénarique, et chaque fois que je sors de mon miniscénario, cela contribue à désamorcer mon processus scénarique.

Ces cinq drivers s'avèrent, de plus, être très clairement reliés aux six types de processus scénariques. En observant les drivers des individus, vous pouvez affirmer avec assurance quel sera leur processus scénarique.

En apprenant à détecter les cinq manifestations des drivers, vous pouvez donc en dire long sur une personne en très peu de temps. Dans ce chapitre, nous allons décrire comment on peut les observer et comment ils s'imbriquent dans le scénario global. Nous étudierons également le déroulement de la séquence du miniscénario.

Comment détecter les manifestations des drivers

Les cinq drivers sont :

Sois parfait.
Fais plaisir.
Fais des efforts.
Sois fort.
Dépêche-toi.

Chacun d'eux se manifeste par un ensemble particulier de *mots*, d'*intonations*, de *gestes*, de *postures* et de *mimiques*.

Vous avez déjà appris à utiliser ces indications pour effectuer le diagnostic comportemental des états du moi. En cherchant à repérer les comportements générés par les drivers, vous devez réduire votre échelle temporelle dans la mesure où ces comportements apparaissent dans un laps de temps de une demie à une seconde. Pouvoir observer dans un temps aussi court requiert une certaine pratique si vous n'en avez pas l'habitude, mais cela deviendra rapidement une seconde nature.

L'avertissement « n'interprétez pas » s'applique ici, exactement de la même manière que lorsque nous parlions du diagnostic comportemental en général. Tenez-vous en à ce que vous pouvez réellement voir et entendre. Par exemple, si vous me regardez, vous pouvez être tenté de dire que j'ai « l'air sévère ». Mais qu'est-ce que je fais avec mon visage, ma voix, mon corps, que vous puissiez interpréter comme de la « sévérité » ? Où voyez-vous une tension musculaire ? Ma voix est-elle grave, haut perchée, forte, dure ? Mes sourcils sont-ils levés, baissés ? Dans quelle direction mes yeux se portent-ils ? Quels mouvements me voyez-vous faire avec les mains ? Pour devenir performant dans l'art de détecter les drivers, limitez-vous à ce genre d'indications observables. En voici une liste pour chaque driver.

Sois parfait

Mots : la personne dans un « Sois Parfait » utilise souvent des *parenthèses*, par exemple :

> « Je suis ici aujourd'hui, *comme je l'ai dit,* pour vous parler des drivers. »
> « L'AT est, *pourrait-on dire,* une théorie de la personnalité. »

L'expression orale du « Sois Parfait » comprend souvent des mots et des expressions de ce genre, entre parenthèses ou non. Ils servent à nuancer mais n'ajoutent aucune information à ce qui est dit. Exemples : *pourrait-on dire, peut-être, probablement, certainement, complètement, pour ainsi dire, comme nous l'avons vu.*

Un autre signe consiste à annoncer les différents points par des chiffres ou des lettres. « Nous allons aujourd'hui — *un* — parler des drivers ; — *deux* — étudier leur relation au scénario. »

Intonations : souvent Adulte, bien modulée, ni haute ni basse.

Gestes : compter sur ses doigts pour annoncer les points énumérés par des chiffres ou des lettres dans l'énoncé. La main peut toucher le menton dans la pose traditionnelle du « penseur ». Les mains peuvent se toucher par le bout des doigts pour former un « clocher », en forme de V renversé.

Postures : souvent la contenance Adulte, droite, bien équilibrée de part et d'autre d'un axe médian.

Mimiques : les yeux vers le haut (moins souvent vers le bas) et d'un côté, en général, lorsque la personne s'arrête dans son discours, comme si elle essayait de lire la « réponse parfaite » écrite quelque part par terre ou au plafond. En même temps, la bouche est souvent légèrement tendue, les commissures un peu étirées.

Fais Plaisir

Mots : la personne dans un « Fais Plaisir » utilise souvent une structure de phrase « positive — *mais* — négative » que nous avons déjà rencontrée comme indication du scénario Après.

> « J'ai vraiment apprécié ce que vous m'avez appris, mais je ne sais pas si je me souviendrai de tout ce que vous avez dit. »
> « Quelle soirée fantastique ! Mais, bon sang, qu'est-ce que je vais le regretter demain matin ! »

Elle introduit souvent des mots interrogatifs comme *d'accord ? hein ? ça vous va ? pour ainsi dire... ? un peu comme... ?*

Intonations : voix haut perchée, couinante, qui monte systématiquement à chaque fin de phrase.

Gestes : mains tendues vers l'avant, souvent les paumes vers le haut, hochant la tête.

Postures : les épaules voûtées et inclinées vers l'avant, le buste penché en avant vers l'autre.

Mimiques : la personne dans un « Fais Plaisir » vous regarde souvent, le visage légèrement incliné vers le bas. Elle a alors besoin de lever les yeux pour vous regarder et elle hausse les sourcils. En conséquence, elle plisse le front horizontalement et, en même temps, sa bouche prend une expression qui ressemble à un sourire. Toutefois, si on la compare à un sourire authentique, libre de toute influence de driver, l'expression d'un « Fais Plaisir » est plus tendue : les dents du haut sont découvertes, et quelquefois, les dents du bas apparaissent aussi.

Fais des Efforts

Mots : la personne dans un « Fais des Efforts » utilise souvent le mot *essayer.*

« Ce que *j'essaie* de vous dire, c'est... »
« Je vais *essayer* de faire ce que nous avons décidé. »

Quand il est utilisé de cette manière contraignante, le mot « essayer » signifie toujours « Je vais essayer de le faire au lieu de le faire ». D'autres mots clés sont : *difficile, je ne peux pas, quoi ? Répète, j'comprends pas, c'est dur de...,* et des onomatopées interrogatives du style *hein ? ah ?*

Intonations : la personne tend parfois les muscles de la gorge, ce qui lui donne une voix étouffée ou étranglée.

Gestes : l'une des mains est souvent placée sur la tempe ou près de l'oreille comme si la personne faisait des efforts pour entendre ou voir quelque chose. Les poings sont parfois serrés.

Postures : dans « Fais des Efforts » comme dans « Fais Plaisir » la personne est souvent tendue vers l'avant, les mains sur les genoux, ce qui donne une impression générale ramassée.

Mimiques : une indication fréquente de « Fais des Efforts », c'est que la personne plisse le front, faisant apparaître deux lignes verticales au-dessus du nez. Les yeux, et quelquefois le visage tout entier, sont plissés et froncés.

Sois Fort

Mots : une personne dans un « Sois Fort » utilise souvent des mots qui signifient : « Mes sentiments, comme mes actes ne me sont pas imputables, mais sont dus à des agents extérieurs. »

« Tu me mets en colère. »

« Ce livre m'ennuie. »
« L'idée me vient que... »
« Son attitude m'a obligé à riposter. »
« C'est la vie au cœur des villes qui engendre la violence. »

Cette personne se sert aussi très souvent de mots qui la tiennent à distance lorsqu'elle parle d'elle-même, comme *on, vous, les gens, ça, cela*.

« Ça me fait du bien » (signifiant « Je me sens bien »).
« Vous devez garder vos sentiments pour vous » (signifiant « Je dois »).
« Dans des situations comme ça, on est sous pression. »

Intonations : neutre, monotone, généralement basse.
Gestes : un « Sois Fort » est marqué par une absence de gestes.
Postures : souvent « fermée », les bras sont soit croisés ou serrés devant le corps, les jambes sont croisées ou en forme de « quatre », une cheville reposant sur l'autre genou. Le corps tout entier traduit l'immobilité.
Mimiques : le visage est inexpressif et immobile.

Dépêche-Toi

Mots : dépêche-toi, vite, bouge, allons, pas le temps...
Intonations : hachée, du genre mitraillette. Quelquefois, la personne dans un « Dépêche-Toi » se précipite tellement pour parler que ses mots s'emmêlent.
Gestes : pianote avec les doigts, tapote du pied ou l'agite, se tortille sur sa chaise, regarde constamment sa montre.
Postures : pas de posture spéciale, mais l'impression générale est celle de l'agitation.
Mimiques : changements fréquents et très rapides de la direction du regard.

Aucun signe isolé n'indique à lui seul un driver

Pour diagnostiquer de manière fiable le driver, il vous faut rechercher *plusieurs indications de ce driver se produisant simultanément*. Ne vous fondez pas sur une seule indication. Par exemple, en m'entendant dire « J'essaie de... », vous pouvez en conclure : « Ah ! Ah ! Il est dans un driver Fais des Efforts. » Mais cela n'est pas obligatoire. Si vous regardez les autres indications manifestées par mon comportement, vous verrez peut-être que je tire la bouche, que je regarde au plafond, et que j'énumère des points sur mes doigts. Ces signes montrent avec plus de certitude que je suis en fait dans un « Sois Parfait ». Par ailleurs, je peux prononcer les mots « J'essaie de... » et indiquer par tous les autres signes de mon comportement que je suis dans l'Adulte et non sous l'influence d'un quelconque driver.

Driver primaire

Chacun d'entre nous manifeste des comportements qui relèvent des cinq drivers, mais la plupart des gens en manifestent un de préférence. Il s'agit souvent de celui qu'ils montrent également *en premier* lorsqu'ils réagissent à un stimulus transactionnel. Nous lui donnons le nom de *driver primaire*.

Certaines personnes ont deux drivers à peu près équivalents, mais il s'avère beaucoup plus rare d'en rencontrer qui aient un éventail égal ou supérieur à trois.

APPRENDRE À REPÉRER LES DRIVERS

Si vous avez la télévision, regarder un débat télévisé et servez-vous-en pour détecter image par image les indications de comportement sous driver.

Si vous avez un magnétoscope, enregistrez le programme en même temps, et plus tard, repassez la bande au ralenti, ou avec un arrêt sur image, et vérifiez vos observations par ce moyen.

Entraînez-vous à observer si différentes personnalités médiatiques manifestent systématiquement différents drivers. Est-ce que votre comique préféré a un driver primaire différent de l'homme politique que vous aimez le moins ?

Quel est le vôtre, à votre avis ? Notez la réponse.

Maintenant, obtenez une vérification objective, soit en demandant à quelqu'un qui connaît les signes révélateurs des drivers de vous observer, soit en vous enregistrant au magnétoscope et en repassant la bande. Aviez-vous bien deviné la première fois quel était votre driver primaire ?

Si vous êtes dans un groupe, formez des sous-groupes de trois et décidez qui sera le « client », le « conseiller » et l'« observateur ». Le client parle au conseiller pendant trois minutes d'un sujet banal, le conseiller écoute et réagit comme il l'entend — il gère aussi le temps. L'observateur, papier et crayon en main, note les drivers qu'il détecte chez le client et chez le conseiller. (Pour simplifier la tâche la première fois, l'observateur peut se limiter à l'observation du seul client.) Au bout des trois minutes, il fait un *feedback* des indications qu'il a notées. Puis, vous changez de rôle et vous recommencez l'exercice.

Recherchez les comportements sous driver dans tous les genres d'interactions de la vie quotidienne, entraînez-vous à les repérer au travail, quand vous faites les courses, en voyage, dans des conversations à bâtons rompus avec des amis. *Ne dites pas aux gens que vous faites cela* à moins que vous ne soyez absolument certain que cela les intéresse □

Drivers et types de processus scénariques

En identifiant mon driver primaire, vous pouvez dire quel est mon type de processus scénarique[2]. Les correspondances entre les deux apparaissent dans la liste ci-après.

Driver primaire	*Processus scénarique*
Sois Parfait	Avant
Fais Plaisir	Après
Sois Fort	Jamais
Fais des Efforts	Toujours
Fais Plaisir + Fais des Efforts	Presque type 1
Fais Plaisir + Sois Parfait	Presque type 2
Fais Plaisir + Sois Parfait	Ouvert

Les deux types de scénario Presque se trouvent chez des gens qui ont un « Fais Plaisir » primaire de même niveau que soit « Fais des Efforts », soit « Sois Parfait ». Pour le scénario ouvert, la personne manifeste également un « Fais Plaisir » associé à un « Sois Parfait », mais les deux drivers apparaissent plus marqués que dans le Presque de type 2.

Pourquoi ce comportement émanant d'un driver a-t-il un lien si étroit avec le type de processus scénarique ? C'est que les comportements sous drivers sont eux-mêmes des versions miniatures des processus scénariques. Chaque fois que j'entre dans un comportement généré par un driver, je reproduis, en l'espace d'une demi-seconde, le schéma du processus scénarique correspondant.

Comme l'exprime Taibi Kahler : « Les cinq drivers sont les manifestations fonctionnelles des contre-scénarios non OK (dans le diagramme structurel). »

Supposez par exemple que je fasse un cours sur l'AT. Je vais dire : « L'AT — qui a tout d'abord été développée par Eric Berne vers la fin des années cinquante — est un système, ou dirions-nous plutôt un modèle, pour comprendre la personnalité. Cela, du moins, est une définition de départ. » Pendant que j'émets toute cette série de parenthèses, je regarde vers le plafond, comme si je m'attendais à y lire la parfaite définition. J'énumère sur mes doigts les deux concepts

« système » et « modèle », pour être sûr que je l'ai bien dit de toutes les manières possibles.

Au moment où je manifeste cet ensemble de comportements révélant un « Sois Parfait », j'obéis à la voix de mon Parent interne qui dit : « Tu es accepté comme OK à la condition que tu fasses tout comme il faut. » En écoutant cette voix à partir de l'Enfant Adapté, je suis convaincu que je ne peux pas finir ma phrase *avant* d'avoir couvert l'ensemble.

Donc, pendant ces quelques secondes, j'ai revécu mon principal processus scénarique Avant, et ce faisant, je l'ai renforcé.

Repassons maintenant la séquence. Je fais face au groupe, je le regarde franchement et je suis détendu. Je dis : « L'AT est un modèle pour comprendre la personnalité. Il a été développé par Eric Berne. Les premières études qu'il a faites sur le sujet se situent vers la fin des années cinquante. »

En m'exprimant de cette manière, je reste dans un Adulte libre de driver. J'ai débranché la vieille voix du Parent intérieur qui me disait : « Sois Parfait », et à la place, j'écoute la nouvelle bande qui dit : « Tu es déjà très bien comme tu es ! »

En comprenant mon comportement généré par ce driver, j'ai choisi délibérément d'éviter les parenthèses. J'ai donné mes informations par petites phrases. Je n'ai pas réussi à en dire aussi long que dans la version sous l'emprise du driver, mais si vous étiez étudiant et que vous suiviez ce cours, quelle serait pour vous la version la plus compréhensible ?

En sortant de mon schéma scénarique, je suis également sorti de mon scénario Avant, et ainsi, j'ai affaibli mon schéma Avant. Je me suis ainsi facilité la tâche pour en sortir de nouveau la prochaine fois.

Cette relation driver-scénario vaut également pour les quatre autres drivers. Chaque fois que je manifeste un « Fais Plaisir », je revis un schéma Après. La voix intérieure de mon Parent répète le message contre-scénarique : « Tu n'es accepté comme OK que si tu fais plaisir aux gens. » Les sourcils levés et le sourire exagéré, j'espère dans l'Enfant Adapté que je fais suffisamment plaisir. *Mais* j'ai peur d'être tôt ou tard à court d'énergie pour faire plaisir, et qu'alors le « couperet » me tombe sur la tête comme l'épée de Damoclès.

Pour sortir d'un « Fais Plaisir », je reste vigilant par rapport à mes comportements de « Fais Plaisir ». En particulier, je relâche mes sourcils au lieu de les lever, gardant ainsi un front lisse au lieu de le froncer en rides horizontales. En faisant cela, je me passe un nouveau message intérieur qui dit : « C'est OK que tu te fasses plaisir ! » Et comme je ne fonde plus mon caractère OK sur le fait de faire plaisir aux gens, je peux également abandonner ma peur de ce qui m'arrivera demain si je ne leur fais pas assez plaisir.

En montrant un « Sois Fort », je branche le message contre-scénarique : « Tu es OK seulement si tu dissimules tes sentiments et tes besoins aux gens. Ne les laisse pas voir que tu es faible. » Quand j'entends cela dans l'Enfant Adapté, j'obéis en gommant toute manifestation extérieure, mon visage reste impassible, je bouge peu et je parle d'une voix neutre.

En manifestant ces comportements de « Sois Fort », je rejoue et je renforce mon schéma de « Sois Fort ». Je veux peut-être obtenir un contact et des signes de reconnaissance de la part de mon entourage, mais en gardant ma façade inexpressive, je ne leur en donne aucun signe. Pareil à Tantale, je m'interdis de faire le geste susceptible de me procurer ce que je veux.

Si je me lasse de ressembler à Tantale, je laisse tomber ma façade, je m'entraîne à exprimer mes sentiments à travers ma voix, mon expression et mes gestes. J'explore surtout le plaisir de bouger librement de toutes sortes de manières. En me libérant de mes schémas de comportements de « Sois Fort », je me libère aussi de mon scénario Jamais. J'installe dans ma tête une nouvelle voix qui dit : « Vas-y, montre ce que tu ressens. Exprime clairement ce que tu veux. »

Supposons que mon driver primaire soit « Fais des Efforts ». Pendant que vous me posez la question, je me courbe vers l'avant, je plisse le front avec deux rides verticales au-dessus du nez, je fixe le regard, je mets la main d'un côté de la tête comme si j'avais du mal à vous entendre. Je dis : « Hein ? Quoi ? J'ai pas compris. » En fait, mon ouïe est parfaite. Je suis dans un « Fais des Efforts ». Pendant ces quelques secondes, j'écoute la voix de mon Parent qui me dit depuis le passé : « Pour être OK, il faut que tu fasses des efforts. » Et pour obéir à ce commandement, je « sais » dans mon Enfant Adapté que je ne peux pas me permettre de vraiment réaliser quoi que ce soit. Si c'était le cas, je ne pourrais plus continuer à faire des efforts.

En *essayant* de faire les choses au lieu de les faire réellement, je tourne en rond, encore et encore, dans un schéma scénarique de Toujours. Je n'aime peut-être pas tellement l'endroit où je me trouve en ce moment, je fais des efforts pour aller ailleurs, mais en fait, je ne fais pas ce qu'il faut pour y aller.

Je peux rendre inopérants « Fais des Efforts » et Toujours en élaborant un nouveau message qui dise : « Tu es OK si tu y vas et si tu le fais ! » À chaque fois que je sens les deux rides verticales se former sur mon front, je me détends pour qu'elles disparaissent. J'écoute de manière à entendre ce qu'on me dit, et si parfois, quelqu'un parle indistinctement, je dis : « Je ne vous ai pas entendu, pouvez-vous répéter ? »

Les liens entre scénario et driver pour les deux scénarios Presque et le scénario Ouvert sont moins évidents. En théorie, il n'est pas difficile d'émettre des hypothèses sur la manière dont les devises contre-scénariques combinées aux drivers vont s'ajouter aux schémas scénariques. (Cela vous intéressera peut-être de voir quelles sont ces devises combinées et de faire vos propres hypothèses.) De toute façon, je peux aussi sortir de ces schémas de processus en agissant pour contrecarrer les comportements suscités par ces drivers.

Il n'existe pas de lien direct driver-scénario pour « Dépêche-Toi » qui est, à maints égards, un original parmi les drivers. Il semble qu'il apparaisse le plus souvent avec un autre driver primaire et qu'il renforce celui-ci.

VOTRE DRIVER PRIMAIRE ET VOTRE PROCESSUS SCÉNARIQUE

Vous avez déjà noté quel processus scénarique s'appliquait le mieux à vous, de même que votre driver primaire. Les deux correspondent-ils à ce que nous avons décrit dans le partie ci-dessus ?

Et s'ils n'ont pas l'air de correspondre ? Les relations que nous avons établies entre le driver et le processus scénarique étant des généralisations, il est tout à fait concevable qu'elles ne s'appliquent pas à vous. Mais elles se sont révélées fiables dans des milliers de cas observés. Si, au premier abord, elles semblent ne pas cadrer avec vous, cela vaut la peine de réviser votre jugement premier quant à votre driver primaire et votre processus scénarique. D'après notre expérience, la raison la plus courante d'une apparente inadéquation, c'est que la personne n'a pas identifié clairement son driver primaire □

Drivers et positions de vie

À partir des exemples donnés dans la partie sur les « drivers et les types de processus scénariques », vous voyez que les drivers dans le contre-scénario comportent une implication particulière quant à la position de vie. Le message Parental est : « Tu es OK *si* tu... es parfait, fais plaisir, etc. »

De sorte que lorsque je suis dans mon scénario et que j'écoute ce message Parental à partir de l'Enfant Adapté, ma position est : « Je suis OK *tant que* je... suis parfait, fais plaisir, etc. » Nous disons que les drivers reflètent une position *OK conditionnelle*.

Les cinq permissions

Pour chacun des drivers existe l'antidote qu'on appelle *permission*[3]. Si vous avez eu de la chance avec vos parents, ils vous en ont donné un certain nombre. Sinon, vous pouvez les mettre en place vous-mêmes. Nous les avons toutes déjà rencontrées dans ce qui précède. Les voici en résumé.

Driver	*Permission*
Sois Parfait	Sois comme tu es
Fais Plaisir	Fais-toi plaisir
Sois Fort	Sois ouvert et exprime tes besoins
Fais des Efforts	Fais-le
Dépêche-toi	Prends ton temps

Chaque fois que vous abandonnez consciemment un comportement généré par un driver, et que vous le remplacez par un comportement libre d'influence, vous affirmez la permission de manière non verbale. Vous pouvez aussi vous répéter cette permission avant de vous endormir le soir ou le matin au réveil. Écrivez-la sur un grand morceau de papier que vous placerez dans un endroit où vous le verrez souvent.

Attention : Si vous commencez à éprouver des sentiments négatifs ou un malaise en affirmant votre permission, abstenez-vous de le faire pendant un certain temps. Votre sentiment de malaise vous signale peut-être que votre comportement contre-scénarique masque une décision scénarique plus lourde de sens. Il convient donc que vous découvriez puis désamorciez celle-ci avant de continuer dans votre démarche d'abandonner votre comportement sous driver.

Origine des drivers

Pourquoi y a-t-il cinq drivers, et uniquement cinq ? Pourquoi sont-ils identiques pour tout le monde en dehors de la culture, de l'âge ou de l'éducation ? Pourquoi chacun s'accompagne-t-il toujours de son message contre-scénarique spécifique ? Personne ne le sait.

Taibi Kahler lui-même émet aujourd'hui l'hypothèse que les drivers sont sans doute en partie le résultat de l'« inné » en même temps que de l'« acquis »[4]. Selon Hedges Capers, ils peuvent être considérés comme une stratégie de survie du tout-petit au cours de l'élaboration de son scénario[5]. Cela aiderait grandement à expliquer leur aspect

« automatique ». D'autres théoriciens suggèrent que les cinq drivers sont les devises que l'enfant entend formulées pour la première fois par ses parents lorsqu'il apprend à aller sur le pot.

Mais ces théories en sont encore aujourd'hui au stade des hypothèses. Un des défis actuels les plus importants de la recherche en AT consiste à fournir une explication convaincante des origines de ces comportements suscités par les drivers.

Miniscénario

Les drivers reflètent une position OK conditionnelle et sont des manifestations de messages contre-scénariques. Comme c'est le cas avec toute autre contre-injonction, les drivers peuvent jouer le même rôle que le scénario et protéger contre des décisions plus graves prises autour des injonctions.

Mais cette fonction peut bifurquer dans deux directions. Lorsque je suis sous l'influence d'un driver, je crois que « je suis OK tant que je... suis parfait, fais plaisir, etc. ». Et tant que je peux continuer d'obéir à cet ordre scénarique contraignant, je crois que je ne suis pas obligé d'écouter l'injonction. Toutefois, il y a des moments où je n'ai pas assez d'énergie pour me maintenir dans mon driver, et à ces moments-là, je ne suis pas assez parfait, je ne fais pas assez plaisir, etc., pour satisfaire mon Parent intérieur, et alors, en termes de croyances scénariques, il s'ensuit *obligatoirement* que je suis obligé d'écouter l'injonction. Et, ce faisant, j'éprouve des sentiments négatifs en rejouant la décision primitive que j'ai prise autour de cette injonction.

Chaque fois que je vis le déroulement de cette séquence, je rejoue mon scénario en miniature et je le renforce.

C'est ce processus que Taibi Kahler a représenté par un diagramme intitulé *miniscénario*. Nous le représentons à la figure 16.1[6].

Position 1 : driver

La séquence du miniscénario commence toujours par un driver. Tandis que j'entends intérieurement ce message contre-scénarique, je manifeste le comportement extérieur correspondant. Cela peut durer entre une demi-seconde et sept secondes tout au plus.

Quand j'obéis au driver, *je n'éprouve aucune émotion,* ma croyance dans l'Enfant Adapté étant que je suis OK tant que je m'y soumets.

Il existe deux issues possibles. Je peux réussir à faire assez d'efforts, ou me dépêcher assez, etc., pour satisfaire aux exigences de mon

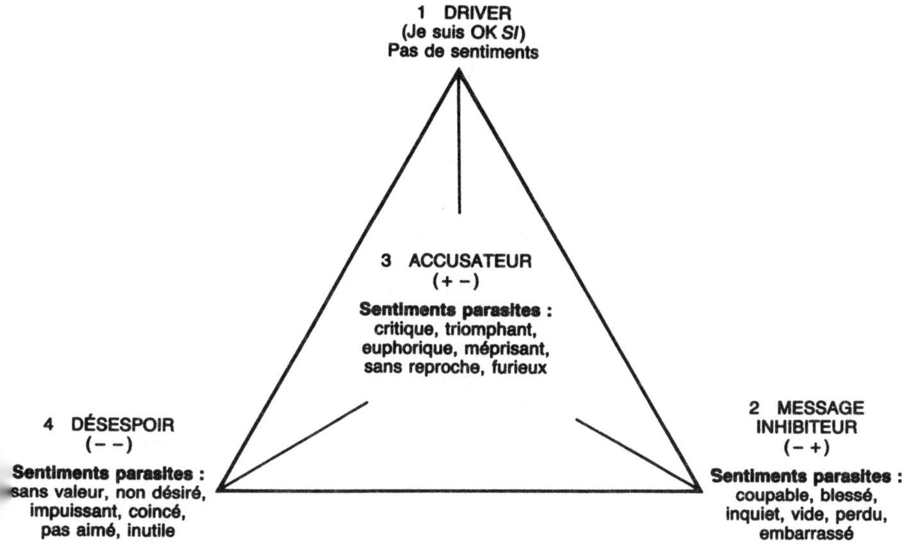

Figure 16.1 Le miniscénario

Parent intérieur. Dans ce cas, je mets fin au comportement généré par le driver et je passe alors soit à un comportement non scénarique, soit à un autre driver.

En revanche, je peux ne pas réussir à emmagasiner assez d'énergie pour obéir à ce commandement et je ne satisfais pas à la condition que mon Parent intérieur impose pour que je sois OK. Cette protection conditionnelle étant ainsi supprimée, je crois maintenant qu'il me faut écouter l'injonction dont je me protégeais.

Sur le diagramme du miniscénario, cela est signalé par un mouvement à partir du driver (position 1) vers l'une des trois autres positions. Nous disons que *je passe du driver* à la position suivante.

Position 2 : message inhibiteur

Supposez par exemple que, tout petit, j'ai pris la décision complexe que « c'est OK pour moi d'appartenir tant que je suis Parfait ». Imaginez que je sois à une soirée. Pendant que je bavarde avec les gens qui m'entourent, j'entre et je sors de mon « Sois Parfait », mais à la longue, l'énergie que je dépense pour maîtriser ce qui se passe diminue et je me mets à bafouiller sur certains mots ou dire quelque chose qui va faire rire les gens.

À ce moment, je passe de mon « Sois Parfait » à une autre position. Intérieurement, je me juge : « Je n'ai pas réussi à être Parfait, donc je ne suis pas OK et n'importe qui, dans ce cas-là, qui ne fait pas ce qu'il faut, ne peut absolument pas appartenir à ce groupe. » Pendant que je rejoue ma vieille décision de ne pas appartenir, j'éprouve à nouveau ce sentiment de décalage, éprouvé pour la première fois dans mon enfance lorsque j'ai pris cette décision.

En termes de miniscénario, l'injonction que j'entends quand je passe de mon driver à la position 2 porte le nom de *message inhibiteur*. Ce peut être l'une quelconque des douze injonctions selon le contenu scénarique de mon scénario personnel. Ce terme de message inhibiteur sert également à désigner la position 2 elle-même.

En passant du driver au message inhibiteur, je change de position de vie. Au lieu de la position du driver « Je suis OK si... », je passe maintenant à « je ne suis pas OK, vous êtes OK ».

En rejouant la décision primitive que j'ai prise par rapport à l'injonction, j'éprouve à nouveau le même sentiment de malaise de mon enfance — *un sentiment parasite.* Celui que j'éprouve va dépendre du contenu de mon scénario propre. Tous les sentiments parasites de la position 2 vont refléter la position de vie (− +). Certains d'entre eux sont répertoriés à la figure 16.1.

Position 3 : l'accusateur

Supposez qu'enfant, j'aie décidé que je me sentais mieux en accusant les autres de ne pas être OK qu'en m'accusant, moi. Dans ce cas, je passe alors très vite à la position 3 du miniscénario, celle de *l'accusateur* où ma position de vie est « Je suis OK, vous n'êtes pas OK ». Je vais alors éprouver un sentiment parasite correspondant à cette position de vie d'accusateur. Par exemple, lors de la réception, au moment où je vais me mettre à bafouiller en bavardant, je vais me sentir agacé par les autres parce qu'ils n'ont pas l'air de m'avoir compris.

Quand Taibi Kahler a représenté le miniscénario pour la première fois, il a nommé cette troisième position « l'Enfant Revanchard ». Toutefois, la position « + − » peut s'exprimer fonctionnellement à partir du Parent Contrôlant négatif aussi bien que de l'Enfant Adapté négatif, et nous pensons que la nouvelle appellation d'« accusateur » proposée par Kahler est plus appropriée.

Position 4 : désespoir

Si les expériences de ma petite enfance m'ont amené à conclure « Je ne suis pas OK et vous non plus », je vais peut-être passer dans cette position de vie « − − » au cours de la séquence miniscénarique.

Si c'est le cas, j'aboutis à la position 4 dans le miniscénario, celle du *désespoir*. Je peux y arriver directement à partir de la position 2 ou faire un crochet par la position 3.

Là, mes sentiments parasites seront en harmonie avec ma croyance que la vie est futile. Je vais me désespérer, me sentir abandonné, impuissant ou coincé. Si je passe dans cette position de désespéré au cours de ma conversation mondaine, je vais prendre un air abattu et me dire : « Bof ! À quoi bon ? On dirait que ça ne passe jamais entre moi et les gens. Et puis, de toute façon, ils ne me comprennent pas. »

Dans la version originale du miniscénario de Kahler, la position 4 s'appelait « bénéfice final du miniscénario ». Nous lui préférons l'appellation révisée de « désespoir », dans la mesure où la position 4 n'est pas, pour la plupart des gens, la position « finale ». Le plus souvent, je joue ma séquence miniscénarique et j'aboutis à la position d'inhibition ou à celle d'accusateur. Si j'ai eu de la chance avec mes parents, ou si j'ai résolu mes issues scénariques en thérapie, je dépasse sans doute rarement le stade du driver.

Déplacement à l'intérieur du miniscénario

La théorie du miniscénario ne définit pas de séquence spécifique en ce qui concerne le passage d'une position à une autre. Chaque personne a ses propres schémas. Par exemple, un de mes schémas favoris est de passer par le « Sois Parfait », puis immédiatement de me sentir agacé. Je suis passé directement à la position d'accusateur. Lorsque je suis suffisamment resté dans mon scénario, je repasse systématiquement au driver pendant une demi-seconde, puis je reviens à un comportement non scénarique.

Quant à ma compagne, son schéma habituel consiste à passer du « Fais Plaisir » à la position inhibée. Là, elle éprouve un sentiment parasite de décalage. De temps en temps seulement, elle passe de la position 2 à la position 4, où elle éprouve un sentiment de désespoir et celui de ne pas être aimée. Elle reste avec ces sentiments pendant un moment, puis revient au sentiment de décalage et finalement quitte le miniscénario par un petit coup de « Fais Plaisir ».

Les quatre mythes

Taibi Kahler suggère qu'il existe *quatre mythes* qui sous-tendent les drivers et les parasitages[7], et qui forment deux paires. L'un des éléments de chaque paire provient du Parent, l'autre est la réponse de l'Enfant.

En adoptant le driver, je rejoue une voix de mon Parent Nourricier négatif qui dit : « *Je peux faire que tu te sentes bien si je pense pour toi.* » Voici le premier mythe.

L'Enfant Adapté me fait répondre : « *Tu peux faire que je me sente bien en pensant pour moi.* » Et tant que je crois à ce deuxième mythe, je maintiens mon état OK conditionnel.

Je peux passer du driver dans un sentiment parasite, et alors, j'entends une voix intérieure venant de mon Parent Contrôlant négatif qui me serine le troisième mythe : « *J'ai le pouvoir, par ce que je te dis, de faire que tu te sentes mal.* »

Glissant alors dans l'Enfant Adapté négatif, je fais écho à ce message avec le quatrième mythe et je commence à croire que : « *Tu as le pouvoir, par ce que tu me dis, de faire que je me sente mal.* »

Quand nous adoptons des drivers et des sentiments parasites dans nos communications avec les autres, nous reproduisons ces croyances mythiques. Supposons que vous et moi, nous nous disputions. Je hurle à votre endroit : « Ouais ! Maintenant, à cause de toi, je suis en colère ! » À ce moment-là, je suis dans le quatrième mythe, « les autres, par ce qu'ils disent, peuvent faire que je me sente mal ».

En réalité, il n'y a aucun moyen pour que cela puisse se produire. Je suis responsable de mes sentiments et de mes actes. Il est exact que je réagis à ce que vous me dites en me sentant en colère ; mais ce n'est pas vous qui *faites* que je me sens en colère. Si je voulais, je pourrais me sentir amusé, pris de court, effrayé, excité ou éprouver mille et un autres sentiments.

De votre côté, vous pouvez croire réellement que vous « me mettez en colère ». Peut-être que vous voulez que je me sente en colère, mais vous ne pouvez pas *me faire* me sentir en colère. Vous pouvez m'y *inciter* fortement, mais c'est à moi qu'il appartient de vous suivre ou non.

VOS SCHÉMAS MINISCÉNARIQUES

Évoquez des situations récentes où vous avez réagi au stress par un sentiment de malaise.

En imagination, rejouez chacune de ces situations jusqu'au moment où vous avez commencé à éprouver ce sentiment. Il n'est pas nécessaire que vous l'éprouviez à nouveau. Pour chaque situation, vérifiez vos réponses aux questions suivantes.

Sous l'emprise de quel driver étiez-vous ?

Quelle a été votre position au départ du miniscénario ? Quel sentiment de malaise avez-vous alors éprouvé ?

Êtes-vous passé à la deuxième ou à la troisième position du miniscénario ? Si oui, encore une fois, quels sentiments de malaise avez-vous éprouvés ?

Après avoir examiné plusieurs situations, déterminez si vous vous déplacez suivant un ou plusieurs schémas typiques dans votre cycle miniscénarique ?

Voulez-vous changer l'un d'eux ? Si oui, vous pouvez le faire à partir de n'importe quel point ; il vous faudra sans doute un peu d'entraînement au départ.

Habituez-vous à repérer les signes révélateurs de vos drivers au moment où ils se manifestent. Une fois cette capacité acquise, « saisissez » le comportement généré par ce driver au moment où vous commencez à le manifester. Par une décision Adulte, abandonnez-le et comportez-vous d'une manière appropriée à la permission correspondante.

Si vous ratez les indications qui le signalent, vous allez sans doute vous plier à celui-ci et commencer à éprouver un certain malaise. Si cela se produit, décidez simplement de vous sentir autrement. Au sentiment de malaise, substituez un sentiment positif de votre choix. Vous pouvez faire cela à n'importe quel moment.

Chaque fois que vous choisissez de suivre une permission au lieu d'un driver, vous travaillez à l'extinction progressive, dans le futur, de votre schéma miniscénarique. Vous faites de même chaque fois que vous choisissez de vous sentir bien au lieu de vous sentir dans un sentiment parasite.

Vous est-il difficile de croire que les troisième et quatrième mythes soient vraiment des mythes ? C'est le cas de beaucoup de gens au premier abord. Si c'est le vôtre, prenez un papier et un crayon et notez simplement toutes les façons qu'a, selon vous, une personne pour *faire* mal à une autre, à travers ses paroles.

Si vous pensez en avoir trouvé une, posez-vous une autre question : est-ce que la personne à qui on parlait aurait pu choisir d'éprouver n'importe quel *autre* sentiment ? Si la réponse est oui, alors son interlocuteur n'a pas pu *faire* qu'elle éprouve ceci ou cela.

Il ne s'agit pas, dans cet exercice, de commettre une agression physique. Si quelqu'un me frappe avec une brique, il est bien évident que je me sentirai mal à cause de lui ! Mais les mots ne sont pas des briques □

V

FAIRE CADRER LE MONDE AVEC NOTRE SCÉNARIO

La passivité

17

MÉCONNAISSANCE

À mesure que ma vie se déroule, j'ai en permanence des problèmes à affronter. Comment traverser la rue sans me faire écraser ? Comment mener à bien le travail qu'on vient de me confier ? Comment réagir à une manifestation chaleureuse ou agressive de la part de quelqu'un ?

Chaque fois que je suis confronté à un problème, j'ai deux options. Je peux utiliser toute ma capacité adulte de penser, de ressentir et d'agir pour résoudre ce problème, ou je peux passer dans mon scénario.

En choisissant la deuxième option, je me mets à percevoir le monde de manière à ce qu'il cadre avec les décisions que j'ai prises, tout petit. Je vais sans doute gommer la conscience que j'ai de certains aspects de la situation réelle. En même temps, je vais surévaluer d'autres aspects du problème en cause dans des proportions gigantesques. Au lieu d'agir en vue de le résoudre, je compte sur la « solution magique » que me propose mon scénario. J'espère, dans l'Enfant, qu'en rendant cette magie opératoire, je pourrai manipuler le monde pour qu'il me donne la solution. Au lieu d'être actif, je deviens passif.

Dans cette cinquième partie, nous allons examiner le contraste entre la passivité et la résolution des problèmes. Ce champ de la théorie AT est connu sous le nom de théorie des *Schiff* ou du *Cathexis*, d'après la « famille Schiff » qui en est à l'origine et du Cathexis Institute qu'ils ont fondé. Les Schiff définissent la *passivité* comme étant « la manière dont les gens ne font pas les choses, ou ne les font pas efficacement »[1].

Nature et définition de la méconnaissance

La *méconnaissance* se définit comme *l'omission inconsciente d'une information utile à la résolution d'un problème*[2].

Imaginez que je sois assis dans un restaurant bondé. Je commence à avoir soif et je me dis que j'aimerais bien un verre d'eau. J'essaie d'attirer l'attention du garçon. Pas moyen. Je fais signe de nouveau. Rien à faire.

À ce moment-là, je passe dans mon scénario. Sans m'en rendre compte, je commence à rejouer cet épisode de mon enfance dans lequel j'avais appelé ma mère vers moi et où elle n'était pas venue. Je mets le visage de ma mère sur le garçon qui ne réagit pas. En même temps, je commence à agir, à me sentir et à penser comme si j'étais toujours petit. Je me renfrogne et je me sens impuissant. Je me dis intérieurement : « À quoi bon ! J'ai beau essayer, il ne viendra pas. »

Pour aboutir à cette conclusion, il a fallu que je laisse de côté certaines informations sur la réalité du moment. J'ai *méconnu* plusieurs options que je possède en tant qu'adulte, options que je n'avais pas, enfant. J'aurais pu me lever, aller vers lui et lui crier dans les oreilles. J'aurais pu aller à la table d'à côté demander la carafe qui s'y trouve et me verser un verre d'eau. Si j'avais fait cela, j'aurais été actif dans la résolution de mon problème au lieu d'être passif.

Un de mes amis est avec moi dans ce restaurant. En voyant que le serveur ne réagit pas à mes signes, la colère le gagne et il grogne : « De toute évidence, ce type est totalement incapable. Si ça dépendait de moi, je le ferais renvoyer ! »

Mon ami, lui aussi est passé dans son scénario. Mais, enfant, il a décidé d'une position de vie « +− » alors que moi j'ai choisi la position « −+ ». Et il voit maintenant le garçon à travers les lunettes de son propre scénario. Il méconnaît la capacité du garçon à répondre à mon appel. Comme moi, il est passif. Le fait qu'il reste assis à ronchonner à propos du serveur n'aboutit en rien à ce que j'obtienne mon verre d'eau.

Distorsion de la réalité

Chaque méconnaissance s'accompagne d'une *distorsion*, c'est-à-dire d'une exagération d'un aspect de la réalité. L'expression « faire une montagne d'une taupinière » décrit bien ce type de distorsion. De même qu'un aspect de la situation est gommé ou minimisé par la méconnaissance, un autre aspect est gonflé démesurément par la distorsion de la réalité.

Lorsque j'étais assis au restaurant, impuissant parce que le serveur ne m'apportait pas mon verre d'eau, non seulement j'ai méconnu les options que j'avais, mais j'ai également accordé au garçon un pouvoir qu'il n'avait pas, le pouvoir de déterminer si oui ou non j'allais avoir mon verre d'eau.

Quand mon ami a méconnu la compétence du serveur, il a également exagéré par rapport à lui-même. Il s'est arrogé le rôle de juge et de jury alors qu'il n'avait aucune preuve tangible et qu'il n'en était pas chargé.

Revoyez une situation récente qui s'est terminée pour vous par un malaise. Il s'agit là d'un problème non résolu.

Quand vous l'évoquez, identifiez-vous maintenant l'aspect ou les aspects de la réalité que vous méconnaissiez ? Auriez-vous pu agir différemment, alors que vous n'y avez pas songé sur le moment ? Avez-vous négligé la capacité de quelqu'un d'autre à agir d'une manière ou d'une autre ? Y avait-il des ressources disponibles dans cette situation que vous n'avez pas songé à utiliser ?

Repérez-vous un moment où vous avez exagéré ? Quels aspects de vous-même, des autres ou de la situation, avez-vous exagérés ?

Si vous êtes dans un groupe ou si vous avez un ami qui accepte de vous aider, demandez que l'on vous donne un deuxième avis sur vos réponses. Il nous est souvent plus facile de mettre le doigt sur les méconnaissances et les distorsions des autres que sur les nôtres.

Que vous obteniez ou non une réponse immédiate à ces questions, gardez à l'esprit cette situation non résolue ; vous pourrez vous en resservir comme référence lors de discussions ultérieures au cours de ce chapitre □

Les quatre comportements passifs

Dans la méconnaissance, je me tiens un discours intérieur. De ce fait, *une méconnaissance n'est pas observable.* Dans la mesure où vous ne lisez pas dans mes pensées, il vous est impossible de savoir si je suis dans une méconnaissance à moins que je ne m'exprime ou que je n'agisse de façon à en révéler la présence.

Il existe quatre types de comportements qui indiquent sans conteste que la personne est dans une méconnaissance. Voici *ces quatre types de passivité* :

l'abstention,
la suradaptation,
l'agitation,
le blocage ou la violence.

L'abstention

Les membres d'un groupe d'AT sont assis en cercle. L'animateur dit : « Faisons le tour du groupe et chacun dira ce qu'il apprécie ou ce qui lui déplaît dans la séance d'aujourd'hui. Si quelqu'un ne veut pas s'exprimer, c'est OK de dire "Je passe". »

L'exercice commence. À tour de rôle, les gens donnent un commentaire positif ou négatif. Un ou deux disent « Je passe ».

Puis arrive le tour de David. Silence. Les gens attendent qu'il dise quelque chose, mais il ne dit rien. Il reste assis, immobile et silencieux, les yeux dans le vague. Dans la mesure où il ne semble pas vouloir formuler de commentaire, positif ou négatif, son voisin attend qu'il dise « Je passe » mais il ne dit rien. Il continue de rester assis comme s'il était muet.

David manifeste le comportement passif qu'on appelle *ne rien faire.* Au lieu d'utiliser son énergie pour résoudre un problème, il l'utilise pour s'empêcher d'agir. Quelqu'un qui manifeste ce comportement passif se sent mal à l'aise et se vit comme incapable de penser. Il méconnaît sa capacité à faire quoi que ce soit dans cette situation.

La suradaptation

Annette entre dans la maison après une dure journée de travail. Bertrand, son mari, est assis en train de lire le journal. Annette jette un coup d'œil par-dessus et voit dans la cuisine une énorme pile d'assiettes sales à côté de l'évier. « Bonsoir ! dit Bertrand. J'espère que tu as passé une bonne journée. C'est juste l'heure du café, non ? » Annette pose son manteau et va directement dans la cuisine où elle lave les assiettes et prépare le café.

Ni Bertrand ni Annette ne remarquent qu'il ne lui a pas demandé de faire la vaisselle ni le café. Elle ne lui a pas non plus demandé s'il voulait qu'elle le fasse. Elle s'est encore moins posé la question de savoir si elle-même *voulait* faire la vaisselle ou s'il vaudrait mieux que ce soit Bertrand.

Le comportement passif d'Annette est de la *suradaptation.* Quand quelqu'un se suradapte, il se plie à ce qu'il croit, dans l'Enfant, être les désirs des autres. Il le fait sans vérifier avec eux quels sont vraiment leurs désirs et sans se référer à ses propres désirs à lui. La personne dans la suradaptation, contrairement à celle qui ne fait rien, se vit comme capable de « penser » dans sa passivité, mais sa « pensée », en fait, provient d'une contamination.

Quelqu'un dans la suradaptation sera souvent vécu par les autres comme serviable, adaptable et arrangeant et, par conséquent, la suradaptation est souvent valorisée par les gens avec qui la personne est en relation. À cause de cela, et parce que la personne a l'air de penser, la suradaptation est le plus difficile à repérer des quatre comportements passifs.

Dans la suradaptation, la personne méconnaît sa capacité à agir en fonction de ses propres choix. Au lieu de cela, elle se plie à ce qu'elle croit être les désirs des autres.

L'agitation

Les étudiants en cours écoutent le professeur. Alain est assis au fond de la salle. Le professeur parle d'une voix un peu basse et Alain a du mal à entendre. À mesure que le cours avance, il a de plus en plus de mal à suivre le sujet que traite le professeur. Il pose son stylo et commence à pianoter sur son pupitre. Si nous pouvions voir sous la table, nous verrions qu'il commence à battre aussi la mesure avec son pied en l'agitant de bas en haut. Alain manifeste de l'*agitation*. Dans ce comportement passif, la personne méconnaît sa capacité à agir pour résoudre un problème. Elle se sent extrêmement mal et s'engage dans une activité sans objet et répétitive pour essayer de remédier à ce malaise. L'énergie est canalisée vers l'agitation et non vers une action résolutoire. Pendant ce temps, elle ne se vit pas comme capable de penser.

Si Alain utilisait un Adulte décontaminé, il pourrait tout simplement attirer l'attention du professeur et lui demander de parler plus fort. En la circonstance, son pianotement et son tapotement ne servent pas à résoudre son problème.

Beaucoup de comportements répandus révèlent de l'agitation : se ronger les ongles, fumer, tripoter ses cheveux, être boulimique, en sont des exemples.

Le blocage ou la violence

Béatrice approche de la quarantaine. Elle est la plus jeune de deux filles et vit encore à la maison avec sa mère âgée dont elle s'occupe. Malgré son âge, la vieille dame est en très bonne santé.

Un jour, Béatrice rencontre un homme et ils tombent amoureux. Tout heureuse, elle annonce à sa mère qu'elle a l'intention de déménager pour vivre avec lui et qu'elle va peut-être se marier.

Quelques jours plus tard, la mère commence à avoir des vertiges et doit s'aliter. Le docteur ne trouve rien du côté organique, mais Béatrice commence à se sentir coupable de son intention de partir.

Le comportement passif de la mère est un *blocage.* Là, la personne se rend incapable physiquement d'une manière ou d'une autre. Méconnaissant sa capacité à résoudre un problème elle espère, dans l'Enfant, qu'en se frappant d'incapacité, quelqu'un d'autre viendra résoudre ce problème à sa place.

Le blocage peut quelquefois prendre la forme d'affections somatiques, comme ici. Mais il peut également se manifester par une dépression nerveuse ou par l'abus de drogue ou d'alcool.

Robert vient d'avoir une terrible dispute avec sa petite amie. Il quitte la maison en claquant la porte et déambule dans les rues pendant un bon moment. Il descend en ville, avale plusieurs bières, puis il attrape une chaise et casse toutes les cloisons vitrées à l'intérieur du café.

Le comportement passif de Robert est la *violence.* Cela peut paraître étrange de parler de la violence comme d'un comportement « passif », mais elle est passive car elle ne vise pas à résoudre le problème présent. Quand Robert brise les cloisons, il ne fait rien pour résoudre ses divergences avec sa petite amie.

On peut considérer le blocage comme une violence dirigée contre soi. Dans les deux cas, violence et blocage, la personne méconnaît sa capacité à résoudre un problème donné. Elle libère une bouffée d'énergie contre elle-même ou contre les autres, en essayant désespérément de forcer son environnement à résoudre son problème à sa place.

Le blocage ou la violence suivent souvent une période d'agitation. Quand quelqu'un s'agite, il engrange de l'énergie qu'il libère de manière destructrice sous l'une ou l'autre de ces formes.

> Remettez-vous dans la situation non résolue que vous avez évoquée dans la partie précédente. Repérez-vous dans quel type de passivité vous étiez ?
>
> Rejouez-vous maintenant la même scène et au moment où vous êtes entré dans ce comportement passif, imaginez qu'à la place vous restez dans l'Adulte et que vous utilisez toute votre capacité de grande personne à penser, ressentir et vous comporter pour résoudre le problème. En quoi allez-vous alors agir différemment ? □

Méconnaissance et états du moi

On peut relier la méconnaissance à ce que vous savez déjà de la pathologie des états du moi (chapitre 6).

La méconnaissance peut révéler la présence d'une *contamination.* C'est-à-dire que lorsque je méconnais, je perçois la réalité de travers pour qu'elle cadre avec les croyances scénariques que je possède dans le Parent ou dans l'Enfant, croyances que je prends pour de la pensée Adulte.

L'*exclusion* peut être une autre forme de méconnaissance. Dans ce cas, je néglige certains aspects de la réalité parce que je néglige un ou plusieurs de mes états du moi. Si j'exclus l'Enfant, je ne tiens pas compte des besoins, des sentiments et des intuitions qui me viennent de ma propre enfance, et qui, en fait, pourraient m'être tout à fait utiles dans le problème que j'ai à résoudre en ce moment. Si j'exclus le Parent, j'écarte les règles et les définitions du monde que j'ai apprises de mes figures parentales, bien qu'elles soient également souvent utiles pour résoudre un problème. Un Adulte exclu signifie que je méconnais ma propre capacité à évaluer, ressentir et agir en réaction directe à tout aspect de la situation présente. Comme vous pouvez vous y attendre, l'Adulte exclu est la plus dommageable des trois exclusions en termes d'intensité de méconnaissance.

La méconnaissance se produit souvent sans qu'il y ait pathologie des états du moi. Dans ce cas, cela est simplement dû au fait que l'Adulte de la personne n'est pas informé ou qu'il l'est mal. Par exemple, un dame obèse décide de faire un régime amaigrissant. Elle arrête de manger du pain, des pommes de terre et des pâtes et à la place, elle mange des noix et du fromage. En fait, ceux-ci ont davantage de calories que les aliments qu'elle a abandonnés. Elle est dans une méconnaissance simplement parce qu'elle ne possède pas l'information.

En termes d'états du moi fonctionnels, la méconnaissance peut s'identifier clairement. Chaque fois que je m'exprime à partir d'une partie négative d'un état du moi, je suis dans la méconnaissance. Et chaque fois que je suis dans une méconnaissance, je m'exprime à partir d'une partie négative d'un état du moi. Une notion définit l'autre.

Dire « je m'exprime à partir d'une partie négative de ma personnalité » signifie que je pense, que je ressens et que je me comporte de façon infructueuse, stérile et inefficace. Cela veut dire que je n'ai pas résolu le problème. Et quand je m'empêche de résoudre un problème, c'est nécessairement parce que je suis dans une méconnaissance.

Repérer les méconnaissances

Vous savez qu'on peut déduire la méconnaissance, qui n'est pas observable en elle-même, du fait que la personne manifeste l'un ou l'autre des quatre comportements passifs. Il y a beaucoup d'autres manières de repérer les méconnaissances.

Un comportement manifesté sous l'emprise d'un message contraignant révèle toujours une méconnaisance. Rappelez-vous que lorsque je manifeste un driver, je me répète intérieurement le message scénarique « Je suis OK seulement *si* je... Fais des Efforts, Fais Plaisir, etc. » alors qu'en réalité, je suis OK, que j'obéisse ou non à ces messages contraignants.

Les Schiff précisent que certains *dysfonctionnements de la pensée* sont des indications de la méconnaissance. L'un d'eux est le *surdétail.* Lorsqu'on lui pose une question simple, la personne qui se trouve dans le surdétail répond par une longue tirade de détails pointilleux. La *généralisation abusive* est l'inverse. La personne exprime des opinions uniquement en termes globaux et généraux. « Eh bien, mon problème n'est pas une petite affaire. On m'en veut. Tout me tombe dessus. »

Dans la sixième partie, nous verrons les sentiments parasites, les jeux et les positions du triangle dramatique qui, eux aussi, confirment tous la présence de méconnaissances.

Indications verbales

Un des arts de l'AT est de repérer la méconnaissance en écoutant les mots que les gens utilisent. Dans les exemples que nous donnons dans ce chapitre, nous choisissons des mots qui marquent clairement que la personne est dans une méconnaissance. Dans la conversation de tous les jours, les indications verbales de la méconnaissance sont en général plus subtiles.

En théorie, nous veillons à repérer quelque chose d'évident. Nous savons que la personne qui parle est dans une méconnaissance lorsque, dans ses propos, une information sur la réalité est distordue ou omise. En pratique, le discours de tous les jours est tellement rempli de méconnaissances que nous n'y sommes plus sensibles. Nous avons besoin de réapprendre l'art d'écouter ce qui se dit vraiment et de vérifier la réalité de chaque déclaration.

Par exemple, quand quelqu'un dit « Je ne peux pas... », il est la plupart du temps dans une méconnaissance. Le test consiste pour vous à vous demander : « Bon, est-ce qu'il peut, soit maintenant soit à un autre moment ? »

« Je vais essayer de... » est généralement une méconnaissance, en ce sens que l'on sous-entend souvent « Je vais essayer, mais je ne vais pas y arriver ». Il en est de même de toutes les autres verbalisations des messages contraignants. Les méconnaissances à partir de « Sois Fort » sont particulièrement répandues.

« Ce que tu me dis m'ennuie. »
« Je suis dépassée par ce problème. »
« Au fait, j'y pense... »

Parfois, une méconnaissance apparaît lorsqu'il manque quelque chose dans une phrase. Par exemple, une personne dans un groupe AT regarde les autres membres du groupe et dit : « Je veux un câlin. » Mais elle ne dit pas de qui. Elle laisse de côté l'information utile à la résolution de son problème — comment obtenir le câlin qu'elle veut — et par conséquent, sa demande implique une méconnaissance.

Indications non verbales

La capacité à repérer les méconnaissances à partir des indications non verbales est tout aussi importante. Là, la méconnaissance est révélée par une inadéquation entre les mots prononcés et les signes non verbaux qui les accompagnent. Revoyez le chapitre 5 où nous définissions cette inadéquation sous le terme d'*incongruité*.

Par exemple, le maître demande à l'élève : « Est-ce que vous comprenez le travail que je vous ai donné ? » L'élève répond : « Oui, oui ! » Mais, en même temps, il fronce le sourcil et se gratte la tête. Si le maître veille à « penser Martien », il posera d'autres questions pour vérifier que l'élève n'est pas dans une méconnaissance.

L'incongruité ne révèle pas toujours une méconnaissance. Par exemple, le président de séance se lève et dit : « Aujourd'hui, nous avons beaucoup de travail en perspective. » Mais en faisant cette déclaration sérieuse, il fait le tour de la table avec un large sourire. Son « Martien » révèle simplement : « Et je suis heureux de voir que vous êtes tous là. »

Le rire du pendu

Un signe fréquent de méconnaissance est le *rire du pendu*. La personne rit en disant quelque chose qui n'est pas drôle.

« Oh ! Ce que j'étais bête ! Ha, ha ! »
« Hi, hi, hi ! Je l'ai bien eu, *lui* ! »
« J'ai eu un accrochage en venant ici ! Ho ! Ho ! »

Dans le rire du pendu, il y a incongruité entre le rire et le contenu pénible des mots. Chaque fois que quelqu'un rit, ou ricane, ou glousse ainsi, il invite de manière non verbale ses interlocuteurs à renforcer une de ses croyances scénariques. L'invitation est acceptée au niveau psychologique si les personnes en face participent à ce rire du pendu. Par exemple, la personne qui dit : « Je suis stupide, ha ! ha ! » est dans son scénario et invite les autres à rire avec elle, « confirmant » ainsi sa croyance scénarique : « Je suis incapable de penser. »

La réaction directe au rire du pendu, c'est de refuser de rire ou de sourire avec la personne. Vous pouvez aussi dire : « Ce n'est pas drôle », si vous êtes dans une situation qui vous permette de le faire.

> Vous avez déjà pratiqué l'art de « penser Martien ». Vous pouvez maintenant affiner cette pratique en distinguant les signes non verbaux qui révèlent les méconnaissances des autres. En fait, il n'est pas toujours possible de vérifier précisément, à partir des signes non verbaux émis par quelqu'un, s'il est ou non dans une méconnaissance. S'il est important pour vous de le savoir, il vous faudra peut-être vérifier vos impressions en posant des questions □

18
— LE TABLEAU DES MÉCONNAISSANCES —

La méconnaissance aboutit à des problèmes non résolus. Donc, si nous arrivons à élaborer un système pour identifier leur nature et leur intensité, alors nous aurons un outil puissant pour résoudre les problèmes. Cet outil porte le nom de *tableau des méconnaissances*, mis au point par Ken Mellor et Eric Sigmund[1].

Il est né de l'idée que nous pouvons classer les méconnaissances d'après trois critères différents :

la zone,
le type,
le niveau.

Zones de méconnaissance

Il existe trois *zones* dans lesquelles les gens sont en méconnaissance : *eux-mêmes, les autres* et *la situation*.

Dans l'exemple donné plus haut, au restaurant où je boudais parce que le serveur ne m'apportait pas mon verre d'eau, j'étais dans la méconnaissance par rapport à moi-même. Je ne tenais pas compte de ma propre capacité à agir pour obtenir ce que je voulais.

Mon ami, lui, qui se mettait en colère et critiquait le garçon, était, lui aussi, dans la méconnaissance non seulement par rapport à lui-même mais aussi par rapport à l'autre. En déclarant le serveur « incapable », il a gommé tout ce qui, dans les actes du serveur, aurait pu aller à l'encontre de sa critique.

Supposez qu'après être resté abattu un moment, je me tourne vers mon ami en disant : « C'est bien ça ! Ce n'est vraiment pas juste que tous ces gens se fassent servir et pas moi ! De toute façon, il n'y a pas de justice dans ce monde, pas vrai ? » Dans ce cas, j'aurais méconnu la situation.

Types de méconnaissance

Les trois *types* de méconnaissance concernent les *stimuli*, les *problèmes* et les *options*.

Méconnaître un *stimulus* consiste à gommer la perception que quoi que ce soit se produit. Alors que j'étais assis au restaurant, j'aurais pu tout simplement m'interdire de ressentir que j'avais soif. J'aurais alors méconnu le stimulus de ma propre soif. Peut-être que mon ami, en traitant le serveur d'incapable, n'avait pas « vu » la manière dont le garçon avait vraiment réussi à servir un grand nombre d'autres clients, alors qu'il en avait la preuve même, sous le nez.

La personne qui méconnaît un *problème* se rend compte que quelque chose se passe, mais refuse de considérer que cela puisse poser un problème quelconque. Alors que je sentais que j'avais soif au restaurant, j'aurais pu dire à mon ami : « Qu'est-ce que j'ai soif en ce moment, mais, bah ! ça n'a pas d'importance. »

Lorsqu'elle méconnaît les *options*, la personne est consciente qu'il se passe quelque chose et que cela constitue un problème, mais elle gomme la possibilité qu'on puisse faire quoi que ce soit à ce sujet. C'est ce que je faisais dans l'exemple initial de la scène du restaurant. Alors que j'étais assis, tout abattu, je savais que j'avais soif, j'étais conscient que ma soif me posait un problème, mais inconsciemment, je négligeais les nombreuses options que j'avais, à part celle de rester assis en espérant que le garçon réagisse.

Niveaux (modes) de méconnaissance

Ces deux termes *niveau* et *mode* sont interchangeables, mais *niveau* donne une idée plus claire de ce qu'on entend par là. Les quatre niveaux de méconnaissance sont : l'*existence*, la *signification*, les *possibilités de changement* et les *capacités personnelles*.

Appliquons ces quatre niveaux à la manière dont j'ai méconnu les options dans notre exemple. Dans la première version de la scène, je méconnaissais l'*existence* de mes options pour résoudre le problème. Je n'envisageais même pas la possibilité, par exemple, de me déplacer et d'aller parler au serveur au lieu de lui faire signe.

Si j'avais méconnu la *signification* de mes options, j'aurais pu dire à mon ami : « Je suppose que je pourrais aller le lui demander. Mais je parie que si je le lui demandais, ça ne changerait rien. » Là, je me serais rendu compte que je pouvais faire autre chose, mais j'aurais gommé la possibilité que cela puisse être suivi d'un effet quelconque.

Méconnaissant mes options au niveau des *possibilités de changement*, j'aurais pu dire : « Bien sûr, *j'aurais pu* aller vers lui et l'attraper par la manche, mais ceci ne se fait pas dans un restaurant. » Dans ce cas, je me serais permis de prendre conscience que cette option existait et qu'elle aurait pu avoir un résultat, tout en négligeant le fait que quiconque puisse effectivement mettre cette option en pratique.

Au niveau des *possibilités personnelles*, j'aurais été dans la méconnaissance en disant : « Je sais que je pourrais aller vers lui pour lui demander de l'eau. Mais je n'en ai pas le courage. » Là, je suis conscient que cette option existe et qu'elle peut aboutir. Je me rends compte que d'autres personnes dans le monde pourraient très bien l'utiliser, mais je récuse ma propre capacité à le faire.

Le tableau des méconnaissances

Ce tableau se compose de toutes les combinaisons possibles des *types* et des *niveaux* de méconnaissance. Nous obtenons ainsi le diagramme de la figure 18.1.

Vous voyez que ce tableau comporte trois colonnes pour les trois types de méconnaissance, et quatre rangées pour les quatre modes ou niveaux. La formulation exprimée dans les douze cases résultantes indique la combinaison du type et du niveau.

Prenons un autre exemple pour comprendre la signification de ce tableau. Supposez que deux amis soient en train de parler. L'un d'eux est un gros fumeur. Au moment où il allume une nouvelle cigarette, il se plie en deux, saisi d'une quinte de toux. Son ami lui dit : « Voilà une bien mauvaise toux. Je me fais du souci à ton sujet. Je t'en prie, arrête de fumer. » Que répondrait le fumeur s'il méconnaissait chacun des douze stades du tableau ?

S'il méconnaissait l'*existence du stimulus*, il répondrait : « Quelle toux ? Je ne tousse pas. »

Méconnaissant l'*existence du problème*, il dirait : « Oh non, ça va, merci. J'ai toujours eu cette toux. » Il se permet d'avoir conscience de sa toux, mais il gomme la possibilité qu'elle puisse être un problème pour lui.

Remarquez ensuite qu'en faisant cela le fumeur *méconnaît aussi la signification du stimulus*. En méconnaissant la possibilité que sa toux

MODE	TYPE		
EXISTENCE	T1 des stimuli	T2 des problèmes	T3 des options
SIGNIFICATION	T2 des stimuli	T3 des problèmes	T4 des options
POSSIBILITÉS DE CHANGEMENT	T3 variabilité des stimuli	T4 solvabilité des problèmes	T5 viabilité des options
CAPACITÉS PERSONNELLES	T4 à réagir autrement	T5 à résoudre les problèmes	T6 à agir sur les options

Figure 18.1 **Le tableau des méconnaissances**

puisse être un problème, il méconnaît également le fait qu'elle puisse avoir une quelconque signification pour lui.

Cela est indiqué sur le tableau par la flèche en diagonale qui relie la case « existence des problèmes » à la case « signification des stimuli ». Cette flèche indique que l'une de ces deux méconnaissances implique toujours l'autre.

Toutes les flèches du tableau ont cette signification. Les « T » inscrits en haut à gauche de chaque case indiquent les différentes diagonales. Par exemple, la méconnaissance de l'existence des problèmes et celle de la signification des stimuli correspondent à la diagonale T2.

Voyons ce que cela donne sur la diagonale inférieure voisine, T3. Prenons la case supérieure droite de la diagonale, où le fumeur méconnaît l'existence d'options possibles. Il pourrait s'exprimer en disant : « Eh bien, oui, mais quand on fume, on tousse, tu sais. Vivre peu, mais vivre bien, c'est ma devise, ha ! ha ! »

Là, il reconnaît qu'il tousse et que sa toux peut révéler un problème, à savoir que fumer tue effectivement les gens. Mais il écarte la possibilité que quiconque puisse faire quoi que ce soit pour empêcher les fumeurs de tousser.

De cette manière, il écarte aussi toute préoccupation quant à l'éventualité de mourir à cause du tabac. Il méconnaît la signification du problème. Et par son refus d'envisager que quoi que ce soit puisse être fait par quiconque pour débarrasser un fumeur de sa toux, il méconnaît la possibilité de changer le stimulus.

Vérifiez que les méconnaissances sont également équivalentes pour les autres diagonales. Sur T4, le fumeur dirait : « Eh bien, je crois que je devrais vraiment arrêter. Mais je fume depuis si longtemps que je ne crois pas que m'arrêter maintenant ferait une différence. »

Sur T5, il dirait : « C'est vrai, tu as raison, il faut que j'arrête. Mais je ne sais pas comment faire. »

Sur T6 : « Oui ! Ça fait des années que je me dis que je devrais balancer mes cigarettes et mon briquet, mais je n'y arrive pas. »

Une autre caractéristique du tableau est qu'*une méconnaissance dans n'importe quelle case du tableau en entraîne d'autres dans les cases qui sont au-dessous et à droite.*

Supposez, par exemple, que quelqu'un méconnaisse l'existence d'un problème. Dans la mesure où il ne se permet pas d'être conscient que le problème puisse même exister, il gomme de toute évidence que ce problème puisse avoir une signification. Il ne pense pas non plus que lui-même ou quelqu'un d'autre puisse résoudre ce problème. Il méconnaît donc toute la colonne qui concerne les « problèmes ».

Et dans la mesure où il ignore l'existence du problème, pourquoi est-ce qu'il envisagerait qu'il y ait des options pour le résoudre ? Et parce qu'il méconnaît ainsi l'existence d'options, il méconnaît aussi toutes les autres cases de la colonne « options ».

En dernier lieu, rappelez-vous que la méconnaissance de l'existence d'un problème équivaut à méconnaître les stimuli sur la diagonale T2. Et, par conséquent, les deux autres cases au-dessous, dans la colonne « stimuli », seront également méconnues.

Résumons : *quelqu'un qui méconnaît sur n'importe quelle diagonale méconnaît également dans toutes les cases situées au-dessous et à droite de cette même diagonale.*

Reprenez, si vous le souhaitez, les exemples concernant le « fumeur » et vérifiez cette *échelle de méconnaissances*.

Inventez un tableau des méconnaissances pour un autre cas imaginaire. Monsieur et Madame viennent de se coucher pour la nuit. Et, à ce moment-là, dans la pièce voisine, le bébé se met à pleurer. Le mari dit à sa femme : « Crois-tu que l'un de nous deux devrait se lever pour aller voir pourquoi il pleure ? »

Imaginez les réponses de la femme si elle méconnaît sur chacune des diagonales du tableau.

Vérifiez que l'« échelle des méconnaissances » s'applique □

Utiliser le tableau des méconnaissances

Chaque fois qu'un problème se trouve non résolu, c'est qu'une information utile à la résolution de ce problème est laissée de côté. Le tableau des méconnaissances nous fournit un moyen systématique de mettre le doigt sur l'information qui est négligée. Cela fournit à son tour des indications quant aux actions spécifiques qu'il nous faut prendre pour résoudre ce problème.

Vous vous rappelez que si quelqu'un méconnaît sur l'une quelconque des diagonales, il méconnaît également au niveau des cases situées au-dessous et à droite de cette diagonale. Cela nous donne une indication importante quant au processus de résolution des problèmes. Quand un problème reste non résolu malgré les efforts faits pour le résoudre, c'est souvent parce que la personne *l'aborde au niveau d'une diagonale trop basse sur le tableau*.

Il s'ensuit qu'en utilisant le tableau comme outil de résolution de problème, il nous faut commencer par rechercher les méconnaissances *d'abord sur la diagonale la plus élevée*. Nous entrons donc dans le tableau par le haut, à gauche. Si nous découvrons une méconnaissance à ce niveau, il nous faut la traiter d'abord avant d'aller plus bas et à droite.

Pourquoi ? Parce que si nous ratons cette première méconnaissance et si nous essayons de traiter une méconnaissance située sur n'importe quelle diagonale plus bas, *notre intervention fera elle-même l'objet d'une méconnaissance*.

Illustrons cela en revenant à l'exemple de notre fumeur et de son ami qui s'inquiète pour lui. Supposons que vous êtes cet ami. En entendant la toux caverneuse de votre ami, vous vous dites : « Il va se tuer s'il n'arrête pas de fumer. Il faut faire quelque chose à ce sujet. » Alors, vous dites tout haut : « Je me fais du souci pour toi. Je t'en prie, arrête de fumer. »

Dans votre intervention, vous abordez le problème à partir de la diagonale inférieure du tableau, le problème étant de savoir si le fumeur va décider de mettre en œuvre une action spécifique.

Mais supposez que le fumeur méconnaisse à un niveau beaucoup plus élevé du tableau, par exemple, sur T2. Cela signifie qu'il est conscient de sa toux caverneuse. Mais il ne considère pas cela comme son problème. Il ne le perçoit même pas comme un problème. D'après le tableau, il méconnaît la signification du stimulus et l'existence du problème.

Il est évident alors qu'il va méconnaître la justesse de ce que vous venez de lui dire. Pourquoi devrait-il investir de l'énergie pour s'arrêter de fumer alors que, pour autant qu'il le sache, sa toux déchirante n'est pas un problème ? Comme vous ne pouvez pas lire dans ses pensées, vous n'avez aucun moyen de savoir quel est son niveau de méconnaissance jusqu'à ce qu'il vous réponde. Et vous remarquerez ici un point important : il peut réagir à partir de la diagonale supérieure où il se trouve, mais aussi *à partir de n'importe quelle diagonale située plus bas*.

Supposez par exemple qu'il réponde : « Hum ! Oui, je sais que je devrais arrêter, mais je crois qu'une fois l'habitude ancrée, elle reste bien ancrée. » Voilà une méconnaissance de la possibilité de résoudre le problème, donnant ainsi à penser qu'il méconnaît sur la diagonale T4.

La tentation pour vous est alors de commencer un exposé montrant que les gens peuvent vraiment s'arrêter de fumer. Mais vous n'aboutirez à rien ainsi. Le fumeur méconnaît réellement à partir de T2, et donc, sans s'en rendre compte, il se dit : « Et alors ! Les gens arrivent à s'arrêter de fumer. En quoi est-ce que ça me concerne ? Ma toux n'est pas un problème, de toute façon. »

Supposez maintenant que vous vouliez vraiment aider votre ami en vous servant du tableau des méconnaissances d'une manière systématique. Vous allez commencer par vérifier s'il y a méconnaissance au niveau de la diagonale T1 : « Est-ce que tu te rends compte que tu as vraiment une vilaine toux ? »

S'il confirme qu'il en est conscient, vous allez donc passer à la diagonale suivante, en dessous. Vous allez demander : « Est-ce que ça t'inquiète de tousser comme ça ? » S'il répond : « Non, pas vraiment, je fais seulement avec », vous avez repéré sa méconnaissance au niveau de T2. Cela vous permet de savoir que si votre ami compte s'arrêter de fumer, il lui faut d'abord prendre conscience que sa toux peut révéler un problème. Il lui faut également prendre conscience que ce problème peut le concerner.

Utilisez cette technique pour analyser l'exemple personnel d'une situation que vous n'avez pas résolue en son temps.

En commençant en haut, à gauche du tableau, vérifiez chaque case, en travaillant vers le bas, sur chaque diagonale, jusqu'à ce que vous ayez repéré celle à partir de laquelle vous méconnaissiez. Comme précédemment, si vous travaillez dans un groupe ou avec un ami qui accepte, il vous sera utile d'avoir un deuxième avis.

Regardez si vous étiez aussi dans la méconnaissance dans toutes les autres cases de cette diagonale et celles situées au-dessous.

Quelle était votre zone de méconnaissance ? Était-ce vous, les autres ou l'environnement ?

Une fois la méconnaissance repérée, voyez de quel état du moi elle provenait ? Était-ce d'une contamination ? d'une exclusion ? ou étiez-vous mal ou pas informé ?

Laissez-vous prendre conscience de l'aspect de la réalité que vous avez méconnu auparavant. Si vous avez besoin d'informations nouvelles ou plus précises, obtenez-les.

Maintenant, repassez-vous mentalement la scène. Quand vous arrivez au point où vous êtes entré dans la méconnaissance, remplacez-la par votre conscience pleine et entière de la réalité. Comment, maintenant, agissez-vous, ressentez-vous et pensez-vous différemment ? En quoi cela modifie-t-il l'issue de la situation ? □

Le tableau des méconnaissances a été au départ élaboré pour servir en psychothérapie. Mais c'est un outil tout aussi efficace pour résoudre les problèmes dans les organisations ou l'éducation. Dans ces domaines aussi, il est courant que les problèmes restent sans solution parce qu'on les aborde à partir d'une diagonale située trop bas dans le tableau. Le remède reste le même : identifier l'information laissée de côté, commencer en haut à gauche du tableau et vérifier en descendant le long des diagonales inférieures. Gardez présent à l'esprit le fait que les gens sont souvent dans la méconnaissance parce qu'ils ne sont pas ou mal informés, plutôt que parce qu'ils passent dans leur scénario.

Représentez-vous par exemple un professeur à l'Université devant ses étudiants. Il leur pose des questions pour vérifier s'ils ont compris ses derniers cours. À son grand désarroi, ils sont incapables de répondre à la plupart. À la fin du cours, il se dit : « C'est simple, ces étudiants n'ont pas travaillé. Qu'est-ce qui ne va pas ? Pourquoi est-ce qu'ils ne sont pas motivés ? »

En supposant que les étudiants n'ont pas travaillé, il aborde une méconnaissance dans la zone « les autres », sur les diagonales T5 ou T6 du tableau. Il suppose que les étudiants, tout en étant conscients du risque encouru s'ils ne travaillent pas, n'ont pas le sentiment qu'ils peuvent maîtriser le travail, ou bien ne s'y mettent pas réellement.

Si ce professeur se servait du tableau des méconnaissances pour vérifier, il découvrirait que le problème est tout différent. Le fait est que, lorsqu'il parle, il marmonne et les étudiants n'entendent pas ce qu'il dit. La méconnaissance se situe dans la diagonale T2 du tableau. Pour traiter le problème, il suffit que le professeur parle plus fort.

19

CADRE DE RÉFÉRENCE ET REDÉFINITION

J'ai ma façon à moi de percevoir le monde et vous avez la vôtre, différente de la mienne.

Supposons que nous soyons tous les deux à l'extérieur d'une pièce, en train de regarder à l'intérieur et que nous nous décrivions ce que nous voyons.

Je vais dire : « C'est une pièce plutôt petite, carrée. Il y a des gens, un tapis vert et des rideaux marron. »

Vous : « C'est une scène de famille. L'atmosphère générale est chaleureuse. Il y a Maman, Papa et deux enfants qui bavardent et qui rient ensemble. C'est une grande pièce et ils ont beaucoup de place. »

S'il jugeait d'après ces deux rapports, un observateur pourrait penser que vous et moi regardons deux pièces complètement différentes. Or il s'agit de la même pièce. C'est notre perception qui diffère. Si nous rapportions tout ce que nous avons vu, entendu, senti ou goûté en regardant à l'intérieur de cette pièce, il y a des chances pour que nos deux récits de ces perceptions diffèrent également.

Bien plus, il est probable que vous et moi réagirions à cette scène d'une manière différente. Peut-être que je n'éprouverais rien de spécial et que je m'éloignerais après avoir regardé pendant un moment. Peut-être que vous, vous vous sentiriez heureux, que vous frapperiez au carreau et que vous bavarderiez avec les gens à l'intérieur.

Ainsi, vous et moi sommes différents dans notre perception de la scène et dans la manière dont nous y réagissons. Votre *cadre de référence* est différent du mien.

Cadre de référence

Le cadre de référence est défini par les Schiff comme *une structure de réactions associées qui intègre les différents états du moi en réaction à des stimuli spécifiques.* Il fournit à l'individu « [...] un ensemble global de perceptions, de concepts, d'émotions et d'actions, qu'il utilise pour se définir, ainsi que les autres et le monde [...] »[1].

Pour illustrer davantage cette définition formelle, les Schiff disent que le cadre de référence peut être considéré comme un « filtre de la réalité ». Lorsque nous avons regardé tous les deux l'intérieur de la pièce, chacun d'entre nous a filtré certaines parties de la scène. Par exemple, j'ai remarqué la couleur du tapis, mais j'ai filtré l'identité des gens qui étaient là. Dans votre cadre de référence, vous avez fait l'inverse.

Nous avons également *défini* la taille de la pièce différemment. Pour moi, elle était « plutôt petite ». Pour vous, elle était « grande ». Il se trouve que j'ai été élevé dans une vieille maison à la campagne, où les pièces étaient vastes. Vous avez passé votre enfance dans un appartement en ville où les pièces étaient minuscules. Donc, la définition d'une « grande pièce » dans nos cadres de référence respectifs est différente.

Vous avez ajouté une autre définition. Vous avez dit : « L'atmosphère générale est chaleureuse. » Moi, je n'ai défini aucune « atmosphère », et je ne l'ai même pas perçue comme partie intégrante de la scène.

Supposez maintenant que vous me demandiez si, selon moi, l'atmosphère était chaleureuse. Je répondrais : « Non, sûrement pas. » Vous allez vous demander comment je peux être aussi sèchement en désaccord. Les membres de la famille n'étaient-ils pas en train de bavarder et de rire ensemble de bon cœur ? Comment pourrait-il y avoir d'atmosphère plus chaleureuse que celle-là ?

Mais alors, j'ajoute : « Atmosphère chaleureuse ? Non, la couleur de ce tapis ne vas pas du tout. Il leur faut un tapis rouge et orange. Et regardez ces murs gris ! » Nous rencontrons, vous et moi, une autre manière de diverger, commune à beaucoup de gens, et qui concerne les cadres de référence. Nous avons chacun utilisé les mêmes mots, mais la signification que nous leur donnons est tout à fait différente. La définition d'une « atmosphère chaleureuse », dans ce cas, est différente dans votre cadre de référence et dans le mien.

Cadre de référence et états du moi

Pour permettre de mieux comprendre ce qu'est le cadre de référence, les Schiff proposent de le considérer comme « une membrane qui enveloppe les états du moi et les relie entre eux ». Comme je perçois le monde en fonction de mon cadre de référence, unique, je me fabrique un ensemble unique de réactions de mes états du moi face à ce monde que je perçois. C'est ainsi que le cadre de référence « intègre les différents états du moi ».

Lorsque nous avons regardé à l'intérieur de la pièce, je suis passé dans l'Adulte et j'ai parlé des formes, des tailles et des couleurs que je voyais à ce moment-là. Vous étiez dans l'Enfant, évoquant des souvenirs heureux de scènes de famille semblables, que vous aviez vécues avec plaisir dans votre enfance. Après avoir effectué ces changements internes d'états du moi, nous avons échangé extérieurement à partir d'eux.

Notre cadre de référence nous fournit les schémas dans lesquels nous intégrons les réactions de nos états du moi et qui expriment notre personnalité dans son ensemble.

Le rôle du Parent

Le Parent joue un rôle particulièrement important dans la formation du cadre de référence puisque celui-ci est constitué de *définitions* du monde, de soi et des autres. Ce sont nos parents, ou d'autres figures parentales, qui nous ont au départ enseigné ces définitions. Selon l'âge auquel nous les avons reçues, nous pouvons les avoir stockées dans le Parent (P2), ou dans le Parent dans l'Enfant (P1).

Chacun d'entre nous possède un ensemble unique de définitions Parentales de ce qui est bien, mal, juste, effrayant, facile, difficile, sale, propre, juste, injuste, etc. C'est sur cet ensemble de définitions que nous fondons nos opinions de nous-mêmes, des autres et du monde et c'est en fonction de lui que nous choisissons nos réactions aux situations.

Cadre de référence et scénario

Quelle relation existe-t-il entre le scénario et le cadre de référence ? La réponse est que le scénario constitue une partie du cadre de référence. Celui-ci est constitué, dans son ensemble, d'un grand nombre de définitions, dont certaines entraînent des méconnaissances mais pas d'autres. Le scénario se compose de *toutes les définitions du cadre de référence qui entraînent des méconnaissances.*

Quand je passe dans mon scénario, j'exclus des aspects de la situation présente qui seraient utiles à la résolution d'un problème et je suis dans la méconnaissance. En faisant cela, je me répète des définitions périmées sur moi-même, les autres et le monde, qui comportent ces méconnaissances.

Par exemple, enfant, j'ai peut-être reçu de mes parents des messages qui me disaient que j'étais incapable de penser. Supposez maintenant qu'à l'âge adulte je sois sur le point de passer un examen. Si je passe dans mon scénario à ce moment-là, je commence à me répéter intérieurement la vieille définition Parentale qui dit : « Tu es incapable de penser ! » En souscrivant à cela dans mon Enfant, j'accepte la méconnaissance de ma propre capacité à penser et je commence à me sentir décalé et perdu.

Nature et fonction de la redéfinition

Dans cet exemple, la réalité de la situation dit que je suis capable de penser. Donc, en acceptant la vieille définition selon laquelle j'étais incapable de penser, j'ai *déformé ma perception de la réalité afin que celle-ci cadre avec mon scénario*. Ce processus s'appelle *une rédéfinition* [2].

Vous avez vu dans la quatrième partie que l'enfant prend des décisions scénariques parce qu'elles lui semblent être le meilleur moyen de survivre et de s'en sortir dans un monde hostile. Une fois adulte, je peux, dans l'Enfant, m'accrocher à ces décisions précoces, parce que je continue à croire qu'elles sont nécessaires à ma survie. Donc, si un aspect de la réalité semble vouloir remettre en cause mes décisions scénariques, je vais vraisemblablement m'en défendre. Si nous exprimons cela en langage schiffien, nous disons : lorsque mon cadre de référence est menacé, je me défends contre cette menace en redéfinissant.

Enfant, j'acceptais la définition de mes parents selon laquelle j'étais « incapable de penser ». J'ai pris cette décision scénarique parce que je croyais que c'était la seule manière de survivre et d'obtenir la satisfaction de mes besoins. Maintenant, adulte, quand je passe dans mon scénario, je reproduis cette ancienne stratégie de survie. Je redéfinis la réalité en méconnaissant ma propre capacité à penser.

Cela ne m'aide pas à résoudre mon problème, qui est de réussir mon examen. Mais inconsciemment, dans l'Enfant, j'obéis à un mobile qui semble beaucoup plus important que l'examen, à savoir : me défendre contre la catastrophe indiscible que je redoute de voir se produire si je remets en cause la définition de mes parents.

Transactions de redéfinition

Quand je redéfinis, cela se passe intérieurement. Comment allez-vous savoir d'après mon comportement extérieur si je suis ou non en train de redéfinir ?

La seule indication que vous allez avoir sera de me voir ou de m'entendre faire une méconnaissance. Ainsi, les signes de méconnaissance sont les manifestations extérieures d'une redéfinition intérieure. Chaque méconnaissance représente une déformation de la réalité.

Au chapitre 17, vous avez appris à reconnaître tout un éventail de signes qui indiquent que quelqu'un est dans une méconnaissance. Ce sont ces mêmes signes qui vons vous révéler que la personne est en train de redéfinir. Nous savons également que quelqu'un redéfinit lorsqu'il exagère ou qu'il manifeste une discordance de la pensée, phénomènes qui vont systématiquement avec la méconnaissance.

Il existe deux transactions particulières qui sont des preuves verbales très nettes de la redéfinition. Il s'agit de la *transaction tangentielle* et de la *transaction bloquante.*

Transactions tangentielles

Une transaction est tangentielle lorsque *le stimulus et la réponse portent sur des points différents ou portent sur le même point mais à partir d'un angle différent.*

Par exemple, un thérapeute demande à un membre du groupe : « Comment te sens-tu ? » Et elle répond : « Eh bien, quand nous avons parlé de cela dans le groupe hier, j'étais en colère. » Sa réponse parle de sa sensation, mais sous l'angle d'hier et non d'aujourd'hui.

Ou bien, lors d'une négociation salariale, un délégué syndical demande : « Qu'attendez-vous de notre part pour que nous puissions conclure cet accord ? » Le chef du personnel répond : « Nous ne sommes pas du tout satisfaits des conditions que vous avez proposées jusqu'à maintenant. » Là, le problème est passé de « vouloir » à « être satisfait de ».

La conversation de tous les jours est remplie de transactions tangentielles. Quand les gens se trouvent en situation stressante, ils sont encore plus enclins à redéfinir ainsi. Cela n'est pas étonnant car c'est dans les situations stressantes que les gens se mettent à percevoir des menaces contre leur cadre de référence. Le but secret en prenant la tangente est d'écarter l'autre du point qui constitue la menace. La personne qui est à l'origine de la transaction tangentielle n'a pas conscience de le faire.

Souvent, l'interlocuteur suit la tengente plutôt que de rester sur le sujet de départ. Il peut même prendre lui-même une autre tangente. Par exemple :

Le Délégué syndical : Qu'attendez-vous de nous pour que nous puissions conclure cet accord ?

Le Chef du Personnel : Nous ne sommes pas du tout satisfaits des conditions que vous avez proposées jusqu'à maintenant.

D.S. : Non, et nous ne sommes pas satisfaits non plus de ce que vous, vous avez proposé.

C. du P. : Oh ? Alors, qu'attendez-vous de nous, qui vous donnerait satisfaction ?

D.S. : Ah ! Voyez-vous, je ne suis pas sûr que vous puissiez nous donner ce dont nous avons besoin...

Quand les gens entrent dans un échange de transactions tangentielles, ils vont sans doute éprouver le sentiment désagréable que leur conversation « n'aboutit nulle part », ou qu'elle « tourne en rond ». Au niveau psychologique, c'est exactement le but recherché. Les conversations de ce genre peuvent durer longtemps. Les participants ont le sentiment d'avoir travaillé dur et finissent par se sentir épuisés. À la fin de leur conversation, il se peut même qu'ils ne soient jamais revenus au point de départ de la discussion qu'ils comptaient aborder.

Transactions bloquantes

Dans une transaction bloquante, *on évite d'aborder un problème en contestant sa définition.* Exemple :

Le Thérapeute : Comment te sens-tu ?

Le Membre du groupe : Tu veux dire psychologiquement ou physiquement ?

Le Délégué syndical : Qu'attendez-vous de nous pour que nous puissions conclure cet accord ?

Le Chef du Personnel : Parlez-vous de ce que nous voulons ou de ce que nous pensons pouvoir obtenir ?

Vous entendrez rarement de longs échanges de transactions bloquantes car il est probable qu'après le premier blocage, les partenaires entameront une série d'arguments détaillés quant à la définition du problème. Ou bien si l'une des personnes concernées bloque d'une manière vraiment déterminée, la conversation s'arrêtera dans un silence stupéfait. Au niveau psychologique, le but de la transaction bloquante est le même que celui d'une transaction tangentielle, à savoir éviter de traiter des problèmes qui menaceraient le cadre de référence de l'un ou de l'autre des participants.

Dans un groupe, formez des sous-groupes de trois, et dans chacun d'eux, décidez qui sera le « client », le « conseiller » et « l'observateur ».

Le client prend un sujet de son choix et il en parle avec le conseiller pendant trois minutes. (L'observateur ou l'animateur du groupe, s'il y en a un, gère le temps.)

La tâche du client est de répondre tangentiellement à tout ce que dit le conseiller. Chaque fois que le client prend une tangente, le conseiller doit le suivre sur le nouveau sujet. Alors, le client prend à nouveau une tangente, etc. Le but du client est d'établir une chaîne ininterrompue de transactions tangentielles pendant les trois minutes.

Une fois le temps écoulé, prenez deux minutes pour que le client et le conseiller partagent leur expérience et pour que l'observateur rapporte ce qu'il a vu et entendu.

Changez de rôle et refaites l'exercice jusqu'à ce que chacun ait joué chaque rôle.

Maintenant, refaites l'exercice, mais avec une variante : cette fois, le conseiller *ne suit pas* les tangentes du client. Au lieu de cela, chaque fois que le client prend une tangente, le conseiller doit trouver le moyen de le ramener au sujet de départ. La tâche du client est de chercher à pousser le conseiller sur autant de tangentes qu'il le peut. Comme précédemment, jouez tous les rôles chacun votre tour.

Faites maintenant un exercice similaire en deux parties, mais en utilisant des transactions bloquantes plutôt que tangentielles. Encore une fois, dans la première partie de l'exercice, le conseiller laisse le client le bloquer. Dans la deuxième partie, il utilise toutes ses ressources pour éviter d'être bloqué alors que le client s'efforce de bloquer chaque transaction.

À la fin, dites en quoi votre expérience de l'exercice avec transactions bloquantes est différente de celui des transactions tangentielles ? □

Dans la mesure où vous faites cet exercice avec votre conscience Adulte, vos échanges seront des jeux de rôles de transactions tangentielles et bloquantes, plutôt que de vrais exemples de ces mêmes transactions. Mais cet exercice vous donne de l'entraînement pour repérer et confronter les tangentes et les blocages que les gens utilisent sans s'en rendre compte.

20
LA SYMBIOSE

Dans la théorie des Schiff, on dit qu'une *symbiose* se produit quand deux ou plusieurs individus se comportent comme s'ils ne formaient qu'une seule personne[1].

Dans une relation de ce type, les gens concernés n'utilisent pas, chacun, tous leurs états du moi. L'un d'eux exclut systématiquement l'Enfant et se sert uniquement du Parent et de l'Adulte. L'autre adopte alors la position inverse, à savoir rester dans l'Enfant et exclure ses deux autres états du moi. Ainsi, ils n'ont accès qu'à trois états du moi à eux deux. C'est ce qui apparaît à la figure 20.1.

Imaginez, par exemple, un professeur, avec ses étudiants, dans une séance de travaux pratiques. Il écrit un exercice au tableau. Puis, se tournant vers un étudiant, il demande : « Bon, Jacques, pouvez-vous nous dire quelles seraient pour vous les prochaines étapes et comment vous arriveriez à la solution ? »

Jacques ne dit rien. Au lieu de cela, il reste assis en silence et immobile pendant un moment. Puis il commence à agiter le pied de bas en haut et à se gratter le côté de la tête. Il ne dit toujours rien.

Le silence s'éternise. Les autres étudiants commencent à s'agiter, eux aussi. Finalement, le professeur dit : « On dirait que vous ne savez pas, Jacques. Vraiment, vous *devriez* faire vos révisions plus sérieusement. Bon, voici comment nous aboutissons à la solution… » Et il termine l'exercice au tableau.

Jacques se détend, arrête d'agiter le pied, et prend consciencieusement note de la solution. À ce moment-là, le professeur et l'étudiant sont entrés dans une symbiose. En niant sa propre capacité à élaborer une solution et en manipulant secrètement le professeur pour qu'il prenne la situation en charge, Jacques a méconnu, chez lui-même, le Parent et l'Adulte.

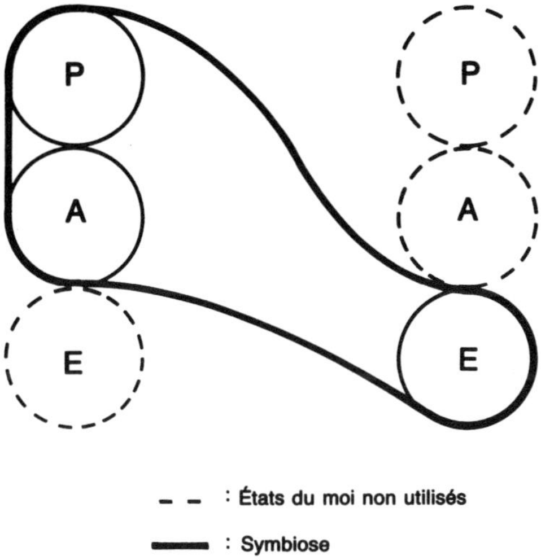

Figure 20.1 La symbiose

Le professeur, en fournissant obligeamment la solution tout en donnant à Jacques un « vous devriez » concernant ses révisions, est entré dans un rôle complémentaire d'Adulte et de Parent. S'il s'était permis d'utiliser les ressources de son Enfant, il aurait réalisé qu'il se sentait mal à l'aise et frustré de l'échange qu'il avait avec Jacques. Il aurait branché son intuition : « Eh ! Je suis en train de me faire avoir. C'est moi qui fais tout le boulot ici et je n'aime pas ça ! » En utilisant la perception de l'Enfant, il aurait peut-être pu trouver une manière créative de faciliter la tâche de Jacques et des autres étudiants pour qu'ils trouvent eux-mêmes la solution au problème.

Or, il a exclu le sentiment de malaise qu'il éprouvait dans l'Enfant. Il l'a remplacé par le sentiment de bien-être qu'il éprouve en adoptant le rôle symbiotique habituel de Parent et d'Adulte.

Jacques, lui aussi s'est détendu et s'est senti mieux dès qu'il a eu adopté son rôle habituel d'Enfant.

C'est là que réside le problème avec la symbiose. Une fois qu'elle est établie, les partenaires *se sentent* bien. On sent que chacun occupe le rôle qu'on attend de lui. Mais ce bien-être a un prix : chacune des personnes en symbiose exclut des domaines entiers de ressources adultes.

Dans les relations de tous les jours, les gens entrent et sortent constamment d'une symbiose. Il arrive aussi quelquefois qu'une relation à long terme soit fondée sur une symbiose. C'est le cas de Benoît et de Christiane, exemple typique d'un couple d'époux « traditionnels ». Benoît est du genre costaud et silencieux. La pipe vissée au bec, il s'exprime par grognements. Dans le bonheur comme dans la catastrophe, il garde ses sentiments bien à l'abri derrière un mur de granite. Il gère l'argent du ménage et donne à Christiane une somme hebdomadaire. Quand il faut prendre une décision, Benoît la prend et en informe ensuite Christiane.

Christiane de son côté considère que sa mission dans la vie est de faire plaisir à son mari. Elle est heureuse de se plier à ses décisions parce que, dit-elle à ses amis « elle aime pouvoir s'appuyer sur un homme fort ». Si une urgence se produit dans la maison, elle s'effondre en larmes, cède à la panique ou à des gloussements et elle attend que Benoît rentre et s'en occupe.

Certains de leurs amis se demandent parfois comment Benoît arrive à supporter l'impuissance de Christiane. D'autres s'émerveillent de ce que Christiane prolonge une relation avec Benoît alors qu'il est si peu sensible. Mais, en fait, leur mariage dure depuis assez longtemps et semble bien parti pour durer encore un bon nombre d'années. Leur stabilité vient de ce qu'ils sont en symbiose. Benoît tient le rôle du Parent et de l'Adulte pour l'Enfant de Christiane. À l'intérieur de cette symbiose, chacun « a besoin » de l'autre. Et comme toujours dans une symbiose, la stabilité qu'ils connaissent se paie par la méconnaissance partielle des capacités de chacun. Avec le temps, chacun d'eux va accumuler un ressentiment provenant de cette méconnaissance, ce qui va sans doute amener un certain éloignement dans leur relation.

Si vous êtes seul, trouvez quelqu'un qui accepte de faire cet exercice avec vous. Dans un groupe, mettez-vous par deux.

Pour la première partie de l'exercice, arrangez-vous pour entrer en contact tous les deux de sorte que chacun de vous maintienne l'autre debout physiquement. Par exemple, vous pouvez vous mettre dos à dos et vous incliner tous les deux vers l'arrière. Ou bien, vous pouvez, les bras tendus, appuyer les paumes de vos mains contre celles de votre partenaire, puis reculer tous deux les pieds de manière à ce que chacun supporte en partie le poids de l'autre.

Une fois que vous avez trouvé cette position d'appui mutuel, gardez-la un moment. Prenez conscience de ce que vous éprouvez et de ce que vous pensez en faisant cela, mais ne dites rien encore à votre partenaire.

Ensuite, l'un de vous va amorcer un mouvement pour quitter cette position d'appui. Faites ce mouvement suffisamment ample pour donner à l'autre le sentiment de ce qui se passerait si vous vous écartiez complètement. (Ne vous écartez pas jusqu'à ce qu'il tombe vraiment.) Puis, celui qui s'est écarté revient à la position d'appui et c'est au tour de l'autre de faire le mouvement de retrait. Enregistrez ce que vous ressentez lorsque vous êtes celui qui reste dans la positon d'appui alors que l'autre commence à s'écarter de vous.

Pour la deuxième partie de cet exercice, établissez le contact de manière à vous toucher encore mais chacun supportant son propre poids. Vous pouvez par exemple placer à nouveau vos paumes contre celles de votre partenaire, chacun restant droit cette fois au lieu d'être en appui sur l'autre. Enregistrez ce que vous ressentez. En quoi est-ce différent de ce que vous avez éprouvé dans la première partie de l'exercice ?

Maintenant, faites en sorte que l'un des deux partenaires rompe le contact. Par exemple, si vous êtes debout, vos mains en contact, l'un de vous peut seulement abaisser les siennes. Enregistrez ce que vous ressentez quand vous êtes celui qui reste immobile et que l'autre rompt le contact avec vous. En quoi cette expérience diffère-t-elle de celle de la première partie de l'exercice, lorsque vous étiez tous les deux appuyés l'un contre l'autre et que l'autre a commencé de s'écarter ?

Au bout d'un moment, celui qui a rompu le contact le rétablit. Refaites plusieurs fois cette prise de contact et cette rupture, en conservant constamment tous les deux votre propre appui.

Refaites cette séquence, avec cette fois l'autre qui rompt et qui reprend le contact.

Prenez du temps pour partager votre expérience avec votre partenaire □

La première partie de cet exercice a pour but de vous « faire sentir » la symbiose, littéralement. Lorsque vous vous appuyez tous les deux l'un sur l'autre, la plupart d'entre vous disent qu'ils se sentent « bien » et « soutenus ». Mais certains disent aussi qu'ils appréhendent que l'autre s'écarte et les laisse tomber. Presque tout le monde prend conscience de cette appréhension quand le partenaire s'écarte pour de bon, même légèrement.

Cela illustre un autre aspect de la vraie symbiose. Lorsque l'un des partenaires sent que l'autre est sur le point de quitter le couple symbiotique, il cherche certainement à se défendre contre cette désertion. Sa croyance est que « sans l'autre, je ne vais pas pouvoir tenir debout tout seul ». Et c'est, paradoxalement, cette croyance qui donne à la symbiose son air de stabilité.

Rappelez-vous Benoît et Christiane, le mari costaud et silencieux et la bonne petite épouse. Imaginez que certaines amies de Christiane lui parlent d'un groupe de femmes qu'elles ont créé et qu'elle y participe. Peu à peu, elle va éprouver un malaise concernant son rôle d'Enfant dans la symbiose. Elle va remettre en cause certaines des décisions de Benoît. Au lieu de lui faire constamment plaisir, elle commence à se faire plaisir à elle. Elle apprend des techniques d'affirmation de soi qu'elle applique progressivement à son mari. Comment, selon vous, va réagir Benoît ?

Il y a des chances pour qu'il fasse tout pour essayer de maintenir Christiane dans la symbiose. Il va sans doute ignorer délibérément ou ridiculiser sa tentative d'affirmation. Il peut prendre un air de dignité outragée ou se mettre ouvertement en colère si elle ne lui a pas préparé son repas ou si elle ne lui apporte pas ses pantoufles.

Il peut éventuellement réussir dans sa tentative de ramener Christiane dans la symbiose. S'il n'y arrive pas, leur relation est mûre pour une période orageuse.

Une autre éventualité est que Benoît change lui aussi ses habitudes et sorte de la symbiose. Il se peut qu'il y arrive tout seul, ou bien en entrant dans un groupe, ou bien en faisant une thérapie.

Dans ce cas, leur relation va changer et, peu à peu, ressembler à ce que vous avez vécu dans la deuxième partie de l'exercice où vous étiez toujours en contact avec l'autre, mais où vous vous teniez debout tous les deux de manière indépendante, au lieu de vous appuyer l'un sur l'autre. L'un d'entre vous pouvait rompre le contact et vous restiez tous les deux debout. Le contact pouvait s'établir ou se rompre à loisir, et pourtant, personne ne tombait.

Il n'est absolument pas garanti que vous vous sentiez *mieux*, dans cette position d'indépendance, que dans la position d'appui mutuel. En fait, beaucoup de gens disent qu'ils se sentent moins bien dans la deuxième partie de l'exercice que dans la première. Ils sont conscients d'avoir plus d'options — bouger, rompre et établir le contact — qu'auparavant, lorsqu'ils étaient appuyés l'un contre l'autre. Et c'est souvent ce qui se passe lorsque deux personnes sortent de leur relation symbiotique. Ils possèdent plus d'options, plus de souplesse, les choses sont moins prévisibles, et ils n'ont aucune garantie au départ qu'ils se sentiront mieux.

Symbiose « saine » et « malsaine »

Il y a des situations dans lesquelles il est bon que les gens soient en symbiose. Supposez par exemple que je vienne de me réveiller d'une anesthésie après une opération. Je suis allongé sur un chariot qu'on pousse dans un couloir d'hôpital. Je ne sais pas très bien où je suis mais je sais une chose : j'ai mal. À part la douleur, la deuxième chose dont je suis conscient est qu'une infirmière marche à côté de moi en me tenant la main et me dit : « Ça va aller. Contentez-vous de serrer ma main. »

À ce moment-là, mon Parent et mon Adulte sont hors service. Je ne suis pas du tout en mesure d'évaluer les problèmes du moment. Je n'ai pas la force d'accéder aux messages de mes parents qui me disent comment s'occuper de moi. Je fais ce qu'il convient que je fasse : je régresse et je redeviens enfant ; j'ai mal et je m'abandonne aux soins qu'on me prodigue.

L'infirmière me fournit la dose de Parent et d'Adulte dont j'ai besoin. Elle s'occupe des problèmes du moment tout en me protégeant et en me rassurant. C'est son travail, et elle occupe donc ainsi de manière adéquate sa position symbiotique.

En termes schiffiens, nous disons que nous sommes tous les deux, l'infirmière et moi, dans une *symbiose saine* ; ce qui s'oppose à une *symbiose malsaine*, illustrée par les exemples donnés plus haut dans ce chapitre. Lorsque l'on utilise le terme de « symbiose » isolément, il implique normalement une symbiose malsaine.

Comment établir une différence formelle entre une symbiose saine et une symbiose malsaine ? Une symbiose est malsaine chaque fois qu'elle met en jeu une *méconnaissance*. Dans les exemples de symbiose entre le professeur et l'étudiant et entre Benoît et Christiane, chacun des partenaires méconnaissait la réalité en agissant comme s'ils n'avaient que trois états du moi à eux deux. À l'inverse, lorsqu'on me poussait sur mon chariot dans le couloir de l'hôpital, la réalité était que mon Parent et mon Adulte étaient hors service à cause d'un traumatisme et de l'effet de l'anesthésie. L'infirmière utilisait bien son Parent et son Adulte, mais elle ne méconnaissait pas nécessairement son Enfant en faisant cela.

Symbiose et dépendance normale

Un exemple parlant de symbiose saine est celui qui existe entre un enfant et ses parents. À la naissance, il n'est qu'Enfant. Il n'a pas encore la capacité de résoudre des problèmes ni de se protéger. Ces fonctions doivent être remplies par les parents qui utiliseront de manière appropriée leur Parent et leur Adulte pour cela. Stan Woollams et Kristy Huige ont proposé le terme de *dépendance normale* pour décrire cette symbiose saine parents-enfant[2].

Rappelez-vous que dans la symbiose saine, les partenaires ne méconnaissent *aucun* de leurs états du moi. Le bébé n'a pas encore un Parent ou un Adulte opérationnels, et ne peut donc les laisser de côté. Mais les parents, eux, ont un Enfant, et pour éviter de glisser dans une symbiose malsaine, il leur faut rester à l'écoute des besoins de leur Enfant à eux et trouver le moyen de les satisfaire même s'ils sont très investis dans les soins qu'ils donnent au bébé.

Symbiose et scénario

Donc, dans le parentage idéal, celui qui s'occupe de l'enfant va utiliser les ressources de son Parent et de son Adulte de manière adéquate tout en ne méconnaissant pas son propre Enfant. À mesure que l'enfant grandit, ses parents lui donnent ce dont il a besoin pour compléter chaque étape de son développement. À chaque stade, l'enfant enrichit davantage ses ressources personnelles et, de ce fait, a de moins en moins besoin de s'appuyer sur ses parents. Dans l'idéal, les parents encouragent l'enfant dans cette séparation normale, tout en continuant à le soutenir dans les domaines où il en a encore besoin.

Au cours de ce processus idéal, l'intense symbiose du début entre l'enfant et sa mère se rompt progressivement[3]. Cela aboutit au fait que, lorsque l'enfant devient un jeune adulte, les deux parties sont dans une relation non symbiotique. Chacun d'eux est capable de se tenir debout de manière indépendante, d'établir le contact ou de le rompre à loisir.

L'ennui, c'est qu'il n'y a pas de parents idéaux. Même si Maman et Papa font du bon travail en tant que parents, chaque enfant parcourt le processus de son développement sans que tous ses besoins soient satisfaits.

Ce fait révèle la *fonction* scénarique de la symbiose dans la vie adulte. *Chaque symbiose est une tentative pour obtenir la satisfaction des besoins relatifs au développement et qui n'ont pas été satisfaits au cours de l'enfance.*

Comme toujours avec le comportement scénarique, la personne en symbiose utilise des stratégies dépassées dans sa tentative pour obtenir la satisfaction de ses besoins. Ces stratégies correspondent à ce qu'elle avait trouvé de mieux, petite, mais elles ne sont plus adaptées dans la vie adulte. Dans la symbiose, la personne *méconnaît* les options de l'adulte, et elle le fait inconsciemment.

Chaque fois que nous entrons en symbiose, nous rejouons involontairement les vieilles situations de notre enfance dans lesquelles nous avons vécu cette non-satisfaction de nos besoins. Nous instaurons à nouveau la relation qui existait dans le passé entre nous-mêmes et l'un de nos parents ou autre figure parentale, et reproduisons cette situation pour essayer de manipuler l'autre pour qu'il satisfasse le besoin qui ne l'a pas été.

Choix d'une position symbiotique

Vous pensez sans doute : « D'accord, si la symbiose, c'est reproduire de vieilles situations de l'enfance, je vois pourquoi les gens occupent la position Enfant dans la symbiose. Mais pourquoi irait-on choisir la position Parent ? »

La réponse est que certains enfants prennent très tôt la décision suivante : « Le parentage, dans cette famille, est si inexistant que la meilleure chose à faire, c'est de jouer moi-même le rôle de parent. » Peut-être que Maman, dans son Enfant à elle, a eu peur d'établir des limites claires pour ses enfants et qu'elle leur a fait du chantage en leur disant des choses comme : « Si tu fais ça, tu me fais de la peine », ou bien « Regarde ! Tu mets Papa en colère ! » On a demandé à cet enfant de porter la responsabilité des sentiments et du bien-être de ses parents. Il peut avoir réagi en décidant que sa tâche dans la vie était de prendre soin d'eux et c'est ainsi qu'il est effectivement devenu un petit parent lui-même. Dans la vie adulte, il peut reprendre cette position dans la symbiose.

D'autres enfants qui perçoivent leurs parents comme abusifs ou oppresseurs vont adopter la position de vie « + − » et imaginer qu'ils rabaissent leurs parents à partir d'une position Parent. Cela se reproduit dans les relations symbiotiques qu'ils ont une fois adultes.

Invites symbiotiques

Lorsque les gens se rencontrent, ils émettent, avec un art consommé, les signaux mutuels qui indiquent quelle position ils veulent occuper. Ces *invites symbiotiques* sont souvent exprimées non verbalement par l'apparition de l'un des quatre comportements passifs.

Dans l'exemple du début de ce chapitre, Jacques émettait son invite symbiotique en ne faisant rien au départ, puis en s'agitant. Lorsqu'il était assis en silence et qu'ensuite il s'est mis à s'agiter, il envoyait au professeur le message caché : « J'ai besoin que vous pensiez pour moi et que vous me disiez ce qu'il faut faire. » Il invitait symbiotiquement le professeur à prendre la position Parent et Adulte alors que lui occupait la position Enfant.

En continuant et en terminant l'exercice, le professeur a acquiescé au niveau psychologique : « Oui, vous avez raison. Vous avez en effet besoin de moi pour que je pense à votre place et que je vous dise quoi faire. » Ce faisant, il acceptait l'invite symbiotique de Jacques.

Une invite symbiotique peut quelquefois être verbalisée. Dans ce cas, la personne manipule pour obtenir ce qu'elle veut, plutôt qu'elle ne le demande directement. Cela se fait souvent avec subtilité. Par exemple, dans un groupe de thérapie, quelqu'un va fixer le sol d'un air abandonné et dire : « J'ai besoin d'un câlin. » Il est tentant pour les autres membres du groupe de lui faire le câlin qu'il semble avoir demandé. Mais, s'ils le font, ils acceptent l'invite symbiotique. S'il avait demandé son câlin d'une manière non symbiotique, il aurait regardé quelqu'un en particulier et aurait dit : « Tu veux bien me faire un câlin ? »

Symbiose compétitive

Mais que se passe-t-il lorsque deux personnes se rencontrent et qu'elles veulent toutes les deux occuper la même position dans la symbiose ? Si elles veulent toutes les deux être Parent ou Enfant ?

Quand cela se produit, les partenaires vont « rivaliser » dans l'espoir d'occuper leur positon symbiotique favorite. Par exemple, vous avez sans doute déjà entendu ce genre d'échange au restaurant lorsque deux personnes se préparent à payer à la fin du repas :

« Allons, range ton argent. C'est moi qui paie.

— Non, non, c'est *moi*.

— Mais j'insiste ! Ça suffit ! »

Ces transactions se poursuivent un moment, chacun intensifiant son insistance à payer, chacun cherchant à être le Parent de l'autre. Ils sont dans une *symbiose compétitive*, visant, dans ce cas, à occuper la position Parent.

De par sa nature, la symbiose compétitive est instable, les échanges de ce genre ne durent généralement que peu de temps et se terminent de deux manières possibles. Soit les deux personnes se quittent avec éclat et partent en claquant la porte, soit l'un cède et abandonne à l'autre la position symbiotique recherchée. Celui qui a cédé occupe alors la position complémentaire dans la symbiose.

Par exemple, l'échange au restaurant peut se terminer avec l'un des deux disant à l'autre : « Ah ! Bon, si tu insistes... » en rangeant son portefeuille un peu à contrecœur. Il a cédé et occupe la position Enfant, où il se laisse « prendre en charge » par l'autre.

*I*nventez un autre exemple de symbiose compétitive pour la position Parent, où à la fin, l'un des deux cède et occupe la position Enfant.

Diagrammez les transactions échangées dans cette symbiose.

Quelles positions de l'enclos OK seraient, à votre avis, occupées successivement par les partenaires au cours de cette compétition, et après que l'un des deux ait cédé ?

Inventez un exemple de symbiose compétitive pour la position Enfant, où à la fin, l'un des deux cède et occupe à contrecœur la position Parent. Diagrammez à nouveau les transactions et analysez les positions de l'enclos OK.

Tracez le diagramme des transactions échangées par Jacques et le professeur lorsqu'il a émis son invite symbiotique et que le professeur l'a acceptée.

Quelles pourraient être, à votre avis, les injonctions et les contre-injonctions importantes dans la matrice de scénario de Jacques ? Dans celle du professeur ? Dans celles de Benoît et de Christiane ? □

Symbiose de second ordre

Dans certaines relations symbiotiques, une deuxième symbiose existe sous la première et prend la forme décrite à la figure 20.2.

Cette symbiose s'appelle *symbiose de second ordre* parce qu'elle se produit dans la structure de second ordre de l'Enfant.

Les relations d'un couple comme Benoît et Christiane utilisent souvent une symbiose de second ordre. Au premier abord, il semble évident que Benoît occupe la position Parent-Adulte dans leur symbiose, alors que Christiane occupe la position Enfant. Il s'occupe des problèmes pratiques et elle obéit et exprime les sentiments. Et, au niveau de la symbiose de premier ordre, c'est bien ce qui se passe. Benoît reproduit la décision précoce qu'il a prise : « La seule manière de m'en sortir, c'est de prendre tout le monde en charge et de les contrôler étroitement, y compris moi-même. » La décision de Christiane était : « Ma mission dans la vie est de faire plaisir aux autres,

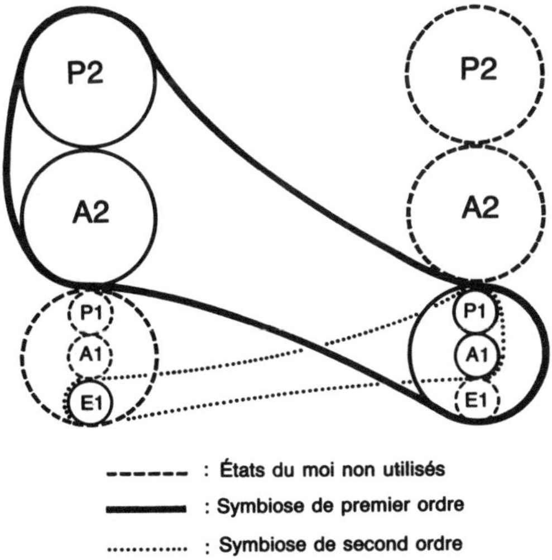

Figure 20.2 **La symbiose de second ordre**

surtout aux hommes, et de ne pas penser. » La symbiose de premier ordre représente leurs efforts communs pour obtenir la satisfaction de leurs besoins au moyen de ces décisions scénariques.

Toutefois, Benoît a un autre besoin, encore plus éloigné de sa conscience que son besoin de prendre en charge et de contrôler, et provenant d'un stade encore plus précoce de son développement. C'est le besoin de signes de reconnaissance physiques et de réconfort. Ce besoin siège dans l'E1 de Benoît, l'Enfant précoce dans l'Enfant.

L'ennui pour Benoît, c'est que, plus tard, les décisions scénariques qu'il a prises l'ont amené à exclure ces besoins de l'Enfant précoce. Comment va-t-il maintenant les satisfaire ? La réponse, c'est qu'en choisissant Christiane comme partenaire symbiotique, il a astucieusement choisi quelqu'un qui va occuper la positon complémentaire dans la symbiose de deuxième ordre.

La mère de Christiane, comme Christiane elle-même, a épousé un homme costaud et silencieux qui ne donnait pas volontiers des signes de reconnaissance physiques. Lorsque Christiane était petite, son père était souvent absent, il préférait passer son temps au travail ou à boire avec ses copains. Maman n'avait pas d'autre adulte dans sa vie pour satisfaire les besoins de reconnaissance et de prise en charge de son propre Enfant précoce.

Avec la perception aiguë des petits, Christiane a décidé non verbalement : « Pour garder Maman près de moi et pour qu'elle aille bien, il vaut mieux que je m'occupe d'elle moi-même. » En utilisant les rudiments de Parent et d'Adulte, P1 et A1, qu'elle possède, c'est elle qui a pris soin de l'Enfant Somatique de sa mère. Et maintenant, dans la symbiose Adulte, elle reproduit ce schéma avec Benoît.

Une symbiose de ce genre peut être particulièrement difficile à rompre. Rappelez-vous que les signes de reconnaissance sont une question de survie pour l'enfant précoce et donc, dans cet exemple, si Christiane fait mine de sortir de la symbiose, Benoît, dans son Enfant Somatique, peut éprouver une terreur mortelle. Sa croyance dans l'Enfant est qu'il va perdre sa seule et unique source de signes de reconnaissance physiques, et cela signifie la mort.

Au même niveau de l'Enfant précoce, Christiane peut assimiler la rupture de la symbiose à la perte de Maman. Pour le tout-petit, cela aussi signifie mourir.

Il est vraisemblable que ni Benoît ni Christiane ne laissent émerger à leur conscience cette terreur de l'Enfant précoce. Au lieu de cela, ils trouvent des rationalisations pour justifier la poursuite de leur relation symbiotique. S'ils veulent vraiment quitter cette vieille relation, il leur faudra sans doute analyser leur scénario et bénéficier d'une aide thérapeutique.

VI
JUSTIFIER NOS CROYANCES SCÉNARIQUES

Sentiments parasites et jeux

21

PARASITAGE ET TIMBRES

Voici un exercice pour commencer ce chapitre. Nous vous invitons à le faire avant de poursuivre votre lecture. Si vous êtes dans un groupe, demandez à l'animateur ou à un volontaire de faire exécuter cet exercice à l'ensemble du groupe à partir des indications suivantes.

Dans cet exercice, on vous demande d'imaginer une scène puis de répondre à des questions à propos de cette scène. Il n'y a pas de « bonnes » ni de « mauvaises » réponses.

Imaginez que, demain, commence la période des congés dans votre quartier et que tous les magasins ferment pendant plusieurs jours.

Imaginez par ailleurs que vous n'avez pas fait de provisions depuis assez longtemps et vous êtes quasiment à court de tout produit de base. Vous regardez l'heure et vous vous apercevez avec soulagement qu'il vous reste juste assez de temps pour aller au supermarché faire vos courses avant qu'il ne ferme.

Tout en faisant mentalement la liste de ce que vous devez acheter, vous vous mettez en route pour le supermarché. Une fois là-bas, vous voyez une foule de gens qui sont là, comme vous, pour faire des réserves avant la période de fermeture.

Tout en gardant un œil sur votre montre, vous parcourez les rayons pour prendre ce qu'il vous faut. Comme vous finissez, vous notez avec satisfaction qu'il reste encore quelques minutes avant la fermeture du magasin et vous avez largement le temps de passer à la caisse.

La caissière enregistre vos achats et vous indique le montant de ce que vous devez payer. Vous cherchez votre argent et vous ne le trouvez pas. Vous fouillez partout, rien. Vous vous rendez compte que vous l'avez oublié chez vous. Dans votre précipitation, vous êtes venu faire vos courses sans argent. Et vous n'avez pas non plus de chéquier ni de carte de crédit.

Vous voyez la file d'attente s'allonger derrière vous pendant que vous expliquez à la caissière ce qui s'est passé. Vous lui demandez : « Est-ce que vous seriez d'accord pour que je vous laisse mon nom et mon adresse, que j'emporte mes provisions, et que je revienne vous payer après les vacances ? » La caissière répond : « Non, je crains que ce ne soit pas possible. »

Vous n'avez plus le temps maintenant de retourner chez vous chercher votre argent. Donc, vous n'allez pas pouvoir partir avec vos provisions. Il va falloir que vous vous en passiez et il vous faudra attendre plusieurs jours avant que le magasin ne rouvre.

Quand vous réalisez cela, *que ressentez-vous ?*

Notez cela et donnez un nom à cette émotion. Puis quittez cette scène imaginaire □

Gardez en mémoire le sentiment que vous avez noté. Toutes les fois que les gens font cet exercice, les émotions qu'ils évoquent à la fin ont toutes des traits caractéristiques que nous allons énumérer ci-dessous. Vérifiez s'ils s'appliquent à l'émotion que vous avez notée.

1. À chacun ses sentiments. Si vous êtes dans un groupe, faites le tour et demandez à chacun de vous dire quelle émotion il ou elle a éprouvée à la fin de la scène. Que quelqu'un les note au fur et à mesure que chacun parle.

La scène a été la même pour tous. Mais vous voyez que les gens dans le groupe font état de toute une gamme d'émotions. Voici une liste typique de ce que vous allez avoir : « Furieux contre moi-même, paniqué, embarrassé, furieux contre la caissière, écœuré, vidé... » Plus le groupe est important, plus l'éventail de sentiments évoqués est vaste.

Si vous faites cela par vous-même, vous pouvez demander à quelques amis qui le voudront bien d'imaginer cette scène et d'ensuite évoquer leurs sentiments.

2. Vous éprouvez ce sentiment dans un grand nombre de situations stressantes différentes. Par exemple, si je dis qu'à la fin de la scène je me suis senti « furieux contre moi-même », il est vraisemblable que je dirai aussi la même chose dans d'autres situations où je me suis senti sous l'effet du stress. Si vous dites que vous vous êtes senti « paniqué », alors vous évoqueriez sans doute aussi ce sentiment désagréable dans d'autres situations.

C'est comme si nous avions tous chacun un « sentiment désagréable » favori que nous utilisons pour tout, lorsque nous sentons que les choses deviennent difficiles. Certains ont un choix de deux ou trois sentiments désagréables qu'ils utilisent ainsi. Ils vont en avoir un pour la maison, un autre pour le travail, etc.

3. *Ce sentiment soit vous a été donné en exemple, soit a été encouragé dans votre famille alors que d'autres étaient découragés ou interdits.* Par exemple, si vous avez noté « en colère contre quelqu'un d'autre », il y a des chances pour que ce sentiment ait été fréquemment exprimé par vos parents et d'autres membres de la famille quand vous étiez petit. Et quand vous, vous l'exprimiez à votre tour, vous en obteniez une certaine forme de reconnaissance.

Il y avait, en revanche, toute une gamme d'autres sentiments qui n'étaient que rarement, voire jamais, exprimés au sein de votre famille. Dans notre exemple, votre famille acceptait la colère, mais pas la tristesse, la peur ou la joie. Si vous exprimiez l'un ou l'autre de ces sentiments, vous vous aperceviez qu'on vous grondait pour ça ou que — ce qui est pire pour un enfant — qu'on vous ignorait.

4. *L'émotion éprouvée ne vous a été d'aucune utilité pour résoudre votre problème.* Quand je me suis mis en colère et que j'ai commencé à crier après la caissière, cela a été totalement inutile et je n'ai pas obtenu les provisions que je voulais. Que je me sois senti paniqué, écœuré, vide, furieux contre moi-même ou que j'aie éprouvé n'importe quel autre sentiment que les gens évoquent systématiquement, aucune de ces émotions ne m'a aidé le moins du monde à sortir du supermarché avec mes achats.

Ces indications sont caractéristiques du genre d'émotions que l'AT appelle *sentiments parasites*[1].

Dans les chapitres qui suivent, nous allons développer la nature et la fonction des sentiments parasites. Il est important de les comprendre car ils jouent un rôle clé dans la manière dont les gens vivent leur scénario.

Définition du « parasitage » et d'un « sentiment parasite »

Il y a eu de nombreuses confusions dans la littérature AT sur la signification des termes « parasitage » et « sentiment parasite ». Certains auteurs ont utilisé les deux de manière interchangeable.

Nous ne ferons pas cela ici. Nous appartenons à une autre école de pensée et nous croyons qu'il est utile de faire une distinction entre le parasitage et les sentiments parasites.

Nous définissons un *sentiment parasite* comme *une émotion habituelle, apprise et encouragée dans l'enfance, vécue dans de nombreuses situations de stress et inappropriée comme moyen adulte de résoudre les problèmes*.

Nous définissons le *parasitage* comme *un ensemble de comporte-*

ments scénariques adoptés inconsciemment comme moyens de manipulation de l'environnement et entraînant la personne à éprouver un sentiment parasite.

En d'autres termes, un parasitage est un processus dans lequel la personne s'arrange pour éprouver un sentiment parasite, l'éprouve effectivement, et cela sans en être consciente.

Par exemple, dans notre scène imaginaire, lorsque je suis sorti sans argent, je me suis arrangé pour éprouver le sentiment désagréable que j'ai finalement éprouvé. J'*aurais pu* m'assurer que j'avais de l'argent sur moi, mais je ne l'ai pas fait. Si vous me demandiez pourquoi, je vous répondrais : « C'est simple, je n'y ai pas songé. »

La conséquence des événements que la personne a créés est considérée comme « justifiant » le sentiment parasite. Supposez qu'au moment où j'étais à la caisse, me sentant furieux contre la caissière, vous me demandiez : « Comment se fait-il que vous soyez furieux contre elle ? », je vous répondrais : « Eh bien, je ne vais pas pouvoir emporter mes provisions, c'est simple, non ? »

Être en colère contre les autres est mon sentiment parasite favori dans les situations de stress. Cinq autres personnes, dans la même situation, pourraient tout aussi bien éprouver cinq autres sentiments désagréables. Et il est vraisemblable qu'elles penseraient, comme moi, que *leur* sentiment parasite préféré est celui qu'on éprouve « normalement » en de telles circonstances.

Est-il nécessaire que les gens installent un parasitage afin d'éprouver un sentiment parasite ? Non. Nous pouvons également éprouver un sentiment parasite en réaction à des situations de stress indépendantes que nous n'avons rien fait pour créer. Imaginez, par exemple, que vous êtes en voyage à bord d'un moyen de transport en commun — l'avion, le train ou le bus — et que vous devez arriver à une heure précise. À la suite d'ennuis mécaniques, votre voyage est retardé. Comment vous sentez-vous alors que vous êtes assis là, à regarder les minutes s'égrener ? Il y a des chances pour que moi je sois en colère contre la compagnie de transport. Vous, vous allez peut-être vous sentir paniqué, quelqu'un d'autre écœuré, etc.

Sentiments parasites et scénario

En premier lieu, rendez-vous compte qu'il existe une relation constante entre les scénarios et les sentiments parasites : *chaque fois que vous éprouvez un sentiment parasite, vous êtes dans votre scénario.*

Pourquoi les sentiments parasites jouent-ils un rôle aussi important dans le mécanisme du scénario ? La réponse se trouve dans la manière dont les enfants apprennent à utiliser les sentiments parasites pour obtenir la satisfaction de leurs besoins au sein de leur famille.

Nous avons vu que les sentiments parasites sont appris et encouragés dans l'enfance. Chaque famille possède un éventail limité, bien à elle, de sentiments permis, et un autre, plus large, de sentiments découragés ou interdits.

Quelquefois, les sentiments permis seront différents selon que l'enfant est un garçon ou une fille. On apprend souvent aux petits garçons que c'est OK d'être en colère et agressif, mais pas d'être triste ou d'avoir peur. Les petites filles vont apprendre qu'elles sont censées réagir au stress en pleurant ou en étant douces et débordantes de gaîté, même s'il se trouve qu'elles ont éventuellement envie d'exprimer de la colère.

Que se passe-t-il alors si l'enfant exprime quand même l'un de ces sentiments interdits ? Supposez, par exemple, que le petit garçon, peut-être poursuivi par le dur du quartier, prenne peur et le montre. Il arrive en courant vers Maman, tremblant de peur, recherchant sa protection. Maman le regarde de haut en disant : « Allons ! Allons ! Sois courageux ! Retournes-y et défends-toi », puis elle continue de vaquer à ses occupations.

L'enfant enregistre : « Si j'ai peur et que je le montre, je n'obtiens pas le résultat escompté. Je voulais qu'on me progège et à la place on m'a ignoré. »

Dans son Petit Professeur futé, ce petit garçon va à la pêche pour trouver comment il *peut* obtenir des résultats, à sa manière à lui. Il essaie sans doute, jour après jour, toute une gamme de sentiments pour réagir aux situations de stress. Il va essayer la tristesse, la gaieté, l'agressivité, la confusion, le vide, et tous ceux que vous pouvez imaginer. Supposez qu'il découvre que c'est l'agressivité qui lui procure la meilleure réaction de la part de Maman. Maintenant, si le costaud du coin le poursuit, il riposte (et il a le dessous, bien sûr, puisque l'autre est plus fort que lui). Bien qu'il ait mal partout à cause de ses bleus, au moins il obtient l'approbation de Maman : « C'est bien. Les grands garçons ne pleurent pas ! »

Il a découvert un sentiment qui « lui donne le résultat » qu'il désire le plus : la reconnaissance de ses parents. Pour obtenir les signes de reconnaissance qu'il désire, il lui faut montrer de l'agressivité. Ce qui est certain, c'est qu'il achète ces signes de reconnaissance au prix de sa souffrance. Cette suite d'événements est susceptible de se reproduire à mainte reprise à mesure qu'il grandit et, chaque fois, il arrive à une conclusion toujours plus affirmée sur les sentiments et leur résultat. « À part l'agressivité, aucune autre espèce de sentiment ne semble servir à quelque chose. En fait, si je manifeste effectivement d'autres sentiments, mes parents me retirent leur soutien, et ça, c'est dangereux. Par conséquent, je ferais mieux de ne même pas me laisser *ressentir* d'autres sentiments si ce n'est l'agressivité. »

Dorénavant, chaque fois qu'il commence à éprouver de la peur ou de la tristesse, il dissimule ce sentiment, même vis-à-vis de lui-même, et il passe directement à la manifestation de l'agressivité.

Sentiments parasites et élastiques

Supposez que j'ai été ce petit garçon et que je suis maintenant à la caisse du supermarché tandis que la caissière refuse ma demande de crédit.

En vivant le stress de cette situation, j'accroche l'extrémité d'un *élastique*. Je commence à réagir comme si j'étais à nouveau petit, et revenu à une situation stressante du passé. Pour moi, c'est comme si la caissière, et à travers elle le monde entier, me menaçait, tout comme le costaud du quartier jadis, quand j'étais petit. Immédiatement, je fais ce que j'ai appris à faire, petit. Je deviens agressif. Me tournant vers la caissière, je hurle : « C'est une honte ! Seriez-vous en train de dire que vous ne me faites pas confiance ? » Elle hausse les épaules.

Encore bouillant de colère, je sors du supermarché d'un pas raide. Pendant quelques instants, j'éprouve un amer sentiment de satisfaction. Je me dis intérieurement : « Bon, au moins je lui ai dit ma façon de penser ! » Mais, en même temps, je sais bien que tous mes cris ne changent rien au fait que j'ai dû partir en laissant mes provisions derrière moi. Je suis encore furieusement indigné et, plus tard dans la journée, j'ai des brûlures d'estomac.

Le sentiment qui m'a poussé à réagir ne m'a pas aidé le moins du monde à résoudre mon problème. Mais, inconsciemment, j'obéissais à un mobile beaucoup plus important. *J'essayais de manipuler l'environnement pour obtenir le soutien parental que j'obtenais dans mon enfance en éprouvant et en manifestant ces sentiments parasites.*

C'est la fonction constante des sentiments parasites dans la vie adulte. Chaque fois que j'éprouve un sentiment parasite, je reproduis une stratégie dépassée de l'enfance. En d'autres termes, je suis dans mon scénario.

Installer un parasitage

Dans notre exemple, j'avais mis en place le parasitage, c'est-à-dire la séquence d'événements qui me « justifiaient » dans le fait que j'éprouvais mon sentiment parasite. J'avais « accidentellement » oublié d'emporter mon argent.

Maintenant que nous connaissons la fonction scénarique des sentiments parasites, nous pouvons voir pourquoi j'ai agi ainsi. J'ai installé ce parasitage *de manière à pouvoir éprouver le sentiment parasite*. Dans l'Enfant, j'éprouvais un besoin de signes de reconnaissance, alors je me suis arrangé pour les extorquer de la manière que j'avais apprise, enfant. Je m'étais préparé à éprouver ce même sentiment qui me « donnait un résultat » dans ma famille.

C'est ainsi que la théorie du parasitage nous offre une perspective entièrement neuve sur la raison pour laquelle les gens éprouvent des sentiments désagréables. Revenons à notre exemple du supermarché. L'explication ordinaire serait : « Je suis parti sans mes provisions, donc j'ai éprouvé de la colère. »

Mais en connaissant le parasitage, nous disons au contraire : « Je voulais justifier mon sentiment de colère, donc je me suis arrangé pour partir sans les provisions dont j'avais besoin. »

Sentiments parasites et sentiments authentiques

Nous avons expliqué comment les enfants apprennent que certains sentiments sont encouragés dans leur famille, alors que d'autres sont découragés ou interdits. Lorsque l'enfant éprouve l'un ou l'autre des sentiments interdits, il passe très vite dans un autre qui, lui, est permis. Il peut même ne pas être conscient de ce sentiment interdit. Quand nous éprouvons des sentiments parasites à l'âge adulte, nous parcourons le même processus. Ainsi, un sentiment parasite *se substitue* toujours à un autre qui, lui, était interdit dans notre enfance.

Pour exprimer ce côté substitutif, nous parlons des sentiments parasites comme de sentiments *non authentiques*. À l'inverse, les sentiments *authentiques* sont ceux que nous avons éprouvés, petits, *avant* d'apprendre à les censurer parce qu'ils étaient découragés dans la famille.

La différence entre sentiments authentiques et non authentiques a été établie par Fanita English[2]. Dans ses premiers écrits, elle utilisait l'expression « sentiments vrais » qu'elle opposait aux sentiments parasites. Néanmoins, on parle plus volontiers aujourd'hui de sentiments « authentiques » plutôt que de « vrais ». En effet, lorsque j'éprouve un sentiment parasite, il est tout à fait « réel » en ce qui me concerne. Quand j'ai commencé à vociférer contre la caissière, ma colère n'était pas feinte, j'étais vraiment en colère. Mais cette colère était une colère parasite et non une colère authentique.

Nous disons souvent qu'un sentiment parasite sert à *cacher* un sentiment authentique. Par exemple, une petite fille apprend : « Dans ma famille, une fille a la permission d'être triste, mais jamais d'être en colère. »

Supposez que dans son scénario, une fois adulte, elle se trouve dans une situation qui l'amène à être en colère contre quelqu'un. Par exemple, quelqu'un lui donne brutalement un coup de coude dans un bus bondé. Au moment où elle commence à se sentir en colère, elle adopte le schéma appris dans son enfance, comme si c'était un réflexe conditionné. Au lieu de se mettre en colère, elle commence à se sentir triste et elle éclate peut-être même en sanglots. Elle a *caché* sa colère authentique sous une tristesse parasite non authentique.

Certaines personnes ne se contentent pas de cacher leurs sentiments authentiques sous des sentiments parasites, ils cachent aussi un sentiment parasite sous un autre. Par exemple, Robert a passé une grande partie de son enfance à avoir peur que Maman ne l'abandonne. Intuitivement, il a appris que s'il montrait de la colère chaque fois qu'il avait peur, il obtenait au moins quelques signes de reconnaissance de la part de Maman. Ainsi, alors qu'il était encore enfant, il a commencé à cacher la peur sous la colère.

Un peu plus grand, il s'est aperçu que pour tout le monde dans sa famille, à l'exception des bébés, il était interdit de montrer quelque sentiment que ce soit. Afin de cadrer avec les normes familiales, on était censé rester impassible et vide. Robert a alors décidé : « Je ferais mieux d'arrêter d'éprouver de la colère, parce que si je me mets en colère, je *vais* être en danger et finir rejeté par la famille. » Il s'est alors rallié au reste de la famille, a réprimé sa colère tout comme il avait réprimé sa peur, et l'a cachée sous de l'impassibilité.

Supposez maintenant que Robert, dans sa vie adulte, se mette dans une situation où son sentiment non censuré est la peur. Peut-être perçoit-il que l'autre, dans une relation, émet des signaux de rejet, menaçant ainsi de le laisser dans une situation qu'il refusait petit, c'est-à-dire être seul. Au moment même où il commence à éprouver cette peur, il la cache sous la colère. Aussitôt, il dissimule la colère sous l'impassibilité. Pour lui, cette impassibilité est le sentiment « vrai » qu'il éprouve. Si vous lui demandiez ce qu'il ressent, il vous dirait : « Pas grand-chose, en fait. »

Nommer les sentiments parasites et authentiques

Quels sont les sentiments authentiques, ces émotions que nous éprouvons lorsque nous ne censurons pas ? En AT, on en nomme en général quatre :

la colère,
la tristesse,

la peur,
la joie.

Nous pourrions y ajouter diverses sensations physiques qu'un enfant peut éprouver comme la détente, la faim, la satiété, la fatigue, l'excitation, le dégoût, le sommeil, etc.

À l'opposé de cette courte liste de noms attribués aux sentiments authentiques, on remplirait des pages et des pages avec les noms que les gens donnent à leurs sentiments parasites. Qu'en est-il en ce qui vous concerne ?

Vous pourriez commencer par les sentiments non authentiques, qu'on qualifie généralement d'« émotions » : l'embarras, la jalousie, la dépression, la culpabilité, etc. Ensuite, vous y ajouteriez des termes plus vagues qui expriment comment les gens se sentent lorsqu'ils sont dans leur scénario : perdus, coincés, piégés, impuissants, désespérés, etc.

Certaines appellations concernent plus précisément la pensée que le ressenti : perturbé, vide, intrigué, etc.

Tous les sentiments parasites ne sauraient être catalogués comme « mauvais » par les gens qui les éprouvent. Rappelez-vous l'exemple de la petite fille qui avait appris à être douce et gaie, même lorsqu'elle se sentait vraiment en colère. Adulte, elle a la réputation d'être, pour tout le monde, « un rayon de soleil ». Elle peut obtenir de nombreux signes de reconnaissance pour sa joie parasite, exactement comme lorsqu'elle était enfant. D'autres sentiments parasites qu'on peut éprouver comme « bons » sont le sentiment d'être irréprochable, de triompher, de se sentir agressif ou euphorique. Néanmoins, aucun de ces sentiments n'est authentique. Ils ont tous été appris dans l'enfance et servent, dans la vie adulte, à extorquer un soutien de la part de l'environnement.

Une autre complication surgit quand on veut nommer les sentiments : les noms qu'on donne aux sentiments authentiques sont *aussi* ceux qu'on donne aux sentiments parasites. Vous avez, par exemple, une colère authentique et une colère parasite, une tristesse authentique ou parasite, etc. Je peux, enfant, avoir appris à cacher la colère sous la confusion, alors que vous, vous avez appris à la dissimuler sous la tristesse. Il se trouve que votre sentiment parasite porte le même nom que l'un des sentiments authentiques, mais pas le mien. Pourtant, votre tristesse parasite comme ma confusion sont des sentiments parasites.

Sentiments parasites/authentiques et résolution des problèmes

Alors, si les sentiments parasites ne sont pas toujours vécus comme « mauvais », pourquoi est-ce si important de faire la différence entre sentiments parasites et sentiments authentiques ?

Réponse : *l'expression des sentiments authentiques est un moyen adapté de résoudre des problèmes ici et maintenant alors que l'expression de sentiments parasites ne l'est pas.*

En d'autres termes, lorsque nous exprimons un sentiment authentique, nous nous donnons les moyens de conclure la situation par rapport à nous-même. Quand nous exprimons un sentiment parasite, la situation reste en suspens.

George Thomson explique la fonction résolutoire de trois des sentiments authentiques : peur, colère, tristesse[3]. Il souligne qu'ils portent respectivement sur l'avenir, le présent et le passé.

Quand je ressens une *peur* authentique et que j'agis de manière à exprimer cette émotion, je me donne les moyens de résoudre un problème que je vois se produire dans l'*avenir*, y compris un avenir immédiat. Supposez que je traverse la rue après avoir vérifié que la voie est libre. Soudain, une voiture débouche d'une rue voisine à une allure excessive et dérape vers moi. Galvanisé par la peur, je m'écarte d'un bond. J'évite ainsi l'événement *futur* qui consiste à être renversé par la voiture.

La *colère* authentique sert à résoudre des problèmes dans le *présent*. Je suis peut-être en train de faire la queue dans un magasin, attendant mon tour d'être servi. Une femme essaie de me passer devant et me bouscule avec son panier à provisions. En exprimant ma colère, je réagis de manière adéquate pour prendre soin de moi dans le *présent*. Je la repousse avec une force égale en grommelant : « J'étais là avant vous. Faites la queue, s'il vous plaît. »

Quand j'éprouve une *tristesse* authentique, je me donne les moyens de guérir d'un événement douloureux qui s'est produit dans le *passé*. C'est peut-être la perte de quelqu'un ou de quelque chose que je ne retrouverai jamais. En me permettant d'être ouvertement triste, de pleurer un moment et de parler de cette perte, je me libère de cette douleur passée. Je clos la situation et je dis au revoir. Ensuite, je suis prêt à me tourner vers tout ce que le présent et l'avenir ont à m'offrir.

George Thomson n'évoque pas la fonction de la joie. Nous dirions que la joie authentique indique : « Pas besoin de changement. » En ce sens, la joie a un côté intemporel et signifie : « C'est OK que ce qui s'est passé se passe maintenant et continue de se passer à l'avenir. » Une joie authentique s'exprime par le fait qu'on se sent détendu, à l'aise, qu'on profite du moment à satiété et qu'on finit par s'endormir.

En opposition flagrante à cette fonction résolutoire des sentiments authentiques, les sentiments parasites ne permettent jamais de clore une situation. Vous pouvez vérifiez cela à partir des multiples exemples donnés dans ce chapitre. Quand je me suis emporté contre la caissière, je ne me suis pas donné les moyens de rapporter, dans l'avenir, mes achats à la maison. Je n'ai obtenu aucun résultat probant dans le présent. Je n'ai pas non plus pu « dire au revoir » à la possibilité, passée, de repartir avec mes achats, avant la fermeture du magasin. Toutes les fois que vous commencez à éprouver de la peur, de la colère ou de la tristesse hors du contexte approprié, *vous savez que vous êtes dans un sentiment parasite.* Certaines personnes, par exemple, traversent la vie en éprouvant de la colère par rapport à des choses qui se sont produites dans le passé. Mais on ne peut pas changer le passé. Par conséquent, cette colère est un moyen stérile de résoudre les problèmes, c'est donc un sentiment parasite. Vérifiez que la même chose s'applique à n'importe quel autre décalage éventuel entre le contexte et les sentiments éprouvés.

> Quel aurait été, à votre avis, le sentiment authentique qui vous aurait permis de clore la situation dans l'exemple de départ ? Une fois que vous vous seriez rendu compte que vous n'alliez pas pouvoir repartir avec vos achats, auriez-vous éprouvé de la colère, de la tristesse, de la peur ou de la joie ? Vérifiez si chacun de ces sentiments vous aurait permis de terminer la situation □

Dans la mesure où le parasitage est la répétition par l'Enfant de stratégies dépassées, l'expression de sentiments parasites ici et maintenant aboutit immanquablement au même résultat insatisfaisant, encore et toujours. Tant qu'on est dans son scénario, on peut éprouver la satisfaction passagère d'avoir extorqué des strokes de son environnement. Mais le besoin sous-jacent, qui aurait été traité en exprimant le sentiment authentique, n'est toujours pas satisfait. Par conséquent, on est susceptible de *refaire* ce cycle de bout en bout et de le reproduire entièrement dans chaque nouvelle situation de stress. Nous retrouverons cette notion dans un prochain chapitre qui traite du circuit des sentiments parasites.

Parasitage

Fanita English a créé le mot « parasitage » pour décrire le type de transactions que les gens utilisent comme moyen d'extorquer des strokes pour leurs sentiments parasites[4].

Un parasiteur invite les autres à entrer dans des échanges où il exprime un sentiment parasite dans le but de leur extorquer des strokes. Les transactions se poursuivent tant que les autres acceptent de lui en distribuer.

Selon Fanita English, le parasitage s'effectue de deux manières qui entraînent toutes deux des transactions parallèles entre le Parent et l'Enfant. Dans le type I, le parasiteur occupe au départ la position Enfant. Sa position de vie est « Je ne suis pas OK, vous êtes OK (ah ah) ». Dans le type II, il vient du Parent avec une position de vie « Je suis OK (ah ah), vous n'êtes pas OK ».

Le parasiteur de type I a l'air triste et pathétique, parasitage que Fanita English nomme Ia et appelle « Impuissant ». Vous entendez par exemple ceci :

Parasiteur (E-P) : Aujourd'hui encore, je me sens déprimé.
Partenaire (P-E) : Oh, eh bien, j'en suis navré.
Parasiteur : Et le patron était encore sur mon dos.
Partenaire : Tss, tss, ça, c'est moche.

À l'inverse, le parasiteur Enfant peut venir d'une position geignarde et plaintive. C'est le type Ib, « Fripon ». Le partenaire réagit par des strokes émanant de son Parent Contrôlant négatif au lieu du Parent Nourricier :

Parasiteur : Ouais, et toi non plus, tu ne m'aides pas vraiment.
Partenaire : Hum ! Tu ne peux pas te défendre tout seul ?
Parasiteur : Que veux-tu que je fasse ? C'est lui le patron, non ?
Partenaire : Bon, mais pourquoi tu ne t'es pas plaint au syndicat ?

Le parasiteur de type II fonctionne également de deux manières. Dans le type II, « Serviable », il adopte une position de Parent Nourricier négatif, dans le but d'extorquer des strokes de gratitude de la part de l'Enfant de l'autre :

Parasiteur (P-E) : Tu es sûr que tu as assez mangé ?
Partenaire (E-P) : Oh oui ! Merci bien.
Parasiteur : Allons, allons ! Et si tu finissais ce morceau de gâteau ?
Partenaire : Tu sais, sincèrement, c'était super, mais je suis plein, merci.

« Autoritaire » décrit le parasiteur de type II qui démarre ses transactions à partir du Parent Contrôlant négatif, à la recherche de strokes d'excuses de l'Enfant de l'autre.

Parasiteur : Vous êtes encore en retard !
Partenaire : Désolée !
Parasiteur : Que voulez-vous dire, désolée ? C'est la quatrième fois cette semaine...

Même si Fanita English ne le dit pas, nous, nous suggérons que les gens peuvent aussi parasiter de Parent à Parent sur des thèmes comme « C'est affreux », ou d'Enfant à Enfant par une escalade dans l'échange des sentiments.

Vous voyez que le parasitage est une sorte de passe-temps où les échanges comportent une charge de sentiments parasites. Les transactions parallèles ne cessent que lorsque l'un des partenaires se retire ou croise la transaction. Le parasiteur est souvent à l'origine du croisement, plus que le partenaire, parce que les parasiteurs invétérés deviennent très forts pour repérer le moment où l'autre est sur le point de se retirer de l'échange. Et, plutôt que de voir sa source de strokes se tarir ainsi, le parasiteur préfère garder l'initiative.

Cela a souvent pour résultat de transformer le parasitage en *jeu*. Nous verrons plus loin, dans le chapitre qui traite des jeux, comment cela se produit.

Avez-vous parasité au cours de la semaine passée ?

Si oui, étiez-vous impuissant ou fripon ? serviable ou autoritaire ? Ou bien avez-vous essayé plusieurs positions ?

Voulez-vous continuer de parasiter de cette manière ? Si vous ne voulez pas, comment allez-vous obtenir des signes de reconnaissance non parasites qui vous donnent satisfaction à la place de ceux que vous obteniez en parasitant ?

Avez-vous accepté l'invitation de quelqu'un à lui servir de partenaire dans son parasitage ? Si oui, sur lequel des quatre modes s'est-elle effectuée ?

Voulez-vous continuer à encourager les sentiments parasites des autres ? Si vous voulez cesser, comment allez-vous croiser les transactions la prochaine fois ? □

Timbres

Quand j'éprouve un sentiment parasite, je peux en faire deux choses. Je peux l'exprimer sur-le-champ ou bien le mettre en réserve pour m'en servir plus tard. Si je fais cela, on dit que je colle un *timbre*[5].

La semaine passée, y a-t-il eu une occasion où vous avez éprouvé un sentiment parasite que vous avez négligé au lieu de l'exprimer au moment même ?

Si c'est le cas, vous avez collé un timbre. Quel était le nom du sentiment parasite inscrit dessus ? Etait-ce un timbre de jalousie, de triomphe, de colère, d'irritation, de cafard, d'impuissance ou de quoi d'autre ?

Quelle est la taille de la collection que vous possédez de ce sentiment particulier ?

Combien de temps allez-vous la continuer ?

Quand vous la liquiderez, ce sera en échange de quoi ? □

Le mot « timbre » est l'abréviation de « timbre-cadeau psychologique », en référence à une pratique courante dans les supermarchés dans les années soixante, où les clients recevaient des timbres de différentes couleurs avec leurs achats. On collait ces timbres dans des carnets, et quand on en avait amassé un certain nombre, on pouvait les échanger contre un cadeau.

Certaines personnes préféraient les échanger souvent, par petites quantités contre de petits lots. D'autres remplissaient des carnets et des carnets et les échangeaient à la fin contre un lot vraiment très important.

Quand les gens collent des timbres-cadeaux psychologiques, ils peuvent les échanger de la même manière. Supposez, par exemple, que j'ai collé des timbres de colère. Au travail, mon patron me critique. Je suis en colère contre lui, mais je ne le montre pas. Je garde mon timbre jusqu'à ce que je rentre à la maison le soir. Là, je crie après mon chien parce qu'il vient se fourrer dans mes jambes. Dans ce cas, je n'ai mis de côté qu'un seul timbre que j'ai échangé le même jour.

Cet exemple illustre un autre trait général de la liquidation des timbres : la personne sur qui tombe finalement la collection n'est souvent pas celle qui a été à l'origine du sentiment parasite.

Il se peut que mon collègue ait également collé des timbres de colère, mais supposez qu'il préfère faire une plus grosse collection avant de l'échanger. Il met de côté sa colère contre le patron pendant des mois et des années, et un beau jour, ramassant sa montagne de carnets de timbres de colère, il va voir le patron dans son bureau, lui hurle à la figure tout ce qu'il a sur le cœur et se fait renvoyer.

Timbres et scénario

Pourquoi les gens collectionnent-ils des timbres ? Eric Berne propose la réponse suivante : parce qu'*en échangeant ces timbres, ils avancent vers le bénéfice de leur scénario*.

Si une personne a un scénario hamartique, elle choisit sans doute de faire de grosses collections qu'elle échange ensuite contre un bénéfice substantiel. Elle collectionne par exemple des timbres de dépression pendant des années et des années pour finalement les échanger contre un suicide. Quelqu'un dont le bénéfice hamartique est de « nuire à autrui » entasse une montagne de timbres de rage puis les utilise pour « justifier » un homicide. À un niveau plus léger, mais toujours dans un scénario perdant, un cadre d'entreprise collectionne des timbres de surmenage et les échange contre un infarctus, un ulcère ou une hypertension.

Les gens qui ont un scénario banal font de plus petites collections qu'ils échangent contre de plus petits bénéfices. Une femme qui collectionne des timbres d'« incompréhension » les échange tous les deux ou trois mois contre une bonne scène de ménage avec son mari. Quelqu'un comme mon collègue, qui collectionne des timbres de colère contre les figures d'autorité, les échange contre des conflits professionnels et quelquefois des mises à la porte.

Les avis divergent en AT pour savoir si la collection de timbres a sa place dans un scénario gagnant. Certains auteurs ont évoqué les « timbres en or » collectionnés en vue d'un résultat positif. (Ils s'opposent aux timbres « caca d'oie » dont nous avons parlé jusqu'ici.) Ces auteurs suggèrent l'exemple d'un cadre d'entreprise, bourreau de travail, qui collectionne des timbres en or pour du travail bien fait et qui les échange contre des vacances bien méritées.

Nous pensons que la collection de timbres n'est absolument pas nécessaire dans un scénario gagnant authentique. Ce bourreau de travail n'a pas besoin de justifier ses vacances, que ce soit pour avoir fait du « bon travail » ou pour toute autre raison. Il peut s'accorder des vacances simplement parce qu'il en a envie.

Maintenant que vous connaissez le rôle scénarique des timbres, passez en revue votre collection personnelle ainsi que le bénéfice que vous visez et que vous obtiendrez en la liquidant. Voulez-vous encore de celui-ci ?

Si ce n'est pas le cas, vous pouvez tout simplement abandonner votre collection. Mais avant de vous décider, soyez sûr que vous voulez vraiment abandonner le bénéfice escompté. Il doit être clair pour vous que, si vous décidez réellement d'abandonner votre collection, il vous faudra dire définitivement adieu à ce bénéfice.

Après réflexion, voulez-vous toujours abandonner cette collection ?

Si vous répondez « oui », choisissez alors un moyen de vous débarrasser définitivement de ces timbres. Certains les mettent au feu, d'autres les jettent dans les w.-c. D'autres encore les jettent dans une rivière au cours rapide et les regardent partir vers la mer. Choisissez votre manière, à vous. Mais quelle qu'elle soit, elle doit vous mettre dans l'impossibilité de les récupérer.

Une fois que vous avez décidé quelle sera votre manière, installez-vous confortablement et fermez les yeux. Imaginez-vous avec votre collection de timbres à la main. Voyez combien de carnets ou de sacs vous avez. Notez leur couleur. Lisez le nom du sentiment parasite écrit dessus. Si ce sont des timbres contre une personne ou un groupe en particulier, voyez aussi leur nom écrit sur ces timbres.

Êtes-vous prêt à les laisser partir ? Alors, allez-y et débarrassez-vous-en de la manière que vous avez choisie. Mettez-les au feu et regardez-les disparaître en fumée. Ou tirez la chasse d'eau, plusieurs fois peut-être, pour être sûr qu'ils sont bien tous partis. Si vous les jetez dans une rivière, regardez-les jusqu'à ce que le dernier ait disparu de votre vue.

En imagination, regardez maintenant vos mains et vérifiez qu'elles sont bien débarrassées des timbres que vous teniez.

Visualisez-vous maintenant en train de vous retourner et de lever les yeux. Vous voyez quelqu'un ou quelque chose de très agréable que vous n'aviez pas vu avant. Dites bonjour à cette personne ou à cette chose agréable. C'est là que vous obtiendrez les bons strokes qui signifient que vous n'aurez plus besoin de collectionner des timbres à l'avenir.

Accueillez ces signes de reconnaissance. Ressentez le soulagement de ne plus porter cette collection. Puis sortez de l'exercice □

22

LE CIRCUIT DES SENTIMENTS PARASITES

Le circuit des sentiments parasites explique la nature des scénarios de vie et montre comment les gens peuvent conserver leur scénario toute leur vie. Il a été élaboré par Richard Erskine et Marilyn Zalcman[1].

Dans ce chapitre, la représentation du circuit des sentiments parasites ainsi que les explications factuelles de la signification du diagramme sont directement tirées de l'article d'Erskine et de Zalcman « Le circuit des sentiments parasites : modèle pour une analyse du parasitage », article qui leur a valu le prix Eric Berne. Quant aux cas servant d'illustrations et aux explications qui s'y rapportent, ils ont été fournis par les auteurs du présent ouvrage.

Le circuit des sentiments parasites se définit comme *un ensemble autorenforçant et déformé de sentiments, de pensées et d'actions mis en œuvre par les individus sous l'emprise de leur scénario.* Il se compose de trois éléments reliés entre eux et dépendant l'un de l'autre : les *croyances et sentiments scénariques*, les *manifestations de parasitage* et les *souvenirs renforçants.* Voyez le diagramme de la figure 22.1.

Croyances et sentiments scénariques

Quand je suis dans mon scénario, je reproduis des croyances périmées à propos de *moi-même*, des *autres* et de la *qualité de la*

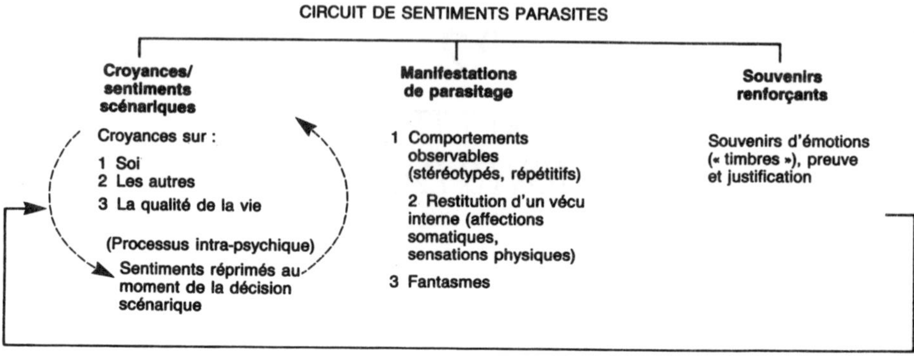

Figure 22.1 Le circuit des sentiments parasites

vie. Erskine et Zalcman disent que les décisions scénariques sont prises dans l'enfance pour « donner une explication » aux sentiments non satisfaits. En proie au stress dans la vie adulte, je peux reproduire cette stratégie de l'enfance. Pour m'empêcher d'éprouver un sentiment, je lui « donne une explication » en redonnant vie à ces conclusions et en les vivant comme vraies dans le présent. C'est ainsi qu'elles constituent mes croyances scénariques.

Erskine et Zalcman définissent les croyances et sentiments scénariques pris dans leur ensemble, comme une *double contamination* de l'Adulte. Si vous voulez vérifier que vous comprenez bien cela, revenez au chapitre 6.

Les croyances scénariques sont divisées en deux catégories : *croyances scénariques fondamentales* et *croyances scénariques secondaires.*

Croyances scénariques fondamentales

Elles correspondent aux décisions scénariques les plus précoces et les plus fondamentales d'un enfant. Pour chaque bébé, il y a des moments où l'expression non censurée de ses sentiments ne lui apporte pas la satisfaction de ses besoins. Nous avons vu, dans un chapitre précédent, comment l'enfant essaie alors toute une gamme de sentiments de substitution jusqu'à ce qu'il découvre ceux qui « donnent un résultat » en termes d'attention parentale. Ces sentiments de substitution sont alors adoptés comme sentiments parasites et le sentiment de départ est réprimé.

Pourtant, comme le sentiment d'origine n'a pas reçu de réponse, l'expérience émotionnelle de l'enfant n'est pas résolue. Afin de donner un sens à cela, il tire concernant lui-même, les autres et le monde des conclusions qui vont former les croyances scénariques fondamentales. Celles-ci reposent sur la pensée concrète et magique dont disposent les enfants.

Prenons l'exemple d'un client que nous nommerons David. Il approche la trentaine et il a déjà eu plusieurs expériences de vie commune avec des femmes. Chaque fois, la femme l'a quitté au bout d'un an environ. Il reconnaît lui-même qu'il a contribué à cette issue par les scènes qu'il faisait à ses petites amies, par sa jalousie et son comportement susceptible et agressif. Il est maintenant engagé dans une nouvelle relation avec une femme qu'il aime et qu'il apprécie, et il a peur de rompre de la même manière. Bien qu'il soit conscient de son agressivité et de sa jalousie, il a l'impression de ne pas pouvoir se contrôler quand il éprouve ces émotions. Récemment, il a frappé son amie et elle menace de le quitter. C'est à ce moment-là qu'il arrive en thérapie.

Si on analyse ce problème à l'aide du circuit des sentiments parasites, nous sommes ramenés tout droit à la petite enfance de David. Dans les premiers mois de sa vie, il a baigné dans l'intimité et la proximité physique qui existent entre un tout petit bébé et sa mère. Mais quand il a été un peu plus grand, juste après son premier anniversaire, Maman a commencé à s'apercevoir qu'il n'était plus le paquet agréable à cajoler qu'il était plus petit. Il bougeait davantage maintenant et se salissait souvent. Il bavait, et quand il faisait dans ses couches, il sentait mauvais. Sans s'en rendre compte, Maman a réagi en repoussant physiquement David. Avec son intuition aiguë de bébé, David a repéré les signaux de rejet de Maman. Il a éprouvé un sentiment de choc et de désarroi : qu'est-ce qui avait mal tourné dans le monde ? Mais pire que tout, est-ce que Maman allait le laisser tout seul ? Devant cette éventualité, David a éprouvé une souffrance et une terreur abominables. Et, malgré tout, chaque fois qu'il tendait les bras vers Maman pour qu'elle le rassure, elle avait l'air de le rejeter à nouveau. En exprimant sa peur et sa souffrance, David n'obtenait pas la satisfaction de ses besoins.

Incapable de saisir les raisons véritables du retrait de Maman et pour « donner un sens » à ses sentiments non satisfaits, David a conclu : « Je ne suis pas digne d'amour. Il y a quelque chose qui cloche chez moi. » C'est ainsi qu'il a créé une croyance scénarique fondamentale à propos de lui-même.

Parallèlement, il a aussi adopté les croyances scénariques fondamentales : « Les autres (et surtout les femmes) me rejettent. Le monde est un endroit effrayant, solitaire et imprévisible. »

Ayant conclu que l'expression de sa souffrance et de sa peur n'allait pas lui apporter la satisfaction de ses besoins, David a abandonné au bout d'un temps et adopté une deuxième stratégie. Il s'est aperçu que s'il exprimait de la colère, il obtenait au moins un peu d'attention de Maman. En piquant une crise, ou en pleurnichant, il arrivait au moins à obtenir qu'elle le gronde. Même si cette attention négative était douloureuse, c'était mieux que rien et David décida : « Le meilleur moyen pour moi d'obtenir la satisfaction de mes besoins, c'est de me mettre en colère. » C'est ainsi qu'il a appris à cacher ses sentiments authentiques de peur et de souffrance sous une colère parasite, construisant de cette manière le fondement de son comportement parasite.

Croyances scénariques secondaires

Une fois qu'il a abouti à ses croyances scénariques, l'enfant commence à interpréter son expérience de la réalité d'après ces croyances. Elles influencent les expériences qu'il vit, la signification qu'il leur donne et l'importance qu'il leur attache. Il commence ainsi à ajouter des croyances scénariques secondaires qui réaffirment et enrichissent les croyances scénariques fondamentales.

David avait un frère de deux ans plus âgé que lui. À cause de la différence d'âge, ce dernier était naturellement plus grand que David et plus avancé pour penser. Avec la capacité de raisonnement d'un bambin, David a abouti à des conclusions supplémentaires. « Maintenant, je crois que je sais ce qui cloche tellement chez moi. C'est que je ne suis pas assez grand et pas assez intelligent. Je le sais bien, parce que mon frère, lui, qui *est* grand et intelligent, obtient toute l'attention. »

David a ainsi commencé à construire certaines de ses croyances scénariques secondaires. « Je suis bête. Je ne suis pas costaud et je suis trop petit. Mes besoins ne sont pas importants. Les autres sont plus grands et plus intelligents que moi. Et, à cause de cela, ils sont plus importants que moi et obtiennent toute l'attention, surtout des femmes importantes. La vie est vraiment très injuste. »

Répétition des croyances et des sentiments scénariques

David est adulte aujourd'hui. Dans les moments de stress, il lui arrive de passer dans son scénario. Comme nous l'avons vu, cela risque surtout de se produire lorsque la situation dans laquelle il se trouve ici et maintenant *ressemble* un tant soit peu à une situation de stress de l'enfance — s'il y a un *élastique*.

Dans ces moments-là, David revit les sentiments et les croyances de sa petite enfance. Supposez qu'il sente que son amie le « repousse » dans leur relation. À son insu, il réagit comme avec Maman qui le repoussait quand il était petit. Au-dessous de son seuil de conscience, il commence à ressentir de la souffrance et de la terreur.

En faisant cela, il repasse ses croyances scénariques. Il « explique » le rejet qu'il a perçu en se disant inconsciemment : « Je ne suis pas digne d'être aimé, parce qu'il y a quelque chose de fondamental qui cloche chez moi. Cette femme importante a envie de me rejeter complètement. Si elle fait ça, je vais me retrouver tout seul. »

Chaque fois que David se répète ces affirmations, il « justifie » ses sentiments de peur et de souffrance. Et chaque fois qu'il revit ces sentiments, il réaffirme ses croyances scénariques afin de s'« expliquer » à lui-même ce qu'il ressent. C'est ainsi que les croyances et les sentiments scénariques sont indéfiniment *répétés*. Reportez-vous aux flèches pointillées de la figure 22.1. Erskine et Zalcman soulignent que ce processus est *intrapsychique*, c'est-à-dire qu'il se déroule à l'intérieur de la tête de la personne. Comme David a déjà une « explication » scénarique interne de ce qu'il perçoit comme un rejet, il ne cherche pas à actualiser ses croyances scénariques au vu de la réalité de l'ici et maintenant. Au contraire, chaque fois qu'il reproduit ce cycle répétitif, il renforce sa perception que la réalité a « confirmé » ses croyances scénariques.

Manifestations de parasitage

Les manifestations de parasitage sont *toutes les attitudes internes et extérieures qui sont des manifestations des croyances* et *des sentiments scénariques*. Elles englobent *des comportements observables, la restitution d'un vécu intérieur et des fantasmes*.

Comportements observables

Ils sont constitués par les manifestations d'une émotion, par des mots, des intonations, des gestes et des mouvements du corps que la personne élabore en réaction au processus intrapsychique. Ces manifestations sont répétitives et stéréotypées car elles reproduisent les attitudes scénariques que l'enfant a appris à utiliser dans un large éventail de situations pour « obtenir des résultats » au sein de sa famille.

Ces manifestations de parasitage peuvent entraîner des attitudes qui concordent avec les croyances scénariques ou qui s'y opposent. Par exemple, David, qui a conclu dans l'enfance « Je suis stupide », a un comportement troublé et stupide lorsqu'il reproduit cette croyance à l'âge adulte. Quelqu'un d'autre, qui est arrivé à la même conclusion dans son enfance, pourrait s'en protéger en passant des heures à étudier, pour obtenir de bonnes notes à l'école et à l'Université, passant ensuite de manière chronique d'une qualification professionnelle à une autre.

Les manifestations de parasitage d'agression de David vis-à-vis de son amie émanent de cette conclusion précoce : « Le moyen pour moi d'obtenir la satisfaction de mes besoins consiste à me mettre en colère toutes les fois que je commence à avoir mal ou à avoir peur. » Quand son amie se comporte d'une manière qu'il ressent comme du mépris ou du rejet, il commence à reproduire ses croyances scénariques fondamentales ainsi que les sentiments de terreur et de souffrance qui y sont associés. Mais tout comme il a appris à faire tout petit, il cache immédiatement ces émotions sous de la colère. À la manière d'un « réflexe conditionné », il se met en colère et devient agressif. Il peut commencer une violente dispute avec son amie, lui crier après ou la rudoyer. Ou bien, il va ravaler sa colère et quitter la maison avec éclat pour aller marcher dans les rues tout bouillant de rage.

Un tel comportement ne permet pas à l'amie de David de savoir que ses émotions authentiques sont la souffrance, la panique et un grand désir d'être proche. En fait, David lui-même a réprimé ces sentiments et il n'en est pas conscient. Il apparaît au contraire comme un individu susceptible et physiquement agressif. Dans l'histoire de ses relations, le résultat a été que ses amies l'ont finalement quitté. Et, chaque fois, il s'est servi de cette réaction pour « justifier » ses croyances scénariques : « Je ne suis pas digne d'amour, les femmes me rejettent et je me retrouve tout seul. »

Restitution du vécu interne

Nous avons vu que le tout-petit adopte ces croyances scénariques pour essayer de donner un sens à cette expérience affective en suspens, et ainsi la terminer au mieux. Parallèlement à ce processus *cognitif*, la personne peut traverser une séquence *somatique* du même genre — en ce qui concerne son corps. Afin de dévier son énergie de son besoin non satisfait, elle peut l'utiliser pour installer une tension physique continue ou un malaise.

Nous en avons déjà donné un exemple. Rappelez-vous le bébé qui tend inlassablement les bras vers Maman sans obtenir de réaction. Au bout d'un certain temps, il contracte les épaules pour s'empêcher de tendre les bras. Bien que ce soit désagréable, ce n'est pas aussi désespérant que de continuer à tendre les bras et affronter le rejet apparent de Maman. Puis il réprime à la fois la conscience qu'il a de son besoin initial et celle qu'il a de maintenir une tension dans ses épaules. Une fois adulte, il va éprouver des douleurs et des maux dans les épaules, le cou et le haut du dos, ce qui est vrai en ce qui concerne David dans notre exemple.

Les gens ont toute une gamme de tensions, de malaises et de douleurs somatiques qui sont des réactions aux croyances scénariques et qui peuvent passer inaperçus dans le comportement observable. Mais les gens en parlent. Parfois, ces tensions musculaires peuvent avoir été si fortement réprimées que la personne n'en prend conscience que lors d'un massage.

Fantasmes

Mais même lorsque personne ne se comporte effectivement selon les croyances scénariques de quelqu'un, ce dernier va néanmoins fantasmer un tel comportement, de sa part ou de la part de quelqu'un d'autre.

Par exemple, David a parfois le fantasme qu'il est puni ou emprisonné pour agression physique sur la personne de son amie. Il imagine souvent que les gens le rabaissent derrière son dos, en insistant sur tout un tas de choses qu'ils lui reprochent. Quelquefois, son fantasme est une image grandiose de « ce qui pourrait arriver de mieux » : il imagine qu'il a rencontré l'amie idéale, qui l'acceptera à cent pour cent et n'adoptera jamais un comportement qu'il puisse interpréter comme un rejet.

Souvenirs renforçants

Quand il est dans son scénario, l'individu se reporte à une collection de souvenirs qui renforcent ses croyances scénariques. Dans chacun de ces événements mémorisés, il a recyclé ses croyances et sentiments scénariques. En même temps, il a montré la manifestation de parasitage correspondante, soit en éprouvant un sentiment parasite, soit en adoptant n'importe quelle attitude caractéristique de son circuit personnel de sentiments parasites. Comme l'événement est remis en mémoire, le sentiment parasite, ou toute autre manifestation de parasitage, est remémoré en même temps. En d'autres termes, chaque souvenir renforçant s'accompagne d'un *timbre*.

Les événements remémorés par l'individu peuvent être les réactions d'autres personnes aux manifestations parasitaires de l'individu, comme lorsque les amies successives de David l'ont abandonné en réaction à sa conduite agressive. Ils peuvent également être des réponses interprétées de manière interne comme des confirmations de ses croyances scénariques, même si, en réalité, elles étaient neutres ou même à l'opposé de ses croyances. Par exemple, une fille invite

David à une soirée. Intérieurement, il peut se dire : « Elle n'en avait pas vraiment envie. Elle disait ça juste pour être gentille. » En élaborant cette interprétation, il peut se sentir en colère par rapport à un « rejet » de plus. Et il coche une « confirmation » de plus de ses croyances scénariques et collectionne un souvenir renforçant de plus avec le timbre-cadeau associé.

Il y a des événements que même le plus astucieux des Petits Professeurs ne peut pas décoder comme concordant avec ses croyances scénariques. Mais dans ce cas, l'individu peut adopter une autre stratégie : oublier ces événements de manière sélective.

Par exemple, une femme a dit plusieurs fois à David qu'elle l'apprécie pour lui-même et qu'elle aimerait être proche de lui. Mais dans son scénario, il gomme ces souvenirs de sa mémoire.

Nous avons également vu que l'individu peut fabriquer des fantasmes de scènes qui cadrent avec ses croyances scénariques. Le souvenir de ces fantasmes sert de souvenir renforçant aussi efficacement que le souvenir d'événements réels. Chaque fois que David se fabrique une image mentale des gens parlant de lui derrière son dos, parce qu'il y a quelque chose « qui cloche chez lui », il ajoute un souvenir renforçant de plus à son stock.

Là encore, nous voyons comment le circuit s'autorenforce. Les souvenirs renforçants servent à *réalimenter* les croyances scénariques. C'est ce qu'indique la flèche en gras de la figure 22.1.

Chaque fois qu'un souvenir renforçant revient à sa mémoire, la personne rejoue une croyance scénarique qui est à son tour renforcée par le souvenir renforçant. Lorsque la croyance scénarique se rejoue, le sentiment réprimé sous-jacent est stimulé et le processus intrapsychique de « répétition du cycle » est enclenché une fois de plus. En même temps que cela se déroule, des manifestations parasitaires se produisent, qui peuvent être des attitudes observables, un vécu intérieur, des fantasmes ou un mélange des trois. À son tour, le résultat de cette manifestation de parasitage permet à la personne de collectionner plus de souvenirs renforçants, assortis de leurs timbres émotionnels.

ÉLABOREZ VOTRE PROPRE CIRCUIT DE SENTIMENTS PARASITES

Prenez une grande feuille de papier et tracez la même chose que sur la figure 22.1. Laissez beaucoup de place au-dessous de chaque sous-titre dans chacune des trois colonnes. Sur ce diagramme vierge, vous pouvez commencer à remplir le contenu de votre propre circuit de sentiments parasites[2].

Si vous voulez faire l'exercice, évoquez une situation récente, insatisfaisante ou douloureuse pour vous, dans laquelle vous avez fini par vous sentir mal. Il n'est pas nécessaire d'éprouver à nouveau ce sentiment négatif si vous ne le souhaitez pas.

Imaginez-vous de nouveau dans cette situation et notez les détails de votre circuit tels qu'ils s'appliquaient à vous. Travaillez rapidement, en vous fiant à votre intuition.

Afin d'arriver à vos croyances scénariques, une bonne solution consiste à vous demander : « Dans cette situation, *qu'est-ce que je me disais intérieurement* à propos de moi-même ? À propos des autres personnes concernées ? Sur la vie et le monde en général ? »

Comment allez-vous noter les « sentiments réprimés à l'époque de la décision scénarique » ? Par le fait même que ces sentiments sont réprimés au moment où vous êtes dans votre circuit de sentiments parasites, vous *n'*en avez *pas* eu clairement conscience au cours de la scène que vous êtes en train d'analyser. Pourtant, il y a plusieurs indications que vous pouvez utiliser. Quelquefois, vous pouvez avoir eu un bref éclair du sentiment authentique avant de passer dans le sentiment parasite. Par exemple, si votre sentiment parasite dans la scène était l'irritation, vous avez pu avoir peur une fraction de seconde auparavant. Une autre manière consiste à vous demander : « Si j'étais bébé et que je n'avais pas l'idée de censurer mes sentiments, qu'aurais-je éprouvé dans cette situation ? De la rage ? Une tristesse désolée ? De la terreur ? Une extase ? » Si vous n'êtes pas sûr, devinez. Pour une ultime vérification, revenez au chapitre précédent, au passage qui traite des « sentiments parasites, sentiments authentiques et résolution de problèmes ». Lequel, parmi les sentiments authentiques, aurait été approprié pour clore la situation dans votre cas ?

Passez maintenant à la colonne des manifestations de parasitage. Pour énumérer vos comportements observables, imaginez que vous regardez la scène en vidéo, et vous dans cette scène. Notez vos mots, vos intonations, vos mouvements, vos postures et vos mimiques. Quelle émotion parasite exprimez-vous ? Comparez-la au souvenir du sentiment parasite que vous éprouviez pendant cette scène.

Sous « restitution du vécu intérieur », notez toutes les tensions et les gênes de tout votre corps. Aviez-vous mal à la tête ? L'estomac révulsé ? Une douleur dans le cou ? N'oubliez pas que « pas de sensation » est une sensation. Quand vous y repensez, y avait-il des parties de votre corps que vous gommiez de votre conscience ?

Notez tous les fantasmes que vous aviez. Une bonne manière consiste ici à vous imaginer à nouveau dans cette scène, puis à vous demander : « Quelle est la *pire* chose qui pourrait arriver ? » Notez tout ce qui vous vient à l'esprit en premier, même si cela semble délirant. Ensuite, demandez-vous : « Quelle est la *meilleure chose* qui pourrait arriver ? » *Ce fantasme fait lui aussi partie du circuit,* donc notez-le de la même manière.

Passez enfin à la colonne des souvenirs renforçants. Laissez courir votre mémoire et notez vos souvenirs de situations passées qui ressemblent à la scène que vous êtes en train d'analyser. Ils peuvent provenir d'un passé récent ou reculé. Dans tous, vous vous rapelez avoir éprouvé le même sentiment parasite, la même gêne et la même tension physique, etc., que ceux notés plus haut dans « manifestations de parasitage ».

Il peut être intéressant pour vous de comparer les détails de votre circuit à votre matrice de scénario, telle que vous l'avez élaborée dans un exercice précédent. Qu'ont-ils en commun ? Vous pouvez utiliser l'un pour affiner et réviser l'autre ☐

Sortir du circuit des sentiments parasites

Tout en étant un outil d'analyse, le circuit des sentiments parasites est un instrument de changement. Pour Erskine et Zalcman : « Toute intervention thérapeutique qui interrompt le cours du circuit est un pas efficace que la personne fait pour le modifier et par conséquent pour modifier son scénario. »

En d'autres termes, vous pouvez sortir de votre circuit à *n'importe quel* point et effectuer un changement à ce point, qui soit à l'origine de votre sortie du scénario. Quand vous effectuez ce changement, vous cassez le processus des vieilles réalimentations. Ainsi le prochain changement devient plus facile. Ce processus est toujours autorenforçant mais, maintenant, vous renforcez le mouvement hors du scénario au lieu de rester englué dedans.

Il n'est pas nécessaire de vous arrêter à un seul point du circuit. Si vous voulez, vous pouvez le rompre en plusieurs endroits. Plus nombreux seront ces points, plus fort sera votre mouvement pour sortir du scénario.

Dans leur article, Erskine et Zalcman décrivent différentes interventions particulières que les thérapeutes utilisent pour interrompre le circuit des parasitages. Vous pouvez utiliser une approche similaire dans votre autothérapie. Voici un exercice qui vous donnera un cadre pour démarrer. Vous pouvez le compléter et le modifier de toutes les manières créatives que vous voulez[2].

Prenez une grande feuille de papier comme celle sur laquelle vous avez tracé votre circuit des sentiments parasites. Vous allez tracer dessus un diagramme qui ressemble à un circuit des sentiments parasites mais qui en est, en fait, l'équivalent *positif*. Si vous voulez, vous pouvez appeler ce nouveau diagramme « Le circuit de l'autonomie ».

Une fois de plus, tracez trois colonnes. Intitulez celle de gauche « croyances et sentiments d'aujourd'hui ». La colonne du milieu s'intitule « manifestations d'autonomie » et la troisième porte le même titre que dans le circuit de parasitage « souvenirs renforçants ».

Dans la première, écrivez des sous-titres pour les croyances portant sur soi, les autres et le monde, comme dans le circuit des sentiments parasites.

Évoquez à nouveau la scène imaginée dans l'élaboration de votre propre circuit des sentiments parasites. Commencez par les « croyances sur soi ». Quelle est la réalité positive vous concernant que vous allez maintenant noter comme une croyance d'aujourd'hui ? Supposez par exemple que David fasse cet exercice. Il pourrait noter dans cette colonne : « Je suis tout à fait digne d'amour, et je suis parfaitement bien comme je suis. »

Ici et dans le reste de l'exercice, il est important d'utiliser une *formulation positive* de ce genre. Évitez des négations du style *ne pas, arrêter de, perdre, sans.* Si votre première version comporte des mots de ce genre, prenez le temps de la reformuler uniquement en termes positifs. Dans l'exemple de David, sa croyance scénarique était « Il y a quelque chose qui cloche chez moi ». Au lieu de changer cela en « Il n'y a rien qui cloche chez moi », il l'a changé en une affirmation positive du type : « Je suis suffisamment bien comme je suis. »

Continuez à mettre à jour vos croyances sur les autres et sur la vie, de la même manière, en utilisant des termes positifs. Soyez vigilant quant à la distorsion de la réalité ; il s'agirait encore d'une partie de votre circuit des sentiments parasites. Mais si vous n'êtes pas certain, penchez plutôt du côté optimiste.

Au bas de la colonne de gauche où vous avez inscrit « sentiments réprimés », dans votre circuit des sentiments parasites, inscrivez maintenant le titre « sentiments authentiques exprimés ». Notez les mêmes sentiments authentiques que ceux répertoriés dans le circuit des sentiments parasites. Revenez à la scène et voyez comment vous auriez pu exprimer un sentiment authentique en toute sécurité et aboutir à la clôture de la situation.

Passez ensuite à la colonne du milieu, « manifestations d'autonomie. » À nouveau, revoyez la scène à la vidéo. Mais cette fois, repassez la bande de manière à avoir un comportement positif, hors scénario et à éprouver un sentiment authentique au lieu d'un sentiment parasite. Sous « comportements observables », notez les mots, les gestes, etc., que vous vous voyez utiliser dans cette version révisée.

Pareillement, remplissez « restitution du vécu intérieur » dans la nouvelle version. À la place de la gêne, quelle sensation agréable éprouvez-vous ? Prenez-vous conscience de tensions dont vous n'étiez pas conscient auparavant ? Si oui, décidez-vous de soulager ces tensions ? Que se passe-t-il quand vous le faites ?

Dans le circuit de l'autonomie, vous ne notez pas de « fantasmes ». Comme nous l'avons vu, les fantasmes exagérés de

« meilleur » *et* du « pire » résultat font tous deux partie du circuit des sentiments parasites. À la place, inscrivez maintenant « projets et visualisations positives ». Cette rubrique est à remplir à votre guise. Elle concerne les projets de vie adultes que vous pouvez mettre en œuvre de sorte que les prochaines situations se déroulent de manière positive, telle que vous êtes en train de l'élaborer, plutôt que de la manière parasitée analysée dans votre circuit des sentiments parasites. À la place des fantasmes, vous pouvez utiliser des techniques de visualisation créative pour renforcer et développer vos projets.

Finalement, remplissez la colonne des souvenirs renforçants. Il est pratiquement certain que vous allez vous rappeler *certains* exemples passés de situations positives qui ressemblent à la répétition de la situation que vous êtes en train d'élaborer. Peut-être même allez-vous en trouver beaucoup, si vous y réfléchissez.

Et si vous n'arrivez vraiment pas à vous en rappeler une, eh bien, inventez-en quelques-unes. Rappelez-vous que les situations positives inventées sont tout aussi efficaces que le souvenir des vraies.

Vous avez maintenant la version de départ de votre circuit de l'autonomie. Comme pour le circuit des sentiments parasites, vous pourrez l'affiner et le réviser avec le temps.

Imaginez le diagramme de votre circuit des sentiments parasites rempli, quelques centimètres au-dessus du diagramme de votre circuit de l'autonomie. À l'avenir, vous pourrez faire une trappe à n'importe quel endroit du circuit des sentiments parasites et descendre à travers pour atterrir au point correspondant du circuit de l'autonomie. À partir de ce point, vous suivrez le cours du circuit de l'autonomie, au lieu de parcourir à nouveau les boucles qui réalimentent votre circuit des sentiments parasites comme par le passé.

Vous allez peut-être vous ouvrir plusieurs trappes. Plus vous en aurez, plus il vous sera facile de sortir de votre circuit des sentiments parasites et d'entrer dans celui de l'autonomie. Et chaque fois que vous ferez ce pas, il vous sera plus facile à l'avenir □

23

JEUX ET ANALYSE DES JEUX

Avez-vous déjà eu un échange à la fin duquel vous et votre partenaire vous êtes tous les deux senti mal et où vous vous êtes ensuite dit intérieurement quelque chose comme :

« Pourquoi cela m'arrive-t-il toujours à moi ? »
« Comment diable *cela* a-t-il pu m'arriver encore une fois ? »
« Je pensais qu'il/elle était différent/e des autres, mais... »

Vous êtes-vous étonné de la manière douloureuse dont les choses avaient tourné — tout en vous rendant compte que ce genre de chose vous était déjà arrivé ?

Si vous avez eu un échange de ce type, il est vraisemblable qu'en termes d'AT, vous étiez en train de jouer un *jeu*[1].

Exactement comme dans un match de football ou une partie d'échecs, un jeu psychologique se joue selon des règles préétablies. C'est Eric Berne qui a le premier attiré l'attention sur la structure prévisible des jeux et proposé différentes manières de les analyser.

Nous verrons dans ce chapitre les différentes méthodes mises au point par Berne et les autres auteurs AT.

Exemples de jeux

Voici deux exemples de la façon de jouer des gens.

Exemple 1 : Gilbert rencontre Denise. Ils tombent amoureux et décident de vivre ensemble. Tout va bien au début, mais à mesure que les mois passent, Gilbert commence à mener la vie dure à Denise. Il ne tient pas compte de ses besoins ni de ses sentiments. Il lui crie après, et la bouscule même parfois. Il s'enivre et rentre tard. Il dépense l'argent de Denise et « oublie » de le lui rendre.

Elle reste avec lui malgré ces mauvais traitements. Plus il est agressif, plus elle trouve d'excuses à son comportement.

Cela dure environ trois ans. Puis, sans prévenir, elle le quitte pour un autre homme. Gilbert rentre un soir et trouve un mot sur la table de la cuisine disant qu'elle est partie pour de bon.

Il est stupéfait. Il se dit : « Comment est-ce que ça a pu m'arriver à moi ? » Il retrouve sa trace et lui demande en vain de revenir. Plus il la supplie, plus elle le rejette durement, et plus il se sent mal. Il traverse une longue période où il se sent déprimé, abandonné et sans valeur. Il essaie de démêler ce qui cloche chez lui : « Qu'a cet autre homme que je n'ai pas, moi ? »

Bizarrement, tout cela lui est déjà arrivé dans le passé. Il a eu deux relations, et deux rejets, qui ont suivi le même schéma. À chaque fois, il s'est dit : « Plus jamais ça. » Mais cela arrive à nouveau, et chaque fois, il se sent surpris et rejeté.

Gilbert joue un jeu qui s'appelle *Donne-moi des coups de pieds*. Denise, elle aussi, a déjà traversé tout cela. Elle a eu plusieurs relations avec des hommes avant de rencontrer Gilbert. D'une certaine manière, il semble qu'elle trouve des hommes qui sont gentils avec elle au départ, mais qui, rapidement, commencent à la maltraiter, comme Gilbert. Chaque fois, elle a supporté leur conduite, jouant à la « gentille petite femme » pendant un temps. Chaque fois aussi, elle a fini par changer d'avis d'un seul coup et par rejeter l'homme de manière brutale. Dans ces moments, elle se sent irréprochable et quelque peu triomphante. Elle se dit : « C'est bien ce que je pensais. Les hommes sont tous les mêmes. » Pourtant, au bout d'un certain temps, elle entame une relation avec quelqu'un d'autre, et toute la séquence se répète.

Le jeu de Denise s'appelle *Maintenant, je te tiens, salaud,* qu'on abrège par *MJTTS*.

Exemple 2 : Madeleine est assistante sociale. Elle est dans son bureau et parle avec un client qui vient d'entrer, l'air abattu.

Le client dit : « Je crois que quelque chose d'affreux vient de se produire. Mon propriétaire m'a mis à la porte et, je ne sais pas où aller. Je ne sais pas quoi faire.

— Oh, mon Dieu, comme c'est triste, dit Madeleine en fronçant le sourcil. Que puis-je faire pour vous aider ?

— Je ne sais pas, dit le client d'un air sombre.

— Je vais vous dire, dit Madeleine. Et si nous regardions tous les deux les journaux du soir pour vous trouver une chambre à louer quelque part en ville ?

— L'ennui, dit le client de Madeleine, l'air encore plus abattu, c'est que je n'ai pas assez d'argent pour payer le loyer.

— Bon, je suis sûre que je peux m'arranger pour que vous puissiez obtenir une allocation.

— C'est gentil à vous, dit le client. Mais, honnêtement, je ne veux pas qu'on me fasse la charité.

— Ah ! Bon, que diriez-vous d'un lit au foyer jusqu'à ce que je vous trouve un autre endroit pour loger ?

— Merci, dit le client, mais vraiment, je ne crois pas que je pourrai supporter d'être au milieu de tous ces gens quand je me sens dans cet état.

Le silence s'installe tandis que Madeleine se creuse en vain les méninges, à la recherche d'autres idées. Son client pousse un profond soupir, se lève et s'apprête à partir. « Bon, merci quand même d'avoir essayé de m'aider », dit-il d'un air morne en passant la porte.

Madeleine se demande : « Mais, bon sang, que s'est-il passé ? » Elle éprouve d'abord de la surprise, ensuite elle se sent inadaptée et déprimée. Elle se dit qu'elle ne sait pas aider les autres.

Pendant ce temps, son client descend la rue, plein d'indignation et de colère contre elle. Il pense : « Je savais bien qu'elle ne pourrait pas m'aider, et c'est bien ce qui s'est passé ! »

Tant pour Madeleine que pour son client, cette scène est la répétition de nombreuses autres scènes qui se sont produites dans le passé. Madeleine entre souvent dans ce genre d'échange où elle propose de l'aide et des conseils à ses clients et se sent mal ensuite quand ils ne les acceptent pas. Son client est, lui aussi, habitué à cette conclusion, où il ne sait comment il se retrouve encore et toujours à rejeter l'offre proposée et se sent furieux d'être abandonné par la personne qui lui avait proposé de l'aide.

Madeleine et son client jouent deux jeux qui sont souvent complémentaires. Celui de Madeleine s'appelle *Pourquoi ne pas... ?* et celui de son client *Oui, mais...*[2].

Caractéristiques des jeux

À partir de ces exemples, nous pouvons discerner certains traits caractéristiques des jeux.

1. *Les jeux sont répétitifs.* Chaque personne joue son jeu préféré de manière répétée dans le temps. Les autres joueurs et les circonstances peuvent changer, mais le schéma du jeu reste le même.

2. *Les jeux se jouent hors de la conscience Adulte.* Même si les gens rejouent leur jeu indéfiniment, ils repassent par chaque phase

de celui-ci sans en être conscients. Ce n'est qu'à la dernière étape qu'ils peuvent se demander : « Comment *cela* a-t-il pu arriver encore une fois ? » Même à ce stade, en général, ils ne se rendent pas compte qu'ils ont eu, eux aussi, une part active dans la mise en place du jeu.

3. *Les jeux aboutissent toujours au fait que les joueurs éprouvent des sentiments parasites.*

4. *Les jeux impliquent un échange de transactions cachées entre les joueurs.* Dans chaque jeu, se produit au niveau psychologique quelque chose de différent de ce qui semble se dérouler au niveau social. Nous voyons cela à la façon dont les gens jouent de manière répétée, en trouvant des partenaires dont les jeux sont complémentaires des leurs. Quand le client de Madeleine vient lui demander de l'aide et qu'elle lui en propose, ils pensent tous les deux que c'est là leur but réel. Mais le résultat de leur échange montre que leurs motivations inconscientes étaient tout autres. Au niveau psychologique, ils s'envoyaient des « messages secrets » qui révélaient leurs intentions véritables. Madeleine devait proposer une aide qui serait refusée et son client était venu demander une aide qu'il allait refuser.

5. *Les jeux comportent toujours un moment de surprise ou de confusion.* À ce stade, le joueur a la sensation que quelque chose d'inattendu s'est produit. D'une manière ou d'une autre, les joueurs ont l'air d'avoir échangé leurs rôles. C'est ce que Gilbert a ressenti lorsqu'il s'est aperçu que Denise l'avait quitté. Denise, de son côté, l'a quitté parce qu'elle a changé brutalement d'avis à propos de lui.

Évoquez un échange douloureux vécu par vous et dont la description cadre avec celle d'un jeu.

Prenez un crayon et un papier et décrivez cette situation. Vérifiez qu'elle comporte les cinq caractéristiques indiquées comme significatives des jeux.

Notez aussi comment vous vous sentiez à la fin. Ce sentiment vous est-il habituel ? □

Les tee-shirts

Il est étrange de voir comment les gens s'arrangent pour trouver des partenaires dont les jeux sont complémentaires des leurs. Gilbert trouve continuellemet des femmes qui le quittent pour quelqu'un d'autre. Madeleine choisit des clients qui vont lui demander de l'aide et ne pas l'accepter.

C'est comme si chaque personne était vêtue d'un *tee-shirt* portant ses invitations à jouer : sur le devant, celle que consciemment nous voulons que le monde voit et au dos, le « message secret » de niveau psychologique. Et c'est celui-là qui détermine réellement la personne que nous choisissons pour une relation. Nous pouvons imaginer que Denise porte sur le devant de son tee-shirt une devise du style : « Je serai douce et patiente. » Et dans le dos, on peut lire : « Mais attendez que je vous coince ! »

Qelles sont, à votre avis, les devises qui ornent le devant et le dos du tee-shirt de Gilbert ? De Madeleine ?

Revenez à votre exemple personnel de jeu. Quelle était, selon vous, la devise inscrite sur le devant de votre tee-shirt ? Dans le dos ?

Dans cette même situation, quels étaient, à votre avis, les messages inscrits sur le devant et dans le dos des tee-shirts des autres participants ?

Si vous faites partie d'un groupe, formez un sous-groupe à deux ou trois. Chaque membre de ce petit groupe écrit intuitivement les messages que les autres membres portent sur le devant et dans le dos de leur tee-shirt. Partagez ensuite ce que vous avez noté.

Ne vous inquiétez pas si vous ne connaissez pas très bien les autres membres du groupe. De toute façon, nous décodons en général les messages inscrits sur les tee-shirts à partir de nos premières impressions. Si vous le souhaitez, vous pouvez refaire cet exercice avec des gens que vous connaissez bien. Il se peut que vous trouviez des choses intéressantes sur vous-même en comparant les différentes devises lues par d'autres sur votre tee-shirt □

Différents degrés de jeux

Les jeux peuvent se jouer à différents degrés d'intensité[3].

Un *jeu du premier degré* aboutit à un résultat dont le joueur peut parler dans son milieu social. Dans les jeux donnés en exemple au début de ce chapitre, tous les joueurs jouaient au premier degré. Vous pouvez imaginez que, d'un côté, Madeleine déverse sur ses collègues, à la pause café, ses sentiments de doute par rapport à elle-même, alors que son client d'une fois, lui, ronchonne au café du coin auprès de *ses* copains sur son inutilité à elle. Les copains et les collègues considèrent cela comme un comportement tout à fait acceptable. En fait, les jeux du premier degré constituent en général une grande partie de la structuration du temps des soirées et des réceptions.

Les jeux qui se jouent à un *deuxième degré* ont des conséquences plus dommageables que le joueur préfère ne pas évoquer dans son milieu social. Supposez par exemple que le client de Madeleine ne se soit pas contenté de ronchonner mais qu'il soit allé porter plainte pour incompétence ? Madeleine aurait pu alors traverser une dépression grave et même donner sa démission. Il est peu probable également qu'elle parle avec désinvolture à ses amis de ce qui s'est passé.

Un jeu du *troisième degré*, comme le dit Berne, « ... se joue pour de bon et se termine à l'hôpital, au tribunal ou à la morgue ». Si Gilbert et Denise avaient joué à ce niveau de gravité, Gilbert aurait fait physiquement mal à Denise. Et elle, à son tour, aurait rangé sa colère jusqu'au jour où elle aurait pris un couteau de cuisine et aurait frappé Gilbert.

Formule J

Berne a découvert que chaque jeu traverse une séquence de six étapes[4], qu'il a nommées ainsi :

Appât + Point faible = Réponse → Coup de théâtre → Moment de confusion → Bénéfice

ou simplement par leur initiale :

$$A + PF = R \rightarrow CT \rightarrow MC \rightarrow B$$

Il a appelé cette séquence *formule J* ou *formule de jeu*.

Appliquons la formule de jeu à ceux joués entre Madeleine et son client. Ce dernier commence par dire que son propriétaire l'a mis à la porte. Sous le message social, se trouve son *appât*, exprimé non verbalement : « Mais quand on essaie de m'aider, je ne me laisse pas aider, ah ! ah ! »

Comme Madeleine contribue également à l'instauration du jeu, elle signale son désir de jouer en révélant son point faible. Berne a utilisé ce mot pour désigner un « point faible » scénarique qui amène quelqu'un à mordre à l'appât de quelqu'un d'autre. Pour Madeleine, c'est un message Parental intérieur qui dit : « Tu *dois* aider quelqu'un qui est dans une si mauvaise passe ! »

Entendant ce message intérieur, elle répond à son client à un niveau psychologique : « D'accord, je vais essayer de vous aider, mais nous savons tous les deux qu'à la fin vous n'allez pas vous laisser aider. » Au niveau social, elle cache cela sous un « Que puis-je faire pour vous aider ? »

L'étape *réponses* du jeu se compose d'une série de transactions qui peuvent soit durer une seconde ou deux soit durer des heures, des jours, voire des années.

Dans ce cas, Madeleine donne plusieurs conseils à son client et celui-ci les contre en justifiant à chaque fois pourquoi ils ne marcheront pas. Au niveau social, ces transactions semblent être des échanges directs d'information, mais au niveau psychologique, elles répètent l'échange appât-point faible qui a amorcé le jeu.

Le *coup de théâtre* se produit quand Madeleine est à court de suggestions et que son client dit : « Merci d'avoir essayé de m'aider. »

L'instant d'après, Madeleine a l'impression qu'elle s'est fait surprendre. Ce moment de surprise est le *moment de confusion* et son client a la même impression.

Immédiatement, les deux joueurs ramassent leur *bénéfice* de sentiments parasites. Madeleine se sent déprimée et inadaptée et son client se sent empli d'une vertueuse indignation.

Quelles sont les étapes de la formule de jeu dans les jeux complémentaires joués par Gilbert et Denise ?

Identifiez ces étapes dans votre exemple personnel. Quels messages de niveau psychologique ont été échangés à chaque étape ? □

Le triangle dramatique

Stephen Karpman a conçu un diagramme simple et puissant d'analyse des jeux, le *triangle dramatique* (Fig. 23.1)[5]. Il avance que, toutes les fois que les gens jouent des jeux, ils adoptent l'un des trois rôles scénariques suivants : *Persécuteur, Sauveteur ou Victime.*

Un *Persécuteur* est quelqu'un qui rabaisse les autres et les humilie et pour qui les autres sont inférieurs et non OK.

Un *Sauveteur* voit également les autres comme non OK et inférieurs, mais il réagit en proposant de l'aide à partir d'une position supérieure. Il pense : « Il faut que j'aide tous ces gens parce qu'ils ne sont pas capables de s'aider tous seuls. »

Une *Victime* se sent inférieure et non OK. Quelquefois, elle recherche un Persécuteur qui la rabroue et la bouscule. Ou bien, elle recherche un Sauveteur qui lui offre de l'aide et confirme sa croyance de Victime : « Je ne peux pas m'en sortir toute seule. »

Chacun des rôles du triangle dramatique implique une *méconnaissance*. Le Persécuteur comme le Sauveur méconnaissent les autres. Le Persécuteur méconnaît leur valeur et leur dignité, les Persécuteurs extrêmes peuvent aller jusqu'à méconnaître leur droit à la vie et à

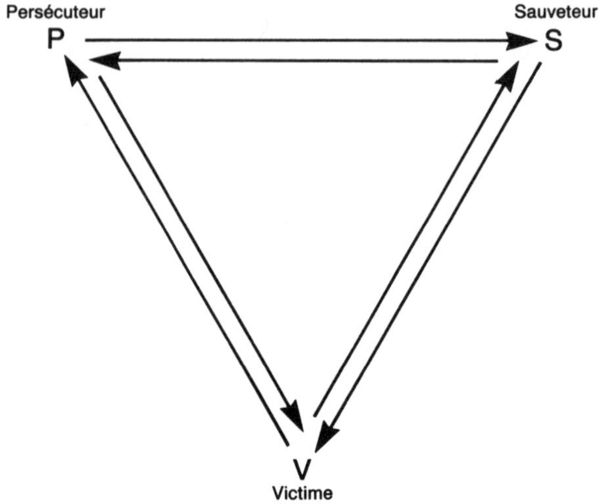

Figure 23.1 Le triangle dramatique

l'intégrité physique. Le Sauveteur méconnaît la capacité qu'ils ont à penser par eux-mêmes et à agir de leur propre initiative.

Une Victime se méconnaît elle-même. Si elle recherche un Persécuteur, elle accepte les méconnaissances qu'il montre et se considère elle-même comme quelqu'un qui mérite d'être rejeté et rabaissé. La Victime qui recherche un Sauveteur croit qu'elle a besoin de son aide pour penser correctement, agir ou prendre des décisions.

*P*renez une minute pour noter tous les mots que vous pensez pouvoir s'appliquer à un Persécuteur.

Faites de même pour un Sauveteur et une Victime □

Tous les rôles du triangle dramatique sont *non authentiques*. Lorsque les gens sont dans l'un de ces rôles, ils réagissent au passé plutôt qu'à l'ici et maintenant. Ils utilisent de vieilles stratégies scénariques qu'ils ont décidées, enfants, ou prises chez leurs parents. Pour désigner l'inauthenticité des rôles du triangle dramatique, nous écrivons les mots Persécuteur, Sauveteur et Victime avec une majuscule. Si nous les écrivons avec des minuscules, nous parlons de persécuteurs, sauveteurs et victimes réels.

*P*ouvez-vous penser à un persécuteur réel qui ne soit pas aussi Persécuteur ? Quels exemples pourriez-vous donner des différences entre un sauveteur authentique et quelqu'un qui jouerait le rôle du Sauveteur ?

Diriez-vous qu'il est possible que quelqu'un puisse être victime sans être aussi Victime ? □

Généralement, quand quelqu'un joue un jeu, il part d'une position et passe ensuite à une autre. Ce changement de position dans le triangle dramatique se produit au moment du coup de théâtre dans la formule de jeu.

Dans le jeu *Donne-moi des coups de pieds*, Gilbert a commencé par la position Persécuteur et l'a conservée pendant les réponses. Lorsque le coup de théâtre s'est produit, il est passé en Victime.

Quels changements de position Denise a-t-elle effectués dans le triangle dramatique lorsqu'elle jouait à *MJTTS* ?

Lesquels avez-vous effectués dans votre exemple personnel ? □

Analyse transactionnelle des jeux

Une autre manière d'analyser les jeux est d'utiliser un diagramme transactionnel. Cela est particulièrement utile pour dévoiler les transactions cachées entre les joueurs.

Diagramme transactionnel bernien

La figure 23.2 montre la version de Berne du diagramme transactionnel d'un jeu[6]. Elle décrit les premiers échanges entre Gilbert et Denise.

Gilbert *(niveau social, Ss)* : J'aimerais vous connaître mieux.
Denise *(niveau social, Rs)* : Oui, moi aussi.
Gilbert *(niveau psychologique, Sp)* : Donnez-moi des coups de pieds, s'il vous plaît !
Denise *(niveau psychologique, Rp)* : Je t'aurai, salaud !

Les « messages secrets » cachés de Sp et Rp restent hors du champ de la conscience de chacun des joueurs jusqu'à ce qu'ils apparaissent clairement au moment du coup de théâtre.

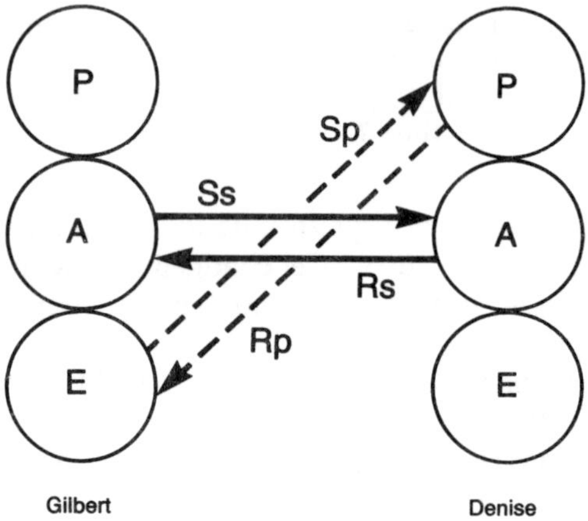

Figure 23.2 Diagramme transactionnel d'un jeu selon Berne

Le diagramme de Goulding-Kupfer

Bob Goulding et David Kupfer ont élaboré une autre version du diagramme transactionnel d'un jeu (Fig. 23.3)[7]. Pour eux, les jeux possèdent cinq traits caractéristiques.

1. Il y a d'abord l'« ouverture » du jeu, de niveau social (Ss). Goulding et Kupfer l'appellent le « stimulus direct visible ». Dans ce cas, Gilbert dit : « J'aimerais vous connaître mieux. »

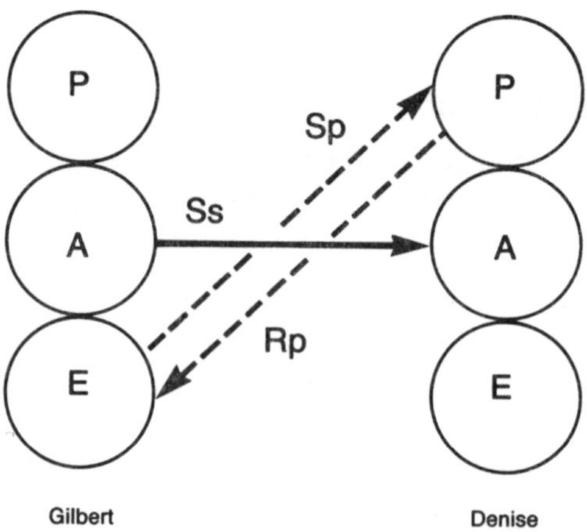

Figure 23.3 Diagramme d'un jeu selon Goulding-Kupfer

2. Le deuxième élément du jeu est le message de niveau psychologique simultané (Sp) qui est l'appât du jeu. Il s'appelle « message secret » et comporte une affirmation scénarique à propos de soi. Le message secret de Gilbert est : « Je mérite d'être rejeté, et je vais vous tester jusqu'à ce que j'en aie la preuve. Donnez-moi des coups de pieds, je vous en prie ! »

3. Comme toujours, le résultat est déterminé au niveau psychologique. Denise décode le « Donnez-moi des coups de pieds » de Gilbert et y souscrit pendant un temps en le traînant, accroché à ses basques, puis en le rejetant. Dans la séquence de Goulding-Kupfer, c'est la « réponse au message secret ».

4. Les deux joueurs se retrouvent en train d'éprouver des sentiments parasites, le « bénéfice des sentiments parasites ».

5. Toute la série des transactions cachées reste hors du champ de la conscience Adulte des joueurs.

Les Goulding insistent sur le fait que, si quelqu'un est suffisamment déterminé à jouer son jeu préféré, il peut déformer les répliques réelles de l'autre, de manière à y lire la réplique du jeu. Il peut alors prendre son bénéfice de sentiments parasites même si les répliques de l'autre personne sont hors jeu.

Supposez par exemple que Denise ait refusé avec constance de rejeter Gilbert malgré sa violence. Il peut redéfinir sa réponse en se disant : « Elle fait seulement semblant de vouloir être avec moi. Je *sais* qu'elle veut en fait se débarrasser de moi, et elle sort probablement avec quelqu'un d'autre en cachette. » Il fabrique ainsi la méconnaissance qu'il attendait et s'arrange pour prendre son bénéfice de sentiments négatifs de toute façon.

En utilisant le diagramme de Berne et celui de Goulding-Kupfer, analysez les jeux joués par Madeleine et son client.

Faites de même pour votre exemple personnel □

Le plan de jeu

John James a mis au point une série de questions qui nous permettent de comprendre le déroulement d'un jeu d'une autre manière. C'est le *plan de jeu*[8].

L'exercice suivant utilise une variante du plan de jeu qui comporte deux « questions mystérieuses ». Cet exercice a été mis au point par Laurence Collinson.

Vous pouvez utiliser les questions du plan de jeu pour analyser votre exemple personnel. Ou, si vous voulez, l'utiliser pour étudier une situation de jeu que vous avez identifiée dans votre vie.

Prenez un crayon et un papier et notez les réponses aux questions suivantes, telles qu'elles s'appliquent à votre exemple personnel. Mieux, trouvez quelqu'un d'autre pour partager vos idées à mesure que vous répondez aux questions du plan de jeu.

Les « questions mystérieuses » figurent à la fin de ce chapitre. *Ne vous y reportez pas avant d'avoir répondu à toutes les autres questions du plan de jeu.* Alors seulement, vous ajouterez les réponses aux deux « questions mystérieuses ».

1. Qu'est-ce qui m'arrive, encore et toujours ?
2. Comment cela commence-t-il ?
3. Que se passe-t-il ensuite ?
4. (Question mystérieuse)
5. Et ensuite ?
6. (Question mystérieuse)
7. Comment cela se termine-t-il ?

8a. Qu'est-ce que j'éprouve ?
8b. Qu'est-ce que je pense que l'autre éprouve ? □

Interprétation

La suite des réponses aux questions du plan de jeu devrait vous montrer les changements de position dans le triangle dramatique et les étapes de la formule J dans un jeu.

Les sentiments que vous avez notés en réponse aux questions 8a *et* 8b sont *tous les deux* susceptibles d'être vos sentiments parasites. Vous reconnaissez peut-être le sentiment mentionné en 8a comme habituel, mais vous vous étonnez que celui mentionné en 8b le soit également. Si cela s'applique à vous, vérifiez avec quelqu'un qui vous connaît bien.

Les réponses aux deux « questions mystérieuses » sont les messages de niveau psychologique du diagramme transactionnel du jeu. Toutefois, Laurence Collinson dit que *ces deux affirmations sont également susceptibles d'être des messages que vos parents vous ont transmis alors que vous étiez encore petit*. Vérifiez si cela s'applique à vous.

Une autre possibilité est que l'une des deux ou les deux réponses aux « questions mystérieuses » soient un message que *vous* avez transmis à vos parents quand vous étiez très jeune.

Conservez ces réponses de votre plan de jeu. Elles vous serviront encore quand vous lirez les deux chapitres suivants.

Définitions des jeux

Les auteurs AT ne sont pas d'accord sur la définition exacte de ce qu'est un jeu[9]. Peut-être est-ce dû au fait que Berne lui-même a défini les jeux de plusieurs façons à différentes étapes de sa pensée. Dans son dernier ouvrage, *Que dites-vous après avoir dit bonjour ?,* Berne a défini la formule J et expliqué les six étapes comme nous venons de le faire plus haut. Puis il a ajouté : « Tout ce qui entre dans cette définition est un jeu, et tout ce qui n'y entre pas n'est pas un jeu. »

Une définition ne saurait être plus claire. Pourtant, dans un livre précédent, *Principles of Group Treatment,* Berne avait défini un jeu en termes différents : « Un jeu est une série de transactions cachées avec un point faible, aboutissant à un bénéfice généralement bien caché mais bien défini. »

Vous allez voir la différence fondamentale qui existe entre les deux définitions. La deuxième version, dans *Que dites-vous...*, évoque le *coup de théâtre* et le *moment de confusion* comme traits essentiels d'un jeu, ce que ne fait pas la première.

En fait, ce n'est que fort tard dans l'évolution de la théorie des jeux que Berne a introduit la notion de coup de théâtre. Elle apparaît pour la première fois dans *Sex in Human Loving*. Dans *Games People Play (Des jeux et des hommes)*, paru plus tôt, il donnait une définition semblable à celle qui figure dans *Principles of Group Treatment*, et qui ne fait référence ni au coup de théâtre ni au moment de confusion.

Depuis Berne, certains auteurs ont utilisé des définitions qui suivent cette première version. En termes différents, ils ont défini un « jeu » comme n'importe qu'elle série de transactions cachées aboutissant à ce que les deux partenaires se sentent mal (éprouvent des sentiments parasites).

Nous préférons suivre l'autre école de pensée et utiliser la deuxième définition de Berne. Nous définirons comme « jeux » uniquement les séries qui suivent toutes les étapes de la formule J, *y compris* l'« échange des rôles » et le « moment de confusion » représentés par le coup de théâtre et le moment de confusion.

Pourquoi ? Parce que la première définition de Berne, sans le coup de théâtre, est déjà décrite dans l'AT moderne par un autre concept, celui de *parasitage*. Et il y a une nette différence entre le processus du parasitage et celui d'un jeu ainsi que l'a montré Fanita English. Les parasiteurs ressemblent aux joueurs en ce sens qu'ils échangent des messages cachés, tout en prenant leurs bénéfices de sentiments parasites ; mais dans le parasitage, il n'y a pas de coup de théâtre. Les partenaires peuvent continuer de parasiter aussi longtemps qu'ils le souhaitent ou qu'ils ont assez d'énergie pour le faire, puis ils s'arrêtent simplement ou font autre chose.

Ce n'est que si l'un des partenaires déclenche le coup de théâtre que l'échange de parasitage se transforme en jeu. (Dans le chapitre suivant, nous développerons la raison pour laquelle les gens font cela.)

Nous pensons que la différence entre le parasitage et le jeu est utile à faire. Elle nous fournit une aide concrète pour comprendre comment les gens entrent dans des échanges douloureux et comment ils peuvent en sortir. Par conséquent, il est également utile d'avoir deux définitions distinctes pour que nous sachions toujours clairement duquel des deux concepts nous parlons.

Supposez que vous vouliez expliquer ce qu'est un « jeu » à quelqu'un qui ne connaît pas le langage scientifique de la formule J de Berne ? Vous pouvez vous y prendre ainsi, comme le propose Vann Joines :

Un jeu consiste à faire quelque chose en ayant un mobile caché qui :

1. est inconscient ;

2. ne devient explicite que lorsque les partenaires inversent leur manière de se comporter ;

3. a pour résultat que tout le monde se sent confus, incompris, avec le désir d'en rejeter la responsabilité sur l'autre.

Les « questions mystérieuses »

Question mystérieuse 4 : Quel est le message caché que j'envoie à l'autre ?

Question mystérieuse 6 : Quel est le message secret que l'autre m'envoie ?

24

POURQUOI JOUER ?

Les jeux ne sont pas drôles. Alors pourquoi jouons-nous ? Les auteurs AT ont émis plusieurs suggestions en réponse à cette question[1]. Ils concordent sur un point : en jouant, nous reproduisons des stratégies périmées. Jouer a été l'une des astuces que nous avons adoptées, enfants, pour obtenir du monde ce que nous voulions. Mais dans la vie adulte, nous avons d'autres options qui sont plus efficaces.

Jeux, timbres et bénéfice scénarique

Avant tout, les gens jouent pour faire avancer leur scénario.

Eric Berne a proposé la séquence qui nous permet d'y arriver. En prenant son bénéfice à chaque jeu, le joueur éprouve un *sentiment parasite*. Chaque fois qu'il fait cela, il peut stocker ce sentiment sous forme de *timbre*.

Vous avez appris le reste de l'histoire au chapitre 21. Lorsque le joueur a amassé une collection de timbres suffisante, il se sent « justifié » pour l'échanger contre n'importe quel *bénéfice scénarique* négatif qu'il a décidé, enfant.

Ainsi, chaque personne choisit ses jeux afin d'obtenir le genre de timbres qui lui permettra d'avancer vers la fin du scénario qu'elle a décidée. Comme de coutume avec les scénarios, l'histoire du scénario peut se jouer en miniature à maintes reprises au cours de la vie.

Prenez le jeu de Denise, *MJJTS*. Chaque fois qu'elle le joue, elle collectionne des timbres de colère qu'elle échange ensuite contre un rejet de l'autre. Son bénéfice scénarique à long terme est de finir vieille et seule, après avoir rejeté tous les hommes qu'elle a connus.

Les gens choisissent le degré auquel ils jouent en fonction du degré de leur bénéfice scénarique. Supposez que Denise ait un scénario hamartique au lieu d'avoir un scénario banal. Elle jouerait sans doute son jeu de MJTTS au troisième degré. Les hommes qu'elle choisirait lui feraient mal physiquement et non plus seulement en paroles. Au moment du coup de théâtre, elle liquiderait à son tour sa collection de timbres de colère en faisant mal à l'homme physiquement. Son bénéfice scénarique serait l'homicide ou des blessures graves infligées à autrui.

Revenez à votre propre exemple. Quel sentiment avez-vous collectionné ?

Comment vous y êtes-vous pris pour édifier cette collection en vue d'un bénéfice scénarique négatif ? □

Renforcer les croyances scénariques

Vous savez que l'enfant considère ses décisions précoces comme étant le seul moyen de s'en sortir et de survivre. Il n'est donc pas étonnant que, lorsque nous sommes dans notre scénario, une fois adultes, nous voulions confirmer encore et encore que nos croyances scénariques sur nous-mêmes, les autres et le monde sont « vraies ». Chaque fois que nous jouons, nous utilisons le bénéfice pour renforcer ces croyances scénariques. Par exemple, lorsque Madeleine était petite, elle a décidé non verbalement que sa tâche dans la vie serait d'aider les autres, mais qu'elle ne pourrait jamais les aider suffisamment. Chaque fois qu'elle joue Pourquoi ne pas, elle finit par se répéter intérieurement cette décision. En termes de circuit des sentiments parasites, elle ajoute un souvenir renforçant de plus qui renforce ses croyances scénariques sur elle-même, les autres et sur la vie.

Jeu et positions de vie

Nous pouvons également utiliser les jeux pour « confirmer » notre position de vie de base. (Revoyez ce concept au chapitre 12.) Par exemple, les gens comme Gilbert, qui jouent *Donnez-moi des coups de pieds*, renforcent une position de vie « − + ». Cette position « justifie » le joueur lorsqu'il fuit les autres. Une joueuse de MJTTS comme Denise pense qu'elle confirme sa position « + − » chaque fois qu'elle atteint son bénéfice de Persécuteur, « justifiant » ainsi sa stratégie qui consiste à se débarrasser des autres.

Si une personne se situe dans le quadrant inférieur gauche de l'enclos OK, dans le « — — », elle utilise vraisemblablement ses jeux pour « justifier » le fait qu'elle n'arrive à rien avec les autres. C'est par exemple le résultat auquel aboutit Madeleine chaque fois qu'elle joue son jeu de Pourquoi ne pas.

Dans votre exemple personnel, quelles croyances sur vous-même, les autres et le monde renforciez-vous peut-être au moment du bénéfice final ?

À quelle position de vie ces croyances correspondent-elles ?

Cela vérifie-t-il la position de vie de base dans laquelle vous vous êtes vu quand vous avez étudié l'enclos OK ? □

Jeux, symbiose et cadre de référence

Pour les Schiff, les jeux sont le résultat de relations symbiotiques non terminées, où chaque joueur se méconnaît lui-même et méconnaît l'autre[2]. Les joueurs conservent des croyances grandioses afin de « justifier » cette symbiose, du genre « Je ne peux rien faire » (Enfant) ou « Tu es toute ma vie, mon chéri ! » (Parent). De ce fait, chaque jeu est une tentative pour maintenir une symbiose malsaine, ou, au contraire, une réaction violente contre cette symbiose.

Nous pouvons établir un diagramme de la symbiose pour analyser les jeux complémentaires de Gilbert et de Denise (Fig. 24.1). À la figure 24.1a, nous avons leur position symbiotique de départ. Gilbert occupe la position de Parent tandis que Denise occupe celle de l'Enfant. Comme il est convenu de le faire dans le dessin du diagramme de la symbiose, nous montrons que Gilbert est également en charge de la position Adulte. Toutefois, lorsque les partenaires en sont aux premières étapes de leurs jeux respectifs, aucun d'eux n'est conscient de ce qui se passe. On pourrait donc concevoir de redessiner le diagramme et de montrer que l'Adulte est hors service aussi bien pour Gilbert que pour Denise.

Au moment du coup de théâtre, les positions symbiotiques sont également inversées. Gilbert occupe maintenant la position de l'Enfant blessé et Denise passe dans un Parent rejetant. Et cela donne la deuxième image de la symbiose, figure 24.1b.

Sans le savoir, Gilbert rejoue la symbiose vécue jadis avec sa mère. Quand il était petit, il a intuitivement saisi qu'elle le rejetait. Il a pris une décision non verbale : « On dirait que je n'obtiens de l'attention de Maman que si elle entreprend de me rejeter. Sinon, le risque est qu'elle ne fasse pas attention à moi du tout. J'ai donc tout intérêt à m'arranger pour que le rejet se poursuive. » Il a donc

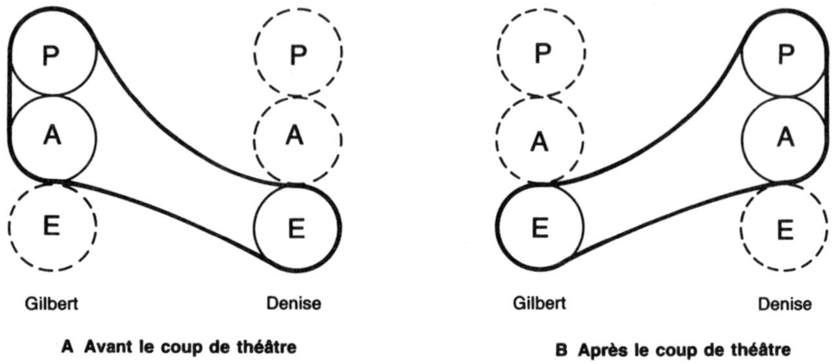

Figure 24.1 Diagramme de la symbiose dans l'analyse des jeux

rapidement élaboré un ensemble de stratégies pour aboutir à ce résultat. Parfois, il geignait, pleurnichait sans arrêt ou bien piquait une grosse colère. Dans un cas comme dans l'autre, Maman finissait par se fâcher contre lui. Elle criait ou même le frappait. Ce genre d'attention faisait mal, mais c'était mieux que pas d'attention du tout.

Adulte, Gilbert continue inconsciemment à appliquer la même stratégie. Il recherche des femmes qui vont vraisemblablement le rejeter à partir d'une position Parent. Si le rejet ne vient pas assez vite, il le précipite en Persécutant la femme, de la même manière qu'il Persécutait sa mère quand il avait quinze mois.

Denise reproduit également une symbiose de l'enfance. Quand elle était bébé et jusqu'à deux ou trois ans, elle a bénéficié d'une quantité de strokes taquins de la part de son père. Puis est venue l'époque où elle n'a plus été seulement un bébé mais une petite fille très féminine. Dans son Enfant, Papa a commencé à mal vivre ses propres réactions sexuelles à l'égard de sa fille. De façon inconsciente, il s'est physiquement éloigné d'elle.

Denise s'est sentie trahie et blessée. Pour effacer sa douleur, elle a caché sa souffrance sous la colère et décidé qu'elle se sentirait moins mal si c'était elle qui rejetait. Elle est passée dans le Parent pour rabaisser l'Enfant de son père. En tant que femme adulte, elle perpétue inconsciemment cette décision. Elle « met le visage de Papa » sur les hommes qu'elle fréquente et les rejette tout en éprouvant à nouveau la colère de son enfance.

*T*racez le diagramme de la symbiose pour les jeux de Madeleine et de son client.

Trouvez la position symbiotique que vous avez occupée au départ du jeu, dans votre exemple à vous, et la position dans laquelle vous êtes passé au moment du coup de théâtre. Identifiez-vous la symbiose de votre enfance que vous reproduisiez ou contre laquelle vous réagissiez ? □

Quand les gens utilisent des jeux pour reproduire une symbiose de l'enfance, ils « justifient » et perpétuent le problème méconnu. Ce faisant, ils protègent leur cadre de référence.

Par conséquent, les jeux sont joués pour que les joueurs « justifient » ce qu'ils éprouvent et croient déjà (leurs sentiments parasites et leur position de vie) et pour qu'ils fassent porter la responsabilité à quelqu'un ou quelque chose d'autre. Chaque fois qu'une personne fait cela, elle renforce son scénario et le fait avancer.

Jeux et strokes

Vous savez que l'enfant a besoin de strokes pour survivre. Tous les enfants ont peur à un moment ou à un autre que la source ne se tarisse. Pour se protéger contre cela, ils développent tout un répertoire de manipulations pour maintenir leur approvisionnement en strokes.

Les jeux sont un moyen fiable d'obtenir une provision de strokes intenses. Ceux qui sont échangés au cours des premières étapes du jeu peuvent être soit positifs soit négatifs, selon le jeu. Au moment du coup de théâtre, chaque joueur reçoit ou donne des strokes négatifs intenses. Qu'ils soient positifs ou négatifs, tous les strokes échangés au cours d'un jeu entraînent une méconnaissance.

Jeux, strokes et parasitage

Fanita English dit que les gens commencent à rechercher des strokes en jouant lorsque ceux qu'ils obtiennent par le *parasitage* courent le risque de se tarir[3]. Je vais peut-être adopter une position d'impuissance avec vous tandis que vous allez adopter celle de serviabilité. Je vous raconte toutes les misères que j'ai subies aujourd'hui, et vous m'offrez votre sympathie de Sauveteur. Nous allons échanger ces strokes de parasitage pendant un certain temps.

Puis, vous vous lassez de cet échange et vous envoyez des signaux qui indiquent que vous voulez aller plus loin. J'ai peur dans l'Enfant, et je vais réagir par le coup de théâtre d'un MJTTS, en disant quelque chose comme « Hum ! J'ai toujours cru que vous étiez quelqu'un sur qui je pouvais compter, mais maintenant, je vois bien que je me suis trompé ». Inconsciemment, j'espère que vous allez revenir avec un *Donnez-moi des coups de pieds* et maintenir ainsi la production de strokes.

Chaque fois que les gens entrent dans des jeux pour extorquer des strokes, ils méconnaissent la réalité. Ils ne tiennent pas compte des nombreuses options qu'ils ont en tant qu'adultes pour en obtenir de manière positive.

> Quels strokes donniez-vous et receviez-vous à chaque étape, dans votre exemple personnel ?
>
> Êtes-vous entré dans un jeu lorsque les strokes fournis par le parasitage ont risqué de s'épuiser ? □

Les « six avantages » de Berne

Dans *Des jeux et des hommes*, Eric Berne a énuméré « six avantages » du jeu[4]. Aujourd'hui, on ne s'y réfère plus guère dans la pratique AT, car chacun d'eux se comprend plus facilement à travers d'autres notions AT. Passons-les brièvement en revue. Pour les illustrer, disons que je joue à *Donnez-moi des coups de pieds*.

1. *Avantage psychologique interne.* En jouant des jeux, je maintiens la stabilité de l'ensemble des données de mon scénario. Chaque fois que je joue *Donnez-moi des coups de pieds*, je renforce ma propre croyance selon laquelle je dois me faire rejeter par les autres pour obtenir de l'attention.

2. *Avantage psychologique externe.* J'évite la situation qui remettrait en cause mon cadre de référence. Par conséquent, j'évite l'angoisse que susciterait cette remise en question. En jouant à *Donnez-moi des coups de pieds*, j'évite d'affronter la question : « Que se passerait-il si je demandais effectivement des strokes positifs directs ? »

3. *Avantage social interne.* En termes berniens, les jeux « fournissent un cadre pour une relation sociale faussement intime, à la maison ou dans l'intimité ». Mon jeu *Donnez-moi des coups de pieds* peut être en grande partie constitué de longs échanges douloureux « cœur à cœur » avec mon partenaire de jeu. Nous avons le sentiment d'être ouverts l'un à l'autre alors qu'en réalité, il n'y a pas d'intimité. Au-dessous du niveau social des messages, se trouvent les messages cachés qui confirment que nous sommes dans un jeu.

4. *Avantage social externe.* Jouer nous fournit un thème de conversation dans un cercle social plus large. Lorsque je suis au bar avec un groupe d'autres joueurs de *Donnez-moi des coups de pieds*, nous passons le temps en parasitage sur le thème « Toutes des garces ! ».

5. *Avantage biologique.* Il concerne la production de strokes grâce au jeu. *Donnez-moi des coups de pieds* en fournit surtout de négatifs. J'ai décidé, enfant, que dans la mesure où les positifs n'arrivaient pas facilement, j'avais intérêt à mettre en place des moyens fiables d'obtenir des coups afin de survivre. Et chaque fois que je rejoue ce jeu, je satisfais ma faim de structure aussi bien que ma faim de strokes.

6. *Avantage existentiel.* C'est le rôle que joue un jeu en « confirmant » la position de vie. *Donnez-moi des coups de pieds* se joue à partir d'une position « $-+$ », et chaque fois que je ramasse un coup de pied dans un jeu, je renforce cette position.

Quels sont les « six avantages » du jeu de MJTTS de Denise ? Quels étaient les vôtres dans votre exemple personnel ? □

Bénéfices positifs des jeux

John James a développé l'idée selon laquelle les jeux ont de réels avantages aussi bien que des avantages scénariques. Il souligne que chaque jeu amène un *bénéfice positif* aussi bien qu'un bénéfice négatif[5].

Un jeu représente la meilleure stratégie qu'un enfant a trouvée pour obtenir quelque chose du monde. Quand nous jouons dans la vie adulte, nous essayons de répondre à un besoin authentique de l'Enfant. Il s'avère simplement que les moyens de satisfaire ce besoin sont dépassés et constituent des manipulations.

James dit que le bénéfice positif vient *après* le bénéfice négatif dans la formule de jeu. Par exemple, quel besoin positif de l'Enfant suis-je en train de satisfaire en jouant à *Donnez-moi des coups de pieds* ? C'est que, chaque fois que je joue ce jeu, après avoir ramassé mon bénéfice de sentiments négatifs, je me dis dans l'Enfant : « Ouf ! Dieu merci, un peu de temps et d'espace à moi ! »

D'autres joueurs de *Donnez-moi des coups de pieds* peuvent prendre d'autres bénéfices positifs que les miens. Le bénéfice positif est unique pour chaque joueur, mais comme le dit John James, il est bien toujours là.

Quels bénéfices positifs Madeleine et son client pouvaient-ils rechercher quand ils sont entrés dans leurs échanges de *Pourquoi ne pas ? — Oui, mais ?*

Quel bénéfice positif avez-vous obtenu à la fin de votre propre jeu ? Il se peut que la réponse soit immédiate ou qu'elle vous demande un peu de temps et de réflexion □

25

QUE FAIRE DES JEUX ?

Vous avez déjà franchi les étapes les plus importantes pour ce qui est de désamorcer un jeu. Vous avez appris ce que sont les jeux et comment on peut les analyser. Vous connaissez les mobiles cachés des gens qui jouent. Dans ce chapitre, nous esquissons une « boîte à outils » des moyens concrets de contrer les jeux.

Faut-il donner un nom au jeu ?

Dans son best-seller, *Des jeux et des hommes,* Berne a fasciné ses lecteurs en donnant des noms ronflants aux jeux qu'il avait répertoriés[1]. D'autres ont suivi son exemple et nommer ainsi les jeux est devenu en AT une mode qui a duré plusieurs années. On a littéralement « découvert » des centaines de jeux portant chacun un nom particulier.

Avec un recul de plus de vingt ans, nous voyons maintenant que seuls quelques-uns d'entre eux constituent un apport authentique à notre compréhension des jeux. Bon nombre des jeux avancés s'avèrent être la description d'interactions qui ne sont pas du tout des jeux, selon les définitions que nous avons vues au chapitre 23. En particulier, beaucoup n'incluent pas le coup de théâtre et peuvent donc être classés plutôt comme passe-temps ou parasitage. C'est le cas de nombreux « jeux » énumérés dans *Des jeux et des hommes.*

Quand nous éliminons ces jeux qui n'en sont pas, nous nous apercevons que ceux qui restent peuvent se classer dans un nombre relativement restreint de schémas de base. Chacun de ces schémas peut être identifié par un nom de jeu connu. Tous les autres noms représentent des variantes qui portent plutôt sur le *contenu* que sur le *processus*, sur les détails de *ce qui* se passe pendant le jeu plutôt que sur la *manière* dont se déroule le jeu.

La plupart des praticiens AT aujourd'hui préfèrent réduire le nombre de noms de jeux qu'ils utilisent et nous suivons cette démarche. Nous pensons que la meilleure manière de développer votre connaissance des jeux est de vous concentrer sur le schéma général qui définit *comment* les jeux se jouent. Cela vous permet également de mettre au point des principes généraux pour contrer les jeux au lieu d'être obligé de développer à part une « antithèse » qui soit caractéristique du contenu de chaque jeu, comme l'a fait Berne.

Quelques jeux courants

Dans cette partie, nous énumérons quelques-uns des noms de jeux les plus couramment utilisés. On les classe en fonction des changements de position dans le triangle dramatique que le joueur opère au moment du coup de théâtre[2].

Changement Persécuteur-Victime

Le plus représentatif est *Donnez-moi des coups de pieds* que nous avons déjà illustré par des exemples.

Gendarmes et voleurs est une version du même jeu qui se joue dans un contexte judiciaire. Là, le joueur commence par chercher à Persécuter les forces de l'ordre et de la loi. Mais, finalement, il s'arrange pour se faire prendre et finit en Victime.

Dans *Défauts*, le joueur met le doigt sur les défauts des autres, critique leur allure, leur travail, leurs vêtements, etc. Il peut continuer ce thème indéfiniment pour parasiter sans nécessairement passer au coup de théâtre. Toutefois, il peut finir rejeté par ceux qu'il critique, ou s'arranger pour qu'on le « surprenne » alors qu'il en train de parler des défauts de quelqu'un derrière son dos. Il passe alors de la position de Persécuteur à celle de Victime dans le triangle dramatique, transformant son parasitage en jeu.

Le joueur de *Sans toi* se plaint continuellement des autres qui l'empêchent de faire ce qu'il veut. Par exemple, une mère dit à ses enfants : « Sans vous, je pourrais voyager à l'étranger. » Supposez maintenant que quelque chose interrompe son parasitage. Mettons qu'elle hérite suffisamment d'argent pour faire garder ses enfants. Ou bien, simplement, qu'ils deviennent assez grands pour se passer d'elle. Pensez-vous qu'elle ira faire ces voyages à l'étranger ? Non.

Elle découvre qu'elle a trop peur de quitter son pays et passe ainsi à la position de Victime.

Changement Victime-Persécuteur

Le schéma est celui de *Maintenant je te tiens salaud* (*MJTTS*). Vous vous rappelez que c'était le jeu de Denise dans l'un de nos premiers exemples. Dans ce jeu comme dans toutes ses variantes, le joueur fait une sorte d'« avance » à partir de Victime. Quand le partenaire mord à l'appât, le joueur lui envoie un coup de pied Persécuteur.

Dans *Oui mais*, le joueur commence par demander des conseils tout en repoussant toutes les propositions qu'on lui fait. Le coup de théâtre se produit lorsque celui qui donne les conseils se trouve à court d'idées et que le joueur de *Oui mais* profite de ce moment-là pour le rejeter. Vous vous rappelez comment le client de Madeleine a fait cela dans notre exemple. C'est un jeu répandu dans le travail social et dans d'autres contextes d'« aide ».

Au viol est la version sexuelle de *MJTTS*. Là, le joueur fait une avance sexuelle. Quand le partenaire de jeu répond par une proposition, celui qui joue *Au viol* réagit par un rejet indigné. Il porte un tee-shirt qui, sur le devant, dit : « Je suis disponible ! » et dans le dos : « Mais pas pour *vous*, ah ! ah ! » Un jeu *Au viol* du premier degré est un moyen répandu pour obtenir des strokes dans les soirées et aboutit en général à une rebuffade modérée. Au troisième degré, celui qui joue *Au viol* peut attendre qu'il y ait contact physique, et passer alors au coup de théâtre en criant « Au viol ! ».

Il existe plusieurs jeux construits sur le schéma de *MJTTS* où la situation initiale de Victime sert de position de parasitage et où le coup de théâtre ne se produit pas tant que cette position n'est pas menacée. Les gens qui jouent à *Stupide* ou à *Pauvre de moi* commencent respectivement par parasiter à partir de positions comme « Je suis incapable de penser » et « Je ne peux rien faire pour moi-même ». Ils peuvent se contenter de rester dans cette position tant que les strokes continuent d'affluer. Toutefois, si quelqu'un confronte ces joueurs en leur demandant de penser ou de faire des choses pour eux-mêmes, ils passent au coup de théâtre en se mettant en colère et en accusant : « Ouais ! J'aurais dû savoir que *tu* ne me serais d'aucune aide ! »

Jambe de bois est une variante de *Pauvre de moi*, avec un tee-shirt dont la devise est : « Que pouvez-vous espérer de quelqu'un qui... a eu une mère comme la mienne/est alcoolique comme moi/a été élevé dans la zone/(ajoutez n'importe quel autre prétexte). »

Le joueur de *Fais quelque chose pour moi* cherche clandestinement à extorquer des autres qu'ils pensent ou qu'ils agissent à sa place.

Par exemple, un élève en classe à qui on pose une question peut rester assis en silence à mâchonner son stylo et à attendre que le maître donne la réponse. Aussi longtemps qu'il obtient l'aide qu'il attend, il peut occuper cette position impuissante de Victime. Plus tard, il passe au coup de théâtre et moissonne une plus ample quantité de strokes à partir du jeu, en accusant l'autre de lui avoir donné de mauvais conseils. Par exemple, ce même élève va aller voir le principal après le test et se plaindre qu'il a eu une mauvaise note parce que le maître n'a pas été clair dans son enseignement. La position adoptée à la fin de ce jeu lui a aussi parfois donné un autre nom, *Regardez ce que vous m'avez fait faire.*

Changement Sauveteur-Victime

Le prototype de ce jeu est *J'essaie seulement de vous aider.* Ce titre peut servir pour n'importe quel jeu où quelqu'un commence par offrir de l'« aide » à partir d'une position de Sauveteur, puis passe en Victime quand la personne qu'il « aide », soit rejette cette aide, soit s'obstine et s'enlise de toute façon, ou indique que l'aide proposée n'a pas été suffisante. Celui qui voulait « aider » ramasse alors comme bénéfice des timbres d'inadaptation.

Le jeu que Madeleine a joué dans notre premier exemple, *Pourquoi ne pas,* est une variante de ce thème qui utilise des conseils rejetés par le partenaire de jeu.

Changement Sauveteur-Persécuteur

Regarde comme j'ai essayé, commence comme *J'essaie seulement de vous aider,* avec la personne « aidante » dans le rôle du Sauveteur. Mais au coup de théâtre, le Sauveteur devient un Persécuteur accusateur au lieu d'une Victime malheureuse. Par exemple, imaginez une femme qui s'est comportée comme une mère « étouffante » à l'égard de son fils pendant toute son enfance. C'est aujourd'hui un adolescent rebelle qui vient lui annoncer qu'il quitte la maison. Elle passe au coup de théâtre en hurlant : « Après tout ce que j'ai fait pour toi ! J'espère que tu auras ce que tu mérites ! Je m'en lave les mains, tu entends ? »

Utiliser des options

Vous avez appris ce que sont les options au chapitre 7. Si vous les avez pratiquées, vous savez maintenant vous en servir. Cette habileté, combinée à la connaissance de l'analyse des jeux, vous donne une arme efficace pour riposter aux jeux.

Les options peuvent servir à rompre le cours d'un jeu à *n'importe quelle* étape de la formule de jeu. Si vous vous rendez compte que vous êtes vous-même embarqué dans un de vos jeux, vous pouvez prendre l'option de quitter un état du moi fonctionnel négatif pour passer dans un autre, positif. Si quelqu'un d'autre vous a invité à entrer dans son jeu, utilisez des options pour répondre d'une manière qui croise ce qu'il attendait « logiquement » de votre part à cette étape du jeu.

Nous vous proposons de n'utiliser que des options émanant des états du moi positifs. Plutôt que de vous engager avec l'autre dans une danse autour du triangle dramatique, sortez-en complètement.

Vous n'avez pas le pouvoir de *faire* que les autres cessent de jouer. Vous n'avez pas non plus celui de les empêcher d'essayer de vous faire entrer dans un jeu. Mais en utilisant des options, vous pouvez, vous, rester en dehors du jeu ou en sortir si vous vous apercevez que vous y êtes déjà entré. Vous augmentez ainsi vos chances d'inviter l'autre à sortir de ce jeu, si ce but est quelque chose qui vous tient à cœur.

Repérer l'appât

Bob et Mary Goulding ont insisté sur l'importance de prendre le jeu tout au début, au moment de l'appât[3]. Si vous répondez immédiatement par une option pour contrer cela, vous allez sans doute bloquer le reste du jeu.

Pour cela, faites appel à votre capacité de « penser Martien ». Il vous faut découvrir le message secret qui constitue l'appât, et croiser celui-ci au lieu de répondre au message social.

Vous pouvez utiliser un croisement direct à partir de l'Adulte. Considérez par exemple le début du jeu entre Madeleine et son client. Quand il arrive avec sa demande d'aide, Madeleine peut répondre : « Vous avez l'air d'avoir un problème. Qu'attendez-vous de moi ? » Par cette question, elle aborde directement le message secret. Si son client redéfinit pour tenter à nouveau de l'accrocher dans son jeu, elle peut simplement répéter la même question croisée jusqu'à ce qu'il donne soit une réponse Adulte, soit qu'il abandonne et parte. Dans ce dernier cas, il peut de toute façon ramasser son bénéfice négatif. Mais Madeleine évite d'en ramasser un pour elle-même.

Si cela est possible dans le contexte, une manière particulièrement efficace de croiser l'appât initial consiste à répondre de façon exagérée, « hénaurme » à partir de l'Enfant ou du Parent. Madeleine par exemple peut accueillir la plainte initiale de son client en se laissant glisser à bas de son fauteuil jusque sous le bureau, en grommelant : « *Oh Mon Dieu !* Vous avez encore des ennuis, on dirait ? » Quand un client dit à Bob Goulding qu'il est venu en thérapie pour « travailler » sur un problème, Bob répond très souvent en prenant un air de souffrance ennuyée et en répétant d'une voix morne : « Travailler, encore travailler, toujours travailler... » Des réponses de ce genre croisent l'Appât initial au niveau psychologique et signifient : « J'ai vu clair dans votre jeu, alors, à la place, amusons-nous. »

Repérer les méconnaissances et les drivers

L'appât initial implique toujours une méconnaissance. Il existe d'autres méconnaissances à chaque étage du jeu. Par conséquent, l'art de les détecter vous aide à identifier les appels à jouer et à les désamorcer par les options.

Si vous acceptez la méconnaissance proposée par l'appât, vous montrez votre point faible et le jeu est amorcé. Donc, la manière de rendre celui-ci inopérant consiste à confronter la méconnaissance de l'autre.

À la fraction de seconde qui précède l'entrée dans un jeu, le joueur manifeste un comportement sous driver. Vous avez appris au chapitre 16 à les identifier. Cette capacité vous aidera aussi à saisir l'appât initial et à bloquer les mouvements de jeu qui suivent. Pour rester en dehors du jeu, refusez de répondre au driver de l'autre par un driver de votre part. Donnez-vous une permission à la place.

Refuser le bénéfice négatif

Que se passe-t-il si vous ratez l'appât initial, que vous entrez dans le jeu et que vous ne vous en apercevez qu'au moment du coup de théâtre ? Tout n'est pas perdu. Vous pouvez toujours refuser de prendre votre bénéfice de mauvais sentiments. Mieux, vous pouvez vous donner un bénéfice de bons sentiments à la place. Par exemple, supposez que j'assiste à une conférence faite par un célèbre orateur. Au moment du débat, j'attaque ses idées avec une verve très spirituelle. En fait, sans en être conscient encore, je suis en train de commencer à le Persécuter. Quand j'en ai terminé, le conférencier sourit tranquillement et démolit ma critique d'une phrase bien choisie. Le public rit.

À ce moment, mon scénario me pousse à passer au coup de théâtre de mon jeu *Donnez-moi des coups de pieds.* « Logiquement », je dois me sentir rejeté et inutile. Au lieu de cela, je quitte mon scénario. Je me dis : « Intéressant ! Je viens de m'apercevoir que j'ai mis en place *Donnez-moi des coups de pieds* au cours des trois minutes qui viennent de s'écouler. Comme je suis malin de m'être rendu compte de cela ! » Je me récompense d'un paquet de bons sentiments pour mon astuce à repérer le jeu.

Remarquez que je ne me félicite pas d'être entré dans le jeu. Je me félicite d'être assez malin pour m'être aperçu que j'étais dedans.

Ce qui est intéressant, c'est que si vous utilisez cette technique constamment, vous allez voir qu'avec le temps vous jouerez ce jeu moins souvent et moins intensément. Cela n'est pas surprenant, étant donné le rôle que jouent les jeux par rapport au scénario. Chaque fois que je refuse les mauvais sentiments comme bénéfice d'un jeu, et que je me donne un bénéfice sous forme de bons sentiments, je décolle un timbre négatif. J'engrange un souvenir renforçant positif à la place du souvenir renforçant négatif recherché dans le jeu. Je me donne ainsi les moyens de désamorcer mes croyances scénariques et de réduire l'intensité de mes manifestations de parasitage dont le jeu lui-même fait partie.

Passer directement au bénéfice positif

John James propose une technique identique[4]. Vous vous rappelez son idée selon laquelle chaque jeu comporte un bénéfice positif aussi bien qu'un bénéfice négatif. Quand vous identifiez un jeu particulier comme étant un de ceux auxquels vous avez souvent joué, vous pouvez retrouver quel besoin authentique de l'Enfant vous avez satisfait, à travers lui, dans le passé. Vous pouvez alors trouver des moyens de répondre à ce besoin d'une manière directe et non pas scénarique.

Par exemple, supposez que le bénéfice positif de mon jeu *Donnez-moi des coups de pieds* soit d'avoir du temps et de l'espace à moi. Sachant cela, je peux utiliser mes options d'adulte pour obtenir ces bénéfices sans recevoir au préalable des coups de pieds. Je vais commencer par m'octroyer dix minutes tranquilles tous les matins et tous les après-midi, ou bloquer du temps dans mon emploi du temps pour aller me promener seul dans la campagne. En faisant cela, je réponds au besoin de mon Enfant de manière directe. Résultat, je vais sans doute de moins en moins souvent jouer à *Donnez-moi des coups de pieds*. De plus, quand je jouerai effectivement ce jeu, il est probable que je le jouerai à un degré moindre que par le passé.

Passer dans l'intimité au moment du coup de théâtre

Une fois que vous serez habitué à suivre le fil des différentes étapes du jeu, vous trouverez qu'il est facile de reconnaître le coup de théâtre. Vous vous rendrez compte que vous comme l'autre semblez avoir changé de rôle d'une certaine manière, et presque en même temps, vous reconnaîtrez le moment de confusion.

À ce stade, vous avez encore une autre stratégie pour quitter le jeu. Quand une personne reste dans son scénario lors du coup de théâtre et du moment de confusion, elle croit que la *seule* option qu'elle a est d'aller vers le bénéfice. Mais avec une conscience Adulte, vous pouvez prendre une autre voie. Au lieu d'entrer dans des sentiments parasites, vous pouvez dévoiler à l'autre vos sentiments et besoins authentiques. Vous suscitez ainsi l'intimité à la place du bénéfice du jeu.

Imaginez par exemple que je joue mon *Donnez-moi des coups de pieds* dans une relation et que j'arrive juste au coup de théâtre. Je peux dire à l'autre : « Je viens de me rendre compte de ce que j'ai mis en place — te bousculer jusqu'à ce que tu me rejettes. Maintenant, j'ai peur que tu me quittes et je veux vraiment que tu restes proche de moi. »

Par cette déclaration ouverte, je ne peux pas *faire* que l'autre reste avec moi. Je ne peux même pas *faire* qu'il quitte son jeu s'il a décidé d'y rester. Mais je l'*invite* à réagir à partir de ses sentiments et de ses besoins authentiques. S'il accepte, il peut reprendre la relation avec un sentiment de bonheur et de soulagement. Autrement, nous pouvons décider de nous séparer de toute façon, mais pour des raisons claires et non dans un jeu.

Si nous adoptons cette deuxième solution, nous aurons sans doute tous les deux à affronter une période de tristesse liée à notre perte. Comme toujours, l'intimité est moins prévisible que le jeu, et nous pouvons la vivre avec plus ou moins de malaise.

Remplacer les strokes des jeux

Pour l'Enfant, jouer est un moyen sûr d'obtenir des strokes. Que se passe-t-il alors quand, pour de solides raisons Adultes, vous jouez moins ?

Hors de la conscience de l'Enfant, vous pouvez éprouver une certaine panique et vous demander : « Qu'arrive-t-il à ma provision de strokes ? » Rappelez-vous que pour l'Enfant, la perte de ceux-ci équivaut à une menace à l'encontre de sa survie.

Ainsi, sans le savoir, vous pouvez vous mettre à utiliser les stratégies du Petit Professeur pour retrouver les strokes perdus. Vous trouvez d'autres manières de jouer les mêmes vieux jeux. Ou vous commencez à jouer d'autres jeux avec le même changement de position sans le triangle dramatique. Ou vous « oubliez » de confronter les méconnaissances. En apparence, ces actions peuvent être interprétées comme de l'« auto-sabotage ». Pour l'Enfant précoce, leur but se situe totalement à l'opposé. Le mobile est de maintenir sa provision de strokes et par conséquent d'assurer sa survie.

Il est important, pour cette raison, que vous ne décidiez pas simplement d'« arrêter de jouer ». Il vous faut aussi trouver un moyen de « remplacer » la moisson de strokes que vous récoltiez précédemment en jouant. À ce propos, Stan Woollans a attiré l'attention sur une autre « entourloupette »[5]. Les strokes donnés par les jeux sont abondants et intenses. Au contraire, ceux que nous obtenons en vivant hors des jeux sont relativement modérés, et peuvent quelquefois ne pas être fournis avec autant de certitude. Ce qui est certain, c'est que ces nouveaux strokes sont directs au lieu d'utiliser des méconnaissances. Mais comme nous le savons, l'Enfant affamé de strokes se préoccupe davantage de quantité que de qualité.

Il n'y a pas d'autre moyen d'éviter cela que de prendre du temps pour convaincre votre Enfant que la nouvelle provision de strokes est acceptable et qu'elle va durer. Au cours de cette période de transition, il peut être utile d'installer des sources supplémentaires dans lesquelles vous allez puiser. C'est là que le soutien d'un groupe peut contribuer au changement d'un individu.

À plus long terme, vous vous habituerez dans l'Enfant à cet apport de strokes nouveaux et moins intenses. Être libéré du jeu peut entraîner la perte de certaines sources de stimulations. Mais cela nous permet d'utiliser les options d'adultes que nous nous refusions en jouant. Et en sortant des jeux, nous nous facilitons la tâche pour passer à la proximité et à l'intimité authentiques.

Revenez à l'exemple de votre jeu personnel, que vous avez analysé grâce au plan de jeu (chapitre 23).

L'identifiez-vous à l'un des jeux énumérés ci-dessus ? Vérifiez cela par rapport au changment de position sur le triangle dramatique que vous avez effectué au moment du coup de théâtre.

Reportez-vous aux diverses techniques apprises dans ce chapitre pour sortir des jeux. Appliquez chacune d'entre elles à votre exemple personnel de jeu. Vous finirez par avoir une liste de moyens de désamorcer ce jeu-là à l'avenir.

Si vous voulez appliquer ces techniques, décidez d'abord comment vous allez obtenir les strokes qui remplaceront ceux que vous allez perdre en sortant du jeu. Mettez en place cette nouvelle source.

Puis, allez-y et commencez à désamorcer ce jeu. Choisissez une technique et utilisez-la constamment pendant une semaine. Puis, testez les autres de la même manière. Si vous êtes dans un groupe, commentez vos succès □

VII
CHANGER

L'AT en pratique

26

CONTRATS DE CHANGEMENT

Il n'est pas prévu dans ce livre de donner des indications détaillées sur l'utilisation professionnelle de l'AT. Notre but dans cette dernière partie est de vous donner un bref aperçu des manières dont l'AT est utilisée pour promouvoir le changement.

Nous ouvrons ce chapitre par l'un des traits caractéristiques de la pratique AT : l'utilisation des contrats[1].

Berne a défini le *contrat* comme étant *un engagement bilatéral explicite en vue d'une action bien définie.* Nous aimons bien aussi la définition qu'en donnent James et Jongeward : *« Un contrat est un engagement Adulte envers soi-même ou quelqu'un d'autre pour mener à bien un changement. »*

Les contrats précisent :

- qui sont les partenaires ;
- ce qu'ils vont faire ensemble ;
- le temps que cela durera ;
- quel sera le résultat ou l'aboutissement de ce processus ;
- comment ils sauront qu'ils l'ont atteint ;
- en quoi cela sera bénéfique et/ou fera plaisir au client.

Les thérapeutes AT distinguent deux sortes de contrats différents : le *contrat d'affaires* ou *administratif* et le *contrat clinique* ou *de traitement.*

Le contrat d'affaires est un accord entre le thérapeute et le client sur les détails concernant les dispositions financières et administratives de leur travail commun.

Dans le contrat de traitement, le client énonce clairement les changements qu'il veut opérer, et précise ce qu'il est prêt à faire pour amener ces changements. Le thérapeute, lui, précise dans quelle mesure il est prêt à travailler avec ce client pour atteindre les changements voulus, et il indique quelle part il prendra dans le processus.

Les « quatre conditions » de Steiner

Claude Steiner a défini quatre conditions pour l'élaboration d'un contrat sain. Elles dérivent des pratiques contractuelles en milieu juridique.

1. Consentement mutuel. Cela signifie que les deux partenaires doivent être d'accord pour passer ce contrat. Le thérapeute n'impose pas de dispositions d'affaires ni de buts de traitement au client. Celui-ci, en retour, n'en impose pas non plus au thérapeute. Au contraire, le contrat est élaboré par une négociation mutuelle des deux parties.

2. Juste rétribution. En langage juridique, une « rétribution » signifie une forme quelconque de compensation accordée en échange du temps ou du travail de quelqu'un. Dans le contexte AT, cette rétribution prend généralement la forme d'une somme d'argent payée par le client au thérapeute. Les parties peuvent quelquefois décider que cette rétribution se fera en nature. Par exemple, le client peut accepter de faire un certain nombre d'heures de travail de bureau pour le thérapeute en échange d'une heure de traitement. Quels que soient les détails, la nature de la rétribution doit être explicite et acceptée par les deux parties.

3. Compétence. Le thérapeute et le client doivent tous les deux être compétents pour mener à bien ce qui a été décidé dans le contrat. Pour le praticien, cela signifie avoir les compétences professionnelles particulières requises pour aider le client dans sa démarche. Le client doit être capable de comprendre le contrat et avoir les ressources physiques et mentales pour le réaliser. Cela implique par exemple qu'une personne sévèrement handicapée sur le plan mental peut ne pas pouvoir établir avec compétence un contrat de traitement. Un contrat incluant la compétence ne peut pas non plus être passé par quelqu'un qui est sous l'emprise de l'alcool ou de drogues qui altèrent la conscience.

4. Objectif légal. Les buts et les conditions du contrat doivent être en conformité avec la loi. Pour le thérapeute, l'« objectif légal » implique également le respect d'une déontologie établie par les instances professionnelles qui régissent sa pratique.

À quoi servent les contrats ?

Tout d'abord, l'accent important mis sur l'établissement des contrats en pratique AT émane du postulat philosophique selon lequel « *les gens sont OK* ». Le thérapeute et le client ont une relation d'égal à égal et, par conséquent, ils partagent conjointement la responsabilité des changements que le client veut effectuer.

Cela découle de la croyance que tout le monde a la capacité de penser et, en définitive, est responsable de sa propre vie. Tout un chacun va vivre avec les conséquences de ses propres choix. C'est donc au client et non au praticien qu'il appartient de décider de ce qu'il veut dans la vie. Le travail du thérapeute consiste à mettre le doigt sur tout ce qui semble révéler un dysfonctionnement.

Pour que ce partage des responsabilités ait un sens, les deux parties doivent s'entendre clairement sur la nature du changement voulu et sur la contribution de chacun à cette réalisation.

Contrats et programme caché

Vous savez que dans toute relation, les parties peuvent échanger des messages cachés. Cela risque de s'avérer particulièrement pertinent dans des situations où on recherche un changement personnel ou institutionnel, dans la mesure où un tel changement signifie en général une remise en cause de son cadre de référence. Le thérapeute et le client risquent alors, tous les deux, d'entrer en relation professionnelle avec un *programme caché* en même temps qu'un programme de niveau social. Une fonction importante du contrat est de *rendre explicite ce programme caché.* En révélant les messages cachés, un contrat clair coupe court aux jeux psychologiques et aide le client comme le thérapeute à rester, tous les deux, hors du triangle dramatique.

Le thérapeute a son propre cadre de référence, différent de celui du client. Par conséquent, il va entrer en relation en apportant ses propres définitions internes du genre de changement qu'il considère comme « bon » pour les gens. Sans contrat, il serait tentant pour lui de penser que les définitions de son client sont les mêmes que les siennes. Et même plus, dans la mesure où les définitions dans son cadre de référence pourraient ne pas être entièrement accessibles à sa conscience, il pourrait ne pas totalement prendre conscience qu'il *fait* des suppositions à propos des buts « adéquats » que son client vise.

Dans cette situation, il est vraisemblable que le thérapeute prendrait position sur le triangle dramatique. Il pourrait « aiguiller » le client dans une direction particulière, jouant ainsi le rôle de Persécuteur pour un client Victime. Comme Bob Goulding le dit, travailler sans contrat peut aboutir à ce que le thérapeute *(therapist)* devienne *le violeur (the rapist).*

D'autre part, le thérapeute pourrait se dire intérieurement : « De toute évidence, ce client a besoin d'effectuer tel ou tel changement qu'il n'a pas encore opéré. Donc, il est en fâcheuse posture et ne peut pas s'en sortir sans mon aide. » Là, il passerait dans un rôle de Sauveteur.

Le client de son côté peut aussi avoir un programme caché à côté du programme explicite. En venant chez le thérapeute, il déclare au niveau social qu'il veut effectuer tel changement. (Dans certains cas, il vient parce que tel changement est demandé par quelqu'un d'autre.) Mais il ne l'a pas encore effectué. Peut-être parce qu'en toute honnêteté, il ne sait pas comment. Ou bien il sait comment mais se défend, au niveau caché, de le réaliser. Dans ce dernier cas, il envoie au thérapeute un message caché du genre : « Je suis venu pour changer, mais je n'y arrive pas », ou bien : « Je suis venu pour changer, mais vous n'arriverez pas à me faire changer. »

Si le programme caché est mis à exécution des deux côtés, le thérapeute et le client vont adopter des rôles complémentaires dans le triangle dramatique, ouvrant la porte au parasitage et aux jeux.

Une fonction du contrat est d'empêcher cela. En *négociant* clairement les objectifs et les méthodes de changement, le thérapeute et le client sont forcés de comparer leurs cadres de référence respectifs. Ce processus permet de révéler le programme caché à la conscience de l'Adulte, de sorte que les deux parties peuvent l'évaluer par rapport à la réalité. Dans la mesure où ni le thérapeute ni le client ne sont parfaits, il est peu vraisemblable que l'un et l'autre amènent au grand jour leur programme caché dans son ensemble au cours de la première négociation. Au contraire, le contrat va sans doute devoir être révisé et, si nécessaire, renégocié à maintes reprises au cours du processus de changement.

Contrats et détermination des buts

La plupart des clients viennent chez le thérapeute avec un *problème* auquel ils veulent s'attaquer. Un des buts de l'élaboration du contrat est de modifier le centre d'intérêt en le déplaçant du problème au *but de changement.*

Dans le processus d'élaboration du contrat, le thérapeute et le client doivent nécessairement construire tous les deux une image mentale du but recherché dans leur travail commun. Quand ils s'orientent ainsi vers un but clair, ils mobilisent automatiquement les ressources personnelles dont ils ont besoin pour atteindre ce résultat. C'est le principe qu'on trouve derrière tous les systèmes de « visualisation créative ».

À l'inverse, si le thérapeute et le client accordaient essentiellement leur attention au « problème », il leur faudrait s'en faire une image mentale. Sans le vouloir, ils s'engageraient dans une visualisation négative, orientant leurs ressources vers un examen de ce problème et non vers sa solution.

Il y a un autre avantage à établir un but de contrat clairement défini : cela permet aux deux parties de savoir à quel moment ils ont terminé leur travail commun. Cela leur permet également d'évaluer les progrès effectués tout au long du chemin. Par conséquent, l'utilisation de contrats évite la situation dans laquelle le traitement traîne indéfiniment en longueur, le client et le thérapeute passant des mois et des années à « travailler » sur les problèmes du client.

Établir un contrat efficace

Voilà en résumé les principaux aspects auxquels les thérapeutes AT s'attachent dans un contrat efficace. Plutôt que de les énoncer seulement dans l'abstrait, nous vous invitons à les mettre en pratique sur un changement que vous voulez effectuer pour vous-même. Comme James et Jongeward le font remarquer, vous pouvez passer un contrat de changement avec vous-même aussi bien qu'avec un thérapeute.

La séquence de l'exercice suivant se fonde sur la procédure d'élaboration de contrat pour l'autothérapeute conçue à l'origine par Muriel James[2]. Elle a été enrichie par l'un des auteurs (IS). Il vous faut de quoi écrire, du papier en quantité et suffisamment de temps pour travailler.

> Décidez d'un changement que vous voulez obtenir. Notez-le avec les mots qui vous viennent à l'esprit □

Le but d'un contrat doit *être exprimé en termes positifs.* Souvent, la première expression du but contient des négations. Par exemple, la personne va dire qu'elle veut *arrêter* de fumer ou *contrôler* sa boisson, *perdre* du poids, ou *ne pas* avoir peur des figures d'autorité. De tels contrats pour « arrêter de » ou pour « ne pas » faire des choses ne marchent jamais à long terme. En partie à cause de la manière dont on visualise le but du contrat. Vous ne pouvez pas visualiser un « non-quelque chose ». (Si vous en doutez, essayez de visualiser « un éléphant qui n'est pas rouge ».) Quand vous essayez de faire cela, vous fabriquez automatiquement une image mentale de tout ce qui vient après le « ne pas » ou tout autre terme négatif. Par exemple, si quelqu'un prend comme contrat de « ne plus fumer », il ne peut pas aborder ce contrat sans visualiser constamment l'activité qui pose problème et qu'il est décidé à arrêter.

Il y a aussi une bonne raison dans la théorie AT pour expliquer l'inefficacité d'un contrat « pour arrêter ». Rappelez-vous que tout comportement scénarique représente la meilleure stratégie qu'un enfait ait trouvée pour survivre, obtenir des strokes et la satisfaction de ses besoins. Que se passe-t-il alors si vous faites simplement un contrat pour « arrêter » ce comportement scénarique ? Au minimum, vous ne vous donnez, dans l'Enfant, aucune directive claire quant à ce que vous *allez* faire à la place ; vous ne faites qu'ajouter un élément de plus à la liste interminable de « ne fais pas » et « arrête de » que vous avez reçue, petit, de vos parents. Au pire, vous prenez un contrat pour abandonner un comportement que, dans l'Enfant, vous percevez comme essentiel à votre survie.

Pour obtenir un contrat efficace, vous devez préciser l'élément *positif* qui, dans l'Enfant, vous donnera une directive claire pour votre action. Il doit vous fournir une option neuve, pour votre survie et la satisfaction de vos besoins, qui soit au moins aussi bonne que la vieille option scénarique.

> Si votre but était exprimé en termes négatifs, reformulez-le en termes uniquement positifs. Cette nouvelle version va énoncer le positif que vous allez utiliser pour *remplacer* le négatif □

Le contrat doit avoir un but *réaliste*, et tenir compte de votre situation et de vos ressources du moment. En général, nous considérons comme « réaliste », tout ce qui est physiquement possible. Remarquez que cette condition implique que vous ne pouvez que passer un contrat concernant un changement pour *vous-même.* Il n'est pas physiquement possible de « faire » changer quelqu'un d'autre.

> Vérifiez que le changement que vous visez est possible. Pour cela, posez-vous la question : est-ce qu'au moins une autre personne au monde l'a fait ? Si oui, considérez que c'est possible. (Précisez clairement, toutefois, ce que « cela » implique.) □

Le but doit être *précis et observable.* Vous devez, vous et les autres, pouvoir dire clairement si vous avez atteint votre but. Attention aux buts *trop généraux* et *comparatifs.* Souvent les gens commencent par des buts généraux du genre : « Je veux être quelqu'un de chaleureux et d'ouvert », ou bien « Je veux être proche des autres ». Passer un contrat de ce genre équivaudrait à « travailler » interminablement dans la mesure où les buts énoncés ne sont pas assez précis pour permettre à quiconque de savoir s'ils ont été atteints.

> Comment allez-vous, vous et les autres, savoir que vous avez atteint le but visé ? Donnez une réponse très détaillée de ce que vous et les autres pourrez vous *voir* et vous *entendre* faire de différent. Si votre but concerne vos relations avec les autres, précisez de *quelles personnes il s'agit en donnant leur nom.* □

Le changement que vous visez doit être *sans danger.* Utilisez une évaluation Adulte pour envisager la sécurité physique aussi bien que l'opportunité sociale.

> Le changement visé est-il sans danger ? □

Le but du contrat doit être établi *par l'Adulte, avec la coopération de l'Enfant Libre.* En d'autres termes, il doit être adapté à votre situation et à vos capacités d'adulte et vous permettre de satisfaire les besoins authentiques de votre Enfant plutôt que de les nier. *Un contrat passé par l'Enfant Adapté aboutira presque toujours à faire avancer votre scénario.* Par conséquent, les contrats à partir de l'Enfant Adapté sont à éviter.

> Vérifiez : jusqu'où voulez-vous ce changement pour *vous-même* et non pas pour faire plaisir à quelqu'un d'autre, obtenir l'approbation de quelqu'un ou vous révolter contre lui ? Les « autres » et le « quelqu'un » pouvant être des gens de votre passé ou de votre présent. Une autre manière de formuler cette question de vérification est de vous demander : « Qu'est-ce que ce changement va m'apporter, *à moi* ? » □

Pour atteindre ce but, il vous faut mobiliser les ressources de votre Enfant aussi bien que celles de votre Adulte et de votre Parent. Par conséquent, le but d'un contrat en AT est formulé avec « des mots de huit ans », compréhensibles par votre Enfant.

> Votre but est-il exprimé avec des mots qu'un enfant de huit ans intelligent pourrait comprendre ? Si ce n'est pas le cas, reformulez-le pour qu'il le soit □

Atteindre un but *implique toujours un certain prix à payer*, que ce soit en termes de temps, d'argent, d'engagement, de bouleversement, d'adieu ou de peur du changement.

Vérifiez combien cela vous coûtera pour atteindre ce but ? Maintenant que vous avez calculé ce prix, voulez-vous toujours ce changement ? □

Les dernières étapes de la séquence concernent un *engagement à une action déterminée.*

Notez au moins cinq choses qu'il est *nécessaire que vous fassiez* pour atteindre le but de votre contrat. Encore une fois, soyez précis en énoncant ce que vous et les autres pourrez vous voir et vous entendre faire. Si ces actions impliquent des gens, dites *qui* et donnez leur nom.

Maintenant, dans cette liste de choses qu'il vous faut faire, choisissez et notez celles que vous *allez* faire cette semaine.

Écrivez : « Les gens qui peuvent m'encourager dans ce changement sont... » et ajouter leur nom □

27

BUTS DU CHANGEMENT EN AT

Vous venez de voir dans le chapitre précédent comment des buts précis de contrats sont négociés entre un thérapeute AT et son client. Mais quel résultat final visent-ils dans ce processus de changement ? Comment le client et le thérapeute vont-ils savoir que leur travail commun est terminé ?

Autonomie

L'idéal proposé par Eric Berne était l'*autonomie*[1]. Il n'en a jamais donné de définition, mais il a décrit « la manifestation de l'autonomie comme étant l'expression ou la reconquête de trois capacités : la *conscience claire*, la *spontanéité* et l'*intimité* ».

Conscience claire

La conscience claire est la capacité à utiliser ses cinq sens pour avoir des impressions purement sensuelles, comme en ont les nouveau-nés. La personne consciente n'interprète pas, ne filtre pas son expérience du monde pour qu'elle cadre avec des définitions Parentales. Elle est en contact avec ses sensations corporelles aussi bien qu'avec les stimuli extérieurs.

En grandissant, la plupart d'entre nous sommes systématiquement entraînés à étouffer notre conscience. Nous apprenons, au contraire, à consacrer notre énergie à mettre des étiquettes et à critiquer nos performances ou celles des autres. Supposez, par exemple, que je sois à un concert. Tandis que le musicien joue, je peux m'engager dans le monologue intérieur suivant : « Cette œuvre a été écrite en

1856, je crois. Hum, le rythme est un peu trop rapide. Je me demande à quelle heure ça va finir ? Il faut que je me couche tôt ce soir, beaucoup de travail demain... »

Si je m'autorise à prendre conscience, je débranche cette voix intérieure. Je fais simplement l'expérience sonore de la musique et de mes propres réactions physiques à cette musique.

Spontanéité

Spontanéité signifie capacité à choisir parmi un large éventail d'options de sentiments, de pensées et de comportements. De même qu'une personne consciente fait l'expérience du monde, la personne spontanée réagit au monde directement, sans gommer des parties de la réalité ni la réinterpréter pour qu'elle cadre avec des définitions Parentales.

La spontanéité implique que la personne peut réagir librement à partir de n'importe lequel de ses trois états du moi. Elle peut penser, ressentir, se comporter comme l'adulte qu'elle est, en utilisant son Adulte. Si elle veut, elle peut passer dans l'Enfant et reprendre contact avec sa créativité, la puissance de son intuition et l'intensité de son ressenti tels qu'elle les possédait dans son enfance. Ou elle peut réagir à partir du Parent et reproduire les pensées, les sentiments et les comportements qu'elle a appris de ses parents ou figures parentales. Quel que soit l'état du moi utilisé, elle choisit de répondre librement pour s'adapter à la situation du moment et non pour se soumettre à des commandements Parentaux dépassés.

Intimité

Vous avez appris au chapitre 9 que l'intimité signifie un partage ouvert des sentiments et des besoins entre vous et un autre. Les sentiments exprimés sont authentiques, donc l'intimité exclut la possibilité de parasiter ou de jouer des jeux. Quand une personne est dans l'intimité, elle va vraisemblablement passer dans l'Enfant Libre, après avoir d'abord mis en place un environnement sûr par le biais d'un contrat Adulte et d'une protection Parentale.

Se libérer du scénario

Bien que Berne ne l'ait pas dit explicitement, pour lui, l'autonomie était synonyme de *liberté par rapport au scénario*. La plupart des auteurs AT après Berne ont également assimilé ces deux notions l'une à l'autre. C'est pourquoi nous pouvons proposer une définition de l'autonomie : *tout comportement, pensée ou sentiment qui est une réaction à la réalité ici et maintenant, plutôt qu'une réaction à des croyances scénariques.*

Vous pouvez vous demander : « Mais l'Adulte n'est-il pas défini comme un ensemble de comportements, de pensées et de sentiments, en réaction directe à l'ici et maintenant ? Alors, être autonome signifie-t-il être constamment dans l'Adulte ? »

La réponse est « Non ». Nous avons déjà vu comment la personne spontanée peut quelquefois *choisir* de réagir à l'ici et maintenant en passant soit dans le Parent soit dans l'Enfant. Dans l'autonomie, ce *choix* est lui-même effectué librement en réaction à la situation du moment. À l'inverse, quand une personne est dans son scénario, elle change d'état du moi en réaction aux décisions limitantes qu'elle a, elle, prises dans son enfance, sur le monde, c'est-à-dire ses croyances scénariques.

Même si l'autonomie ne signifie pas être constamment dans l'Adulte, elle implique effectivement de traiter toutes les données fournies par le monde au moyen de l'Adulte, et ainsi de maintenir une conscience Adulte dans la mesure où vous choisissez l'état du moi à partir duquel vous allez réagir. Comme n'importe quel autre apprentissage, cela peut vous paraître malaisé au départ. L'autonomie offre toujours plus d'options que le scénario. L'intimité peut très bien apparaître moins agréable au départ que les jeux ou le parasitage parce qu'elle est moins prévisible. Toutefois, le choix autonome d'un état du moi devient plus facile avec la pratique. Il peut devenir si rapide et si naturel que c'est comme si l'Adulte de la personne avait inspiré et incorporé de l'Enfant positif et du Parent positif. Berne a proposé l'expression d'*Adulte intégré* pour exprimer cette idée[2].

Résolution des problèmes

En termes schiffiens, nous pouvons dire que la personne autonome s'engage dans la *résolution des problèmes* plutôt que dans la *passivité*. Là, la « résolution de problèmes » n'implique pas seulement de *réfléchir* pour trouver la solution d'un problème ; cela signifie aussi *agir* efficacement pour mettre en œuvre cette solution. Comme nous l'avons vu au chapitre 21, l'expression de *sentiments* authentiques sert aussi à résoudre les problèmes. Quand quelqu'un résout un problème, il perçoit la réalité et y réagit de manière précise, donc il ne fait ni de méconnaissance ni de redéfinition. Et cela, à son tour, montre qu'il est hors scénario.

Pour ce qui est du travail AT dans le champ des organisations, de l'éducation ou autres, en dehors de la thérapie, il peut être particulièrement judicieux de poser « la résolution efficace de problèmes » comme but de changement plutôt que l'« autonomie » ou la « sortie du scénario ». Dans ces contextes, les méconnaissances et les problèmes non résolus proviennent souvent de ce que les gens sont *mal informés* et non du fait qu'ils sont dans leur scénario. Il est donc nécessaire que l'intervenant AT centre son attention, non pas sur un travail lié au scénario, mais sur un échange d'informations et sur le développement de moyens efficaces pour que les gens puissent agir à partir de ces informations.

Points de vue sur la « guérison »

Un autre cheval de bataille de Berne était la *guérison* et il insistait beaucoup sur cette notion. Il a souligné à plusieurs reprises que le travail des thérapeutes AT était de « guérir le patient », et non simplement de l'aider à « progresser »[3].

Dans son livre *Principles of Group Treatment*, Berne utilise la métaphore des « crapauds et des princes » pour éclairer sa conception personnelle de la guérison. Pour lui, « guérir » signifie se débarrasser de l'apparence du crapaud pour reprendre la croissance interrompue du prince ou de la princesse, alors que « progresser » signifie seulement être plus à l'aise dans sa peau de crapaud. Dans *Que dites-vous après avoir dit bonjour ?*, il décrit la guérison comme la totale libération du scénario et la « mise en place d'un nouveau spectacle ».

Il y a quelques années, le *TA Journal* a publié les actes d'un congrès où différents auteurs AT donnaient leur version personnelle de la « guérison »[4]. Il y avait à peu près autant de versions différentes que de présentateurs. Voici seulement quelques-unes des idées qui sont apparues lors de cet échange.

Certains auteurs adoptent un point de vue réaliste selon lequel la meilleure définition de la « guérison » est le *contrat rempli*. Plutôt que d'avoir un but global de changement, le thérapeute et le client travaillent simplement ensemble jusqu'à ce que le client ait atteint les buts de contrats qu'il s'était fixés et sur lesquels ils s'étaient tous les deux accordés.

Un point de vue plus répandu, du moins dans le champ thérapeutique, est que la « guérison » doit entraîner d'une manière ou d'une autre un mouvement pour sortir du scénario. Cette *guérison scénarique* peut être *comportementale*, *affective* ou *cognitive*, ou un mélange des trois. En d'autres termes, quelqu'un qui sort de son scénario peut le faire par de nouvelles façons de penser, d'agir et de ressentir.

Pour plusieurs auteurs, il y a une quatrième dimension au changement scénarique : la *guérison somatique*. Cela signifie que la personne qui sort de son scénario modifie la manière dont elle utilise et vit son corps. Par exemple, elle peut libérer les tensions chroniques qu'elle éprouve ou être soulagée de douleurs psychosomatiques.

Guérir : apprendre progressivement de nouveaux choix

Peu importe la manière dont on définit la « guérison scénarique », elle est rarement accomplie une fois pour toutes. Beaucoup plus souvent, guérir consiste à apprendre progressivement à exercer de nouveaux choix.

Chaque fois qu'une personne effectue un changement significatif dans son scénario, elle éprouve généralement une « euphorie » naturelle pendant quelques semaines ou quelques mois. Puis au bout d'un certain temps, elle revient souvent à l'ancien comportement. C'est comme si une partie d'elle voulait voir s'il ne restait pas quelques bonnes choses dans ce vieux comportement. Ce qui est différent, c'est qu'elle sait maintenant où elle se trouve et elle n'y reste pas aussi longtemps. Ce vieux comportement n'est plus aussi satisfaisant que jadis et elle a maintenant de nouvelles options qui l'aident à en sortir plus rapidement. Et bientôt, ce vieux comportement ne présente plus aucun intérêt et il est abandonné définitivement.

Le poème suivant résume à la perfection ce processus[5] :

Autobiographies en cinq petits chapitres
par Portia Nelson

I

Je marche dans une rue.
    Il y a un grand trou dans le trottoir.
    Je tombe dedans
    Je suis perdue... Impuissante
    Ce n'est pas ma faute.
Il me faut une éternité pour en sortir.

II

Je marche dans la même rue.
    Il y a un grand trou dans le trottoir.
    Je fais semblant de ne pas le voir
    Je retombe dedans
    Je n'arrive pas à croire que je suis au même endroit.
    Mais ce n'est pas ma faute.
Il me faut encore longtemps pour en sortir.

III

Je marche dans la même rue.
    Il y a un grand trou dans le trottoir.
    Je le vois bien
    Je tombe quand même dedans... c'est une habitude
J'ai les yeux ouverts.
Je sais où je suis.
    C'est ma faute.
J'en sors immédiatement.

IV

Je marche dans la même rue.
    Il y a un grand trou dans le trottoir.
    J'en fais le tour.

V

Je prends une autre rue.

28

THÉRAPIE AT

La thérapie est un processus qui a pour but d'aider les gens à atteindre un changement personnel. Dans ce chapitre, nous allons voir la nature et les techniques de thérapie en pratique AT.

Autothérapie

Si vous avez lu ce livre et fait les exercices, vous avez déjà fait beaucoup d'*autothérapie*. Vous avez étudié les schémas typiques de votre propre comportement, de vos sentiments et de votre pensée. Pour mieux les comprendre, vous avez appris à utiliser les nombreux moyens d'analyse qu'offre l'AT. Vous avez identifié les stratégies dépassées de l'Enfant dont vous voyez maintenant qu'elles ne constituent pas les options les plus efficaces pour vous, adulte, et vous avez testé des manières actives pour les remplacer par de nouvelles et meilleures options.

Certains auteurs AT ont apporté un soin particulier au développement des moyens d'utiliser l'AT dans une autothérapie. Muriel James est l'un des plus éminents. Elle reçut le prix Eric Berne pour son travail sur l'*autoreparentage*[1]. Il s'agit d'un système grâce auquel la personne peut construire un « nouveau Parent » et qui fournit de nouveaux messages positifs destinés à remplacer les messages négatifs ou restrictifs qui peuvent avoir été donnés par les vrais parents. Il utilise une combinaison de techniques : questionnaires, contrats, fantasmes et visualisation, aussi bien que des tâches de changements comportementaux.

En un sens, toute thérapie est une autothérapie. L'AT reconnaît que chacun est responsable de ses propres pensées, sentiments et comportements. De même que personne ne peut vous faire ressentir quelque chose, de même, personne ne peut vous faire changer. La seule personne qui puisse vous changer, c'est vous.

Pourquoi la thérapie ?

Alors, étant donné que les gens sont responsables de leur propre changement, à quoi cela sert-il de travailler avec un thérapeute ?

Une manière de répondre à cette question consiste à répondre en termes de *méconnaissance* et de *cadre de référence*. Nous avons tous un certain intérêt à gommer divers aspects de la réalité qui pourraient menacer l'image du monde que nous nous sommes fabriquée dans l'enfance. Toutes les fois que je passe dans mon scénario lors de ma vie adulte, je fais des méconnaissances pour défendre mon cadre de référence. Si je dois résoudre des problèmes et changer efficacement, il est nécessaire que je prenne conscience des aspects de la réalité que j'ai méconnus jusqu'ici.

Mais c'est là le piège. Par le fait même que je les méconnais, ces aspects de la réalité constituent des « taches aveugles » pour moi. Je suis *peut-être* capable de repérer et de corriger les méconnaissances que je fais par un effort de mon Adulte et l'arsenal AT d'outils d'analyse peut m'y aider grandement.

Pourtant, il peut y avoir certaines parties de mon cadre de référence qui, regardées à partir de mon Enfant, sont particulièrement importantes pour ma survie. Et je vais les défendre avec une énergie toute particulière. Je vais le faire inconsciemment, en maintenant des taches aveugles sur toute perception de la réalité qui confronterait ces méconnaissances fondamentales. Pour changer dans ces domaines, il me faut l'apport de quelqu'un d'autre qui n'a pas les mêmes taches aveugles que moi.

Les amis et les membres de la famille ne sont pas les mieux placés pour fournir cet apport. Les familles possèdent généralement certaines taches aveugles que tous les membres de la famille partagent au cours de leur éducation. Je vais peut-être aussi choisir mes amis, mon conjoint ou mon/ma partenaire parce qu'eux et moi avons les mêmes taches aveugles. Un des buts en travaillant avec un thérapeute, ou en entrant dans un groupe de thérapie est qu'il me donne une source de *feedback* qui n'est pas soumise à mes propres taches aveugles.

Si je me mets à utiliser ce *feedback* et à modifier mon cadre de référence, je vais commencer à avoir peur dans l'Enfant. Pour m'accompagner dans mon changement, je peux avoir besoin de soutien et de protection. Je peux aussi bénéficier d'une confrontation supplémentaire lorsque j'emploie inconsciemment toutes sortes de tactiques de diversion comme moyens de défense contre tout changement. Je trouverai plus facile d'effectuer ce changement, et de l'asseoir de façon permanente, si j'obtiens des strokes et des encouragements des autres, avantages que je peux obtenir en travaillant avec un thérapeute ou un groupe.

Qui peut bénéficier d'une thérapie ?

Il y a un dicton en AT : « Point n'est besoin d'être malade pour aller mieux. » Vous n'avez pas besoin d'être handicapé, défavorisé ou perturbé pour tirer parti de la thérapie. En fait, vous n'avez même pas besoin d'« avoir des problèmes ». Vous pouvez être une personne opérationnelle, épanouie, et faire une thérapie seulement pour pouvoir profiter davantage de ce que vous attendez de la vie. Personne n'est à cent pour cent hors scénario, même s'il a eu beaucoup de chance avec ses parents. Pour la plupart d'entre nous, il existe certaines parties de la vie où nous nous sommes créé des problèmes en nous mettant dans notre scénario. Si c'est le cas, nous pouvons nous apercevoir que faire une thérapie de manière à résoudre ces problèmes scénariques, cela vaut bien l'argent, le temps et l'énergie investis.

Cela dit, une thérapie AT peut être également recherchée par toute personne qui traverse des problèmes personnels, depuis des difficultés temporaires dans une relation ou dans son travail jusqu'à une perturbation mentale grave. Le traitement des désordres psychiques plus graves requiert, quant à lui, un contexte approprié, avec un soutien psychiatrique.

Caractéristiques d'une thérapie AT

Si vous décidez d'entamer une thérapie AT, la première démarche est de trouver un thérapeute qualifié et de passer un contrat de participation à un certain nombre de séances, sous forme d'entretiens individuels ou de groupe. L'AT a été conçue au départ par Berne en tant que thérapie de groupe, et la plupart des thérapeutes AT sont, encore aujourd'hui, convaincus qu'un traitement en groupe est la meilleure solution.

Dans les chapitres précédents, vous avez déjà appris les principales caractéristiques de la thérapie AT. Revoyons-les.

La pratique d'une thérapie AT se fonde sur un *cadre théorique* cohérent, que vous avez découvert dans ce livre. Vous savez que les principaux éléments de l'édifice de cette théorie sont le *modèle des états du moi* et le concept de *scénario*.

Le changement personnel est envisagé en termes de *modèle décisionnel*. Dans la quatrième partie, vous avez vu comment l'AT décrit la manière dont chacun d'entre nous, dans son enfance, décide de schémas scénariques de comportements, de pensées et de sentiments. Un des postulats de toute thérapie AT est que ces décisions précoces peuvent être changées.

Vous avez vu au chapitre 26 comment le traitement AT se fonde sur une *méthode contractuelle*. Le client et le thérapeute prennent la *responsabilité conjointe* d'atteindre des buts fixés par contrat. Ces buts sont choisis pour encourager la sortie du scénario et l'entrée dans l'*autonomie*, ainsi qu'il est expliqué au chapitre 27.

La relation thérapeutique en AT repose sur le postulat que *les gens sont OK*. Le client et le thérapeute sont considérés sur un pied d'égalité, aucun n'étant ni inférieur ni supérieur.

La communication directe est encouragée. Le thérapeute et le client parlent un langage commun et utilisent les mots simples que vous avez rencontrés dans ce livre. Le client est encouragé à connaître l'AT. Les thérapeutes demandent généralement à leurs clients de participer à des cours d'initiation ou de lire des livres sur l'AT comme celui-ci. Si le thérapeute prend des notes sur un cas, elles sont disponibles pour le client concerné. Ainsi, le client possède le pouvoir de prendre une part active et bien informée dans le processus de traitement.

Un autre aspect de la thérapie AT est qu'elle est orientée vers le *changement*, plutôt que vers la seule prise de conscience. Il est certain que l'AT met l'accent sur la compréhension de la nature et des sources des problèmes. Mais cette compréhension n'est jamais considérée comme une fin en soi. À l'inverse, c'est un outil utile dans le processus actif de changement. Le changement lui-même consiste à prendre la décision d'agir différemment, puis ensuite de mettre cette décision en œuvre.

Avec cette orientation, les praticiens AT n'ont jamais attaché de valeur aux thérapies interminables. On ne s'attend pas à ce qu'un client doive nécessairement passer des mois et des années à travailler pour atteindre la prise de conscience avant de changer. Berne l'a souligné dans une recommandation célèbre à ses clients : « Guérissez d'abord, nous analyserons plus tard si vous le voulez toujours. »

En même temps, l'AT n'est pas seulement une approche de type « thérapie brève ». Pour résoudre certains problèmes, il est nécessaire qu'une relation à long terme s'établisse entre le thérapeute et le client. Cela peut également se faire à l'intérieur d'un contexte AT.

Trois écoles d'AT

On distingue en général de nos jours trois « écoles » principales d'AT. Chacune d'elles met l'accent sur un point théorique différent et sur son éventail privilégié de techniques thérapeutiques[2].

Peu de thérapeutes individuels d'aujourd'hui appartiennent exclusivement à l'une ou l'autre de ces « écoles ». En fait, afin d'obtenir une reconnaissance professionnelle, un thérapeute doit faire la preuve de sa capacité à puiser librement dans la pensée et les techniques des trois. Les « croquis pris sur le vif » qui suivent présentent les aspects principaux de chaque école, et les montrent volontairement plus accusés dans leurs différences qu'ils ne le sont en réalité.

L'école classique

Elle porte ce nom parce que c'est celle qui suit le plus étroitement l'approche du traitement telle qu'elle a été développée dans les premiers temps par Berne et ses associés. Les praticiens classiques utilisent toute une gamme de modèles analytiques pour faciliter la compréhension Adulte tout en « accrochant » en même temps la motivation de l'Enfant. Vous avez appris beaucoup de ces moyens dans les premiers chapitres de ce livre : le triangle dramatique, l'egogramme, le profil des strokes, les options, etc.

Donc, dans l'approche classique, le premier pas que fait le client consiste à comprendre comment il a mis en place ce problème. Il passe ensuite un contrat pour effectuer des changements comportementaux qui, par étapes, l'aideront à sortir de ses vieux schémas scénariques pour atteindre l'autonomie. Il est reconnu qu'à mesure que le client modifie son comportement, il peut aussi commencer à ressentir les choses différemment, mais l'encouragement à exprimer ses sentiments n'est pas en soi le point central de l'AT classique.

Le traitement en groupe est fortement privilégié par l'école classique. Le *processus de groupe* est considéré comme essentiel. Cela signifie que ce qui se passe entre le client et les autres membres du groupe est censé reproduire le problème qu'il amène en thérapie, problème qui, lui-même, reproduit les situations problématiques non résolues de l'enfance. Le rôle du thérapeute est de laisser se développer le processus de groupe, puis de faire des interventions qui permettent aux membres du groupe de prendre conscience des jeux, du parasitage et autres schémas scénariques qu'ils manifestent dans leurs relations entre eux et avec le thérapeute.

Dans l'optique de l'école classique, une fonction importante du thérapeute consiste à donner au client de nouveaux messages Parentaux. Pat Crossman a proposé les trois « P » que le thérapeute doit donner afin que cela soit fait efficacement : *Permission, Protection* et *Puissance*[3].

En donnant la *Permission*, le thérapeute donne au client des messages qui s'opposent activement aux injonctions ou aux contre-injonctions négatives du scénario. Ils peuvent être donnés verbalement, comme par exemple : « C'est OK que vous ressentiez ce que vous ressentez ! », ou bien « Arrêtez de travailler si dur ! ». Les Permissions peuvent aussi être accordées par l'exemple du thérapeute.

Pour accepter les Permissions que ce dernier lui donne, il faut que le client dans l'Enfant perçoive le thérapeute dans le Parent comme ayant plus de pouvoir — une plus grande *Puissance* — que le vrai parent qui a émis les premiers messages négatifs. Il faut aussi que le client sente chez le thérapeute la capacité de lui fournir une *Protection* contre les conséquences désastreuses qu'il redoute de voir se produire s'il désobéit aux commandements négatifs de ses parents.

L'école de la redécision

Bob et Mary Goulding sont à l'origine d'une approche thérapeutique qui combine la théorie AT et les techniques de *gestalt thérapie*, développée par Frederick (Fritz) Perls. Les Goulding soulignent que les décisions précoces sont prises à partir d'une position ressentie et non pensée. Par conséquent, afin de sortir du scénario, il faut que la personne recontacte les sentiments de l'Enfant éprouvés au moment de la décision primitive, qu'elle termine cette situation en exprimant ces sentiments et qu'elle remplace la décision précoce par une *redécision* nouvelle et mieux adaptée. Cela peut se faire soit par le rêve éveillé ou le fantasme soit par un travail sur la « scène originelle », dans lequel le client remonte dans ses souvenirs jusqu'à une scène traumatisante ancienne et la revit.

Bob et Mary Goulding s'accordent avec Perls pour penser que, lorsque quelqu'un reste « coincé » dans un problème, cela indique que deux parties de sa personnalité s'opposent avec une force égale. Le résultat est qu'il dépense une grande quantité d'énergie sans arriver à quelque chose. Cette situation s'appelle une *impasse*. Les Goulding ont développé la théorie de Perls en montrant que les impasses se produisent entre différents états du moi. En thérapie, la résolution des impasses se fait généralement par le biais d'une technique empruntée à la *gestalt* qu'on nomme le « travail de chaises ». Le client imagine les parties de lui-même qui sont en conflit et les pose sur des chaises différentes, puis « devient » tour à tour chaque partie pour mener une conversation, avec l'objectif de résoudre ce conflit. Au cours du processus, il arrive que les sentiments réprimés de l'Enfant remontent à la surface.

Encore plus que les praticiens AT en général, les thérapeutes de la redécision mettent l'accent sur la responsabilité personnelle. Dans le travail de redécision, le contrat thérapeutique n'est pas considéré comme un accord bilatéral entre client et thérapeute ; c'est un engagement que le client prend vis-à-vis de lui-même et dont le thérapeute est le témoin. Ce dernier « ne donne pas de Permissions » au client, c'est le client qui *prend* la Permission de se comporter et de ressentir de manière nouvelle, le thérapeute jouant le rôle de modèle positif. De la même manière, la *Puissance* est considérée comme une ressource que le client possède déjà plutôt que comme un élément fourni par le thérapeute.

Les thérapeutes de la redécision travaillent souvent avec des groupes sans se centrer sur le processus de groupe. Au contraire, la thérapie se fait en tête à tête ; le reste du groupe sert de témoin et donne des strokes positifs pour encourager et renforcer le changement.

Alors que l'expression des sentiments est essentielle dans le travail de redécision, les thérapeutes de cette école insistent pour dire qu'il est également important que le client comprenne ce qui se produit. De manière systématique, le travail émotionnel est immédiatement suivi d'une information Adulte. Il est également important que le client passe un contrat de changement comportemental pour mettre en pratique et consolider ses nouvelles décisions.

L'école des Schiff

Dans la cinquième partie, nous avons vu la contribution importante apportée à la théorie AT par l'école des Schiff. Les Schiff fondèrent le Cathexis Institute qui fut à l'origine un centre de traitement des clients psychotiques. Ils utilisèrent une approche qu'ils appelèrent le *reparentage*. Celui-ci se fonde sur le principe que la « folie » est le résultat de messages Parentaux incohérents et destructeurs. Pendant le traitement, le client est encouragé à régresser jusqu'à sa petite enfance. Dans ce processus, il *débranche* son « Parent fou » en lui retirant toute énergie. Il reçoit alors, au sens propre, la possibilité de recommencer sa croissance, le thérapeute fournissant cette fois un apport Parental positif et cohérent. Heureusement, ce nouveau processus de croissance se déroule beaucoup plus rapidement que le premier. Pourtant, même ainsi, le reparentage signifie que le « bébé » adulte va être fortement dépendant, pendant quelque temps, de son nouveau « père » et de sa nouvelle « mère ». Ce type de traitement requiert donc un environnement sûr et un degré élevé d'engagement de la part du thérapeute, en même temps qu'un soutien psychiatrique. Dans les premiers temps du Cathexis Institute, les Schiff adoptèrent légalement leurs « enfants », de sorte qu'il existe à présent une grande « famille Schiff ». Parmi ses membres, on compte plusieurs des théoriciens, thérapeutes et enseignants les plus respectés de l'AT d'aujourd'hui.

La méthode schiffienne s'est aussi avérée efficace en thérapie avec des clients non psychotiques. L'accent est alors mis sur la confrontation permanente des méconnaissances et des redéfinitions. Au lieu d'être passifs, les gens sont vivement encouragés à penser et à agir pour résoudre leurs problèmes. L'engagement thérapeutique intense du reparentage n'est pas approprié à un travail avec des clients non psychotiques. Toutefois, le thérapeute schiffien peut passer un contrat de *parentage* avec ce type de clients. Il s'engage à être constamment disponible pour le client, dans des limites de temps clairement déterminées, et à servir de « parent de remplacement », en donnant au client de nouvelles définitions Parentales positives, en remplacement des messages limitants qu'il peut avoir reçus de ses vrais parents.

Quand la thérapie de type schiffien se pratique en groupe, celui-ci est considéré comme fournissant un *environnement réactif*. Ce qui signifie qu'on attend de tous les membres du groupe, y compris le thérapeute, qu'ils réagissent de manière active à ce que font les autres. Si vous faites, dans le groupe, quelque chose que je n'aime pas, on attend de moi que je vous dise : « Je n'aime pas ce que vous venez de faire. Je veux que vous fassiez *(x)* à la place. » Si quelqu'un dans le groupe prend une attitude passive ou fait des méconnaissances, on attend des autres qu'ils confrontent cette attitude immédiatement, et lui demandent d'agir pour résoudre le problème. Dans ce cas, « confronter » ne signifie pas Persécuter. Cela implique une demande claire exprimée à l'autre à partir d'une position « + + ». La personne qui confronte le fait dans le but authentique de prendre soin d'elle-même et d'aider l'autre. Shea Schiff utilise l'expression « confrontation bienveillante » pour exprimer cette idée.

Au-delà « des trois écoles »

Certains des développements actuels les plus importants de l'AT se situent au-delà des limites de n'importe laquelle de ces « trois écoles ». Deux exemples de taille sont Erskine et Zalcman avec le circuit des sentiments parasites et Taibi Kahler avec le miniscénario.

Chacun de ces modèles théoriques a été à l'origine d'une approche thérapeutique distincte.

L'un des aspects les plus positifs de l'AT est sa capacité à incorporer des notions et des techniques provenant d'autres thérapies, celles-ci s'étant avérées immédiatement compatibles avec les fondements théoriques de l'AT. Le résultat est que le thérapeute AT moderne possède une grande « boîte à outils » adaptable de techniques qu'il peut utiliser selon les besoins du client. La plupart des praticiens AT sont également formés à d'autres approches qu'ils incluent dans leur travail. Nous avons déjà mentionné la combinaison AT-*gestalt* utilisée dans la thérapie de la redécision. Les thérapeutes AT se servent également de concepts et de techniques appartenant à la psychanalyse, la thérapie brève, la bioénergie, la programmation neuro-linguistique, la systémique, la visualisation et les techniques de modification de l'image de soi, la thérapie ericksonienne, la psychologie comportementale, la théorie du développement et de nombreux autres mouvements, selon la formation et les centres d'intérêt du praticien. Le modèle des états du moi et la théorie du scénario restent les principes organisateurs servant à guider le choix de l'utilisation de ces différentes techniques à l'intérieur d'un cadre AT.

29

L'AT DANS LES ORGANISATIONS ET L'ÉDUCATION

Dès le début, Eric Berne a considéré l'AT comme une « théorie d'action sociale » et une méthode de travail à utiliser dans les groupes. L'AT peut augmenter l'efficacité de presque toute entreprise humaine dans laquelle des personnes sont en relation avec d'autres.

L'AT sert une grande variété de contextes éducatifs et organisationnels qui ont chacun leurs propres besoins et caractéristiques. Dans ce chapitre nous ne faisons qu'un bref survol des manières dont l'AT peut servir aux éducateurs et aux experts en gestion et en organisations. La liste des références concernant ce chapitre vous fournira un guide concernant ce qui a été écrit sur ces applications.

Différences entre applications EO et applications cliniques

La théorie de base de l'AT est la même dans le travail en éducation et dans les organisations (EO) que dans le domaine clinique, mais il existe des différences dans l'accent mis et dans les techniques utilisées[1]. La formation et la reconnaissance des praticiens AT tient compte de ces différences (voir annexe C).

Dans le travail clinique, le *contrat* est généralement négocié entre deux parties, le thérapeute et le client individuel. À l'inverse, les contrats dans les domaines EO sont le plus souvent tripartites. Le contrat d'affaires se négocie entre l'intervenant et l'agence responsable des membres de l'agence. Par exemple, une entreprise peut engager un formateur AT pour travailler avec ses employés. Le contrat de traitement va sans doute aussi se négocier, en partie du moins, entre l'intervenant et l'agence qui le rémunère, plutôt qu'avec les individus ou les groupes avec qui il travaille effectivement.

Cela implique que toutes les parties doivent être particulièrement vigilantes afin de maintenir des procédures contractuelles claires et correctes et éviter des jeux à trois. Par exemple, une entreprise peut imposer à ses employés un stage d'AT même s'ils n'ont, eux, aucune motivation pour y participer. À moins que ce premier point ne soit clairement mentionné dans les négociations du contrat entre l'entreprise, le formateur et les stagiaires, il y a tout de suite des possibilités pour que ces trois partenaires prennent position sur le triangle dramatique, avec les changements de position de jeux qui s'ensuivent.

Dans le travail EO, l'intervenant joue le rôle de facilitateur, de formateur ou d'entraîneur plutôt que de thérapeute. La plupart du temps, il invite le groupe à traiter ce qui se passe au *niveau social* plutôt qu'au *niveau psychologique*. Une autre manière de s'exprimer est de dire que le travail EO aborde le programme *explicite* plutôt que le programme *caché*. Inutile de dire que l'intervenant lui-même doit être très pointu pour repérer les messages « Martiens » sous-jacents au niveau social, mais il ne convient généralement pas qu'il fasse prendre conscience de ces messages à ses clients.

Une raison de la différence d'accent est que dans un environnement EO, l'intervenant ne peut en général pas fournir la *protection* nécessaire si le niveau caché est exposé au grand jour. Dans un stage maison pour la mise en place d'une équipe, par exemple, les participants vont seulement passer deux ou trois jours avec le formateur. S'il devait inviter tous les membres à reprendre des éléments scénariques non liquidés, ceux-ci pourraient se retrouver avec les sentiments douloureux associés, sans avoir aucun moyen évident de les traiter. De toute façon, travailler au niveau du scénario n'est en aucun cas une nécessité absolue pour aboutir à une résolution efficace des problèmes. Rappelez-vous le chapitre 17 où l'on dit que la méconnaissance peut procéder aussi bien d'une *mauvaise information* que d'une contamination ou d'une exclusion.

Dans le travail EO, donc, l'intervenant va le plus souvent s'axer sur la manière dont l'individu ou le groupe peuvent résoudre les problèmes le plus efficacement possible en pensant et en agissant dans le présent, plutôt qu'en explorant quel élément du passé ils doivent liquider. Quand on porte le diagnostic en utilisant les états du moi, on établit un diagnostic comportemental et social plutôt qu'historique ou phénoménologique. L'intervenant va enseigner à ses stagiaires le concept de scénario de vie, comme moyen d'expliquer pourquoi les gens agissent d'une manière qui paraît aller à l'encontre du but recherché, ou qui leur cause de la souffrance. Mais on fera rarement du travail sur un scénario personnel. Dans les passages qui suivent, nous passons en revue les différentes façons d'appliquer les concepts AT dans les milieux de l'éducation et des organisations.

Application aux organisations

Le travail en AT dans les organisations[2] a-t-il un but global qui corresponde à celui de l'autonomie dans la thérapie ? Roger Blakeney propose le critère d'*efficacité*. Il souligne que les organisations comme les individus peuvent développer des schémas de comportements révélant un dysfonctionnement ou une inefficacité, analogues au comportement scénarique d'une personne. La sortie du « scénario organisationnel » s'accompagne d'une amélioration de l'efficacité de l'organisation concernant les résultats qu'elle recherche.

États du moi

Les organisations n'ont pas d'états du moi mais possèdent des éléments qui fonctionnent de manière analogue. Elles ont des schémas de croyance, un rituel et des règles qui correspondent au Parent. Elles ont des technologies et des stratégies pour résoudre les problèmes qui sont analogues à l'Adulte. Et elles ont des schémas de comportements et de sentiments parallèles à ceux de l'Enfant. L'expert qui analyse une organisation peut examiner la quantité d'énergie qu'elle investit dans chacun de ces trois éléments, de la même manière que le thérapeute étudie la répartition de l'énergie dans les trois états du moi de son client.

À un niveau plus évident, la communication et les interactions entre individus au sein de l'organisation peuvent être améliorées par la connaissance du modèle des états du moi. Les gestionnaires, par exemple, peuvent se rendre compte qu'ils adoptent une position de Parent négatif tandis que leurs employés répondent par un Enfant Adapté négatif, en étant rebelles ou trop soumis. Pour améliorer l'efficacité, les gestionnaires comme les employés peuvent agir de façon à augmenter l'usage qu'ils font de l'Adulte. Ils peuvent passer un contrat clair concernant l'utilisation appropriée d'un Parent positif par les gestionnaires et celle d'un Enfant Adapté positif de la part des employés (dans des situations où la sécurité est en jeu, peut-être). L'Enfant Libre, et donc le plaisir à travailler, peut être encouragé à travers une meilleure décoration intérieure, plus gaie et plus agréable. On dit que certaines sociétés japonaises fournissent à leurs employés des mannequins à l'effigie de leurs supérieurs et de gros bâtons. Quand un ouvrier est furieux contre son patron, il peut prendre du temps, pendant son travail, pour aller taper sur l'effigie de son patron. Voilà la libération *par excellence* de l'Enfant Libre.

Transactions, strokes, structuration du temps

L'analyse des *transactions* est largement utilisée dans la formation du personnel en contact avec le public, c'est-à-dire les réceptionnistes et les personnes responsables de réservations. Ils apprennent à conserver à la communication un cours harmonieux et agréable par des transactions parallèles, ou à étouffer une éventuelle discussion Parent-Enfant en croisant la transaction.

L'analyse des schémas de *strokes* a une implication évidente dans l'augmentation du plaisir à travailler. Les gestionnaires ont peut-être besoin d'apprendre à donner des strokes positifs pour une tâche bien remplie, plutôt que d'en donner seulement de négatifs pour un travail mal fait. Le principe « à chacun ses strokes » s'applique aussi : alors que vous, vous trouvez votre plus grande récompense dans les louanges des supérieurs que vous respectez, moi, je préfère des strokes sous forme d'un salaire plus substantiel ou des vacances plus longues.

Lorsqu'on regarde la *structuration du temps* des réunions, on s'aperçoit quelquefois que ces rassemblements consistent en de nombreux passe-temps et peu d'activité. Quant aux jeux, ils expliquent probablement la plus grande perte de temps et de ressources humaines dans les organisations. Les individus ont souvent recours aux jeux lorsqu'ils s'ennuient, ne se sentent pas reconnus ou pas suffisamment stimulés au sein de l'entreprise. Modifier les schémas d'attribution des strokes et augmenter les occasions d'une stimulation positive peuvent faire des merveilles pour éliminer les jeux et augmenter la productivité. La procédure AT que constitue le *contrat* peut aussi aider à canaliser l'énergie de l'entreprise vers une action constructive plutôt que vers l'accomplissement de programmes cachés.

Confronter la passivité

Les concepts schiffiens se sont avérés des plus utiles dans leur application aux entreprises. Le tableau des méconnaissances fournit un moyen systématique de résolution de problèmes. Il est particulièrement utile dans les situations où l'on « fait passer » les informations et les instructions et où cette transmission s'accompagne d'une tendance à ce que les détails se perdent ou soient déformés. Être conscient des méconnaissances verbales, des transactions tangentielles ou bloquantes augmente la communication et améliore l'efficacité des réunions.

L'AT dans l'éducation

L'autonomie implique une pensée claire et une efficacité dans la résolution des problèmes. L'éducateur a pour but d'aider ses étudiants à développer ces capacités. Par conséquent, l'autonomie en tant que but général est aussi appropriée dans un environnement éducatif[3] que dans le travail clinique.

L'éducateur a en général la possibilité d'être en relation avec ses étudiants pendant une plus longue période que l'intervenant en entreprise. De par la nature de l'environnement éducatif, il est tout à fait possible que les étudiants « mettent un visage » sur le professeur qui, à son tour, participe à la reviviscence du passé en adoptant un rôle de Parent. Il peut éviter cela en acquérant la connaissance générale de la théorie du scénario et la connaissance particulière du sien propre. Les concepts AT du développement de l'enfant peuvent guider l'éducateur dans sa manière de s'occuper efficacement des jeunes enfants à leurs différents stades de développement.

États du moi

Le modèle de base des états du moi est facile à comprendre par les enfants dès l'âge scolaire et le langage simple de l'AT facilite cette compréhension. En examinant le contenu et les motivations des trois états du moi, les élèves sont mieux à même de découvrir avec une conscience claire leurs propres intentions et leurs propres désirs. Les expériences qu'ils font par eux-mêmes leur seront vraisemblablement plus profitables quand elles mettent en jeu les trois états du moi. Il est de première importance de reconnaître que l'Enfant Libre est la source de la créativité et de l'énergie chez la personne et il est nécessaire de l'inclure dans le processus d'apprentissage.

L'éducateur lui-même a besoin d'avoir libre accès à ses trois états du moi. La plupart du temps, il manifeste une attitude Adulte de résolution de problème. Il a souvent besoin d'instaurer des limites fermes à partir d'un Parent Contrôlant positif ou de se montrer bienveillant à partir du Parent Nourricier positif. Il sait passer dans l'Enfant pour donner l'exemple de la spontanéité, de l'intuition et du plaisir d'apprendre.

Transactions, strokes, structuration du temps

L'analyse des transactions est utile pour maintenir entre maîtres et élèves une communication claire, productive et libre de tout programme caché. Utiliser des *options* permet aux maîtres comme aux élèves de sortir des interactions « bloquées » Parent-Enfant.

Repérer et éviter les comportements générés par les *drivers* peut aussi être d'une grande aide pour clarifier la communication. Il y a une grande différence entre apprendre quelque chose et essayer de l'apprendre. Les professeurs sont plus facilement compris quand ils prennent leur temps que lorsqu'ils précipitent les choses. Les élèves améliorent leurs techniques d'apprentissage lorsqu'ils sont satisfaits d'avoir appris suffisamment plutôt que lorsqu'ils se mettent en devoir d'être parfaits en apprenant tout.

Veiller aux manières de donner des *strokes* et à la *structuration du temps* s'applique en éducation à peu près de la même manière qu'en entreprise. La salle de cours ou l'amphithéâtre sont des terrains riches où s'épanouissent les *jeux* et le *parasitage*. Les élèves peuvent jouer des jeux comme *Stupide, Tu n'arriveras pas à* ou *Fais quelque chose pour moi* (qui est le « coup de théâtre » potentiel du jeu *Regardez ce que vous m'avez fait faire*). Les professeurs peuvent jouer *Voyez comme je fais des efforts, J'essaie seulement de vous aider, Pourquoi ne pas* ou *Défauts*. Une connaissance de l'analyse des jeux permet aux élèves et aux enseignants d'éviter ces échanges stériles et de mener à bien leurs activités d'enseignement et d'apprentissage.

L'utilisation des *contrats* permet aux enseignants et aux élèves d'aboutir à un accord clair et explicite sur ce qu'ils vont faire et comment ils vont le faire.

Confronter la passivité

C'est dans les milieux de l'éducation qu'on peut s'attendre plus particulièrement à la symbiose. Cette attente peut même être explicite dans certaines cultures où les enseignants sont traditionnellement dépeints comme ayant un rôle de Parent et d'Adulte tandis que l'élève a celui de l'Enfant. L'approche actuelle de l'éducation rejoint celle de l'AT pour considérer cela comme une méconnaissance des capacités des deux parties.

Une connaissance des concepts schiffiens permet aux élèves et aux maîtres de rester en dehors de la symbiose et d'utiliser pleinement leurs trois états du moi. Les éducateurs peuvent enseigner à reconnaître les quatre comportements passifs et à les confronter au lieu de participer à des jeux. Si le contexte institutionnel le permet, des groupes et des cours de soutien peuvent être organisés pour fournir un environnement réactif où maîtres et élèves prennent la responsabilité mutuelle de promouvoir une pensée claire et une capacité de résolution active.

30

HISTORIQUE DE L'AT

À la première date de publication de ce livre, trente ans s'étaient écoulés depuis la première communication d'Eric Berne portant le titre d'« Analyse Transactionnelle ». Plus de la moitié de ces trente années se sont écoulées depuis la mort de Berne en 1970. L'AT, comme Berne, a dû affronter la mort prématurée de son père.

Dans ce chapitre, nous retraçons la vie de Berne et les origines de sa pensée, dans les années cinquante et avant. Les trente années qui ont suivi cette communication de 1957 ont vu les premiers développements de la théorie grâce aux esprits fertiles d'une poignée de transactionnalistes regroupés sur la côte ouest des États-Unis. La publication du best-seller de Berne, *Games people play (Des jeux et des hommes),* vers le milieu des années soixante a projeté l'AT sur la scène publique et marqué le début d'une décennie de grande popularité.

Les années qui couvrent la période présente depuis la fin des années soixante-dix sont une période de consolidation. Le nombre de personnes adhérant à l'AT a diminué depuis le chiffre élevé de 1976 jusqu'au niveau actuel qui, même s'il est inférieur, est stable et, de toute façon, plus élevé qu'aux débuts. La théorie et la pratique se sont affinées et développées. Le plus frappant est peut-être l'intérêt universel croissant pour l'AT. La communauté AT ne se limite plus à la côte ouest des États-Unis ni à l'Amérique pas plus qu'aux pays d'expression anglaise ; elle s'est véritablement internationalisée.

Eric Berne et les origines de l'AT

Eric Berne[1], de son vrai nom Eric Lennard Bernstein, est né à Montréal en 1910. Son père était médecin généraliste et sa mère écrivain. Il eut une enfance heureuse et il aimait surtout accompagner son père dans ses visites. Puis, alors qu'il n'avait que neuf ans, son père mourut. Cette mort, qui affecta profondément l'enfant, a sans doute eu une très grande influence sur son développement ultérieur.

Encouragé par une mère ambitieuse, Berne fit des études de médecine et passa sa thèse en 1935. Peu de temps après, il déménagea aux États-Unis et commença son internat en psychiatrie. Il fut naturalisé américain sous le nom d'Eric Berne.

En 1941, il commença avec Paul Federn une formation de psychanalyste qui fut interrompue par la Seconde Guerre mondiale. Il s'engagea alors en 1943 dans le service de santé des armées comme psychiatre. Pendant cette période, il pratiqua la thérapie de groupe. Il avait déjà commencé à rassembler des notes critiques sur la psychiatrie et la psychanalyse, notes qui devaient plus tard former la base de ses écrits.

Une fois libéré de ses obligations militaires, en 1946, Berne reprit sa formation psychanalytique, cette fois avec Erik Erikson. Il commença à travailler énormément, ce qu'il fit toute sa vie, mêlant pratique privée et diverses fonctions officielles à un programme chargé de rédaction de textes. Son premier ouvrage *The Mind in Action* fut publié en 1947 et révisé en 1957 sous le titre *A Layman's Guide to Psychiatry and Psychoanalysis* (traduction française : Psychiatrie et psychanalyse à la portée de tous)[2].

En 1949, Berne publia le premier de six articles à paraître dans des revues professionnelles et concernant la nature de l'intuition. Publiés jusqu'en 1958, ces articles présentaient les nouvelles idées sur lesquelles Berne fondait son élaboration de l'AT.

Pendant tout ce temps, il poursuivait sa formation psychanalytique. En 1956, il posa sa candidature à l'Institut de psychanalyse mais elle fut refusée.

Aiguillonné par ce refus, Berne résolut de continuer par lui-même et d'élaborer une nouvelle approche de la psychothérapie. À la fin de cette année-là, il avait terminé deux articles de plus sur l'intuition, dans lesquels il présentait ses concepts des états du moi Parent, Adulte, Enfant et utilisait le terme d'« analyse structurale ». Ces articles parurent en 1957. Berne rédigea ensuite un autre article qu'il présenta à l'Association américaine de thérapie de groupe en novembre 1957. Le titre en était « Analyse Transactionnelle : une nouvelle méthode efficace de thérapie de groupe ». Dans cet article, qui fut édité l'année suivante, Berne reformulait ses concepts des états de moi Parent, Adulte, Enfant, et introduisait les notions de jeux et de scénario. Donc, le cadre de base de la théorie AT était déjà complet.

Quel genre d'homme était Berne ? Ceux qui l'ont connu ont des souvenirs différents de sa personnalité complexe. Certains disent qu'il était affable, d'un grand soutien, aimant jouer. D'autres se rappellent un personnage à la langue acérée, compétitif et distant sur le plan personnel[3]. Ce qui est sûr, c'est qu'il avait une pensée claire et qu'il exigeait la même chose des autres. Cette qualité nous a été transmise dans la structure cohérente de la théorie AT.

Pendant toute sa carrière, il conserva un grand intérêt pour la fonction de l'intuition. Cela fournit le dynamisme de la formulation originale des concepts AT et se refléta dans l'insistance de Berne à utiliser le concept de « penser Martien » : comprendre les messages cachés aussi bien que les messages explicites.

Berne était un individualiste, voire un rebelle. Nous ne pouvons que supposer que son rejet par les psychanalystes reconnus fut réellement ce qui le poussa à développer l'AT. Mais il réussit à créer une méthode de psychothérapie qui « allait à l'encontre » des règles établies, selon lui, à l'époque. Il avait pour idéal de guérir les gens rapidement plutôt que de les faire « progresser » pendant des années de thérapie. Il décida que l'AT devait parler un langage simple au lieu de se dissimuler sous le grec et le latin, pour que le client et le thérapeute puissent coopérer plus facilement dans le processus de guérison.

Paradoxalement, certaines des idées auxquelles Berne tenait le plus sont directement issues d'un contexte médical. Cela reflète peut-être non seulement sa formation médicale mais aussi ses souvenirs d'enfance heureuse passée avec son père. Quand Berne écrivit *Analyse transactionnelle et psychothérapie*, il rédigea une dédicace en latin : « À la mémoire de mon père David, docteur en médecine et professeur de chirurgie, médecin des pauvres. »

Pour Berne, le thérapeute efficace devait être un « vrai médecin ». Cela ne signifiait pas pour lui que seules les personnes diplômées de médecine devaient être thérapeutes. Au contraire, il pensait que *tout* thérapeute doit accepter les responsabilités qu'on attend d'un médecin. Le « vrai médecin », disait Berne, a d'abord et avant tout pour but de guérir ses malades. Il doit programmer son traitement de manière qu'à chaque phrase il sache ce qu'il fait et pourquoi il le fait. Ces qualités sont encore exigées aujourd'hui pour la certification des praticiens AT.

Les premières années

Dès le début des années cinquante, Berne et ses associés tinrent des séminaires cliniques réguliers[4]. En 1958, ils créèrent les séminaires de psychiatrie sociale de San Francisco (SFSPS) et se réunirent les mardis chez Berne. Plusieurs modifications de nom et de lieu intervinrent, mais ces séminaires se poursuivent encore aujourd'hui.

Au cours de ces premières années, les séminaires de San Francisco furent un terrain propice à l'émergence des idées AT. Le premier livre de Berne consacré à l'AT, *Transactional Analysis in Psychotherapy (Analyse transactionnelle et psychothérapie),* parut en 1961, suivi en 1963 par *The Structure and Dynamics of Organisations and Groups.* Le *Transactional Analysis Bulletin* commença à paraître en janvier 1962. Berne en était le rédacteur.

Les membres des SFSPS comptent bon nombre des figures connues de l'« école classique » d'AT comme Claude Steiner, Jack Dusay, Stephen Karpman et Franklin Ernst.

Jacqui Lee Schiff a aussi participé aux réunions de ces premiers séminaires. Bob Goulding, lui, a commencé une supervision clinique avec Berne au début des années soixante. C'est ainsi que furent semées les graines du développement des deux autres « écoles » les plus importantes de l'AT d'aujourd'hui, telles que nous les avons décrites au chapitre 28.

En 1964, Berne et ses confrères décidèrent de fonder l'Association internationale d'Analyse Transactionnelle (ITAA) pour traduire le fait que l'AT était maintenant pratiquée par un nombre croissant de professionnels en dehors des États-Unis. En même temps, le séminaire de San Francisco changea de nom et devint le séminaire d'Analyse transactionnelle de San Francisco (SFTAS).

L'année 1964 fut également une année clé dans l'histoire de l'AT avec la publication de *Games People Play.* Pour Berne, ce livre s'adressait à un cercle relativement limité de professionnels. En fait, il devint un best-seller. À mesure que les ventes augmentaient à travers le monde, le langage et les idées de l'AT frappaient l'imagination d'un public nombreux.

Les années d'expansion

Le succès commercial de *Games People Play* n'aboutit pas à une explosion immédiate du nombre des professionnels qui utilisaient l'AT. En 1965, le nombre des membres n'était que de 279. Pourtant, ce petit nombre de praticiens a continué de développer régulièrement l'AT tant dans la théorie que dans la pratique. En 1965, les Schiff, installés sur la côte est des États-Unis, commençaient leur travail avec des clients psychotiques. *Principles of Group Treatment* fut publié en 1966, et cette même année vit la publication dans le *TA Bulletin* de l'article de Steiner, article riche et original, « Scénario et contre-scénario ».

Pendant ce temps, Berne continuait sans relâche à travailler énormément. En juin 1970, il avait terminé les manuscrits de deux livres : *Sex in Human Loving* et *What Do You Say After You Say Hello ? (Que dites-vous après avoir dit bonjour ?).* Mais il ne devait jamais en voir la publication. Fin juin, il eut un infarctus et fut conduit en toute hâte à l'hôpital. On crut qu'il allait guérir, mais il eut un deuxième infarctus et mourut le 15 juillet 1970.

Le premier numéro du *Transactional Analysis Journal*, paru en janvier 1971, fut un numéro anniversaire en l'honneur de Berne. Dans ce numéro, Aaron et Jacqui Schiff publièrent leur article novateur sur la « passivité » et Stephen Karpman présenta son concept des « options ».

À côté des ouvrages de Berne, deux autres best-sellers ont contribué à augmenter l'intérêt du public pour l'AT. Celui de Thomas Harris *I'm OK, You're OK (D'accord avec soi et les autres)* fut publié en anglais en 1967. À l'inverse de *Games People Play*, il visait un public de non-initiés, et présentait les concepts de base de la théorie AT d'une manière immédiatement « parlante », même si quelquefois le vocabulaire utilisé l'était dans un sens particulier. En 1971, Muriel James et Dorothy Jongeward publièrent *Born to Win (Naître gagnant)*, rapprochant les concepts de l'AT de ceux de la *gestalt* de Fritz Perls.

C'est ainsi que l'intérêt du public pour l'AT se mit à faire boule de neige. L'ITAA, dont le nombre de membres avoisinait les 1 000 en 1971, se développa pour atteindre le chiffre de 5 000 en 1973. Elle continua de croître pour atteindre le chiffre record de près de 11 000 membres en 1976[5].

Pendant ce temps, les trois « écoles » d'AT progressaient, aussi bien en théorie qu'en pratique. L'article original de Jack Dusay sur les « egogrammes » parut en 1972 dans le *TA Journal.* La même année, Bob et Mary Goulding publièrent l'article qui présentait leurs idées sur la redécision et les injonctions, tandis que les Schiff fondaient le Cathexis Institute.

Le travail de Taibi Kahler concernant les drivers et le miniscénario fut présenté pour la première fois en 1974 dans un article du *TA Journal* et marqua un nouveau départ pour l'AT. Les idées de Kahler n'entraient dans le cadre d'aucune des trois « écoles » principales.

Bien que le miniscénario soit fermement enraciné dans la théorie fondamentale de l'AT, il introduit des concepts essentiels dont Berne n'avait jamais entendu parler à l'époque de sa mort en 1970.

Consolidation internationale

Si l'AT fut conçue à partir des premières études de Berne sur l'intuition, si elle naquit lors de sa communication de 1957, elle atteignit sa majorité en 1978. Cette année-là, le nombre de membres de l'ITAA était retombé à 8 000. Ce chiffre continua de diminuer, à un rythme moins rapide toutefois, pour se stabiliser depuis 1985 aux environs de 5 000.

Comme on pouvait s'y attendre, le côté « nouveauté » et médiatisé de l'AT s'était usé. Pourtant, ce déclin de l'intérêt général n'est qu'une partie de l'histoire de l'AT et peut-être une partie très minime. Il est plus juste de dire que l'AT a trouvé sa maturité en tant que discipline, et obtenu une reconnaissance internationale en tant qu'approche professionnelle. À cet égard, cela n'a peut-être pas été une si mauvaise chose qu'elle perde cette aura de « psychologie à la mode » acquise au cours des années d'expansion rapide.

Deux livres, qui rendent compte à maints égards de ce changement, ont été publiés en 1977. Ce sont tous deux des actes de congrès, destinés principalement à un public de professionnels. *Transactional Analysis after Eric Berne,* publié par Graham Barnes, couvrait le plus gros de la croissance et des développements de la théorie et de la pratique AT depuis la mort d'Eric Berne. Muriel James, quant à elle, publiait *Techniques in Transactional Analysis for Psychoterapists and Counselors,* centré essentiellement sur l'application actuelle de l'AT.

Les auteurs AT ont continué d'approfondir et de développer la pensée AT. Richard Erskine et Marilyn Zalcman, par exemple, ont introduit le circuit des sentiments parasites pour la première fois en 1979, dans un article du *TA Journal.*

La formation et la titularisation en AT obéissent à des normes internationales reconnues. Elles sont actuellement gérées par l'ITAA et par l'association européenne d'Analyse Transactionnelle (EATA). (Voir les détails en annexe C.)

Le vif intérêt pour l'AT en dehors des États-Unis a commencé bien avant la grande période d'expansion. Dès 1964, une approche AT des phénomènes de groupe était enseignée dans les milieux de formation adulte par John Allaway, professeur à l'université de Leicester, en Angleterre[6]. Des cours de ce type sont toujours donnés aujourd'hui.

On ne comptait qu'une poignée de membres de l'ITAA en dehors des États-Unis en 1965. Ceux-ci se multiplièrent comme les membres américains à mesure que l'intérêt pour l'AT se développait dans le monde, jusqu'en 1976 où ils atteignirent le chiffre de 2 000 pour un total supérieur à 10 000. Il est intéressant de noter que, tandis que le nombre total de membres de l'ITAA retombait, celui des membres non américains resta relativement stable. Par conséquent, la proportion des membres non américains augmente de manière constante. Plus encore, l'ITAA devient réellement internationale. Cela apparaît dans la restructuration fondamentale entreprise par l'ITAA et qui se poursuit encore au moment où ce livre est publié.

À mesure que l'intérêt pour l'AT s'est développé, des associations régionales, nationales et continentales ont naturellement émergé. L'association européenne d'Analyse Transactionnelle, créée en 1964, regroupe actuellement plus de 2 000 membres. Elle a tenu son premier congrès en 1975, suivi en 1976 par le premier congrès panaméricain. Il existe des associations nationales d'AT dans de nombreux pays d'Europe, d'Amérique du Nord et du Sud, d'Asie, en Australie et en Océanie (voir Annexe B).

Bien qu'il ait fallu plus de temps pour que l'AT soit reconnue dans les pays du bloc de l'Est, certains signes montrent que, là-bas aussi, elle prend de l'ampleur. En janvier 1987, un groupe de visiteurs ITAA ont donné le premier « 101 » en République populaire de Chine[7].

ANNEXE A

Lauréats du Prix Eric Berne

Le prix Eric Berne a été créé en 1971 pour perpétuer la mémoire des contributions scientifiques d'Eric Berne et lui rendre hommage. Il est attribué chaque année à une personne qui crée un nouveau concept scientifique en AT. Pour concourir, les articles doivent paraître dans une revue, un journal ou un ouvrage professionnel au moins un an avant la remise du prix. La décision est prise par la commission de rédaction de l'ITAA qui se réserve le droit de ne pas l'attribuer si les articles proposés n'atteignent pas le niveau de qualité et d'originalité requis.

Voici la liste chronologique des lauréats entre 1971 et 1987, accompagnée des références aux ouvrages qui leur ont valu ce prix.

Les chiffres entre parenthèses en italique à la fin de chaque référence renvoient au chapitre du présent ouvrage qui traite de ce sujet.

1971 Claude Steiner, La matrice de scénario. Steiner, C., « Script and Counterscript », in *Transactional Analysis Bulletin, 5,* 18, 1966, 133-35 *(13)*.

1972 Stephen Karpman, Le triangle dramatique. Karpman, S., « Fairy Tales and Script Drama Analysis », in *TAB, 7,* 1968, 39-43 *(13)*.

1973 John Dusay, Les egogrammes. Dusay, J., « Egograms and the Constancy Hypothesis », in *TAJ, 2,* 3, 1972, 37-42 *(3)*.

1974 Aaron et Jacqui Schiff, La passivité et les quatre méconnaissances. Schiff, A., et Schiff, J., « Passivity », in *TAJ, 1,* 1, 1971, 71—8 *(17)*.

1975 Robert et Mary Goulding, La redécision et les douze injonctions. Goulding, R., et Goulding, M., « New Directions in Transactional Analysis », in Sager et Kaplan (eds), *Progress in Group and Family Therapy* (New York, Brunner/Mazel, 1972), 105-34 ; et « Injunctions, Decisions et Redecisions », in *TAJ, 6,* 1, 1976, 41-8 *(14)*.

1976 Pat Crossman, La protection. Crossman, P., « Permission and Protection », in *TAB, 5,* 19, 1966, 152-4 *(28)*.

1977 Taibi Kahler, Le miniscénario et les cinq drivers. Kahler, T., « The Miniscript », in *TAJ, 4,* 1, 1974, 26-42 *(16)*.

1978 Fanita English, Sentiments parasites et sentiments vrais : le facteur de substitution. English, F., « The Substitution Factor : Rackets and Real Feelings », in *TAJ, 1,* 4, 1971, 225-30 ; et « Rackets and Real Feelings, Part II », in *TAJ, 2,* 1, 1972, 23-5 *(21)*.

1979 Stephen Karpman, Les options. Karpman, S., « Options », in *TAJ, 1,* 1971, 79-87 *(7)*.

1980 (ex æquo) Claude Steiner, L'économie des strokes. Steiner, C., « The Stroke Economy », in *TAJ, 1,* 3, 1971, 9-15 *(8)*.
1980 (ex æquo) Ken Mellor et Eric Sigmund, Méconnaissance et redéfinition. Mellor, K., et Sigmund, E., « Discounting », in *TAJ, 5,* 3, 1975, 295-302 ; et Mellor, K., et Sigmund, E., « Redefining », in *TAJ, 5,* 3, 1975, 303-11 *(17, 18, 19)*.

1981 Franklin H. Ernst, Jr., L'enclos OK. Ernst, F., « The OK Corral : the Grid for Get-on-with », in *TAJ, 1,* 4, 1971, 231-40, *(12)*.

1982 Richard Erskine et Marilyn Zalcman, Le circuit des sentiments parasites et l'analyse du parasitage. Erskine, R., et Zalcman, M., « The Racket System : a Model for Racket Analysis », in *TAJ, 9,* 1, 1979, 51-9 *(22)*.

1983 Muriel James, L'auto-reparentage. James, M., « Self-Reparenting : Theory and Process », in *TAJ, 4,* 3, 1974, 32-9 *(28)*.

1984 Pam Levine, Les étapes du développement. Levin, P., « The Cycle of Development », in *TAJ, 12,* 2, 1982, 129-39 *(Références, 10)*.

1985 (non attribué).

1986 (non attribué).

1987 Carlo Moïso, États du moi et transfert. Moïso, C., « Ego-States and Transference », in *TAJ, 15,* 3, 1985, 194-201.

Le prix Eric Berne n'a pas été attribué depuis 1987.

ANNEXE B

Associations AT

À la date où s'est tenu le Congrès international (juillet 1990), il existe une organisation AT présente dans le monde entier, c'est l'association internationale d'Analyse Transactionnelle (ITAA). Une autre, qui lui est affiliée, l'association européenne d'Analyse Transactionnelle (EATA), couvre le continent européen. À côté de ces deux associations internationales, il en existe d'autres, nationales ou régionales, dans de nombreux pays.

Au chapitre 30, nous avons fait un bref historique du développement de l'ITAA et de l'EATA. L'annexe C traitera de leurs activités respectives dans la formation et la certification en AT.

L'association internationale d'Analyse Transactionnelle (ITAA)

L'ITAA est une société éducative à but non lucratif aux termes de la loi américaine. Elle propose trois catégories de membres. *Membre associé* pour les individus qui s'intéressent à l'AT, ne votent pas mais soutiennent les buts humanistes de l'ITAA. *Membre régulier* pour ceux qui, professionnellement, s'investissent dans l'AT, votent mais ne sont pas certifiés par ailleurs. C'est également le niveau de ceux qui visent la titularisation par le BOC (Board of Certification) de l'ITAA. Pour cela, ils doivent avoir prouvé un niveau initial suffisant dit « 101 » attesté par un membre enseignant qualifié. *Membre certifié en Analyse Transactionnelle* pour ceux qui ont réussi des examens écrits et oraux après avoir étudié avec un enseignant ou un superviseur qualifié *(voir annexe C)*. Ces personnes peuvent être spécialisées dans le champ clinique, organisationnel ou éducatif.

Jusqu'en 1989, seuls des individus pouvaient être membres de l'ITAA et cela reste vrai pour les pays dans lesquels n'existe pas encore de contrat d'affiliation global entre l'association nationale et l'ITAA.

En ce qui concerne l'Europe (depuis le 1er janvier 1989) et le Canada (depuis le 1er janvier 1990), les membres qui adhèrent à leur association locale sont automatiquement membres de l'ITAA. D'autres pays négocient actuellement cette affiliation globale (les États-Unis, la Nouvelle-Zélande, l'Inde et le Brésil). Ces changements visent surtout à répondre à l'éventail toujours plus international des membres et des activités de l'ITAA *(voir chapitre 30)*.

Vous pouvez obtenir plus de renseignements auprès de ITAA, 1772 Vallejo Street, San Francisco, California 94123, États-Unis.

L'association européenne d'Analyse Transactionnelle (EATA)

L'EATA est une association à but non lucratif soumise à la loi suisse. Il existe deux catégories de membres. *Membre associé* pour quiconque s'intéresse à l'AT. *Membre votant* pour ceux qui ont acquis le niveau « 101 » au minimum, ceux qui sont en contrat de formation pour devenir « analyste transactionnel certifié » et ceux qui sont certifiés, enseignants et superviseurs qualifiés *(voir annexe C)*.

On devient membre de l'EATA en adhérant à une association nationale ou régionale affiliée, qui verse une cotisation annuelle pour tous ses membres. L'adhésion d'un membre individuel est devenue une exception.

Pour tous renseignements, adressez-vous à : EATA, Case Grand-Pré 59, 1211 Genève 16, Suisse.

Associations nationales

Nous ne donnons pas les adresses des nombreuses associations AT régionales ou nationales qui existent dans le monde parce qu'elles changent avec les nouveaux responsables élus de ces associations. Pour l'adresse actuelle des associations existantes, adressez vos demandes à l'EATA (pour les associations européennes) ou à l'ITAA (pour le monde entier).

Voici une liste des pays dans chaque continent qui, d'après les données de l'ITAA et de l'EATA, ont des associations nationales ou régionales actives à la date de juillet 1990. Certains pays ont plusieurs associations.

Europe : Allemagne, Autriche, Belgique, Danemark, Espagne, Finlande, France, Italie, Norvège, Pays-Bas, Portugal, Royaume-Uni, Suède, Suisse, Yougoslavie. (Dans chacun de ces pays, sauf au Portugal et en Yougoslavie, il y a au moins une association qui adhère à l'EATA sur la base d'une structure de cotisation commune.)
Amérique du Nord : Canada, États-Unis.
Amérique centrale et Amérique du Sud : Argentine, Brésil, Mexique, Pérou, Porto Rico, République dominicaine, Venezuela.
Asie : Inde, Japon.
Océanie : Australie, Nouvelle-Zélande.
Afrique : Afrique du Sud.

Voici, pour les pays francophones, quelques adresses plus précises, à la date du 1er juin 1990 :

Belgique : Association belge pour l'Analyse Transactionnelle (ASSOBAT), 32, rue Renier Chalon 1060 Bruxelles.

France : Institut français d'Analyse Transactionnelle (IFAT), 31, rue Voltaire, 83840 Saint-Zacharie. Tél. : (16) 42 72 91 60

Suisse : Association suisse pour l'Analyse Transactionnelle (ASAT), P.O. Box 916, 8044 Zurich.

Il existe également une association internationale francophone non affiliée à l'EATA et réunissant les personnes intéressées par l'application de l'AT en éducation. Elle organise tous les deux ans un colloque en Europe :

ARIATE
5, avenue Pasteur, 94340 Joinville-le-Pont - France.
153, avenue Gribaumont, 1200 Bruxelles - Belgique.

ANNEXE C

Formation et certification en AT

Deux associations offrent une formation et une titularisation de reconnaissance internationale en AT. Ce sont l'ITAA et l'EATA.

Au sein de l'ITAA, les conditions de formation sont du ressort du Training Standards Committee (TSC) alors que ce qui concerne les examens est géré par le Board of Certification (BOC). Dans l'EATA, ces tâches sont respectivement assurées par le Professional Training Standards Committee (PTSC) et la Commission of Certification (COC).

Par un accord de reconnaissance mutuelle entre le BOC et le COC, signé en août 1986, ces deux instances reconnaissent le BOC comme instance suprême de certification dans le monde tandis que le COC est reconnu comme l'instance suprême de certification en Europe. Cela a pour conséquence que toutes les certifications accordées par l'une de ces instances sont reconnues par l'autre. Les procédures de formation et d'examens mises en place par les deux instances sont à peu près identiques.

Les détails qui sont donnés dans la suite de cette annexe sont extraits et actualisés dans le *Training and Examination Handbook* de l'EATA (1989).

Buts de la formation et de la certification

Les buts des programmes de formation et de titularisation sont : de garantir des praticiens de l'AT compétents, avec une éthique par rapport aux individus et aux organisations qui demandent de l'aide ; d'encourager le développement, la clarification, la simplification et l'évaluation de la théorie et des méthodes d'AT ; de promouvoir une évaluation des compétences des professionnels de l'AT et de promouvoir l'application contractuelle de l'AT dans tous les domaines d'utilisation.

La certification officielle de l'EATA peut s'obtenir pour l'application de l'AT, pour l'enseignement et la formation d'autres personnes à l'AT dans actuellement quatre domaines de spécialités : 1. Clinique ; 2. Éducation ; 3. Organisation ; 4. Conseil (ou guidance). La qualité de membre en tant que « analyste transactionnel certifié » est reconnue aux individus qui ont reçu une formation et qui ont été reconnus, par une commission de certification organisée par l'EATA, compétents pour pratiquer l'AT dans leur champ de spécialisation. Le titre d'« analyste transactionnel enseignant et/ou superviseur » est donné à ceux qui ont été formés et qualifiés pour enseigner et/ou superviser ceux qui pratiquent l'AT dans leur champ de spécialisation professionnelle.

Qu'impliquent la formation et la certification en AT ?

Voici les étapes du processus de formation pour ceux qui, au sein de l'EATA *(l'ITAA)* veulent devenir analyste transactionnel certifié :

1. Suivre un 101 ou passer l'examen écrit ;
2. Devenir membre votant de l'EATA, ce qui fait en même temps devenir membre régulier de l'ITAA ;
3. Signer un contrat de formation avec un superviseur qualifié dans le champ spécifique où ils veulent se former ;
4. Suivre la formation et la supervision pour répondre aux conditions requises pour l'examen par le COC *(BOC)* ;
5. Passer le niveau I de l'examen devant le COC *(BOC)* ;
6. S'inscrire et payer sa cotisation de niveau I.

Pour ceux qui veulent obtenir une qualification en tant que formateur et devenir « analyste transactionnel enseignant et/ou superviseur », les étapes de ce processus de formation sont alors :

1. Être « analyste transactionnel certifié » de l'ITAA ou de l'EATA dans le champ spécifique où ils veulent former les autres ;
2. Participer à un atelier officiel de validation de la formation (Training Endorsement Workshop : TEW) et obtenir l'approbation des examinateurs du TEW pour devenir formateur enseignant ou/et superviseur ;
3. Signer un contrat de formation avec un superviseur principal, formateur qualifié de niveau II dans le champ spécifique dans lequel ils veulent se former ;
4. Suivre la formation et la supervision nécessaires pour répondre aux conditions requises pour l'examen par le COC *(BOC)* ;
5. Réussir le niveau II de l'examen devant le COC *(BOC)* ;
6. S'inscrire et payer sa cotisation de membre qualifié niveau II.

Le 101 en AT

« 101 » est le terme introduit par Eric Berne pour désigner un cours d'introduction à la théorie et aux méthodes de base de l'AT. Le chiffre 101 est celui qu'on utilise systématiquement dans les universités aux États-Unis pour désigner les cours d'initiation qui donnent un large aperçu d'un sujet.

Le 101 en AT est un atelier officiellement reconnu par l'EATA et l'ITAA comme cours d'introduction à l'AT. Le but de ce 101 est de donner une information cohérente et précise sur les concepts d'AT. Pour répondre aux critères d'un 101 officiel, les conditions suivantes doivent être remplies :

1. L'instructeur doit être officiellement habilité à enseigner un 101 — c'est-à-dire qu'il doit avoir été qualifié « enseignant » (par le TEW).
2. Le cours doit couvrir le contenu prévu dans le descriptif officiel du 101. *(Voir annexe D.)*
3. Le cours doit durer 12 heures minimum. Il peut être présenté sous des formes variées sur plusieurs périodes qui peuvent ainsi excéder 12 heures (par exemple, un week-end ou plusieurs semaines). Il doit comporter des exercices pratiques d'application.

L'examen écrit du 101 a été instauré pour offrir une solution de rechange à un cours ou un atelier. Il répond au nombre croissant de gens dans le monde qui possèdent une bonne connaissance des principes de base de l'AT, mais qui sont dans l'impossibilité de suivre un 101 officiel. Ils peuvent passer l'examen écrit et le faire corriger par un enseignant habilité. S'ils réussissent, ils ont le droit de devenir membres votants réguliers et de suivre une formation comme s'ils avaient suivi un 101.

Conditions de formation en vue de la certification par l'EATA (l'ITAA)

Voici un résumé des conditions de formation et de supervision, élaborées en vue d'une certification au niveau I et au niveau II, mentionnées plus haut au point 4 des lignes respectives concernant les « étapes du processus de formation ».

Niveau I : le temps de formation minimum est de 18 mois. Toutefois, on met surtout l'accent sur une formation suffisante pour parvenir à une compétence, et les gens en formation *(trainees)* peuvent s'attendre à ce que celle-ci dure beaucoup plus longtemps que le minimum. Pendant ce temps, le *trainee* doit remplir au moins les conditions suivantes : 250 heures de formation avancée en AT ; 350 heures, à côté, de formation avancée dans son champ de spécialisation, ce qui peut comprendre une formation en AT ou dans un autre domaine ; 150 heures de supervision de la pratique dont 75 heures minimum pour des formateurs qualifiés en AT pour la supervision dans son champ de spécialisation ; une participation et des exposés lors de séminaires et 1 500 heures de pratique, qui doivent obligatoirement comprendre au moins 500 heures d'application de l'AT dans son champ de spécialisation. Bien qu'il n'y ait pas un minimum requis en ce qui concerne le nombre d'heures de développement personnel, on considère celui-ci comme faisant partie intégrante de la formation.

La certification au niveau I implique la réussite à un examen écrit et oral. Le candidat doit réussir l'examen écrit avant de se présenter à l'examen oral. Celui-ci se passe devant un jury de membres qualifiés et porte surtout sur l'examen de cassettes audio ou vidéo montrant des échantillons du travail du candidat.

Niveau II : pour la qualification en tant qu'enseignant, le candidat doit avoir enseigné un 101 sous la supervision d'un membre enseignant et fait : 300 heures d'enseignement dans son champ de spécialisation ; 100 heures de formation universitaire ; 12 heures de présentations lors de congrès nationaux et internationaux et 50 heures de supervision de l'enseignement du candidat. La qualification de « superviseur » requiert un ensemble de : 500 heures d'expérience de supervision dans le champ de spécialisation ; 50 heures de supervision de la supervision du candidat et 35 heures de participation à un cours approuvé par le BOC *(COC)* sur la déontologie, la supervision et la formation (le TEW à l'heure actuelle).

L'examen oral du niveau II se passe devant un jury d'« analystes transactionnels enseignants/superviseurs ». Il comporte trois parties portant sur : la théorie, l'organisation et la déontologie ; l'enseignement et (pour les seuls candidats superviseurs) la supervision.

Adresses

Pour tous renseignements complémentaires relatifs à la formation et à la titularisation, contactez soit : ITAA, 1772 Vallejo Street, San Francisco, Californie 94123, États-Unis, soit : EATA, Case Grand-Pré 59, 1211 Genève 16, Suisse.

Le *Training Standards and Certification Manual* de l'ITAA est disponible auprès du Credentials Department, ITAA, à l'adresse ci-dessus. Le *EATA Training and Examination Handbook* est disponible à Old School House, Kingston-on-Soar, Nottingham NG11 ODE, England.

ANNEXE D

Plan du cours initial d'AT : le « 101 »

Voici le plan du cours 101 d'AT publié par l'ITAA. Les chiffres entre parenthèses et *en italique* renvoient aux chapitres du présent ouvrage traitant du sujet.

I **Définition du but du cours 101** *(Voir annexe C)*

II **Définition et philosophie de l'AT. Ses champs d'application** *(1, 27)*
a) Définition de l'Analyse Transactionnelle *(1)*
b) Postulats philosophiques *(1, 27)*
c) Méthode contractuelle *(1, 26)*
d) Champs d'application - différences de processus *(28, 29, annexe C)*
  1 Clinique *(28)*
  2 Éducation *(29)*
  3 Organisation *(29)*
  4 Autre *(1, annexe C)*

III **Bref historique du développement de l'AT** *(30)*
a) Eric Berne *(30)*
  1 Qui était Eric Berne ? *(30)*
  2 Développement des idées *(30)*
  3 Ses écrits *(30, bibliographie générale)*
b) Expansion de l'AT *(30)*
  1 Séminaire de psychiatrie sociale de San Francisco *(30)*
  2 Association internationale d'AT (ITAA) *(30, annexes B et C)*
  3 Associations AT régionales et nationales *(30, annexes B et C)*

IV **Analyse structurale** *(2ᵉ partie)*
a) Définition des états du moi *(2)*
b) Identification et diagnostic des états du moi *(5)*

c) Descriptions comportementales (Parent Normatif, Parent Nourricier, Adulte, Enfant Libre, Enfant Adapté) *(3)*
d) Contamination et exclusion *(6)*

V **Analyse transactionnelle proprement dite** *(3e et 4e parties)*
a) Transactions *(7)*
1 Définition d'une transaction *(7)*
2 Types de transactions *(7)*
3 Règles de communication *(7)*
b) Strokes *(8)*
1 Définition des strokes *(8)*
2 Faim de stimulation et de strokes *(8)*
3 Types de strokes *(8)*
c) Méconnaissances *(17, 18)*
1 Définitions des méconnaissances (comportement ou processus interne) *(8, 17)*
2 Niveaux de méconnaissance *(18)*
3 Causes de méconnaissances *(17, 18, 19, 20)*
d) Structuration sociale du temps *(9)*
1 Faim de structure *(9)*
2 Six modes de structuration du temps *(9)*

VI **Analyse des jeux** *(23, 24, 25)*
a) Définitions des jeux *(23)*
b) Causes des jeux *(24)*
c) Avantages des jeux *(24)*
d) Exemples de jeux *(23)*
e) Degrés des jeux *(23)*
f) Comment diagrammer les jeux *(23, 24)*
1 Diagramme transactionnel *(23)*
2 Formule J *(23)*
3 Triangle dramatique *(23)*

VII **Analyse des sentiments parasites** *(21, 22)*
a) Signification des processus intraphysiques internes *(22)*
b) Définition des sentiments parasites et des timbres *(21, 22)*
c) Liens entre les sentiments parasites et les transactions, les jeux et le scénario *(21, 22)*

Analyse du scénario *(4e partie)*
a) Positions de vie *(12)*
1 Définition des positions de vie *(12)*
2 Les quatre positions de vie *(12)*
3 Lien entre les positions de vie, les jeux et les scénarios *(12, 16, 24)*
b) Scénario *(4e partie)*
1 Définition du scénario *(10)*
2 Origine du scénario dans les expériences de l'enfant *(10, 12, 13, 14)*

3 Processus de développement du scénario (par exemple injonctions, contre-injonctions, décisions précoces, attributions) *(10, 13, 14)*
4 Modifier les scénarios *(7ᵉ partie)*
c) L'autonomie *(27)*
1 Conscience claire *(27)*
2 Spontanéité *(27)*
3 Aptitude à l'intimité *(9, 27)*

BIBLIOGRAPHIE GÉNÉRALE

Abel, R. : *Own Your Own Life* (New York, David McKay Co., 1976).

Allen, J. et Allen B. : « Scripts : the Role of Permission », in *TAJ, 2,* 2, 1972, 72-4. (AAT, *2,* 57-9/*II,* 84-6.)

Allaway, J. : « Transactional Analysis in Britain, the Beginnings », in *Transactions, 1,* 1, 1983, 5-10.

Barker, D. : *TA and Training* (Londres, Gower, 1980).

* Barnes, G. (ed.) : *Transactional Analysis after Eric Berne: Teachings and Practises of Three TA Schools* (New York, Harper's College Press, 1977).

Vingt-deux articles traitant essentiellement de l'évolution post-bernienne, bien que la pratique y soit également couverte.

° Berne, E. : *The Structure and Dynamics of Organizations and Groups* (Philadelphie, J.B. Lippincott Co., 1963).

Berne, E. : « Classification of Positions », in *TAB, 1,* 3, 1962, 23.

Berne, E. : « Trading Stamps », in *TAB, 3,* 10, 1964, 127.

° Berne, E. : *Principles of Group Treatment* (New York, Oxford University Press, 1966).

° Berne, E. : *Sex in Human Loving* (New York, Simon and Schuster, 1970).

° Berne, E. : *Analyse transactionnelle et psychothérapie* (Paris, Payot, 1971, 1990).

° Ouvrages d'Eric Berne figurant dans le guide des références donné par l'ITAA pour le « 101 ».

* Ouvrages clés en AT, autres que ceux d'Eric Berne. Il ne s'agit pas de faire un commentaire *a contrario* sur la qualité de nombreux livres existant actuellement en AT. Ceux que nous indiquons ici ont été choisis soit parce qu'ils donnent une idée générale de la théorie et de la pratique AT, soit parce que ce sont des écrits généralement reconnus qui présentent la position de l'une ou l'autre des trois « écoles AT » : l'école classique, l'école de la redécision et l'école des Schiff. Dans les deux cas, ces ouvrages constituent des clés pour une lecture et une étude plus approfondies de l'AT.

Premier ouvrage entièrement consacré à l'AT. Il contient la formulation d'origine, qui fait encore autorité, des états du moi.

° Berne, E. : *Psychiatrie et psychanalyse à la portée de tous* (Paris, Fayard, 1971). Épuisé.

° Berne, E. : *Des jeux et des hommes* (Paris, Stock, 1975).

Best-seller qui présente les notions d'analyse des jeux développées par Berne dès le début des années soixante. Il contient également un abrégé des jeux identifiés jusque-là.

° Berne, E. : *Intuition and Ego States* (McCormick, P. ed., San Francisco, TA Press 1977).

Compilation des articles publiés par Berne dans des revues professionnelles entre 1949 et 1962 sur des sujets en rapport avec l'intuition.

° Berne, E. : *Que dites-vous après avoir dit bonjour ?* (Paris, Tchou, 1977).

Exposé détaillé de la théorie du scénario développée par Berne et ses associés jusqu'à la fin des années soixante-dix.

Berne, E. : *La vallée du bonheur* (Paris, InterÉditions, 1990).

Conte pour enfants.

Blakeney, R. : « Organizational Cure, or Organizational Effectiveness », in *TAJ, 10,* 2, 1980, 154-7. (AAT, *18,* 70-3.) 1980, 154-7. (AAT, *18,* 70-3.)

Boyd, L. et Boyd. H. : « Caring and Intimacy as a Time Structure », in *TAJ, 10,* 4, 1980, 281-3. (AAT, *19,* 154-6.)

Capers, H. et Goodman, L. : « The Survival Process: Clarification of the Miniscript », in *TAJ, 13,* 1, 1983, 142-8. (AAT, *32,* 149-56.)

Cassius, J. : *Body Scripts* (Memphis, Cassius, 1975).

Chandezon, G. et Lancestre, A. : *L'Analyse transactionnelle,* 4e éd. (Paris, PUF, collection Que sais-je, 1988).

Cheney, W. : « Eric Berne : Biographical Sketch », in *TAJ, 1,* 1, 1971, 14-22. (AAT, *1,* 4-10/*I,* 12-18.)

Cranmer, R. : « Eric Berne : Annotated Bibliography », in *TAJ, 1,* 1, 1971, 23-9.

Fournit la bibliographie complète des œuvres de Berne.

Crossman, P. : « Permission and Protection », in *TAB, 5,* 19, 1966, 152-4. (AAT, *2,* 51-3/*II,* 81-3.)

Donaldson, M. : *Children's Minds* (Londres, Fontana, 1978).

Drego, P. : *Towards the Illumined Child* (Bombay, Grail, 1979).

Drego, P. : « Egos-States Models », in *TASI Darshan, 1,* 4, 1981.

Drye, R. : « Psychoanalysis and TA », in James (ed.), *Techniques in Transactional Analysis...,* chap. 11.

Drye. R. : « The Best of Both Worlds: a Psychoanalyst Looks at TA » in Barnes (ed.) *Transactional Analysis After Eric Berne,* chap. 20.

Dusay, J. : « Egograms and the Constancy Hypothesis », in *TAJ, 2,* 3, 1972, 37-42. (AAT, *5,* 369 : *I,* 35-9.)

Dusay, J. et Steiner, C. : *L'Analyse transactionnelle en thérapie de groupe* (Paris, Jean-Pierre Delarge, 1976).

* Dusay, J. : *Egograms* (New York, Harper and Row, 1977). Approche simple du concept d'egogramme de Dusay, du modèle fonctionnel des états du moi ainsi que d'autres aspects de l'AT classique.

Dusay, J. : « The Evolution of Transactional Analysis », in Barnes (ed.), *Transactional Analysis After Eric Berne,* chap. 2.

English, F. : *Aventures en analyse transactionnelle et autres vraies histoires* (Paris, Épi, 1984).

English, F. : « Episcript and the "Hot Potato" Game », in *TAB, 8,* 32, 1969, 77-82. (AAT, *9,* 12-6/*II,* 36-40.)

English, F. : *Qui suis-je face à toi ? Analyse transactionnelle et relations humaines* (Paris, Épi, 1988).

English, F. : « Strokes in the Credit Bank for David Kupfer », in *TAJ, 1,* 3, 1971, 27-9.

English, F. : « The Substitution Factor : Rackets and Real Feelings », in *TAJ, 1,* 4, 1971, 225-30. (AAT, *7,* 108-13/*I,* 166-71.)

English, F. : « Rackets and Real Feeling, Part II », in *TAJ, 2,* 1, 1972, 23-5.

English, F. : « Racketeering », in *TAJ, 6,* 1, 1976, 78-81. (AAT, *7,* 119-21/*I,* 172-4.)

English, F. : « Differentiating Victims in the Drama Triangle », in *TAJ, 6,* 1976, 384-6. (AAT, *7,* 122-4/*I,* 130-32.)

English, F. : « What Shall I Do Tomorrow ? Reconceptualizing Transactional Analysis », in Barnes (ed.), *Transactional Analysis After Eric Berne,* chap. 15.

Erickson, E. : *Enfance et société* 6e édition (Paris, Delachaux et Niestlé, 1976).

Ernst, F. : « The OK Corral : the Grid for Get-on-with », in *TAJ, 1,* 4, 1971, 231-40. (AAT, *6,* 52-61/*I,* 133-42.)

Ernst, F. : « Psychological Rackets in the OK Corral », in *TAJ, 3,* 2, 1973, 19-23. (AAT, *7,* 114-8/*I,* 143-8.)

Ernst, F. : « The Annual Eric Berne Memorial Scientific Award Acceptance Speech », in *TAJ, 12,* 1, 1982, 5-8.

Ernst, K. : *Games Students Play* (Millbrae, Celestial Arts, 1972).

Erskine, R. : « A Structural Analysis of Ego », in *Communication au Congrès EATA, juillet 1986.* Genève, EATA, 1987, communication 2.

Erskine, R. et Zalcman M. : « The Racket System : a Model for Racket Analysis », in *TAJ, 9,* 1, 1979, 51-9. (AAT, *12,* 148-56/*I,* 185-93.)

Falkowski, W., Ben-Tovim, D. et Bland, J. : « Assessment of Ego-States », in *British Journal of Psychiatry, 137,* 1980, 572-3.

Gilmour, J. : « Psychophysiological Evidence for the Existence of Ego-States », in *TAJ, 11,* 3, 1981, 207-12.

Genain, L. et Lerond, M. : *Pratique de l'analyse transactionnelle* (Paris, De Vecchi, 1986).

Goulding, M. et Goulding, R. : « No Magic at Mt Madonna : Redecisions in Marathon Therapy », in Barnes (ed.), *Transactional Analysis After Eric Berne,* chapitre 4.

Goulding, M. et Goulding, R. : « New Directions in Transactional Analysis », in Sager and Kaplan (eds), *Progress in Group and Family Therapy* (New York, Brunner/Mazel, 1972), 105-34.

Goulding, M. et Goulding, R. : « Injunctions, Decisions and Redecisions », in *TAJ, 6,* 1, 1976, 41-8. (AAT, 2, 62-9/*II,* 20-7.)

* Goulding, M. et Goulding, R. : *The Power Is in the Patient* (San Francisco, TA Press, 1978).

Aspect théorique et pratique du travail de redécision des Goulding. Compilation des articles parus à l'origine dans des revues et des ouvrages scientifiques.

* Goulding, M. et Goulding, R. : *Changing Lives Through Redecision Therapy* (New York, Brunner/Mazel, 1979).

Aspects théorique et pratique du travail de redécision des Goulding.

Haimowitz, M. et Haimowitz, N. : *Suffering is Optional* (Evanston, Haimowoods Press, 1976).

Harris, T. : *D'accord avec soi et les autres* (Paris, Épi, 1974).

Harris. T. et Harris, A. : *Toujours gagnant* (Paris, InterÉditions, 1985).

Hawkes, L. : *Introduction à l'AT* (Paris, La Méridienne, 1982).

Hesterley, O. : « Cure in the Classroom », in *TAJ, 10,* 2, 1980, 158-9.

Hohmuth, A. et Gormly, A. : « Ego-State Models and Personality Structure », in *TAJ, 12,* 2, 1982, 140-3.

Holloway, W. : « Transactional Analysis : an Integrative View », in Barnes (ed.), *Transactional Analysis After Eric Berne,* chap. 11.

Holloway, W. : *Clinical Transactional Analysis With Use of the Life-Script Questionnaire* (Aptos, Holloway, sans date).

Hostie, R. : *L'âge adulte : analyse transactionnelle* (Paris, InterÉditions, 1987).

Hostie, R. : « Eric Berne in Search of Ego-States », in Stern (ed.), *TA : the State of the Art,* chap. 2.

James, J. : « The Game Plan », in *TAJ, 3,* 4, 1973, 14-7. (AAT, *4,* 88-91/*I,* 122-5.)

James, J. : « Positive Payoffs After Games », in *TAJ, 6,* 3, 1976, 259-62. (AAT, *4,* 192-4/*I,* 126-8.)

James, M. : « Self-Reparenting : Theory and Process », in *TAJ, 4,* 3, 1974, 32-9. (AAT, *29,* 5-11.)

James, M. : *The OK Boss* (Reading, Addison-Wesley, 1976.)

* James, M. (ed.) : *Techniques in Transactional Analysis for Psychotherapists and Counselors* Reading, Addison-Wesley, 1977).

Quarante-trois articles, dont certains rédigés par Muriel James elle-même.

Cet ouvrage met essentiellement l'accent sur les techniques de l'AT moderne, tout en se référant à la théorie. Les relations AT/autres thérapies y sont explorées.

James, M. : « Eric Berne : the Development of TA and the ITAA », in James (ed.), *Techniques in Transactional Analysis...*, chap. 2.

James, M. : *It's Never Too Late to Be Happy* (Reading, Addison-Wesley, 1985).

James, M. : *Gagner en famille* (Paris, InterÉditions, 1979).

* James, M. et Jongeward, D. : *Naître gagnant* (Paris, InterÉditions, 1980).

Best-seller dès sa première parution, c'est encore une solide introduction aux fondements de l'AT. Remarquable par son utilisation d'exercices de gestalt dans l'apprentissage et la connaissance de soi.

James, M. et Jongeward, D. : *The People Book: Transactional Analysis For Students* (Reading, Addison-Wesley, 1975).

Jaoui, G. : *Le triple moi* (Paris, Laffont, 1979).

Jaoui, G. et Gourdin, M.-C. : *Transactions, exercice de l'analyse transactionnelle dans la vie professionnelle* (Paris, InterÉditions, 1987).

Joines, V. : « Differentiating Structural and Functional », in *TAJ, 6,* 4, 1976, 377-80. (AAT, *6,* 94-6/*I,* 32-4.)

Joines, V. : « Similarities and Differences in Rackets and Games », in *TAJ, 12,* 4, 1982, 280-3.

Jongeward, D. et Blakeney. R. : « Guidelines for Organizational Applications of Transactional Analysis », in *TAJ, 9,* 3, 174-8. (AAT, *18,* 60-64.)

Jongeward, D. et Scott, D. : *Gagner au féminin* (Paris, InterÉditions, 1979).

Jongeward, D. et Seyer, P. : *Gagner dans l'entreprise* (Paris, InterÉditions, 1980).

Kahler, T. et Capers, H. : « The Miniscript », in *TAJ, 4,* 1, 1974, 26, 42-42. (AAT, *4,* 163-80/*II,* 41-58.)

* Kahler, T. : *Transactional Analysis Revisited* (Little Rock, Human Development Publications, 1978).

Présentation critique approfondie de la théorie AT, incluant une élaboration poussée du concept de miniscénario, mis au point par Kahler lui-même.

Karpman, S. : « Fairy Tales and Script Drama Analysis », in *TAB, 7,* 26, 1968, 39-43. (AAT, *9,* 7-11/*II,* 68-72.)

Karpman, S. : « Options », in *TAJ, 1,* 1, 1971, 79-87. (AAT, *1,* 14-21/*II,* 194-201.)

Lenhardt, V. : *L'Analyse Transactionnelle* (Paris, Retz, 1980).

Lenhardt, V. : « Bioscripts », in Stern (ed.), *TA : the State of the Art,* chap. 8.

Levin, P. : *Becoming the Way We Are* (Berkeley, Levin, 1974).

Levin, P. : « The Cycle of Development », in *TAJ, 12,* 2, 1982, 129-39.

Levin, P. : *Les cycles de l'identité* (Paris, InterÉditions, 1986).

Levine, S. : « Stimulation in Infancy », in *Scientific American, 202,* 5, 1960, 80-6.

Mahler, M.S. : *The Psychological Birth of the Human Infant* (New York, Basic Books, 1975.)

Maier, H. : *Three Theories of Child Development* (New York, Harper and Row, 1969).

McCormick, P. : *Guide for Use of a Life-Script Questionnaire in Transactional Analysis* (San Francisco : Transactional Publications, 1971).

McCormick, P. : « Taking Occam's Razor to the Life-Script Interview », in *Communication au Congrès EATA, juillet 1986.* Genève, EATA, 1987, communication 5.

McKenna, J. : « Stroking Profile », in *TAJ, 4,* 4, 1974, 20-4. (AAT, *5,* 35-8 (cf *6,* 77).)

Mellor, K. et Sigmund, E. : « Discounting », in *TAJ, 5,* 3, 1975, 295-302. (AAT, *3,* 133-9/*II,* 151-7.)

Mellor, K. et Sigmund, E. : « Redefining », in *TAJ, 5,* 3, 1975, 303-11. (AAT, *3,* 140-9/*II,* 158-67.)

Nelson, Portia : « Autobiography in five Short Chapters », in Black, C., *Repeat After Me* (Denver, M.A.C. Printing and Publications, 1985).

Perls, F. : *Ma gestalt-thérapie* (Paris, Tchou, 1976).

Ramond, C. : *Grandir : éducation et analyse transactionnelle* (Paris, La Méridienne, 1989).

Ramond, C. : *L'Analyse transactionnelle dans l'éducation* (Paris, La Méridienne, 1990).

* Schiff, J. et al. : *The Cathexis Reader: Transactional Analysis Treatment of Psychosis* (New York, Harper and Row, 1975).

Exposé complet de la théorie des Schiff, reprenant des éléments publiés à l'origine dans le *TA Journal.*

Schiff, J. et Day, B. : *Ils sont devenus mes enfants* (Paris, InterÉditions, 1985).

Schiff, A. et Schiff, J. : « Passivity », in *TAJ, 1,* 1, 1971, 71-8. (AAT, *3,* 121-8/*II,* 139-46.)

Schiff, S. : « Personality Development and Symbiosis », in *TAJ, 7,* 4, 1977, 310-6. (AAT, *13,* 20-5/*II,* 170-5.)

Spitz, R. : « Hospitalism : Genesis of Psychiatric Conditions in Early Childhood », in *Psychoanalytic Studies of the Child, 1,* 1945, 53-74.

Stapledon, R. : *De-gaming Teaching and Learning* (Statesboro, Effective Learning Publications, 1979).

Steere, D. : *Bodily Expressions in Psychotherapy* (New York, Brunner/Mazel, 1982).

Steiner, C. : *À quoi jouent les alcooliques* (Paris, Épi, 1974). Épuisé.

Steiner, C. : *Le conte chaud et doux des Chaudoudoux* (Paris, InterÉditions, 1984).

* Steiner, C. : *Des scénarios et des hommes* (Paris, Épi, 1984).

Argumentation approfondie de la théorie et des implications du scénario de vie.

Steiner, C. : « Script and Counterscript », in *TAB, 5,* 18, 1966, 133-35. AAT, *9,* 4-6/*II,* 10-2.)

Steiner, C. : « The Stroke Economy », in *TAJ, 1,* 3, 1971, 9-15. (AAT, *5,* 16-21/*I,* 94-9.)

* Stern, E. (ed.) *TA : the State of the Art* (Dordrecht, Foris Publications, 1984).

Vingt-trois articles, rédigés pour la plupart par des praticiens européens, présentent la théorie et la pratique AT dans leurs développements les plus pointus.

Summerton, O. : « Advanced Ego-State Theory », in *TASI Darshan, 2,* 4, 1982.

Thomson, G. : « Fear, Anger and Sadness », in *TAJ, 13,* 1, 1983, 20-4. (AAT, *32,* 163-7.)

Trautman, R. et Erskine, R. : « Ego-State Analysis : a Comparative View », in *TAJ, 11,* 2, 1981, 178-85.

White, J. et White, T. : « Cultural Scripting », in *TAJ, 5,* 1, 1975, 12-13.

Williams, J. *et al* : « Construct Validity of Transactional Analysis Ego-States », in *TAJ, 13,* 1, 1983, 43-9.

Woollams, S. : « When Fewer Strokes Are Better », in *TAJ, 6,* 3, 1976, 270-1. (AAT, *5,* 39-40/*I,* 115-6.)

Woollams, S. : « From 21 to 43 », in Barnes (ed.), *Transactional Analysis After Eric Berne,* chap. 16.

Woollams, S. : « Cure ! », in *TAJ, 10,* 2, 1980, 115-7. (AAT, *16,* 160-2/*II,* 234-6.)

* Woollams, S. et Brown, M. : *Transactional Analysis* (Dexter, Huron Valley Institute, 1978).

Présentation détaillée de la théorie et de la pratique AT.

Woollams, S. et Huige, K. : « Normal Dependency and Symbiosis », in *TAJ, 7,* 3, 1977, 217-20. (AAT, *13,* 26-8/*II,* 176-8.)

Zalcman, M. : « Game Analysis and Racket Analysis », in *Communication au Congrès EATA, juil. 1986.* Genève : EATA, 1987, communication 4.

NOTES ET RÉFÉRENCES

Chapitre 1 : Ce qu'est l'Analyse Transactionnelle

1. Cette définition figure sur une page intitulée « l'ITAA » dans chaque numéro du *Transactional Analysis Journal.*
2. Sur la philosophie et les concepts fondamentaux de l'AT, voir : Berne, *Principles of Group Treatment,* chapitre 10.
   James (ed.), *Techniques in Transactional Analysis for Psychotherapists and Counselors,* chapitre 3.
   James et Jongeward, *Naître gagnant,* chapitre 1.
   Steiner, *Des scénarios et des hommes,* introduction.
   Woollams et Brown, *Transactional Analysis,* chapitre 1.

Chapitre 2 : Le modèle des états du moi

2. Sur la nature et la définition des états du moi, voir :
   Berne, *Intuition and Ego-States,* chapitre 6.
   Berne, *Analyse transactionnelle et psychothérapie,* chapitre 2.
   Berne, *Des jeux et des hommes,* chapitre 1.
   Berne, *Principles of Group Treatment,* chapitre 10.
   Berne, *Sex in Human Loving,* chapitre 4.
   Berne, *Que dites-vous après avoir dit bonjour ?,* chapitre 2.
   James et Jongeward, *Naître gagnant,* chapitre 2.
2. Berne a donné plusieurs définitions différentes de l'« état du moi » à des moments différents dans ses écrits. Celle-ci est tirée de *Principles of Group Treatment.* Berne n'utilise pas le mot « pensée » pour définir les états du moi, mais il est clair, d'après le contexte, que la pensée doit être considérée comme faisant partie du « vécu ».
3. L'exposition de l'étude empirique des indications des états du moi et de nombreux autres aspects de l'AT font l'objet d'un livre.
   Voir :
   Steere, *Bodily Expressions in Psychotherapy.*
   Voir également les articles de revues suivants :
   Falkowski, Ben-Tovim et Bland, « Assessment of the Ego-States ».
   Gilmour, « Psychophysiological Evidence for the Existence of Ego-States ».

Williams et *al.*, « Construct Validity of Transactional Analysis Ego-States ».

4. Pour l'explication que donne Berne de la différence entre les états du moi et les trois agences freudiennes, voir le chapitre cité dans *Intuition and Ego-States* et *Principles of Group Treatment*. Voir aussi :
Drye, « The Best of Both World : a Psychoanalyst Looks at TA ».
Drye, « Psychoanalysis and TA ».

Chapitre 3 : Analyse fonctionnelle des états du moi

1. Sur l'analyse fonctionnelle, voir :
Abell, *Own Your Own Life.*
Berne, *The Structure and Dynamics of Organizations and Groups,* chapitre 9.
Dusay, *Egograms,* chapitre 1.
Kahler, *Transactional Analysis Revisited,* chapitre 1.
Woollams et Brown, *Transactional Analysis,* chapitre 2.
2. Sur l'egogramme, voir :
Dusay, *Egograms,* en entier. Voir aussi :
Dusay, « Egograms and the Constancy Hypothesis ».
Dusay réserve le terme « egogramme » à l'analyse faite *par quelqu'un d'autre*, du diagramme à colonnes représentant les états du moi fonctionnels d'une personne. Si je fais cette analyse *moi-même*, le résultat, selon la terminologie de Dusay, serait un « psychodrame ». Nous avons préféré simplifier en utilisant le mot « egogramme » pour ces deux concepts.

Chapitre 4 : Modèle structural de second ordre

1. Les versions essentielles du modèle structural de second ordre sont données dans la plupart des références énumérées à la note 1 du chapitre 2. Voir aussi :
Berne, *Analyse Transactionnelle et psychothérapie,* chapitres 16 et 17.
Schiff et *al., The Cathexis Reader : Transactional Analysis Treatment of Psychosis,* chapitre 3.
Steiner, *Des scénarios et des hommes,* chapitre 2.
Pour un traitement plus approfondi, voir :
Drego, « Ego-State Models ».
Drego, *Towards the Illumined Child.*
Erskine, « A Structural Analysis of Ego ».
Hohmuth et Gormly, « Ego-State Models and Personality Structure ».
Holloway, « Transactional Analysis : an Integrative View ».
Trautmann et Erskine, « Ego-State Analysis : a Comparative View ».
Summerton, « Advanced Ego-State Theory ».
2. English, « What Shall I Do Tomorrow ? Reconceptualizing Transactional Analysis », chapitre 15.
3. Pour aborder la littérature générale sur le développement de l'enfant, essayer : Donaldson, *Children's Minds.*
Plutôt que d'entreprendre la tâche décourageante qui consiste à lire Piaget

dans le texte, vous pouvez consulter l'une des nombreuses interprétations résumées de ses théories, par exemple : Maier, *Three Theories of Child Development*.
Le compte rendu d'Erik Erikson du développement émotionnel de l'enfant est présenté dans : Erickson, *Enfance et société*. Voir aussi Mahler, *The Psychological Birth of the Human Infant*.
Pour les interprétations du développement de l'enfant dans le cadre de l'AT, voyez l'article de Fanita English cité en note 2 de ce chapitre ; voir aussi :
Levin, *Becoming the Way we Are*.
Levin, « The Cycles of Development ».
Schiff et *al.*, *Cathexis Reader,* chapitre 4.
Woollams et Brown, *Transactional Analysis,* chapitre 6.
4. Joines, « Differentiating Structural and Functional ». Voir aussi Kahler, *Transactional Analysis Revisited,* chapitre 1.

Chapitre 5 : Identifier les états du moi

1. Pour les quatre types de diagnostic des états du moi, voir :
Berne, *Analyse Transactionnelle et psychothérapie,* chapitre 7.
Berne, *Structure and Dynamics of Organizations and groups,* chapitre 9.
James, *Techniques in Transactional Analysis...,* chapitre 4.
Woollams et Brown, *Transactional Analysis,* chapitre 2.
Voir aussi Steere, *Bodily expressions in Psychotherapy*.
2. Sur la théorie de Berne sur l'énergie, voir : *Analyse Transactionelle et psychothérapie,* chapitre 3 ; et *Principles of Group Treatment,* chapitre 13. Voir aussi :
Kahler, *Transactional Analysis Revisited,* chapitre 4. Schiff et *al.*, *Cathexis Reader,* chapitre 3.

Chapitre 6 : Pathologie structurale

1. Concernant la pathologie structurale, voir :
Berne, *Analyse Transactionnelle et psychothérapie,* chapitre 4.
Erskine et Zalcman, « The Racket System : a model for Racket Analysis ».
Harris, *D'accord avec soi et les autres,* chapitre 6.
James et Jongeward, *The People Book,* chapitre 8.
James et Jongeward, *Naître gagnant,* chapitre 9.
Shiff et *al.*, *Cathexis Reader,* chapitre 3.
2. Sur la relation entre la double contamination et le scénario, voir :
Erskine et Zalcman, « The Racket System... », p. 53.
Kahler, *Transactional Analysis Revisited,* chapitre 47.
3. La référence que fait Berne à l'Adulte constant (il est, selon lui, « incapable de s'amuser ») semble en désaccord avec sa propre définition de l'Adulte. En termes du modèle originel de Berne des états du moi, l'Adulte est défini comme un ensemble de comportements, de pensées et de sentiments qui sont une réaction immédiate à l'ici et maintenant. Il

s'ensuit qu'une personne *peut* « s'amuser » en étant dans l'Adulte, même si, vraisemblablement, les activités qu'elle considère comme un « amusement » sont différentes selon qu'elle est dans l'Enfant ou dans l'Adulte.
Voir aussi :
Kahler, *Transactional Analysis Revisited,* chapitre 2.

Chapitre 7 : Transactions

1. Sur l'analyse des transactions, voir :
   Berne, *Analyse Transactionnelle et psychothérapie,* chapitre 9.
   Berne, *Des jeux et des hommes,* chapitre 2.
   Berne, *Principles of Group Treatment,* chapitre 10.
   Berne, *Que dites-vous...,* chapitre 2.
   James et Jongeward, *Naître gagnant,* chapitre 2.
   Woollams et Brown, *Transactional Analysis,* chapitre 4.
   Steiner, *À quoi jouent les alcooliques,* chapitre 1.
2. Karpman, « Options ».

Chapitre 8 : Les strokes

1. Sur la nature et la définition des strokes et les faims, voir :
   Berne, *Des jeux et des hommes,* introduction.
   Berne, *Sex in Human Loving,* chapitre 6.
   Haimowitz et Haimowitz, *Suffering is Optional,* chapitre 6.
   James et Jongeward, *Naître gagnant,* chapitre 3.
   Steiner, *Des scénarios et des hommes,* chapitre 22.
   Woollams et Brown, *Transactional Analysis,* chapitre 3.
2. Spitz, « Hospitalism : Genesis of Psychiatric Conditions in Early Childhood ».
3. Levine, « Stimulation in Infancy ».
4. Steiner, « The Stroke Economy ».
5. McKenna, « Stroking Profile ».
6. English, « Strokes in the Credit Bank for David Kupfer ».
7. Pollitzer, « Is Love Dangerous ? ». Présenté à un atelier, 1980, non publié.
8. Kahler, *Transactional Analysis Revisited,* chapitre 16.

Chapitre 9 : Structuration du temps

1. Sur les modes de structuration du temps, voir :
   Berne, *Des jeux et des hommes,* chapitres 3-5.
   Berne, *Principles of Group Treatment,* chapitre 10.
   Berne, *Sex in Human Loving,* chapitres 3 et 4. Le dernier cité comporte la description par Berne des états du moi impliqués dans l'intimité.
   Berne, *Que dites-vous...,* chapitre 2.
   James et Jongeward, *Naître gagnant,* chapitre 3.
   Woollams et Brown, *Transactional Analysis,* chapitre 5.
2. Boyd et Boyd, « Caring and Intimacy as a Time Structure ».

Chapitre 10 : Nature et origines du scénario de vie

1. Concernant la nature, les origines et la définition du scénario, voir :
   Berne, *Analyse Transactionnelle et psychothérapie,* chapitre 11.
   Berne, *Principles of Group Treatment,* chapitres 10 et 12.
   Berne, *Que dites-vous...,* chapitres 2, 3-6, 8-10.
   English, « What Shall I Do Tomorrow ? Reconceptualizing Transactional Analysis ».
   Holloway, « Transactional Analysis : an Integrative View ».
   Goulding et Goulding, *Changing Lives Through Redecision Therapy,* chapitre 2.
   James et Jongeward, *Naître gagnant,* chapitres 2, 4.
   Steiner, *Des scénarios et des hommes,* chapitres 3-5.
   Woollams et Brown, *Transactional Analysis,* chapitre 9.
2. Woollams, « From 21 to 43 ».
3. Pour les sources concernant le développement de l'enfant, voir note 4, chapitre 4. Dans son travail sur les « cycles du développement », pour lequel elle a reçu le prix Eric Berne, Pam Levin affirme que l'évolution du scénario ne prend pas fin à l'adolescence. Bien au contraire, les étapes de développement parcourent de nouveaux cycles tout au long de la vie d'un individu.

Chapitre 11 : Comment se vit le scénario

1. Sur la classification du contenu scénarique et sur la manière dont les thèmes scénariques sont vécus, voir :
   Berne, *Que dites-vous...,* chapitres 3 et 11.
   Steiner, *Des scénarios et des hommes,* chapitres 6-12.
2. Woollams, « Cure ! ? ».
3. Berne, *Que dites-vous...,* chapitres 14 et 17.
   Pour d'autres points de vue sur les aspects physiologiques du scénario, voir aussi ;
   Cassius, *Body Scripts.*
   Lenhardt, « Bioscripts ».

Chapitre 12 : Positions de vie

1. Sur les positions de vie, voir :
   Berne, *Principles of Group Treatment,* chapitre 12.
   Berne, *Que dites-vous...,* chapitre 5.
   Berne, « Classification of Positions ».
   James et Jongeward, *Naître gagnant,* chapitre 2.
   Steiner, *Des scénarios et des hommes,* chapitre 5.
2. Ernst, « The OK Corral : The Grid For Getting-on-with ».
   Lorsqu'il nous a donné la permission d'utiliser son diagramme de l'enclos IK, Franklin Ernst nous a demandé de lui donner son titre révisé « Grille pour ce qui se passe » comme dans la figure 12.1.
3. Ernst, discours de réception du prix Eric Berne.

Chapitre 13 : Messages scénariques et matrice de scénario

1. Sur les messages scénariques et la manière dont ils sont émis, voir :
   Berne, *Que dites-vous...,* chapitre 7.
   English, « What Shall I Do Tomorrow ? ... ».
   Steiner, *Des scénarios et des hommes,* chapitre 6.
   White et White, « Cultural Scripting ».
   Woollams, « From 21 to 43 ».
2. Berne, *Analyse Transactionnelle et psychothérapie,* chapitre 5.
3. Steiner, « Script and Counterscript ».
   Pour d'autres versions de la matrice de scénario, voir :
   Berne, *Que dites-vous...,* chapitre 15.
   English, « Sleepy, Spunky and Spooky », in *TAJ, 2,* 2, 1972, 64-7.
   English, voir note 1 de ce chapitre.
   Holloway, « Transactional Analysis : an Integrative View », chapitre 11.
   James (ed.), *Techniques in Transactional Analysis...,* chapitre 4.
   Woollams, voir note 1 de ce chapitre.
   Woollams et Brown, *Transactional Analysis,* chapitre 9.

Chapitre 14 : Injonctions et décisions

1. Allen et Allen, « Scripts : The Role of Permission ».
   Goulding et Goulding, « New Directions in Transactional Analysis ».
   Voir aussi :
   Goulding et Goulding, « Injonctions, Decisions and Redecisions ».
   Goulding et Goulding, *The Power Is in the Patient.* (Les chapitres 5 et 16 du présent ouvrage sont la reproduction des deux articles ci-dessus.)
   Goulding et Goulding, *Changing Lives Through Redecision Therapy,* chapitres 2, 9.
2. English, « Episcript and the "Hot Potato" Game ».
3. Berne, *Que dites-vous...,* chapitre 7.
4. Pour différentes versions du questionnaire formel de la matrice de scénario, voir :
   Berne, *Que dites-vous...,* chapitre 23.
   Holloway, *Clinical Transactional Analysis With Use of the Life Script Questionnaire.*
   James (ed.), Techniques in Transactional Analysis..., chapitre 4.
   McCormick, *Guide for Use of a Life Script Questionnaire in Transactional Analysis.*
   McCormick, « Taking Occam's Razor to the Life Script Interview ».
   Woollams et Brown, *Transactional Analysis,* chapitre 9.

Chapitre 15 : Processus scénarique

1. Berne, *Sex in Human Loving,* chapitre 5.
   Berne, *Que dites-vous...,* chapitre 11.
2. Kahler, *Transactional Analysis Revisited,* chapitres 60-65.

Chapitre 16 : Drivers et miniscénario

1. Kahler, *Transactional Analysis Revisited,* chapitre 72. Voir aussi :
   Kahler et Capers, « The Miniscript ». Notez que la version donnée dans *Transactional Analysis Revisited* est une révision de l'article du *TAJ* de 1974.
2. Kahler, *Transactional Analysis Revisited,* chapitres 60-65 et le résumé qui l'accompagne.
   Voir aussi :
   Woollams et Brown, *Transactional Analysis,* chapitre 11. Notez que la correspondance message contraignant-scénario donnée par Woollams et Brown diffère de celle de Kahler dans la référence ci-dessus. Alors que pour Kahler, le driver *Sois Fort* correspond à un scénario *Jamais* et le *Fais des Efforts* correspond à un scénario *Toujours,* pour Woollams et Brown, c'est l'inverse.
3. Kahler et Capers, « The Miniscript », voir note 1 ci-dessus.
   Kahler, *Transactional Analysis Revisited,* chapitres 68-71.
4. Kahler, atelier donné au Congrès de Villars en 1894, non publié.
5. Capers et Goodman, « The Survival Process : Clarification of the Miniscript ».
6. Kahler, *Transactional Analysis Revisited,* chapitres 73-75 et 78-83. Voir aussi : Kahler et Capers, « The Miniscript », voir note 1 ci-dessus. Là encore, le compte rendu présenté dans *Transactional Analysis Revisited* est la version révisée par Kahler de son article de 1974. Dans notre texte, nous avons suivi la version modifiée à une exception près : nous avons conservé le terme original de Kahler « inhibiteur » pour la position 2 du miniscénario. Kahler, lui-même, dans *Transactional Analysis Revisited*, fait passer le terme « inhibiteur » à la position 3 et utilise le terme « maladapteur » pour la position 2.
7. Kalher, *Transactional Analysis Revisited,* chapitre 85.

Chapitre 17 : Méconnaissance

1. Schiff et *al., Cathexis Reader,* chapitre 2. Voir aussi :
   Mellor et Sigmund, « Discounting ».
   Schiff et Schiff, « Passivity ».
2. Cette définition de la méconnaissance a été proposée par Shea Schiff lors d'un atelier (non publié). Nous pensons qu'elle est plus graphique que la définition donnée page 14 du *Cathexis Reader* : « La méconnaissance est un mécanisme interne qui implique que les gens minimisent ou laissent de côté certains aspects d'eux-mêmes, des autres ou de la situation réelle. »
   Claude Steiner, dans *Des scénarios et des hommes,* au chapitre 9, définit le terme « méconnaissance » autrement. Pour lui, c'est « une transaction croisée dans laquelle celui qui est méconnu émet un stimulus à partir de son état du moi Adulte vers l'Adulte de l'autre qui lui répond à partir du Parent ou de l'Enfant ». On a donc l'impression au départ, que pour Steiner, le sens est beaucoup plus large que pour les Schiff. Toutefois, ses exemples indiquent aussi qu'il pense à une situation où une personne

(celle qui répond à partir du Parent ou de l'Enfant) « minimise ou néglige » un aspect de l'autre.

Chapitre 18 : Le tableau des méconnaissances

1. Schiff et *al.*, *Cathexis Reader,* chapitre 2. Voir aussi :
   Mellor et Sigmund, « Discounting ».

Chapitre 19 : Cadre de référence et redéfinition

1. Schiff et *al.*, *Cathexis Reader,* chapitre 5. Voir aussi :
   Mellor et Sigmund, « Discounting ».
2. Cet énoncé de la signification de la « redéfinition » est une interprétation des auteurs du présent ouvrage. Nous pensons qu'elle est plus claire que la définition générale donnée dans le *Cathexis Reader.*

Chapitre 20 : La symbiose

1. Schiff et *al.*, *Cathexis Reader,* chapitre 2. Nous avons modifié la définition des Schiff d'un mot, en remplaçant une « personne entière » par une « seule personne ». Voir aussi Schiff et Schiff, « Passivity ».
   Le diagramme représentant la symbiose a évolué et pris plusieurs formes. Dans leur article du *TAJ* de 1971, les Schiff le représentent en utilisant uniquement des cercles tracés en pointillé ou en plein pour limiter les états du moi. Dans le *Cathexis Reader*, ils y ajoutent des flèches entre les états du moi actifs des deux parties. La version du diagramme généralement utilisée dans la littérature actuelle, avec une « enveloppe » entourant les états du moi actifs (comme à la figure 20.1), apparaît pour la première fois dans l'article de Woollams et Huige, cité en note 2 ci-dessous.
2. Woollams et Huige, « Normal Dependancy and Symbiosis ».
3. Schiff et *al.*, *Cathexis Reader,* chapitre 4. Voir aussi :
   Schiff, « Personality development and symbiosis ».

Chapitre 21 : Parasitage et timbres

1. Sur la nature et la fonction du parasitage, voir :
   Berne, *Principles of Group Treatment,* chapitre 13.
   Berne, *Que dites-vous...,* chapitre 8.
   English, références données notes 2 et 4 ci-dessous.
   Ernst, « Psychological Rackets in the OK Corral ».
   Erskine et Zalcman, « The Racket System... ».
   Goulding et Goulding, *Changing Lives...,* chapitres 2, 6.
   Joines, « Similarities and Differences in Rackets and Games ».
   Zalcman, « Game Analysis and Racket Analysis ».
2. English, « The Substitution Factor... ».
   English, « Rackets and Real Feelings, Part II ».
3. Thomson, « Fear, Anger and Sadness ».

4. English, « Racketeering ».
   English, « Differentiating Victims in the Drama Triangle ».
5. Berne, « Trading Stamps », in *TAB, 3,* 10, 127.
   Berne, *Que dites-vous...,* chapitre 8.
   James et Jongeward, *Naître gagnant,* chapitre 8.

Chapitre 22 : Le circuit des sentiments parasites

1. Erskine et Zalcman, « The Racket System... ».
2. Les exercices de ce chapitre ont été conçus à l'origine par M. Zalcman (présentation lors d'un atelier, non publiée). Ils sont donnés ici dans une version modifiée élaborée par I. Stewart, A. Lee et K. Brown (présentation lors d'un atelier, non publiée).

Chapitre 23 : Jeux et analyse des jeux

1. Sur la nature des jeux, voir :
   Berne, *Intuition and Ego-States,* chapitre 7.
   Berne, *Analyse Transactionnelle et psychothérapie,* chapitre 10.
   Berne, *Des jeux et des hommes,* chapitre 5.
   Goulding et Goulding, *Changing Lives...,* chapitre 2.
   James et Jongeward, *Naître gagnant,* chapitres 2 et 8.
   Woollams et Brown, *Transactional Analysis,* chapitre 8.
2. Il n'existe pas de consensus dans la littérature AT sur la définition d'un jeu (au singulier), soit comme une série de mouvements initiée par *une* personne, soit comme une série de mouvements complémentaires et de mouvements opposés effectuée par *deux* (ou plusieurs) personnes. Berne semblait, par ses allusions, pencher davantage pour cette deuxième définition, mais pas régulièrement. Dans notre livre, nous suivons plutôt la présentation des Goulding et nous définissons un jeu (au singulier) comme une série effectuée par *une* personne. En conséquence, lorsque deux personnes s'engagent dans un jeu, chacune d'entre elles joue son jeu à elle et les deux jeux sont complémentaires.
   Cela comporte également des conséquences au niveau du coup de théâtre. Étant donné que vous et moi jouons chacun notre propre jeu, vous ne pouvez pas « provoquer de coup de théâtre chez moi ». C'est-à-dire qu'il est impossible que vous déclenchiez le coup de théâtre de *mon* jeu. En revanche, vous pouvez déclencher le coup de théâtre de *votre* jeu, en espérant que je vais réagir à votre mouvement en déclenchant le coup de théâtre de mon jeu à moi.
3. Berne, *Des jeux et des hommes,* chapitre 5.
   Steiner, *Des scénarios et des hommes,* chapitre 1.
4. Berne, *Que dites-vous...,* chapitre 2. La version de la formule J donnée dans cette référence est la version définitive de Berne. Voir aussi les références de la note 9 de ce chapitre.
5. Karpman, « Fairy Tales and Script Drama Analysis ».
6. Berne, *Analyse Transactionnelle et psychothérapie,* chapitre 10.
   Berne, *Des jeux et des hommes,* chapitre 5.

7. Goulding et Goulding, *Changing Lives...,* chapitre 2 et page 79 (pour le diagramme).
8. James, « The Game Plan ». La version modifiée donnée ici a été élaborée par L. Collinson (présentation lors d'un atelier, non publiée).
9. En ce qui concerne la définition des jeux, voir :
   Joines, « Similarities and Differences in Rackets and Games ».
   Zalcman, « Game Analysis and Racket Analysis ».

Chapitre 24 : Pourquoi jouer ?

1. Berne, *Des jeux et des hommes,* chapitre 5.
   Berne, *Que dites-vous...,* chapitre 8.
   James et Jongeward, *Naître gagnant,* chapitre 8.
   Steiner, *Des scénarios et des hommes,* chapitre 1.
   Woollams et Brown, *Transactional Analysis,* chapitre 8.
2. Schiff et *al., Cathexis Reader,* chapitre 2.
3. English, « Racketeering ».
4. Berne, *Des jeux et des hommes,* chapitre 5.
5. James, « Positive Payoffs After Games ».

Chapitre 25 : Que faire des jeux ?

1. Berne, *Des jeux et des hommes,* chapitres 6-12, et index des Jeux.
2. Nous ne connaissons pas de jeu portant un nom particulier où il existe un coup de théâtre Persécuteur-Sauveteur ou Victime-Sauveteur. Au lieu de classer les jeux suivant les positions sur le triangle dramatique, on peut aussi les classer par rapport aux positions de vie qu'ils renforcent.
3. Goulding et Goulding, *Changing Lives...,* chapitre 4.
4. James, « Positive Payoffs After Games ».
5. Woollams, « When Fewer Strokes Are Better ».

Chapitre 26 : Contrats de changement

1. Sur la nature et la fonction des changements, voir :
   Berne, *Principles of Group Treatment,* chapitre 4 et glossaire.
   Goulding et Goulding, *Changing Lives...,* chapitre 9.
   James (ed.), *Techniques in Transactional Analysis...,* chapitre 5.
   James et Jongeward, *Naître gagnant,* chapitre 9.
   Steiner, *Des scénarios et des hommes,* introduction et chapitre 12.
   Woollams et Brown, *Transactional Analysis,* chapitre 12.
2. James, « Self-Reparenting ». Présentation lors d'un atelier au Congrès EATA 1985, non publiée. La version modifiée présentée ici a été élaborée par I. Stewart (présentation lors d'un atelier, en 1986, non publiée). Voir aussi :
   James, « It's Never Too Late to Be Happy », chapitre 7.

Chapitre 27 : Buts du changement en AT

1. Pour les considérations sur l'autonomie, voir :
   Berne, *Des jeux et des hommes,* chapitres 16 et 17.
   Berne, *Principles of Group Treatment,* chapitre 13.
   James et Jongeward, *Naître gagnant,* chapitre 10.
   Steiner, *Des scénarios et des hommes,* chapitres 26-28.
2. Berne, *Analyse Transactionnelle et psychothérapie,* chapitre 16. Voir aussi :
   James (ed.), *Techniques in Transactional Analysis...,* chapitre 4.
3. Berne, *Analyse Transactionnelle et psychothérapie,* chapitre 14.
   Berne, *Principles of Group Treatment,* chapitre 12.
   Berne, *Que dites-vous...,* chapitre 18, *TAJ, 10,* 2, 1980.
5. Nelson, Portia, « Autobiography in Five Short Chapters ».

Chapitre 28 : Thérapie AT

1. James, « Self-Reparenting : Theory and Process ». Voir aussi :
   James, « It's Never Too Late to Be Happy ».
2. En ce qui concerne les « trois écoles » d'AT, voir :
   Barnes, *Transactional Analysis After Eric Berne,* « Introduction », chapitre 1.
   Voir également les trois articles qui suivent celui de Barnes dans le même ouvrage. Ils sont rédigés respectivement par des chefs de file de l'école classique, de l'école des Schiff et de l'école de la redécision :
   Dusay, « The Evolution of Transactional Analysis », chapitre 2.
   Schiff, « One Hundred Children Generate a Lot of TA », chapitre 3.
   Goulding, « No Magic at Mt Madonna : Redecisions in Marathon Therapy », chapitre 4.
3. Crossman, « Permission and Protection ».

Chapitre 29 : L'AT dans les organisations et l'éducation

1. Pour une vue d'ensemble des différences entre les champs d'application de l'AT, voir :
   Clarke, « Differences Between Special Fields and Clinical Groups », in *TAJ, 11,* 2, 1981, 169-170. Le terme « spécialités » a été utilisé un temps par l'ITAA pour parler des « champs d'application autres que le champ clinique », mais cette pratique a disparu.
2. Sur les applications de l'AT aux organisations, voir :
   Barker, *TA and Training.*
   Blakeney, « Organizational Cure, or Organizational Effectiveness ».
   James, *The OK Boss.*
   Jongeward et Seyer, *Gagner dans l'entreprise.*
   Jongeward et Blakeney, « Guidelines for Organizational Applications of Transactional Analysis ».
3. En ce qui concerne les applications à l'éducation, voir :
   Ernst, *Games Students Play.*
   Hesterley, « Cure in the Classroom ».

James et Jongeward, *The People Book...*
Stapledon, *De-Gaming Teaching and Learning.*

Chapitre 30 : Historique de l'AT

1. Les grandes lignes de la biographie de Berne ont été tracées à partir de :
   Cheney, « Eric Berne : Biographical Sketch ».
   Dusay, « The Evolution of Transactional Analysis », chapitre 2.
   Hostie, « Eric Berne in Search of Ego-States », chapitre 2.
   James, « Eric Berne, the Development of TA, and the ITAA », chapitre 2.
2. Cranmer, « Eric Berne : Annotated Biography ».
3. Schiff, « One Hundred Children Generate a Lot of TA », in Barnes, chapitre 3.
4. Cette esquisse du développement de l'ITAA est faite à partir des articles de Cheney, Dusay et James, cités dans la note 1 ci-dessus.
5. Les chiffres des membres de l'ITAA entre 1971 et 1980 sont empruntés à la courbe citée par McNeel, dans « Letter from the Editor », in *TAJ, 11,* 1, 1981, 4. Les chiffres des années ultérieures sont ceux qui figurent dans chaque numéro du *TAJ* à la page intitulée « The ITAA ».
6. Allaway, « Transactional Analysis in Britain : the Beginnings ».
7. *The Script,* mai-juin 1987, page 7.

GLOSSAIRE

A1 : *identique* à l'Adulte dans l'Enfant.

A2 : *identique* à l'état du moi Adulte.

A3 : partie de la structure de second ordre du Parent, représentant le contenu Adulte introjecté à partir d'un parent ou d'une figure parentale.

Abstention : comportement passif dans lequel la personne canalise son énergie pour s'empêcher d'agir au lieu de résoudre le problème.

Activité : mode de structuration du temps où les personnes concernées ont pour objectif d'atteindre un but clairement défini sur lequel elles se sont mises d'accord et ne se contentent pas de parler.

Adulte dans l'Enfant : partie de la structure de second ordre de l'Enfant, représentant les stratégies du tout-petit pour affronter la réalité et résoudre les problèmes.

Adulte intégré : état du moi Adulte intégrant les aspects positifs du Parent et de l'Enfant.

Agitation : comportement passif dans lequel la personne canalise son énergie vers une activité répétitive et sans objet et non vers la résolution d'un problème.

Analyse structurale : analyse de la personnalité ou d'une série de transactions utilisant le modèle des états du moi.

Analyse transactionnelle (définition de l'ITAA) : théorie de la personnalité et thérapie méthodique de la croissance et du changement personnels.

Analyse transactionnelle (définition de Berne) : 1. thérapie méthodique fondée sur l'analyse des transactions et des chaînes de transactions qui se produisent lors des séances de traitement ; 2. théorie de la personnalité fondée sur l'étude des différents états du moi ; 3. théorie d'action sociale fondée sur l'analyse rigoureuse des transactions à l'intérieur d'un nombre exhaustif et limité de catégories fondées sur les états du moi particuliers qui sont concernés ; 4. analyse de transactions uniques au moyen de diagrammes transactionnels (analyse transactionnelle proprement dite).

Antiscénario : partie du scénario que la personne a complètement inversée, où elle obéit par conséquent au message opposé au message d'origine.

Appât : stimulus transactionnel qui émet, au niveau psychologique, une invitation à jouer.

Attribution : message scénarique dans lequel les parents disent à l'enfant ce qu'il est.

Autonomie : qualité manifestée par la libération ou la reconquête de trois capacités : conscience claire, spontanéité et intimité ; tout comportement, pensée ou sentiment qui est une réaction à la réalité de l'ici et maintenant plutôt qu'une réaction à des croyances scénariques.

Banque de strokes : stockage des souvenirs de strokes passés qu'on peut réutiliser.

Bénéfice (des jeux) : sentiment parasite éprouvé par le joueur en fin de jeu ; (du scénario) : scène finale vers laquelle tend le scénario.

Blocage : comportement passif dans lequel la personne se rend incapable pour obliger son environnement à résoudre un problème.

Cadre de référence : structure de réactions associées, qui intègre les différents états du moi en réaction à des stimuli particuliers ; il fournit à l'individu un ensemble global qui lui sert à percevoir, conceptualiser, ressentir et agir et avec lequel il se définit lui-même et il définit les autres et le monde.

Cathexis (dans la théorie de l'énergie) : concept représentant l'énergie psychique, posé comme principe par Berne pour expliquer les changements d'états du moi ; (nom propre) porté par l'Institut fondé par les Schiff et l'« école » d'AT qui utilise leur approche.

Circuit des sentiments parasites : système déformé et autorenforçant de sentiments, de pensées et d'actions que maintiennent les individus sous l'emprise de leur scénario.

Comportement passif : un des quatre modes de comportement (ne rien faire, se suradapter, s'agiter, se bloquer ou devenir violent) qui révèlent la présence d'une méconnaissance et qu'un individu utilise pour tenter de manipuler les autres ou l'environnement, afin qu'ils résolvent ses problèmes à sa place.

Conscience claire : capacité d'éprouver des impressions purement sensuelles à la manière d'un nouveau-né, sans interprétation.

Constant (des états du moi) : *identique à* exclusif.

Contamination : partie du contenu des états du moi Enfant ou Parent que l'individu confond avec le contenu de l'Adulte.

Contenu (des états du moi) : souvenirs et stratégies stockés et classés comme appartenant aux différents états du moi, ou aux subdivisions des états du moi, dans le modèle structural — c'est-à-dire *ce qui* se trouve dans chaque état du moi ; (du scénario) ensemble de décisions précoces, propre à un individu, qui précise *ce qui* se trouve dans son scénario.

Contrat : engagement bilatéral explicite en vue d'un programme d'action bien défini ; engagement Adulte vis-à-vis de soi-même ou de quelqu'un d'autre d'effectuer un changement.

Contre-injonctions : messages scénariques émis par le Parent du parent et stockés dans le Parent de l'enfant.

Contre-scénario : ensemble des décisions prises par l'enfant pour obéir aux contre-injonctions.

Coup de théâtre : étape d'un jeu où les protagonistes échangent leurs rôles de manière à récolter leur bénéfice.

Cours de la vie : ce qui se passe effectivement dans la vie d'un individu (par opposition au scénario de vie qui représente ce que la personne a prévu de faire dans la petite enfance).

Décision : conclusion sur soi, les autres ou la vie, adoptée dans la petite enfance, comme le meilleur moyen disponible de survivre et de satisfaire ses besoins, limitée par les modes de pensée, et d'affronter la réalité qu'a un enfant à cet âge.

Décision précoce : *identique à* décision.

Désespoir : quatrième position sur le triangle dramatique, reflétant la position de vie « — — ».

Deuxième degré (des jeux ou des scénarios perdants) : lorsque le bénéfice est suffisamment grave pour ne pas pouvoir être évoqué dans la conversation, dans le milieu social d'un individu.

Deuxième règle de communication : « Lorsqu'une transaction est croisée, il s'ensuit une rupture de la communication et l'un des deux ou les deux protagonistes vont devoir changer d'état du moi pour la rétablir. »

Diagnostic comportemental : juger dans quel état du moi se trouve un individu en observant son comportement.

Diagnostic historique : juger dans quel état du moi se trouve un individu en rassemblant des informations factuelles sur ses parents ou figures parentales et sur son enfance.

Diagnostic phénoménologique : juger dans quel état du moi se trouve un individu au vu de ce qu'il revit de son propre passé.

Diagnostic social : juger dans quel état du moi se trouve un individu en observant les états du moi utilisés par les autres dans leurs transactions avec lui.

Distorsion (de la réalité) : exagération d'un aspect de la réalité dans une méconnaissance.

Driver : une, parmi cinq séquences distinctes de comportements qui se déroulent durant une période d'une demi-seconde à quelques secondes et qui sont la manifestation fonctionnelle d'un contre-scénario négatif.

Driver primaire : celui qu'un individu manifeste le plus souvent, ou qui apparaît en premier, en réaction à un stimulus transactionnel.

E1 : *identique à* l'Enfant dans l'Enfant.

E2 : *identique à* l'état du moi Enfant.

E3 : partie de la structure de second ordre du Parent représentant le contenu Enfant introjecté à partir d'un parent ou d'une figure parentale.

Économie des strokes : ensemble de règles Parentales restrictives concernant l'échange de strokes.

Egogramme : diagramme à colonnes montrant l'évaluation intuitive de l'importance de chaque subdivision du modèle fonctionnel des états du moi dans la personnalité d'un individu.

Élastique : point de similitude entre une situation de stress ici et maintenant et une situation douloureuse de l'enfance que la personne revit, en général inconsciemment et auquel elle va vraisemblalement réagir en passant dans son scénario.

Électrode (certains auteurs l'utilisent pour parler du) : Parent dans l'Enfant.

Enclos OK : diagramme dans lequel les quatre positions de vie sont reliées à des opérations sociales définies.

Enfant Adapté : subdivision de l'Enfant dans le modèle fonctionnel montrant comment un individu utilise cet état du moi pour se conformer aux règles ou aux exigences de la société.

Enfant dans l'Enfant : partie de la structure de second ordre de l'Enfant représentant les souvenirs stockés d'expériences, faites à des époques antérieures de sa vie, par l'enfant au cours de son développement.

Enfant Libre : subdivision de l'Enfant dans le modèle fonctionnel, montrant comment un individu utilise cet état du moi pour exprimer ses sentiments et ses besoins sans les censurer et sans se préoccuper des règles ni des exigences sociales.

Enfant Naturel : *identique à* Enfant Libre.

Enfant Rebelle (certains auteurs l'utilisent pour parler du) : mode d'expression de l'Enfant Adapté dans lequel l'individu se rebelle contre les règles au lieu de s'y plier.

Enfant Somatique : *identique à* l'Enfant dans l'Enfant.

Épiscénario : message scénarique négatif qu'un parent envoie à un enfant dans l'espoir magique qu'ainsi, lui, le parent, sera délivré du poids de ce message.

État du moi : ensemble cohérent de pensées et de sentiments et de vécu directement associé à un ensemble cohérent correspondant de comportements.

État du moi Adulte : ensemble de comportements, de pensées et de sentiments qui sont des réactions directes à l'ici et maintenant, qui ne sont ni copiés sur les parents ou figures parentales ni reproduits de l'enfance de l'individu.

État du moi Enfant : ensemble de comportements, de pensées et de sentiments qui sont reproduits de l'enfance de l'individu — c'est-à-dire un état du moi archaïque.

État du moi Parent : ensemble de comportements, de pensées et de sentiments copiés sur les parents ou figures parentales — c'est-à-dire un état du moi emprunté.

Exclusif (des états du moi) : état du moi qui reste opérationnel lorsque les deux autres sont exclus.

Exclusion : non-utilisation par l'individu d'un ou plusieurs états du moi.

Exécutif (des états du moi) : celui des états du moi qui dicte le comportement en termes de contrôle de l'appareil musculaire.

Faim de reconnaissance : besoin d'être reconnu par les autres.

Faim de stimulation : besoin de stimulation physique et mentale.

Filtre à strokes : manière dont un individu rejette ou accepte les strokes pour se conformer à une image de soi existante.

Fonction (des états du moi) : comment les états du moi sont exprimés ou utilisés.

Formule de jeu : *identique à* formule J.

Formule J : formule qui montre les six étapes d'un jeu (appât, point faible, réaction, coup de théâtre, moment de confusion, bénéfice).

Gagnant : quelqu'un qui accomplit ce qu'il a prévu explicitement.

Hypothèse de conservation de l'énergie (des egogrammes) : hypothèse selon laquelle, lorsqu'un état du moi augmente d'intensité, un autre ou les autres doivent diminuer pour compenser ; le déplacement d'énergie psychique se produit de manière que la quantité totale d'énergie reste constante.

Illusion (utilisée par Berne pour parler de la) : contamination de l'Adulte par l'enfant.

Incongruité : décalage entre le contenu explicite d'une communication et les signes comportementaux manifestés par l'individu qui en est à l'origine.

Inhibiteur : deuxième position du miniscénario reflétant la position de vie « − + » ; injonction que la personne entend lorsqu'elle occupe cette position.

Injonctions : messages scénariques négatifs et restrictifs émis par l'Enfant du parent et stockés dans l'Enfant de l'enfant.

Intimité : mode de structuration du temps dans lequel les gens expriment les uns vis-à-vis des autres des sentiments et des besoins authentiques sans les censurer.

Jeu (définition définitive de Berne) : série de transactions avec un appât, un point faible, un coup de théâtre et un moment de confusion conduisant à un bénéfice.

Jeu (définition de Joines) : processus qui consiste à faire quelque chose en ayant un but caché qui 1. est hors du champ de conscience de l'Adulte, 2. ne devient explicite que lorsque les protagonistes échangent leur comportement et 3. a pour résultat que tout le monde se sent confus, incompris, avec le désir d'accuser l'autre.

Martien : interprétation du comportement et de la communication humains impliquant une observation sans idées préconçues.

Matrice de scénario : diagramme où la transmission des messages est analysée en termes d'états du moi.

Méconnaissance : négliger inconsciemment des informations appropriées à la résolution d'un problème.

Message contraignant : *identique à* driver.

Message de niveau psychologique : message caché, émis généralement par des signes non verbaux.

Message de niveau social : message explicite généralement émis par un contenu verbal.

Message scénarique : message verbal ou non verbal émis par les parents, à partir duquel l'enfant tire des conclusions sur lui-même, les autres et le monde au cours du processus d'élaboration de son scénario.

Miniscénario : séquence de comportements scénariques et de sentiments parasites, commençant toujours par un driver où l'individu joue son scénario à court et à moyen terme et le renforce par ce moyen.

Mode (de méconnaissance) : *identique à* niveau.

Modèle décisionnel : prise de position philosophique selon laquelle les gens décident de leur propre destin et peuvent modifier leurs décisions.

Modèle de premier ordre : modèle des états du moi dans lequel les trois états du moi ne sont pas subdivisés.

Modèle des états du moi : modèle montrant la personnalité en termes d'états du moi Parent, Adulte et Enfant.

Modèle fonctionnel : modèle des états du moi divisant ceux-ci pour nous montrer *comment* nous nous en servons (leur processus).

Modèle PAE : *identique à* modèle des états du moi.

Modèle structural : modèle des états du moi montrant *ce qui* est classé comme appartenant à chaque état du moi ou à chaque subdivision d'un état du moi (c'est-à-dire montrant le contenu).

Modèle (structural) de second ordre : modèle structural où les états du moi sont eux-mêmes subdivisés pour montrer la structure des états du moi de l'Enfant d'un individu ainsi que des figures incorporées dans le Parent.

Moment de confusion : éprouvé par le joueur juste après le coup de théâtre.

Niveau (de méconnaissance) : concerne une méconnaissance portant sur l'existence, la signification, les possibilités de changement ou les capacités personnelles.

Non-gagnant : quelqu'un pour qui les gains comme les pertes sont peu importants.

Ogre (parent) (utilisé par certains auteurs pour parler du) : Parent dans l'Enfant.

Options : techniques consistant à choisir certains états du moi dans une transaction de manière à se libérer des échanges habituels, stériles et « bloqués » qu'on a avec les autres.

P1 : *identique au* Parent dans l'Enfant.

P2 : *identique à* l'état du moi Parent.

P3 : partie de la structure de second ordre du Parent, représentant le contenu du Parent introjecté à partir d'un parent ou d'une figure parentale.

Parasitage : ensemble de comportements scénariques visant inconsciemment à la manipulation de l'environnement, et impliquant que la personne éprouve un sentiment parasite.

Parasiter : mode de transaction dans lequel l'individu recherche des strokes de la part des autres pour ses sentiments parasites.

Parent Contrôlant : subdivision du Parent dans le modèle fonctionnel indiquant comment un individu utilise cet état du moi pour contrôler, diriger ou critiquer.

Parent Critique : *identique au* Parent Contrôlant.

Parent dans l'Enfant : partie de la structure de second ordre de l'Enfant représentant la version fantasmée et magique que le jeune enfant a des messages reçus de ses parents.

Parent (flic) (utilisé par certains auteurs pour parler du) : Parent dans l'Enfant.

Parent Magique : *identique au* Parent dans l'Enfant.

Parent Nourricier : subdivision du Parent dans le modèle fonctionnel, montrant comment un individu se sert de cet état du moi pour nourrir, soigner et aider.

Passer de la pommade : donner des strokes qui ne sont pas sincères.

Passe-temps : mode de structuration du temps dans lequel les gens parlent d'un sujet sans intention d'agir par rapport à ce sujet.

Passivité : comment les gens ne font pas les choses ou ne les résolvent pas.

Pathologie structurale : contamination et/ou exclusion.

Perdant : quelqu'un qui n'accomplit pas ce qu'il a prévu explicitement.

Permissions (dans le scénario) : messages scénariques positifs et libérateurs émis par l'Enfant des parents et stockés dans l'Enfant de l'enfant.

Persécuteur (dans le triangle dramatique) : personne qui rabaisse ou humilie les autres.

Petit Professeur : *identique à* l'Adulte dans l'Enfant.

Point faible : réponse transactionnelle qui montre au niveau psychologique que la personne a accepté une invitation à jouer.

Plan de jeu : série de questions utilisées pour analyser les étapes d'un jeu chez un individu.

Position de base : *identique à* position de vie.

Position de vie : croyances fondamentales qu'une personne a d'elle-même et des autres, qui servent à justifier des décisions et un comportement ; position fondamentale qu'une personne adopte sur la valeur intrinsèque qu'elle s'accorde et qu'elle accorde aux autres.

Position existentielle : *identique à*position de vie.

Préjugé (utilisé par Berne pour parler de la) : contamination de l'Adulte par le Parent.

Premier degré (des jeux ou des scénarios perdants) : lorsque la personne obtient un bénéfice qu'elle peut évoquer volontiers dans son milieu social.

Première règle de communication : « Tant que la transaction reste complémentaire, la communication peut durer indéfiniment. »

Processus (des états du moi) : manière dont un individu exprime ses états du moi dans le temps — c'est-à-dire *comment* les états du moi sont exprimés ; (du scénario) manière dont un individu vit son scénario dans le temps — c'est-à-dire *comment* le scénario est vécu.

Profil des strokes : diagramme à colonnes pour analyser les préférences d'un individu à donner, prendre, demander et refuser de donner des strokes.

Programme : ensemble de messages scénariques émis par l'Adulte du parent et stockés dans l'Adulte de l'enfant.

Qualité de strokes : mélange favori, pour un individu, de différents types de strokes.

Réaction : *identique à* réponse.
Redécision : remplacement d'une décision précoce limitante, prise à l'encontre de soi-même, par une nouvelle décision qui tient compte de la plénitude des ressources adultes de la personne.
Redéfinition : distorsion de la perception de la réalité par un individu de manière qu'elle cadre avec son scénario.
Réponse (dans une transaction unique) : communication qui est une réaction à un stimulus ; (dans un jeu) : série de transactions cachées qui suivent l'appât et le point faible et répètent leurs messages cachés.
Retrait : mode de structuration du temps dans lequel l'individu n'échange pas de transactions avec les autres.
Rire du pendu : communication dans laquelle un individu sourit ou rit en même temps qu'il parle de quelque chose de douloureux.
Rituel : mode de structuration du temps dans lequel les gens échangent des signes de reconnaissances habituels préprogrammés.

Sauveteur (dans le triangle dramatique) : personne qui propose d'aider les autres à partir d'une position de supériorité, croyant « qu'elles ne sont pas assez bonnes pour s'aider elle-mêmes ».
Scénario : *identique à* scénario de vie.
Scénario Après : processus scénarique qui reflète la croyance : « Si quelque chose de bon arrive aujourd'hui, il faudra que je le paie demain. »
Scénario Avant : processus scénarique qui reflète la croyance : « Rien de bon ne peut arriver avant que quelque chose de moins bon ne soit fini. »
Scénario banal : *identique à* scénario non gagnant.
Scénario de vie : plan de vie inconscient élaboré dans l'enfance, renforcé par les parents, « justifié » par les événements ultérieurs et aboutissant à une issue prévue.
Scénario gagnant : scénario dont le bénéfice est heureux ou gratifiant, et/ou implique le succès par rapport à un but explicite.
Scénario hamartique : *identique à* scénario perdant du troisième degré.
Scénario Jamais : processus scénarique qui reflète la croyance : « Je ne peux jamais obtenir ce que je veux le plus. »
Scénario non gagnant : scénario dont le bénéfice ne comporte ni gains ni pertes importants.
Scénario ouvert : processus scénarique qui reflète la croyance : « À partir d'un certain moment dans le temps, je ne saurai que faire. »
Scénario perdant : scénario dont le bénéfice est douloureux ou destructeur, et/ou implique un échec par rapport à un but explicite.
Scénario Presque : processus scénarique qui reflète la croyance : « J'y arrive presque, mais pas tout à fait. »
Scénario Toujours : processus scénarique qui reflète la croyance : « Je dois toujours rester dans la même situation insatisfaisante. »

Scénarique (sentiment, comportement, etc.) : manifesté par un individu quand il est dans son scénario.

Sentiment authentique : sentiment premier, non censuré, qu'un individu a appris à cacher dans l'enfance sous un sentiment parasite.

Sentiment parasite : émotion habituelle, apprise et encouragée dans l'enfance, éprouvée dans de nombreuses situations de stress différentes et inappropriées, en tant que moyen adulte, pour résoudre un problème.

Signes de reconnaissance : *identique à* stroke.

Signe scénarique : indication corporelle montrant qu'un individu est passé dans son scénario.

Sorcière (parent) (utilisé par certains auteurs pour parler du) : Parent dans l'Enfant.

Spontanéité : capacité de choisir librement parmi tout un éventail d'options, de sentiments, de pensées et de comportements y compris le choix des états du moi.

Stimulus : communication initiale dans une transaction unique (à laquelle réagit la réponse).

Stroke : unité de reconnaissance ; signe verbal ou non verbal, positif ou négatif, conditionnel ou inconditionnel, essentiel à la survie psychologique de l'individu.

Stroke conditionnel : porte sur ce qu'on fait.

Stroke contrefait : positif en apparence mais qui contient une « pointe » négative.

Stroke inconditionnel : porte sur ce qu'on est.

Stroke négatif : ressenti désagréablement par celui qui le reçoit.

Stroke positif : ressenti agréablement par celui qui le reçoit.

Stroke en plastique : positif et manquant de sincérité.

Structure (dans le modèle des états du moi) : classification des sentiments, du vécu et des comportements d'un individu en termes d'états du moi.

Structuration du temps : comment les gens passent le temps à deux ou en groupe.

Suradaptation : comportement passif dans lequel la personne se plie à ce qu'elle croit être les désirs des autres, sans vérifier et sans se référer à ses propres désirs.

Symbiose : relation dans laquelle deux individus ou plus se comportent comme si, ensemble, ils formaient une seule personne et par conséquent n'utilisent pas pleinement leurs autres états du moi.

Symbiose de second ordre : symbiose entre P1 et A1 d'un côté et E1 de l'autre.

Tableau des méconnaissances : modèle qui analyse les méconnaissances en termes de zone, type et niveau.

Tee-shirt : une devise exprimée non verbalement par une personne, qui sert d'invitation déguisée à jouer ou à parasiter.

Timbre : sentiment parasite qu'un individu a stocké dans l'intention de l'échanger plus tard contre un bénéfice négatif.

Timbre-échange : *identique à* timbre.

Transaction : unité de base du discours social : stimulus transactionnel plus réponse transactionnelle.
Transaction angulaire : transaction cachée impliquant trois états du moi.
Transaction bloquante : transaction dans laquelle on évite de soulever une question en manifestant son désaccord sur la définition même de cette question.
Transaction cachée : transaction dans laquelle un message explicite et un message caché sont émis en même temps.
Transaction complémentaire : transaction dans laquelle les vecteurs transactionnels sont parallèles ou dans laquelle l'état du moi visé est celui qui répond.
Transaction croisée : transaction dans laquelle les vecteurs transactionnels ne sont pas parallèles ou dans laquelle l'état du moi visé n'est pas celui qui répond.
Transaction de redéfinition : transaction tangentielle ou bloquante.
Transaction double : transaction cachée mettant en jeu quatre états du moi.
Transaction parallèle : *identique à* transaction complémentaire.
Transaction tangentielle : transaction dans laquelle le stimulus et la réponse portent sur des points différents ou portent sur le même point mais à partir d'une perspective différente.
Triangle dramatique : diagramme qui illustre comment les gens adoptent à tour de rôle l'une des trois positions scénariques (Persécuteur, Sauveteur, Victime).
Troisième degré (des jeux ou des scénarios perdants) : lorsque le bénéfice implique la mort, une maladie ou une blessure graves, ou un procès au tribunal.
Troisième règle de communication : « Le résultat comportemental d'une transaction cachée est déterminé au niveau psychologique et non au niveau social. »
Type (de méconnaissance) : concerne la méconnaissance portant sur les stimuli, les problèmes ou les options.

Vecteur : flèche d'un diagramme transactionnel reliant l'état du moi qui émet une communication à l'état du moi qui est visé.
Victime (dans le triangle dramatique) : personne qui se considère comme inférieure, méritant d'être rabaissée ou incapable de s'en sortir sans aide.
Violence : comportement passif dans lequel la personne canalise son énergie destructrice vers l'extérieur pour essayer d'obliger son environnement à résoudre un problème.
Vrai soi (des états du moi) : état du moi dans lequel se vit un individu.

Zone (de méconnaissance) : concerne la méconnaissance portant sur soi-même, les autres ou la situation.

INDEX

Les numéros de pages en italique renvoient à une entrée principale pour le terme en question.

A1 : *voir* Petit Professeur
A2 : *voir* état du moi Adulte
A3 : *voir* état du moi Parent, structure
Adulte intégré, 321
Affronter la réalité, 53
Allaway, John, 345
Analyse fonctionnelle, *39-40,* 56-7, 93
    et transactions, 84, 86-87
Analyse structurale, 19, 28, 39, 56-57,341
    modèle de premier ordre, 28
    modèle de second ordre, 49-50
Analyse transactionnelle, 17
    associations, *349-351*
    définition, 17
    développement, *340-346*
    écoles, *329-333,* 343, 344, 359 (*voir aussi :* école classique, école des Schiff, école de la redécision)
    méthode contractuelle, 23
    modèle décisionnel, *311-18,* 328
    notions clés, 22
    philosophie, *17-21*
    titularisation, *21-4*
Analyse transactionnelle et psychothérapie, 343, 359
Analyse transactionnelle proprement dite, 19, 81
    voir aussi transactions
Antiscénario, *180*
Appât, 282-3, 303-4
AT 101, 346, 350, *353-58*
Attributions, 156-60, 172-3
Autonomie, 21
Au viol, 301

Banque de strokes, *108,* 113-14
Bénéfice
    du scénario, 126, 137-38, 162, 176 262-3, 291-2
    des jeux, 282, 287-9, *296-7,* 303, 304-306
Barnes, Graham, 345, 369
Berne, Eric, 23, 31, 34-38, 55-60, 64-77, 81, 87-90, 95, 111, 114, 119, 126-28, 136-7, 142-148, 157, 168, 183-87, 191, 262, 276, 282, 285-90, 296-98, 311, 319-22, 327, 334, *340-45,* 347-48, *359-60*
Blakeney, Roger, 336
Board of Certification, 349-55
Brown, Michael, 315

Ça, 34-5
Cadre de référence, *229-35,* 293
Capers, Hedges, 201
Caractère OK, 22

Cathexis, 48-9, 211
Cathexis Institute, 211, 331-33, 344
Cathexis Reader, 364
Changing Lives Through Redecision Therapy, 362
Circuit des sentiments parasites, *265-76,* 300, 339, 345, 348
Collinson, Laurence, 287-8
Commission of Certification, 352
Communication
    première règle, *84*
    deuxième règle, *87*
    troisième règle, *90*
Comportements passifs, *213-16,* 243, 332, 339
Conscience claire, 21, 106, 319
Conseil, 17
Contamination, *72-76,* 163, 216, 335
Contrat, 23, *311-18,* 319-29, 331-4, 339
    définition, 311
    conditions, 311
    voir aussi Analyse Transactionnelle, méthode contractuelle
Contrat d'affaires, 311
Contrat de traitement, 311, 331, 334
Corralogramme, 154-55
Contre-injonctions, 161, 162-3, 165-6, 177-78, 202, 245, 330
Contre-scénario, 162, 180, 189, 197-202
Coup de théâtre, 21, 282-5, 289, 294, 299-302, 339
Cours de la vie, 145
Crossman, Pat, 330, 348
Croyances scénariques, 75, *265-69,* 270-2, 292, 296, 305, 321

D'accord avec soi et les autres, 344
Défauts, 3-4, 339
Décisions, 22-3, 167-182, 296, 327-31
Décisions précoces : *voir* décisions
Descriptions comportementales : *voir* analyse fonctionnelle
Dépendance normale, 241
Deuxième règle de communication, 87
Dévalorisation : *voir* méconnaissance
Diagnostic comportemental, *59-63,* 64-7, 91, 192, 335
Diagnostic historique, 59, *65-6,* 67
Diagnostic phénoménologique, 59, *66-7,* 335
Diagnostic social, 59, *64,* 66, 335
Diagramme structural : *voir* analyse structurale
Distorsion de la réalité, *212-3,* 233, 296
Donner (se) des signes de reconnaissance, *106-8,* 112
Donne-moi des coups de pieds, 278, 285-87, 296, 295-300, 304-6
Driver, 163, *191-207,* 224, 339, 348
Dusay, John, 45-9, 104,343-4, 348, 360-61

E1 : *voir* Enfant Somatique
E2 : *voir* état du moi Enfant
E3 : *voir* état du moi Parent, structure
Échelle de stress, 139
École des Schiff, *331-2,* 364
École classique, *329-30,* 343
École de la redécision, *329-31*, 362
Économie des strokes, *102-4,* 347
Éducation (l'AT dans), 17, 66, 321, *334-36*
Egogramme, *45-9,* 104, 329, 344, 361
Egograms, 360-61
Élastiques, *140-2,* 167-70, 254, 268
Électrode, 55
Enclos OK, 149-5, 244, 296, 348
Énergie psychique : *voir aussi* cathexis
Enfant Adapté, 39-42, 47, 62-6, 138-206, 317, 336

Enfant Libre, 37-42, 47, 60-6, 317, 320, 336-7
Enfant Naturel : *voir* Enfant libre
Enfant Rebelle : *voir* Enfant Adapté
Enfant Somatique, 50, 56, 245-6, 385
English, Fanita, 53, 175, 255, 259-61, 289, 295, 348
Environnement réactif, *331-2,* 340
Épiscénario, *175*
Erikson, Erik, 149, 341
Ernst, Franklin, 149, 154, 343, 348
Erskine, Richard, 149, 154, 343, 348
État du moi Adulte, 18, 27, 38, 45, 50, 60, 64-78, 161-3, 198, 207, 216, 236-43, 293, 303-6, 314-21, 326-31, 336-41
  intégré, 322
  structure, 50, *52*
État du moi Enfant, 17,27-37, 39, 43, 50, 67-78, 61-72, 205, 211-217, 231-32, 236-247, 260, 293, 298, 303-6, 316-21, 336-342
  structure, *52, 53-56*
  voir aussi Petit Professeur, Parent Magique, Enfant Somatique
  voir aussi Enfant Adapté, Enfant Libre
État du moi Parent, 17, 27, 37, 50, 70-78, 161-163, 198-203, 207, 217, 231-2, 236-45, 260, 293, 298, 317-21, 323-331, 336-342
  structure, 51-2
  voir aussi Parent Contrôlant, Parent Nourricier
États du moi, 17, 34-6, 115-120, 231, 303, 320, 336-342
  Adulte : *voir* état du moi
    constant : *voir* exclusion
    contenu, 39, 49-50, 57, 67-72
    définition, 31
    diagnostic, *59-71,* 335
    distinctions entre, 33-4
    dimension temporelle, 37
  Enfant : *voir* état du moi
    exclusif : *voir* exclusion
    identifier, 59-71
    indications générales, 60-1
  Parent : *voir* état du moi
    processus, 39, 50, 57, 65
    structuration du temps, 111-12
    symbiose, 236
    voir aussi modèle des états du moi
European Association for Transactional Analysis (EATA), 345-6, 349-55
Exclusion, 72, *76-78*
Exagération : *voir* distorsion
Exécutif, 67-71

Faim de stimulations, 95, 97
Faim de structure, 111
Fais quelque chose pour moi, 301, 339
Fantasmes, 32, 272, 275, 325, 330
Federn, Paul, 35, 341
Filtre à strokes, *100-102*
Formule de jeu : *voir* formule J
Formule J, *282-3,* 284-290, 297, 303
Freud, Sigmund, 35, 70

Gendarmes et voleurs, 300
Gestalt thérapie, 330, 333, 344
Goulding, Mary, 167, 176, 287, 303-4
Goulding, Robert, 167, 176, 286-7, 303

Harris, Thomas, 362
Huige, Kristy, 344
Hypothèse de la conservation de l'énergie, 48-49

Illusion, 74
Incongruité, *68-9,* 91, 101, 219
Injonctions, 161, *164-66, 167-182*
International Transactional Ana-

lysis Association (ITAA), 17, 343-346, 349-51
Intimité, 27, 102-3, 111, *118-121*
Introjections, 51
Intuition and Ego-States, 360
Invites symbiotiques, 245
ITAA Training Standards and Certification Manual, 352-355

James, John, 287, 297-8, 305
James, Muriel, 311, 315, 325, 344-5, 348, 362-3
J'essaie seulement de vous aider, 302, 339
Jeux, 20-1, 111, *116-118,* 148, 261, *277-290, 291-298,* 302, 307, 314, 342
- et analyse transactionnelle, 285-287
- bénéfices positifs, *297-8,* 305
- définitions, *289-90*
- degrés, *281-2*
- et scénario, *291-2*
- exemples, 277
- noms, *300-2,* 339
- pourquoi jouer, *291-298*
- et strokes, *295-6, 306-7*
- six avantages, *296*
- symbiose, *293-95*

Jeux et des hommes (des), 36, 289, 296, 299, 340, 343, 360
Joines, Vann, 240
Jongeward, Dorothy, 311, 315, 344, 363

Kahler, Taibi, 183-205, 332, 344, 348, 363
Karpman, Stephen, 92, 283, 343-4, 347-8
Kupfer, David, 297-8

Levin, Pamela, 348
Manifestations de parasitage, 265-68, *269-74,* 305
Martien, 90, 115, 158, 219-20, 303, 335, 342
McKenna, Jim, 104-5
Méconnaissance, 20, 44, 100-1, 118, *211-220,* 221-228, 233-42, 283-4, 293-5, 304-7, 321-40, 348
- définition, 212
- détection, 217-20
- opposés aux strokes, 110
- Mellor, Ken, 221, 348
- Messages contraignants : *voir* drivers
- détection, *191-7*
- et processus scénarique,*197-200*
- origines, *201-2*
- primaire, *196-7,* 199

Mind in Action, (The), 341, 360
MJTTS, 278, 285, 291-2, 295-97, 301
Modèle décisionnel, 22, 230
Modèle structural : *voir* analyse structurale
Modèle des états du moi, 18, 19, *27-38,* 328, 333
Modèle fonctionnel : *voir* analyse fonctionnelle
Moi, *34-5*
Moment de confusion, 282-3, 289, 305

Naître gagnant, 344, 363
Nelson, Portia, 323

Ogre, 54
Options, 91-4, 329, 339, 344, 348
- et jeux, *302-3*

Organisations (l'AT dans les), 17, 65, 321, *334-340*
Oui mais, 181, 298, 301

P1 : *voir* Parent Magique
P2 : *voir* état du moi Parent
P3 : *voir* état du moi Parent, structure
Parasitage, 20, 206, 249-61
- définition, *251*
- et scénario, 252

Parasiter, *259-61,* 289-90, 295-297, 314, 321, 330, 339
Parent Contrôlant, 39-49, 60-6, 204-5, 260, 338

Parent Critique : *voir* Parent Contrôlant
Parent Flic, 54
Parent Magique, 50, 246
Parent Nourricier, 40, 44-9, 60-66
Parent sorcier, 54
Passe-temps, 111, *114-5,* 116, 296-98, 337
Passivité, 211, 321, 337, 339, 344
Pathologie structurale, 72-8
Pauvre de moi, 301
Perls, Frederick (Fritz), 330, 344
Permissions, 201, 207, 304
Persécuteur, 283-4, 292-4, 300-4, 313
Petit Professeur, 50, 54, 158, 163, 173, 175-78, 246, 253, 272, 304-6
Point faible, 282-3, 290, 304-6
Positions de base : *voir* positions de vie
Positions existentielles : *voir* positions de vie
Positions de vie, *147-55,* 200, 204, 212, 260, 292-97
Pourquoi ne pas ?, 279, 292, 298, 302, 339
Préjugé, 73
Première règle de communication, *84*
Principles of Group Treatment, 126, 290, 322, 344, 359
Prix Eric Berne, 325, *347-8*
Processus de groupe, 329
Processus scénariques : *voir* scénario, processus
Profil des strokes, *104-6,* 329
Programme, 161, *164*
Programme caché, 303, 313-4, 335, 339
Protection, 330, 335, 348
Psychiatrie et psychanalyse à la portée de tous, A, 341, 360
Psychose, 17, 76
Psychothérapie, 17, 322, *325-33,* 341,
Puissance, 330

Qualité de strokes, 95, 100-2
Quatre mythes,*205-6*
Quatre comportements passifs, 213-4
Que dites-vous après avoir dit bonjour ?, 126, 322, 344, 359

Redécision, 330-33, 347
Redéfinition, 20, *229-35,* 303, 322, 339, 348
  définition, 231
  transactions, 291-301
République populaire de Chine, 346
Rire du Pendu, 219-20
Regarde comme j'ai essayé, 302, 339
Regarde ce que tu m'as fait faire, 302, 339
Reparentage, 332
Réponse, 282-3
Retrait, 111, *112-3*

San Francisco Social Psychiatry Seminars, 343
San Francisco Transactional Analysis Seminar, 343
Sauveteur, 283-4, 295, 302, 313
Scénario, 17, 19-20, *125-141,* 147, 164-5, 177-9, 191, 197-201, 211-12, 231-32, 263-4, 268-74, 291-5, 316-42
  analyse, 20, 168, 176-7
  banal, 135-138, 148, 154, 263, 291
  bénéfice, 126, 137-8, 162, 176, 263-4, 291
  cadre de référence, 231-2
  contenu, 135, 183
  définition, *125-8*
  gagnant, 135-38, 148, 154, 263, 291
  hamartique, 137-8, 148-9, 154-162
  matrice, *156-166,* 177, 245
  messages, 127, *156-60,* 167, 177
  non gagnant : *voir* scénario banal

origines, 128-30
perdant : *voir* scénario hamartique
processus, 135, *183-90,* 191, 197-200
se libérer, *320-22*
signes, 142
et stress, 139
et symbiose, 242-3
Scénario corporel, 142
Scénario de vie : *voir* scénario
Scénarios et des hommes (des), 360
Schiff, Aaron, 343, 354
Schiff, Jacqui Lee, 342-3, 348, 364
Schiff, Shea, 339
Sentiments authentiques, 255-259, 268-70, 307, 320
Sentiments parasites, 20, 204-5, 251-61, 267, 280, 287-9, 295-306
définition, *251,* 348
Sex in Human Loving, 289, 343, 359
Sigmund, Eric, 231, 348
Strokes, 19, *95-110,*112-20, 164, 169, 179, 199, 246, 253-257, 260-264, 296, 302, 307-16, 327, 331, 337-39
classification, 96
contrefaits, 99, 101
conditionnels, 96-7, 101, 108-10
définition, 95
en plastique, 99
et jeux, *295,* 306-7
et renforcement du comportement, *98-9*
et structuration du temps, 111-12
inconditionnels, 96-102
intensité, 99, 113-4
fleurs, 99, 101, 104
négatifs, 96-106, 108-10
non verbaux, 86, 103-4
opposés aux méconnaissances, 110
positifs, 96-106, 108-10
qualité, 99-100
verbaux, 96, 101, 103-4
Souvenirs renforçants, 265-6, 272, 274, 293, 305
Spitz, René, 95
Spontanéité, 21, 162, 320, 338
Steiner, Claude, 102, 106, 126, 149, 161, 312, 343-4, 348, 364-5
Stern, Erika, 365
Structuration du temps, 19, *113-21,* 337-39
et risque, 111-20
Structure and Dynamics of Organisations and Groups, (The), 343-59
Stupide, 301, 339
Suicide, 167-69, 176
Surmoi, 34-35
Symbiose, 20, *236-47,* 339
compétitive, 244
et jeux, *293,* 294
fonction, 242
deuxième ordre, *245-9*

TA : the State of the Art, 365
Tableau des méconnaissances, *221-28,*337
Techniques in Transactional Analysis for Psychotherapists and Counselors, 345, 362
Tee-shirt, *280-84,* 301
Théorie de l'énergie, 70-1
Théorie des Schiff, 211, 230-32, 236, 241
Thérapie : *voir* psychothérapie
Thomson, George, 258
Timbres, 21, *261-78,* 266, 271, 301, 305, 316, 327, 331
Transaction parallèle : *voir* transactions
Transactional Analysis, 365
Transactional Analysis After Eric Berne, 345, 359
Transactional Analysis Bulletin (TAB), 343-4
Transactional Analysis Journal (TAJ), 322, 344
Transactional Analysis Revisited, 363

Transactions, 19, *81-94,* 260, 337-9
analyse, 81-94
angulaires : *voir* transactions cachées
bloquantes, 233, *234-5*
cachées, *88-90,* 117-8, 157, 280, 285-89, 296, 313
complémentaires, *81-5,* 87-8, 91-3
croisées, *81-6,*88-90, 91-3, 260, 337
définition, 81
doubles : *voir* transactions cachées
et le non-verbal, *91*
parallèles, 260
réponse, 81, 89
stimulus, 81, 89
tangentielles, *233-4,* 235, 337
Transfert, 141
Tu ne peux pas me faire, 339
Triangle dramatique, *283-4,* 288, 300-7, 313, 329, 335, 344, 347
Troisième règle de communication, *90*

Vantardise, 107
Victime, 283-4, 300, 301, 313
Visualisation, 315-16, 325, 333
Vrai Soi, 67-71

Woollams, Stanley, 128, 139, 241, 307, 365

Zalcman, Marilyn, 265, 274, 332, 345, 348

InterÉditions
7, rue de l'Estrapade
75005 Paris Cedex 05
Dépôt légal : janvier 1995

SNEL S.A.
Rue Saint-Vincent 12 - 4020 Liège
décembre 1994